FRONTEIRAS DA CIDADANIA

YUKO MIKI

Fronteiras
da cidadania

*Uma história negra e indígena
do Brasil pós-colonial*

Tradução
Mariângela Nogueira

COMPANHIA DAS LETRAS

Copyright © 2018 by Yuko Miki

Grafia atualizada segundo o Acordo Ortográfico da Língua Portuguesa de 1990, que entrou em vigor no Brasil em 2009.

Título original
Frontiers of Citizenship: A Black and Indigenous History of Postcolonial Brazil

Capa
Estúdio Daó

Preparação
Débora Donadel

Índice remissivo
Luciano Marchiori

Revisão
Huendel Viana
Carmen T. S. Costa

Dados Internacionais de Catalogação na Publicação (CIP)
(Câmara Brasileira do Livro, SP, Brasil)

Miki, Yuko
    Fronteiras da cidadania : Uma história negra e indígena do Brasil pós-colonial / Yuko Miki ; tradução Mariângela Nogueira. — 1ª ed. — São Paulo : Companhia das Letras, 2025.

    Título original : Frontiers of Citizenship : A Black and Indigenous History of Postcolonial Brazil.
    ISBN 978-85-359-3991-0

    1. Brasil – História 2. Cidadania 3. História social – Brasil 4. Indígenas – História 5. Negros – Brasil – História I. Nogueira, Mariângela. II. Título.

24-245583   CDD-981

Índice para catálogo sistemático:
1. Brasil : História social   981

Eliete Marques da Silva – Bibliotecária – CRB-8/9380

Todos os direitos desta edição reservados à
EDITORA SCHWARCZ S.A.
Rua Bandeira Paulista, 702, cj. 32
04532-002 — São Paulo — SP
Telefone: (11) 3707-3500
www.companhiadasletras.com.br
www.blogdacompanhia.com.br
facebook.com/companhiadasletras
instagram.com/companhiadasletras
x.com/cialetras

Para minha mãe, Masako Miki

Sumário

Lista de abreviaturas

ABN Anais da Biblioteca Nacional
ACRJ Arquivo dos Capuchinhos, Rio de Janeiro
AHU Arquivo Histórico Ultramarino, Lisboa
AN Arquivo Nacional, Rio de Janeiro
Apeb Arquivo Público do Estado da Bahia, Salvador
Apees Arquivo Público do Estado do Espírito Santo, Vitória
BA Bahia
BN Biblioteca Nacional, Rio de Janeiro
CA Corte de Apelação
CPSM Cartório Primeiro de São Mateus, Espírito Santo
CRL Center for Research Libraries
ES Espírito Santo
Fl. Folha
HAHR Hispanic American Historical Review
IHGB Instituto Histórico e Geográfico Brasileiro
JLAS Journal of Latin American Studies
MC Maço
MG Minas Gerais

MS Manuscrito
RAPM Revista do Arquivo Público Mineiro
RIHGB Revista do Instituto Histórico e Geográfico Brasileiro
Ser. Série
STR Slave Transaction Records

Nota sobre o texto e a moeda

Decidi preservar a grafia do século XIX dos nomes de pessoas, já que modernizá-la levaria a uma estranha duplicação das mulheres e dos homens citados nas fontes. A única exceção foi Teófilo Ottoni, uma figura pública muito conhecida; dele, modernizei o nome. Os topônimos também foram atualizados, uma vez que muitos deles continuam a existir no presente. A moeda brasileira durante o Império (1822-89) era baseada no mil-réis (1$000), e mil mil-réis equivaliam a um conto de réis (1:000$000).

Introdução

Uma fronteira no Atlântico

Do alto dos planaltos do interior do Brasil começava a viagem para o leste de muitos rios e riachos. Atravessando a floresta, descendo as encostas escarpadas das montanhas, eles corriam sob uma densa e exuberante cobertura de jacarandás roxos, sapucaias e ingás. O perfume das flores de maracujá enchia o ar, e suas longas grinaldas roçavam as águas que corriam abaixo. As begônias acentuavam o verde da floresta com suas flores vermelhas, brancas e azuis. Por entre as árvores soavam os cantos das araras, com sua plumagem iridescente captando a luz filtrada pela folhagem. O zumbido dos insetos reverberava no ar. Os rios e riachos serpenteavam ao norte e ao sul em contínua descida, por vezes desaguando numa cascata. As montanhas cediam lugar a encostas mais suaves, gradualmente a areia substituía a terra e os coqueiros erguiam-se acima das margens. Quando enfim um arquipélago de manguezais começava a pontilhar as águas cada vez mais salobras dos rios, a viagem chegava ao fim. Gaivotas circulavam por cima enquanto as baleias vinham à tona para dar à luz antes de nadar em direção às ilhas vizinhas de Abrolhos. Era o oceano Atlântico.

No início do século xix, a floresta suntuosamente verdejante através da qual esses rios corriam já tinha desaparecido havia muito tempo em grande parte da costa Atlântica do Brasil. Os grupos indígenas sobreviventes tinham se retirado para o interior à medida que povoações foram se espalhando ao longo da costa, entre elas as movimentadas cidades portuárias de Salvador, no Nordeste, e do Rio de Janeiro, mais ao sul, onde línguas africanas eram tão ouvidas quanto o português. Os campos de cana-de-açúcar espalhavam-se nas zonas úmidas costeiras, seus cultivadores consumiam a floresta para alimentar as chamas da produção de açúcar. As cicatrizes deixadas pelo esforço humano também eram visíveis mais para o interior. Nas terras altas de Minas Gerais, dois séculos de mineração de ouro e diamantes, que alimentaram a opulência do Império português, a agricultura de queimada e a criação de gado tinham causado estragos à floresta, deixando em seu rastro manchas de capim e terra nua. Foi, portanto, surpreendente encontrar, a leste dessas terras em direção à costa, uma estreita faixa de floresta que parecia ainda estar intacta. Lá estava uma fronteira no Atlântico.[1]

"Pode-se viajar por dias sem encontrar um único sinal de vida", observou um viajante europeu na região às vésperas da Independência do Brasil (1822).[2] Sua solidão no meio da densa floresta não era ilusão. Durante mais de um século antes de sua viagem, a Coroa portuguesa, zelosamente protegida do contrabando de ouro e diamantes do interior para a costa, proibiu o povoamento do litoral atlântico nas capitanias do sul da Bahia e do Espírito Santo. Essa proibição se misturou com a resistência tenaz das populações indígenas da região para preservar o território contra todos, menos os mais aventureiros, os desesperadamente pobres ou os escravizados fugitivos (Figura 0.1).

No entanto, à medida que as minas se esgotavam, o fascínio da floresta remanescente e de sua generosidade tornou-se irresistível, atraindo um fluxo crescente de colonos no início do século xix. Assim, à medida que o viajante prosseguia pela costa, sentia sua solidão se dissipar. Logo se deparou com uma aldeia indígena e, mais à frente, com campos de mandioca que emolduravam uma pequena cidade com belas edificações cobertas de telhas e um porto de onde eram enviadas mercadorias para as vilas e cidades ao longo da costa. Escravizados africanos lavravam os campos enquanto seu senhor português ou mestiço observava de casa, impassível. Um grupo de homens cortava a densa floresta para abrir caminho do interior montanhoso para a costa.[3] Nas décadas seguintes à jornada desse viajante, a migração de colonos e seus escravos para o território indígena transformaria permanentemente a fronteira Atlântica, a floresta remanescente e seus habitantes seriam removidos para dar lugar a estradas e ferrovias, café e mandioca. Incentivando essas iniciativas, a Coroa portuguesa, que havia se mudado para o Rio de Janeiro em 1808 fugindo da invasão ibérica por Napoleão, foi aos poucos abrindo mão da proibição de povoamento na região. Do conforto de sua "Versalhes tropical", a monarquia acolheu os colonos como meio para introduzir o progresso numa região distante, considerada "infestada" de índios selvagens e vagabundos.[4]

O progresso continuava a ser uma aspiração ambígua na altura da independência nacional, em 1822, e no início do período imperial (1822-89). Sob o governo de d. Pedro I, que permaneceu na antiga colônia depois de seu pai, d. João VI, e o resto da realeza terem regressado a Portugal, o Brasil tornou-se a única monarquia num mar de repúblicas hispano-americanas. A elite encarregada de traçar o rumo da nova nação olhava com consternação para a grande população afrodescendente, indígena e mestiça, que considerava um obstáculo ao progresso nacional. Mesmo assim, eles asseguraram a continuidade da escravidão, base de sua própria riqueza e poder. O comércio transatlântico de escraviza-

FIGURA 0.1. *Brasil e a fronteira Atlântica.*

dos continuaria até 1850, e o Brasil conquistaria a ignominiosa marca de ser a última nação das Américas a abolir a escravidão, em 1888.

No entanto, embora essa dependência da escravidão colocasse em dúvida a aptidão do Brasil para o progresso, seus líderes também delinearam uma visão notavelmente inclusiva da cidadania, que sugeria otimismo quanto ao futuro nacional. Na nova Constituição, de 1824, a cidadania brasileira foi estendida a todos os nascidos livres em solo brasileiro, independentemente de raça ou cor. Isso incluía os escravos nascidos no Brasil e libertos. A natureza da inclusão no Brasil contrastava com a dos Estados Unidos, onde a raça era utilizada para negar a cidadania a indígenas, escravizados e negros nascidos livres até que a 14ª Emenda (1868) definiu a cidadania, inclusiva e incondicional, por nascimento ou naturalização — e mesmo isso com muitas restrições.[5] A nacionalidade racialmente inclusiva do Brasil foi reafirmada em 1845, quando o imperador Pedro II aprovou um ensaio escrito para o Instituto Histórico e Geográfico Brasileiro, celebrando as origens da nação e sua herança única, nascida da mistura das "três raças", indígena, africana e portuguesa.[6]

Esse discurso de mistura e harmonia racial tornou-se um poderoso, embora controverso, marcador da identidade nacional brasileira desde então. Defendido por ativistas afro-brasileiros para reivindicar mais inclusão no final do século XIX e início do século XX, a ideia ganhou aclamação internacional na década de 1930 em sua encarnação como "democracia racial", a alegação do antropólogo Gilberto Freyre de que o Brasil estava livre de preconceitos raciais por sua longa história de mistura de raças. Esse nacionalismo racial, promovido durante o fervor nacionalista do primeiro mandato do presidente Getúlio Vargas (1930-45), também serviu para censurar a violência das leis Jim Crow dos Estados Unidos. Identidades nacionais mestiças semelhantes também surgiram noutras nações latino-americanas, incluindo Cuba, México e Colômbia.[7]

As identidades nacionais racializadas só podem fazer sentido quando são fundamentadas nas especificidades históricas de cada lugar. Parece então que a fronteira Atlântica, onde descendentes de portugueses empreendedores cultivavam a terra entre filhas de nativos e escravizavam futuros cidadãos — no justo momento em que d. Pedro II exaltava a união das "três raças" —, ofereceria as condições ideais para que a nacionalidade racialmente inclusiva do Brasil pudesse ser forjada. Este livro conta uma história diferente. Desde as vésperas da Independência, em 1822, até os anos que se seguiram ao fim do regime monárquico, em 1889, a fronteira Atlântica foi palco de uma terrível violência contra os indígenas e da consolidação da escravidão de africanos. Por meio de uma análise do povoamento da fronteira do Brasil pós-Independência, o livro argumenta que a exclusão e a desigualdade dos povos indígenas e afrodescendentes se tornaram parte integrante da construção de uma nacionalidade e de uma cidadania inclusivas. Longe de ser uma periferia irrelevante da nação, a fronteira era o espaço em que se definiam os limites e as amarras da cidadania brasileira. No centro desses conflitos estiveram os escravizados de origem africana, cujo trabalho permitiu a abertura da Mata Atlântica, e os autônomos — povos indígenas que não tinham se incorporado à sociedade colonial portuguesa — cujas terras se tornaram palco de assentamento de colonos. Eram mulheres e homens cuja heterogeneidade civil, cultural e racial não se encaixava nas emergentes ideias nacionais de um *povo brasileiro* homogêneo; examinar suas vidas na fronteira Atlântica nos permite ver as fissuras na nacionalidade inclusiva do Brasil.[8]

Concentrar nosso foco na fronteira possibilita compreender a construção da nação no Brasil pós-colonial e em outras nações latino-americanas. No essencial, este livro entende as fronteiras como espaços de disputa com o Estado-nação. Na altura da Independência, o Brasil era um vasto território constituído por antigas capitanias díspares e múltiplas fronteiras, tanto externas como internas, num território maior do que o território continental dos Estados Unidos. Com exceção das minas no interior, o povoamento concentrou-se no litoral. Grande parte do território, da Amazônia às fronteiras disputadas com a América espanhola, no extremo oeste e sul, fazia parte da nova nação, mas apenas no nome, pois seu território estava em disputa pelas populações indígenas e pelas redes de poder locais e regionais; havia muitas reivindicações concorrendo à sua posse. Porque era uma monarquia, o Brasil pode ter sido poupado da desestabilização política que abalou as repúblicas hispano-americanas após a Independência. Ainda assim, o Estado-nação tinha uma presença incerta nas fronteiras, à semelhança do norte do México, dos Andes Orientais, dos Pampas argentinos ou da Patagônia. A fronteira Atlântica não era exceção.[9]

Se as fronteiras eram características importantes do território físico do Brasil, a fronteira como conceito não teve tanta importância quanto na historiografia norte-americana. Como vários estudiosos observaram, isso se deve, pelo menos em parte, à resistência dos historiadores brasileiros ao argumento nacionalista e muito criticado de Frederick Jackson Turner de que a fronteira oeste e a disponibilidade de terras livres engendraram um espírito democrático único dos Estados Unidos. Tal ideia parecia absurda às nações latino-americanas, onde a expansão das fronteiras consolidava o poder dos grandes proprietários de terras e incentivava a exploração.[10] Na verdade, os brasilianistas prefeririam o sertão — os sertões, o agreste, o interior incivilizado — cuja exploração e povoamento coloniais se tornaram tema das principais historiografias nacionais.[11] No entanto, pesquisas recentes deram novo fôlego aos estudos sobre a fronteira nas Américas. Esses trabalhos veem as fronteiras internas e externas como espaços de contato, permeabilidade e negociação. Segundo a descrição de um historiador, a fronteira "abrange a noção de franjas de impérios, de zonas selvagens, de territórios disputados entre diferentes grupos de colonos e populações rivais e de uma zona aberta à procura de recursos e de oportunidades comerciais".[12]

Essa fluidez nos papéis dos indígenas e dos afrodescendentes na configuração da dinâmica da fronteira é essencial para compreender a fronteira pós-colonial. Ao longo deste livro são exploradas as múltiplas interações entre indígenas, afrodescendentes, colonos e agentes do Estado na fronteira Atlântica. Também vamos analisar como essas interações moldaram e foram moldadas pela política estatal e pelo discurso das elites nos níveis local, nacional e transnacional. Para isso, o trabalho revela as formas complexas com que a nação se formou, simultaneamente, na fronteira e no centro. Tal abordagem nos permite abandonar a definição da fronteira como a "margem" desorganizada à qual o Estado estendeu progressivamente o controle. É na fronteira que a relação entre raça, nação e cidadania foi dia a dia testada e definida; espaço, portanto, central para a história pós-colonial do Brasil.

Isso foi mais acentuado na fronteira Atlântica, as terras outrora proibidas pela Coroa portuguesa, no entroncamento das províncias de Minas Gerais, Bahia e Espírito Santo.[13] Os métodos predatórios esgotaram as minas no interior de Minas Gerais, e a região com um longo litoral contornando um dos últimos trechos de Mata Atlântica original no sul da Bahia e no Espírito Santo se tornou alvo da colonização no século XIX. As elites e os colonos imaginavam essas terras virgens e vazias, mas as populações nativas locais, os chamados índios botocudos* (discutidos mais adian-

---

* Assim como a ideia de "índio" foi uma invenção europeia — pois os povos indígenas não formavam uma unidade —, os "botocudos" (de "botoque", tampa de barril, à semelhança das peças de madeira que alguns indígenas usavam nos

te), eram havia muito seus habitantes, envolvidos em suas próprias alianças e conflitos interétnicos por controle territorial e poder político. O contato e a negociação que um dia moldaram as relações entre os indígenas e os colonos cederam cada vez mais espaço ao conflito, quando o interesse em suas terras e em seu trabalho se intensificou no final do período colonial, levando o monarca português a declarar uma guerra ofensiva contra eles em 1808, que continuaria após a Independência. O botocudo capturou o fascínio grotesco de brasileiros e estrangeiros como epítome do selvagem indomável que, mesmo sendo nativo do solo, existia à margem da civilização. Assim, a história dos botocudos, que se tornaram objeto tanto de impiedosa violência quanto de políticas de aculturação, é ilustrativa das ambiguidades e das possibilidades limitadas da cidadania indígena (Figura 0.2).

Igualmente importante foi a escravidão africana, que impulsionou a colonização das terras indígenas. Em meados do século XIX, o trabalho escravo impulsionaria a região — cujo centro era a cidade de São Mateus, no norte do Espírito Santo, e a Colônia Leopoldina, no sul da Bahia — a se tornar grande produtora de farinha de mandioca e café para o mercado nacional (e ocasionalmente internacional). Surgiu uma poderosa oligarquia pró-escravidão que lutaria contra a abolição com unhas e dentes até a última hora. O rastreamento da expansão e consolidação da escravidão na fronteira Atlântica após a Independência mostra como ela foi indissociável da colonização violenta do território indígena. Demonstra também como a fronteira, incorporada à nação, se tornou o espaço onde os não cidadãos eram reproduzidos.

A impossibilidade de entender a história da fronteira sem considerar as experiências africanas e indígenas é o ponto crucial

---

lóbulos das orelhas e nos lábios) surgiram de uma unificação tribal forçada, uma criação dos portugueses. (N. E.)

FIGURA 0.2. *Uma família de botocudos em viagem.*

deste livro. Porque a história pós-colonial brasileira tem se debruçado tanto sobre os afrodescendentes e, comparativamente, tão
pouco sobre os indígenas? É claro que esse desequilíbrio pode ser,
em parte, explicado pela demografia: nas vésperas da Independência, o Brasil tinha uma população total de cerca de 4,4 milhões de
habitantes, dos quais 2,5 milhões eram afrodescendentes (entre livres e escravizados) e 800 mil eram os chamados índios "selvagens"
ou autônomos. É um declínio vertiginoso em relação aos cerca de
5 milhões que aqui habitavam no início do século XVI.[14] No entanto, há razões epistemológicas mais profundas que precisam ser
consideradas. Tanto a perspectiva acadêmica quanto a popular
aceitam o Brasil como a nação negra da América Latina por exce-
lência — e mesmo das Américas —, sobretudo tendo em conta o
legado dos 5 milhões de africanos (dez vezes mais do que na América do Norte) que chegaram a suas costas durante os três séculos

do tráfico transatlântico de escravos. Deixar que esses números falem por si, no entanto, oculta nossa própria ação no mapeamento da América Latina com narrativas históricas racializadas. Muitos de nós trilharam caminhos bem definidos, organizando nosso conhecimento sobre a América Latina em termos de negros e indígenas, escravidão e república, Brasil e Caribe versus América Central e Andes. Apesar de um número crescente de pesquisas históricas ter lançado luz sobre as experiências partilhadas pelos povos negros e indígenas em todo o continente americano, elas continuam a ter um enfoque essencialmente colonial. No caso do Brasil, a maioria das pesquisas sobre o período pós-colonial tem se debruçado sobre os povos afrodescendentes e suas ligações com o mundo atlântico forjadas pela escravidão, reforçando a identificação da nação com a negritude.[15]

O reconhecimento de que essas narrativas racializadas continuam a moldar nossas investigações históricas conduz a aspectos mais perniciosos de sua própria gênese. A conhecida história de que as populações nativas "desapareceram", dizimadas por colonos e doenças no período colonial, e foram substituídas por escravizados africanos tornou-se a explicação comum para seu lugar marginal na história pós-colonial do Brasil e do Caribe. Com uma atenção especial à história indígena pós-colonial, à política e à violência anti-indígena, este livro documenta a criação deliberada da "extinção" indígena em meados do século XIX por um conjunto diversificado de interesses, de colonos a administradores indígenas e até de uma comunidade científica nacional e internacional. A invenção da extinção do indígena foi parte integrante da própria formação de uma identidade nacional racialmente inclusiva, negando a essa população a possibilidade de cidadania, mesmo quando os indígenas eram simbolicamente celebrados como pais da nação. Com demasiada frequência, nossa compreensão da história pós-colonial brasileira tomou essa exclusão como certa; e nem questionamos a sério a que serviram tais elisões. Continuar a excluir os indígenas como sujeitos históricos reproduz acriticamente a ideia do século XIX de sua incompatibilidade com a nação. A atenção à fronteira nos permite reavaliar esse poderoso paradigma racial que moldou a nossa compreensão da história da América Latina.[16]

Dito isso, nosso objetivo não é "reinserir" os indígenas na história pós-colonial brasileira. Em vez disso, focamos nas ligações entre as histórias negra e indígena e defendemos que uma é necessária para compreender a outra, sobretudo se estivermos interrogando a relação entre raça, nação e cidadania. Uma rica pesquisa sobre a diáspora africana nos esclareceu sobre as inúmeras maneiras com que a raça e a escravidão moldaram o acesso dos negros à cidadania durante e após a escravidão, em paralelo com o modo como os discursos raciais desempenharam um papel poderoso nos projetos políticos e nos direitos de cidadania dos povos indígenas nos Andes e na América Central.[17] No entanto, uma compreensão mais aprofundada das questões fundamentais com que se confrontaram as nações latino-americanas pós-coloniais — como a escravidão e a abolição, o acesso desigual à cidadania e as construções das diferenças racializadas e da identidade nacional — só pode ser alcançada se forem consideradas as histórias tanto dos negros como dos indígenas. Tal abordagem é necessária para o Brasil, onde a história intelectual da mestiçagem de negros, indígenas e brancos tem sido apenas vagamente conectada às histórias sociais do século XIX, que se concentraram na escravidão, nos africanos e afro-brasileiros e nas relações entre negros e brancos. Ignorar os indígenas não é suficiente para explicar as construções de hierarquias racializadas e o acesso desigual à cidadania que foram fundamentais para a própria construção da nacionalidade inclusiva do Brasil. Estudar a interconexão das histórias indígenas e negras no contexto da construção da nação complica e enriquece os esquemas translocais da diáspora africana e do mundo atlântico que tiveram um impacto inovador no estudo da escravidão brasileira e da pós-emancipação. Ao mesmo tempo, este livro coloca a história dos indígenas brasileiros em diálogo com a literatura sobre os indígenas e a era liberal na América espanhola.

Esta obra apresenta a história da raça, da nação e da cidadania no Brasil por meio das histórias interligadas de negros e indígenas. O estudo adota seis lentes analíticas: escravidão e cidadania; política popular; raça e nação; lei e violência; geografia; e trabalho e abolição. Raça e cidadania são conceitos organizadores em todos os capítulos, ao passo que alguns temas, como geografia e direito, estão presentes em todo o livro, mas ocupam um lugar central em capítulos específicos. Espero que as ferramentas metodológicas e conceituais apresentadas em cada capítulo, e no livro como um todo, sejam úteis para estudiosos do Brasil e das Américas em geral. Um esboço dos capítulos é fornecido no final desta introdução.

O leitor que estiver à espera de uma infinidade de histórias de solidariedade entre negros e indígenas poderá ficar desiludido. A presunção de união inter-racial e semelhança de experiências assumiria o risco de uma narrativa subalterna homogeneizante que obscurece as tensões e as esclarecedoras diferenças. O que faremos é mostrar os caminhos acidentais, e muitas vezes surpreendentes, em que as histórias negra e indígena se sobrepõem e se moldam mutuamente. Essas complexidades permaneceriam ocultas se nos concentrássemos apenas nos descendentes de africanos no Brasil. A exclusão e a desigualdade da população negra e indígena eram parte da própria construção de uma nacionalidade e de uma cidadania inclusivas. O estudo dos dois grupos em conjunto revela os caminhos desiguais pelos quais sua cidadania foi articulada, compreendida e contestada. Por exemplo, embora muitos estudiosos tenham discutido a exclusão da cidadania para pessoas escravizadas na Constituição de 1824, poucos reconheceram como os indígenas autônomos também foram excluídos de acordo com a mesma lógica, de "viverem à margem da sociedade". Os estudiosos da escravidão também não documentaram a ressurreição da servidão indígena que coincidiu com a expansão da africana no século XIX. No entanto, se isso sugeria um estatuto análogo, na década de 1880, os regimes jurídicos divergentes para escravos e indígenas, como evidenciado por dois casos de violência extravagante na fronteira Atlântica, assinalavam a expansão das oportunidades de cidadania para pessoas escravizadas, paralelamente à total exclusão legal dos indígenas. Por outro lado, o livro também chama a atenção para a semelhança do discurso racializado sobre a vagabundagem e a necessidade de disciplina no trabalho usado por missionários, agentes do Estado e abolicionistas em relação a pessoas libertas e indígenas durante a implementação gradual de leis abolicionistas nas décadas de 1870 e 1880. Embora os discursos, proferidos em nome da preparação para a cidadania, tenham ajudado a condenar ambos os grupos ao trabalho servil e, portanto, a um estatuto de segunda classe, os libertos e os indígenas autônomos manifestaram críticas radicalmente diferentes a essas propostas.

Duas importantes descobertas emergem de uma atenção cuidadosa às interações dos negros e dos indígenas com os colonos e os agentes do Estado, a lei e o discurso. Em primeiro lugar, podemos ver suas posições mudando em relação uns aos outros e às hierarquias racializadas incorporadas nas construções da cidadania e da nação. Em segundo, as formas variadas como os negros e os indígenas interpretaram, tiraram vantagens e rejeitaram os termos de exclusão e de cidadania desigual recordam-nos que, embora muitos tenham imaginado e reivindicado a cidadania em seus próprios termos, ela nem sempre, ou necessariamente, era o objetivo desejado. Se essa afirmação parece contradizer as ricas pesquisas sobre as histórias intelectuais e políticas da cidadania negra e indígena no mundo atlântico, este livro se propõe ao contrário. Porque, tal como os estudos sobre o monarquismo popular abriram nossos olhos para os complexos mundos políticos dos atores de fora da elite, as vidas dos negros e dos indígenas na fronteira Atlântica recordam-nos que a cidadania era apenas uma entre muitas possibilidades políticas. O nosso trabalho consiste em reconhecer as várias visões, em vez de as integrar numa narrativa unificada e linear que conclua com a conquista da cidadania.[18]

O restante desta introdução oferece ao leitor um pouco mais de conhecimento sobre o local que se tornaria a fronteira Atlântica.

A FRONTEIRA ATLÂNTICA: O LUGAR E AS PESSOAS

Para um lugar de grande fama na história brasileira, a fronteira Atlântica é, notavelmente, pouco estudada. A "Costa do Descobrimento", como é hoje conhecido o seu extremo norte, foi o local do primeiro desembarque do explorador português Pedro Álvares Cabral, em 1500, no sul do atual estado da Bahia. Cabral e sua tripulação estavam a caminho da Índia até que os ventos e as correntes os desviaram bruscamente da rota. Quando avistaram uma montanha alta, lançaram âncora e logo se depararam com vários homens de "cor castanho-escura, um pouco avermelhada", portando arcos e flechas, que pareciam dar as boas-vindas aos acidentalmente recém-chegados. Na companhia de indígenas, o grupo ergueu uma cruz e celebrou a primeira missa.[19] A administração da nova, mas já disputada, terra começou em 1533 com o início do sistema de capitanias sob o rei João III, que dividiu o litoral brasileiro em quinze parcelas e os cedeu a doze fidalgos portugueses para que se tornassem senhores proprietários das terras. Aos fidalgos eram concedidos certos direitos e privilégios em troca da obrigação de colonizar, povoar e desenvolver a economia de sua capitania. Pero de Campos Tourinho recebeu a capitania do local onde Cabral ancorou, chamada de Porto Seguro. Ao sul, separada por uma fronteira incerta, ficava a capitania do Espírito Santo, cedida a Vasco Fernandes Coutinho. Porto Seguro e Espírito Santo permaneceram pouco povoadas durante grande parte do período colonial, mesmo quando os engenhos de açúcar foram rapidamente erguidos ao longo do litoral atlântico, movidos em grande escala por indígenas escravizados.[20]

Vários fatores contribuíram para a escassez de povoamento. Nas primeiras décadas após a chegada de Cabral, a Coroa portuguesa mostrou apenas um tímido interesse por sua possessão americana, sua atenção permanecia cativada pelo lucrativo comércio com a Índia. Enquanto isso, o estabelecimento de plantations de cana-de-açúcar na costa brasileira, nas décadas de 1530 e 1540, incentivado pela Coroa, desfrutou de um sucesso desigual. A maioria concentrava-se no Nordeste, acima de Porto Seguro, em grande parte devido a relações mais amistosas com as populações indígenas locais.[21] Porto Seguro, ao contrário, era habitada por populações indígenas hostis, a quem os portugueses chamavam de aimorés. "As capitanias de Porto Seguro e Ilhéus (ao norte) são destruídas e quase despovoadas por medo desses bárbaros", observou o cronista e fazendeiro Gabriel Soares de Souza em 1587. "Os engenhos não lavram açúcar por lhe terem morto todos os escravos e gente deles. [Os colonos] tomaram tamanho medo, que em se dizendo *Aymorés* despejam das fazendas." Cronistas posteriores descreveram de forma semelhante o despovoamento de Porto Seguro.[22] Assim, enquanto a cidade de Salvador, na Bahia, começava a florescer, tendo sido estabelecida como capital real em 1549, a fronteira Atlântica continuava a definhar, com apenas algumas aldeias jesuítas e plantações de cana-de-açúcar. Os jesuítas tiveram mais sucesso ao sul do Espírito Santo, com suas missões em Reis Magos (hoje Nova Almeida) e Santa Cruz.

De acordo com um historiador, a fronteira Atlântica permaneceu, com exceção da Amazônia, uma das áreas mais escassamente povoadas de todo o Brasil.[23]

Outra circunstância singular responsável pelo esparso povoamento da região teve início na década de 1690, com a descoberta de ouro na capitania de Minas Gerais, localizada mais para o interior em relação a Porto Seguro e ao Espírito Santo. O ciclo do ouro deu início a um dos períodos mais opulentos e brutais da era colonial brasileira. Os africanos que sobreviveram aos horrores da travessia Atlântica foram levados para as minas, onde um regime de trabalho impiedoso explorou, no seu apogeu, mais de 100 mil escravos.[24] No entanto, se a corrida ao ouro desencadeou a especulação e a destruição ambiental em Minas Gerais e em sua população indígena, o litoral atlântico foi poupado. Isso porque a Coroa, ciosa de seu monopólio mineiro, controlava rigorosamente o transporte do ouro e dos minerais preciosos, permitindo apenas três rotas terrestres através dos terrenos rochosos e perigosos para portos distantes.[25] A Coroa fechou a rota mais curta para o Atlântico, através de Porto Seguro e Espírito Santo, a partir de 1701, a fim de manter seu direito ao quinto real sobre toda a produção de ouro e desencorajar contrabandistas e rivais estrangeiros a fugirem dos impostos.[26] Devido a essa política, o litoral atlântico foi vedado aos exploradores e colonos, apesar — ou por causa — de sua riqueza natural e dos muitos rios e riachos que ligam o interior à costa. Com o tempo, a região passou a ser conhecida como Terras Proibidas, e foi poupada da devastação das minas de ouro, plantações de açúcar e fazendas de tabaco. Indígenas e um punhado de outros, incluindo escravizados fugitivos e pobres livres, encontraram ali refúgio da expansão colonial.[27]

No entanto, muito mais eficaz do que a política da Coroa para desencorajar o povoamento na fronteira Atlântica foi a população nativa, cuja resistência contínua ao colonialismo suscitava fantasias de selvagens errantes e canibais. Os grupos indígenas da região incluíam os puri, makoni, malali, maxacali, panhame, kumanaxó, monoxó, kutaxó, kopoxó, pataxó e kamakã. Os mais destacados, no entanto, eram aqueles a quem os portugueses chamavam de botocudos, um nome que provavelmente derivava do botoque, ou tampa de barril, que se pensava assemelhar-se às peças de madeira que alguns índios inseriam nos lóbulos das orelhas e nos lábios inferiores.[28] Nenhum desses nativos se referia a si mesmo por esse nome. Os botocudos eram, portanto, um povo indígena que surgiu através de uma unificação tribal forçada, ou etnogênese, resultante dos efeitos desestabilizadores do colonialismo. Os "índios" também foram uma criação europeia, é claro, pois os povos indígenas das Américas não percebiam nenhuma unidade entre si. De acordo com Hal Langfur, os botocudos "fundiram-se num povo identificável em grande medida como produto do contato, da luta e da representação contra os colonos invasores".[29] A característica que os definia era a resistência à expansão portuguesa, mais do que qualquer critério cultural, material ou linguístico.[30] Em sua maioria falantes do tronco linguístico macro-jê, viviam como caçadores e coletores seminômades, tendiam a se deslocar em pequenos grupos e dependiam da terra para o bem-estar material e espiritual. Derivaram de uma variedade de grupos indígenas habitantes da costa Atlântica. O pequeno número de sobreviventes identifica-se atualmente como krenak. Para complicar ainda mais a identificação étnica, alguns designativos foram emprestados de chefes ou atribuídos, com base em algumas características, por outros grupos, como maxacali ("reunião de tribos"), naknenuk ("não é da terra") ou giporok ("mau").[31] Às vezes esses grupos eram identificados como "subgrupos" dos botocudos e, outras, como seus inimigos. No empenho de clareza narrativa e seguindo a prática de outros estudiosos, este livro utiliza os termos "indígena" e "botocudo", a menos que seja indicada outra etnia ou subgrupo específico. É importante lembrar que, na maioria dos casos, apenas com esse nome eles se tornam visíveis no registro histórico. Além disso, embora a guerra tenha sido oficialmente apenas contra os botocudos, suas repercussões se estenderam a todos os que viviam na região, produzindo novas hostilidades e alianças interétnicas.

O desprezo dos portugueses pelos botocudos era parte essencial de suas genealogias indígenas inventadas. No início do período colonial, os colonos e exploradores, com seus conhecimentos limitados, tinham agrupado as populações indígenas em dois grandes tipos, aos quais atribuíam qualidades essencializadas e contrastantes. De um lado estavam os tupis (tupinambás), simpáticos aos portugueses. No século XIX, no auge do indianismo romântico, o imperador Pedro II e sua corte celebraram os tupis como a origem do povo brasileiro e símbolos da nação. Do outro lado, estavam os hostis tapuias, que os portugueses consideravam os ancestrais dos aimorés, os que haviam enfrentado ferozmente os primeiros colonizadores.[32] Os aimorés, a quem os portugueses acusavam de canibalismo, eram, por sua vez, tidos como os predecessores dos botocudos.[33] Tais epistemologias coloniais baseadas em simples dualidades — bom e mau, simpático e hostil, cristianizado e pagão, dócil e feroz, civilizado e selvagem — continuaram a orientar as políticas indigenistas e a justificar a violência anti-indígena durante todo o século XIX.[34]

No início do século XVIII, os portugueses tinham elevado os botocudos à encarnação sui generis da selvajaria. O medo da agressividade e do canibalismo dos botocudos tornou-se um poderoso dissuasor do povoamento da fronteira Atlântica, que se manteve livre dos tentáculos da colonização até meados do século (Figura 0.3). Nessa altura, porém, ficou evidente que as tecnologias agressivas e predatórias tinham esgotado as minas e causado estragos à terra. Aqueles cuja difícil labuta esteve sempre sujeita aos caprichos da economia mineira viram-se então obrigados a procurar fontes alternativas de subsistência. Logo as fantasias de reservas inexploradas de ouro e diamantes e o fascínio por madeiras e terras preciosas na fronteira Atlântica começaram a superar o medo que tinham dos habitantes nativos. Na imaginação dos colonos, os botocudos transformaram-se de perigo a ser evitado a todo custo em praga que impedia o acesso a um terreno virginal. Se a hostilidade indígena tinha sido durante muito tempo a barreira invisível que protegia a fronteira Atlântica, com o esgotamento das minas ela evoluiria para o oposto: o pretexto para uma violenta conquista.

O desimpedimento das Terras Proibidas, que começou no interior de Minas Gerais na década de 1760, foi gradualmente se deslocando para o leste da fronteira Atlântica e produzindo conflitos crescentes entre colonos e grupos indígenas. A declaração de guerra ofensiva do príncipe regente d. João vi, em 1808, contra os botocudos de Minas Gerais, Porto Seguro e Espírito Santo, foi, portanto, apenas o reconhecimento oficial da iniciativa colonizadora planejada por décadas.[35] Longe de ser um ponto culminante, as guerras aos botocudos que vigorariam até 1831 só facilitariam uma onda implacável de violência anti-indígena nas décadas seguintes. Entrando no período pós-colonial como índios "selvagens" odiados e alvos da guerra, os botocudos foram efetivamente excluídos da cidadania brasileira e seriam expostos reiteradas vezes às consequências brutais da posição ambígua na nova nação.

A princípio, a Coroa ficou descontente com a explosão de iniciativa dos colonos locais, pois não estava disposta a renunciar ao rígido controle sobre as minas e sobre os caminhos terrestres e fluviais que as ligavam ao Atlântico. A realidade econômica e a incapacidade de conter com celeridade a onda de colonos mudaram a perspectiva do governo. A Coroa também reconhecia a fronteira Atlântica como um espaço para implementar uma nova visão de seu império nos trópicos. Essa constatação levou à inau-

FIGURA 0.3. *Índios botocudos no imaginário colonial. Embora muito duvidosa, sua associação ao canibalismo despertou medo em brancos e negros e se tornou um pretexto para a violência anti-indígena. Esta imagem é notável pela presença de pessoas negras tanto entre as vítimas como entre os agressores.*

guração de uma nova política de desenvolvimento econômico e racial que transformaria a região e impactaria as concepções posteriores de cidadania negra e indígena. As sementes dessas mudanças haviam sido plantadas décadas antes da chegada da Coroa ao Brasil em 1808. Quando os rendimentos das minas do Brasil começaram a minguar, em meados do século XVIII, do outro lado do oceano Atlântico, Sebastião José de Carvalho e Melo, o futuro Marquês de Pombal (que governou de 1750 a 1777), estava conduzindo Portugal à era do despotismo iluminista. Com o propósito de reforçar o controle metropolitano sobre as colônias e aumentar a eficiência administrativa, à semelhança das reformas

Bourbon na América espanhola, Pombal nomeou novos ouvidores para a capitania de Porto Seguro na década de 1760.[36] A nomeação, que confiava aos ouvidores a supervisão do desenvolvimento econômico e do povoamento da capitania, marcava uma clara ruptura com a política de Terras Proibidas.[37] Os ouvidores ficaram também responsáveis pela administração secular dos indígenas após a expulsão dos jesuítas por Pombal em 1759 (a ordem foi expulsa da América espanhola em 1767), com base num novo corpo legislativo conhecido como Diretório dos Índios. O principal objetivo do Diretório era transformar os indígenas em vassalos reais por meio da aculturação na sociedade portuguesa.[38]

Nesse meio-tempo, oito novas vilas se estabeleceram no litoral, entre 1759 e 1800, algumas das quais eram antigas aldeias jesuítas: Belmonte, Vila Verde, Trancoso, Prado, Alcobaça, Vila Viçosa, São José de Porto Alegre e, em seguida, São Mateus. Eram todas adjacentes a, ou estavam na foz de numerosos rios interconectados que ligavam Minas Gerais à costa atlântica, e o potencial de abertura de novas rotas comerciais de navegação e transporte entusiasmou inúmeros especuladores e aventureiros. Nas áreas controladas pelos portugueses a população duplicou, entre 1780 e 1820, para mais de 16 mil pessoas, revertendo o abandono que havia muito caracterizava a região.[39] As fronteiras administrativas também foram redesenhadas. Em 1763 Pombal autorizou o ouvidor Couceiro de Abreu a estender a jurisdição de Porto Seguro a seu vizinho do sul, a comarca de São Mateus na capitania do Espírito Santo, que também incluía o povoado costeiro de Barra de São Mateus, ao qual estava ligado pelo rio que lhe dava o nome. A comarca de São Mateus estendia-se até o sul do rio Doce, um dos principais cursos d'água que ligam Minas Gerais ao Atlântico (Figura 0.4). Essa medida ampliou o território de Porto Seguro, incorporando uma grande faixa da fronteira Atlântica. A anexação estimulou o desenvolvimento econômico de São Mateus, trans-

FIGURA 0.4. *Viajantes do início do século XIX exploraram avidamente a fronteira Atlântica, servindo tanto de testemunhas como de promotores do seu povoamento. O Doce, que corria pelo território botocudo, era um dos principais rios da região.*

formando-a numa importante produtora de farinha de mandioca, que era embarcada pela barra e exportada para o restante de Porto Seguro, Salvador e, eventualmente, para o Rio de Janeiro.[40] A partir de então, São Mateus identificou-se administrativa, política e economicamente com Porto Seguro e, mais tarde, com a Bahia. São Mateus foi finalmente incorporada ao Espírito Santo durante a Independência, quando a nova província da Bahia absorveu o resto de Porto Seguro e as capitanias de Ilhéus em suas fronteiras.[41]

Após a Independência, a região que formava a fronteira Atlântica foi dividida em duas novas comarcas: Caravelas, no sul da Bahia, incluindo as cidades de Caravelas, Viçosa, São José de Porto Alegre, Alcobaça e Prado; e São Mateus, compreendendo São Mateus e Barra de São Mateus, do outro lado da nova fronteira provincial no Espírito Santo.[42] Os residentes estabeleceram redes regionais que transcendiam as fronteiras administrativas e que muitas vezes incluíam o norte de Minas. A região manteria uma relação conflitiva com os governos provincial e nacional, por vezes concordando avidamente com suas políticas de desenvolvimento e administração indígena e outras, resistindo às suas visões de integração nacional e de progresso, além da abolição.

Essas cidades da fronteira Atlântica estavam inseridas em territórios habitados por diversos grupos indígenas. Muitos dos colonos eram mineiros pobres em busca de novas oportunidades em terras liberadas para povoamento por operações militares anti-indígenas. No extremo norte, a cidade do Prado (1036 habitantes), de maioria indígena, e a pequena mas próspera cidade de Alcobaça, produtora de mandioca, situavam-se na foz, respectivamente, dos rios Jucuruçu e Itanhém. Entre os cerca de novecentos habitantes de Alcobaça havia portugueses, açorianos, negros escravizados e trabalhadores braçais chineses enviados das plantações de chá do Rio de Janeiro. Alcobaça e Prado comercializavam seus alimentos e ferramentas com os pataxós, que mantinham uma atitude de hostilidade em relação aos colonos. Os pataxós haviam se aliado aos maxacalis contra as incursões dos botocudos. Perto de Alcobaça havia algumas pequenas propriedades trabalhadas por escravizados, como por exemplo uma fazenda de mandioca administrada por um inglês.[43]

A sul de Alcobaça ficava Caravelas, a maior cidade da região e sede da comarca. Com várias ruas e casas bem cuidadas com azulejos de cerâmica coloridos, tinha uma população total de 3552 habitantes, 40% dos quais (1434) eram negros e pardos escravizados. Em seu grande porto chegavam navios de Pernambuco, Bahia, Rio de Janeiro e Espírito Santo para comercializar o algodão, a farinha de mandioca e o óleo de baleia. Mais abaixo na costa, passando por um manguezal e por bancos de areia, ficava

Vila Viçosa, outra cidade produtora de mandioca, cuja câmara municipal entrou repetidas vezes em conflito com os europeus plantadores de café da vizinha Colônia Leopoldina, localizada no rio Peruípe, que liga as duas localidades, por causa de títulos de terra. O rio Mucuri e São José de Porto Alegre, um povoado pobre de maioria indígena onde o Mucuri encontra o Atlântico, marcavam a fronteira mais meridional da província da Bahia após a Independência. Foi aqui que o já referido viajante europeu encontrou um capitão à frente de um grupo multirracial de trabalhadores que abriam uma estrada para o interior. No extremo sul da fronteira Atlântica estava a mais nova e já próspera cidade de São Mateus, localizada rio acima da cidade de Barra de São Mateus. De seus 3120 habitantes, em 1820, 42% (1336) eram escravos negros e pardos. O crescimento da economia de São Mateus com a exportação de madeira e mandioca (por ano, entre 1815 e 1817, foram exportados 60 mil alqueires, cada um equivalendo a 36,3 quilos) colocou os moradores contra os vários grupos indígenas que viviam ao longo do rio, com tais tensões chegando a hostilidades interétnicas. Em sua margem norte estavam os kumanaxós, pataxós e maxacalis, que tinham unido forças contra os botocudos na margem sul. Mais acima do rio São Mateus, o destacamento militar de Galvêas foi fundado para impedir que indígenas hostis chegassem à cidade. De vez em quando, ouvia-se o batuque dos africanos escravizados que vinham de propriedades escondidas entre florestas de jacarandá e caju.[44]

Em comparação com os indígenas, a população afrodescendente nesses primeiros anos era quase invisível. No momento da Independência, a escravidão africana ainda era pequena em comparação com as grandes cidades e zonas de plantation, mas já se aproximava de metade da população em cidades maiores como São Mateus e Caravelas. Nas fontes, essa população aparece esporadicamente, por exemplo, na proibição pelos ouvidores de casamentos e apadrinhamentos entre negros e indígenas (um importante indicador de relações afetivas inter-raciais), ou nos registros de batismo e casamento de Alcobaça, na década de 1780, que incluem escravizados negros e pardos que acompanhavam seus senhores de Ilhéus. Também presentes estavam os libertos e os pobres livres de Minas Gerais, que tinham chegado em busca de novas oportunidades. No entanto, as fontes são frustrantemente opacas em relação a não brancos livres, o que marca um forte contraste com a grande visibilidade da escravidão e dos escravizados após a Independência. Por essa razão, este livro concentra-se principalmente nas pessoas escravizadas de origem africana e nos botocudos.[45] No entanto, mesmo no caso dos escravizados, há apenas documentação esparsa que permita conhecer os pontos em que foram vendidos e suas presumíveis origens, sobretudo no final do século XVIII e na primeira metade do século XIX. Os poucos dados disponíveis indicam que a maioria da população escravizada de origem africana chegou após a Independência, com a expansão da escravidão para a fronteira Atlântica. A maioria trabalhava na produção de farinha de mandioca de pequena escala, outros, nas poucas plantações de café que havia. Com a eterna escassez de mão de obra na fronteira Atlântica, a escravidão africana tornou-se tão importante que os grandes senhores de escravos em São Mateus e na Colônia Leopoldina conquistaram uma extraordinária influência econômica e política, chegando a extremos para manter sua propriedade humana. A atenção dada aos escravizados revela, assim, não só a importância de seu trabalho para o desenvolvimento da fronteira, mas também os enormes obstáculos que se colocavam em seu caminho para a emancipação. Por meio do que sabemos de suas vidas na fronteira, podemos ver como as pessoas escravizadas resistiram, desafiaram e negociaram os limites e os significados da escravidão, da liberdade e da cidadania.[46]

Aqui viajaremos entre a fronteira Atlântica e o Rio de Janeiro, acompanhando o movimento de indígenas e escravizados, colonos e missionários, leis e saberes, políticas nacionais e práticas locais. No fundo, as fronteiras provinciais entre Bahia, Espírito Santo e Minas Gerais pouco significavam para aqueles que as atravessavam com regularidade. Os muitos significados que os vários atores deste livro deram ao território — como espaço de rompimento com a escravidão, de poder e sustento, de oportunidade econômica, ou de trevas a serem trazidas para a luz da civilização — são importantes pontos de vista para examinar os conflitos sobre raça, nação e cidadania no Brasil do século XIX.

SÍNTESE DOS CAPÍTULOS E NOTA SOBRE AS FONTES

O capítulo 1 aborda a relação entre a escravidão negra e indígena e a cidadania. Começa com uma discussão sobre a Constituição de 1824, cuja concepção inclusiva de cidadania tinha como premissa a exclusão implícita dos escravizados negros e dos indígenas. Tais exclusões se reproduziram na fronteira Atlântica, onde a escravidão indígena foi legalizada durante as guerras aos botocudos ao mesmo tempo que a escravidão africana se expandia na região. O leitor é apresentado à Colônia Leopoldina, uma colônia de imigrantes europeus fundada no sul da Bahia às vésperas da Independência, cuja transformação em fazenda com trabalho escravo expôs os fracassos da Coroa e do Estado em "civilizar" a fronteira por meio do trabalho branco e livre. O capítulo 2 concentra-se na política popular. Examina as várias formas como os negros e os indígenas viveram e interpretaram a construção da nação na fronteira, aproximadamente entre as décadas de 1820 e 1850, incluindo o violento confronto com os senhores e os colonos, as negociações estratégicas e, por vezes, as reivindicações por cidadania. Em vez de enquadrar todos os exemplos na rubrica de

39

uma aspiração universal à cidadania, o capítulo argumenta que essa era apenas uma entre as várias possibilidades e demonstra como a expansão do Estado foi moldada pelas mesmas pessoas que procurava excluir. A raça e a identidade nacional são os temas centrais do capítulo 3. Ali argumento que a oficialização da mestiçagem como uma identidade nacional brasileira singularmente inclusiva em meados do século xix — uma suposta "solução" para dois problemas semelhantes: uma grande população africana e uma persistente população indígena "selvagem" — foi inseparável da promoção ativa da extinção dos indígenas. As políticas indigenistas aculturativas, destinadas a "civilizar" os índios para a inclusão nacional, operaram junto com a violência dos colonos, os movimentos artísticos românticos e a emergente ciência da raça para fazer da extinção indígena uma verdade. O capítulo também demonstra como as ideias raciais sobre os indígenas moldaram ideias correspondentes sobre os afro-brasileiros de maneiras surpreendentes.

O nexo entre lei, violência e cidadania nos últimos anos da escravidão e do domínio imperial é o tema do capítulo 4. Comparando dois casos de violência exacerbada do início da década de 1880, esse capítulo demonstra a relação divergente dos escravizados e dos indígenas com o corpo de leis da nação. O primeiro exemplo é o de uma família branca que castrou e assassinou clandestinamente um de seus escravos, que engravidou sua senhora, e o segundo, o massacre de uma aldeia indígena por colonos. Apesar dos desfechos violentos para ambos, o capítulo argumenta que os casos revelam a crescente inclusão legal das pessoas escravizadas, paralelamente à efetiva exclusão legal dos índios. Examina também práticas específicas de violência através das lentes de gênero, poder e legitimidade na década de 1880. O capítulo 5 ilustra os usos e significados da geografia por um grupo de mulheres e homens quilombolas de São Mateus em 1880-1, e um rumor de insurreição antiescravidão em que alguns deles foram implicados em 1884. Fazendo uso do conceito de "geografias insurgentes", mostro como pessoas escravizadas utilizaram suas próprias reivindicações territoriais para afirmar uma visão específica da cidadania e da política antiescravidão na ausência de caminhos legais para a liberdade. O capítulo também traça as aventuras do lendário quilombola Benedito, cuja vida foi ricamente narrada em histórias orais locais, mas pouco pesquisada até agora. O trabalho e a abolição são abordados no capítulo 6. A iminente abolição da escravidão (1888) revigorou o interesse pela mão de obra indígena, uma vez que os senhores de escravos locais resistiam ao abolicionismo com crescente violência e demagogia. Esse capítulo argumenta que missionários, agentes do Estado e abolicionistas partilhavam ideias muito semelhantes sobre a necessidade de disciplinar os negros e os indígenas por meio de regimes de trabalho a fim de prepará-los para uma cidadania servil. Além disso, essa visão estava ligada à disputa pelo controle territorial. O capítulo conclui com uma discussão sobre as críticas radicalmente diferentes dos negros e dos indígenas à sua cidadania limitada no final do século XIX.

Os arquivos são ao mesmo tempo abundantes e exasperantes para o historiador que procura escrever sobre negros e indígenas no Brasil pós-colonial. De cara é preciso lidar com uma separação entre a vida negra e a vida indígena já produzida no arquivo, o que cria a ilusão de uma nação onde só existia um lado — geralmente o de ascendência africana. As fontes são qualitativa e quantitativamente desiguais ao extremo, e é raro que um único tipo de fonte aborde ambas as populações. Juntas, como num quebra-cabeça, começam a mostrar uma história mais complexa. Um projeto como esse exige também uma leitura crítica das múltiplas vozes que entoam a extinção dos povos indígenas nas últimas três décadas do século XIX. As celebrações artísticas românticas dos índios coloniais e os estudos antropológicos dos crânios dos botocudos, que promoveram ideias que justificavam sua extinção, e que, na época e desde então, influenciam os estudiosos do pensamento racial, devem ser lidos em comparação com os relatos de desenfreada violência anti-indígena no local. Também não temos acesso a um coro equilibrado de vozes negras e indígenas. A riqueza dos testemunhos de escravos nos autos judiciais, por exemplo, não tem contrapartida entre os indígenas. Uma grande variedade de fontes, desde registros policiais, administrativos e judiciais até leis, inventários, censos, memórias, correspondência missionária, propostas de obras públicas e de engenharia, narrativas de viagens, textos científicos, etnografias e jornais, entre outros, tem sido utilizada para preencher tal lacuna. No entanto, como historiadores, sentimo-nos à vontade em meio à generosidade irregular e caleidoscópica do registro histórico, pois é aí que surgem histórias esclarecedoras e surpreendentes.

1. Fora da sociedade: Escravidão e cidadania

Os colonos suíços e alemães que chegaram ao sul da Bahia nas vésperas da Independência do Brasil se encontraram em meio a uma vasta zona de guerra. Em 1818, a Coroa portuguesa tinha lhes concedido uma sesmaria na então Porto Seguro, uma capitania de pequenas vilas e lugarejos na fronteira Atlântica, muito distante das agitadas cidades litorâneas de Salvador, Recife e Rio de Janeiro. A região era palco de uma "guerra justa" contra os indígenas botocudos. A guerra, que embora tenha sido declarada pelo príncipe regente d. João VI em 1808, vinha sendo gestada desde muito antes, autorizava a escravização, a subjugação violenta e a tomada de terras indígenas. Temidos e rejeitados pelos portugueses como selvagens e canibais, os botocudos eram vistos como uma praga a ser removida de uma terra virgem e primitiva, pronta para ser tomada.

A nação brasileira seria inaugurada em meio à conquista da fronteira Atlântica. Abrangendo uma grande área desde as montanhas do interior até o oceano, essas antigas "terras proibidas" podem não ter sido o Eldorado com que alguns sonharam. Ainda assim, seduziram os recém-chegados com a promessa de minas de diamantes a serem exploradas, rios navegáveis, madeira de alta qualidade e muitas terras cultiváveis tentadoramente próximas ao oceano. Os imigrantes europeus encarnavam as esperanças da Coroa de civilizar esse território indígena com a introdução de mão de obra branca e livre. A colônia, a que os imigrantes deram o nome de Colônia Leopoldina, viria a desempenhar um papel importante na colonização da fronteira Atlântica ao longo do século XIX. Sem dúvida, os colonos não previram o notável ciclo de violência que ajudariam a desencadear na nação após a Independência, envolvendo imigrantes e brasileiros, índios e negros em incontáveis conflitos territoriais nas décadas que viriam.

Em meados do século XIX, esses colonos europeus estavam entre os mais poderosos produtores de café da região. No entanto, sua riqueza não era apenas o resultado de uma tecnologia agrícola inovadora ou da subjugação dos indígenas. Sua ascensão foi impulsionada por uma crescente força de trabalho de africanos escravizados e seus descendentes, que labutavam sob o opressivo sol do sul da Bahia para cuidar dos vastos campos de café e mandioca da colônia. O sucesso dos colonos foi favorecido pela expansão da escravidão africana para as terras fronteiriças, onde convergiu de maneira inevitável com a escravidão indígena, abolida pela última vez no final do século XVIII, mas agora outra vez legalizada durante a guerra aos botocudos. A escravização de negros e indígenas foi fundamental para a incorporação da fronteira Atlântica à nação, da qual, enquanto escravos e "selvagens", eles próprios estavam excluídos.

Em paralelo à violência na fronteira, debates sobre a cidadania brasileira estavam ocorrendo no Parlamento recém-independente. A Constituição de 1824 apresentava uma ideia de cidadania notavelmente inclusiva e liberal, estendida aos libertos nascidos no Brasil. No entanto, havia ambiguidades e exclusões que refletiam a falta de vontade da elite política em reconhecer africanos, indígenas e escravos como membros da nova nação. Analisar conjuntamente o debate constitucional e a incorporação territorial da fronteira Atlântica é enxergar, não duas partes desconexas, mas dois processos simultâneos e confluentes de construção da nação. Desde o início, a nova nação brasileira gerou exclusões em ambas as esferas, forjando uma geografia jurídica e física da escravidão e da quase-cidadania de seus povos negros e indígenas.

"MERAMENTE BRASILEIROS": PRIMEIROS DEBATES E SILÊNCIOS SOBRE CIDADANIA, 1823-4

Pedro I declarou a Independência do Brasil em setembro de 1822 e foi proclamado imperador em outubro.[1] Um ano depois, a Assembleia Geral Constituinte e Legislativa foi instalada para definir os parâmetros da nova Constituição brasileira. Decidir quem seria incluído — e excluído — da nação não era tarefa simples num território tão extenso e onde a unidade política estava longe de ser alcançada.[2] As instâncias pró-escravistas também mantiveram com sucesso o comércio transatlântico, derrotando seus críticos e assegurando que o liberalismo no Brasil pós-Independência coexistiria com a escravidão. Nas acaloradas discussões, indígenas e escravizados foram os grupos principais por meio de quem os termos de inclusão e exclusão foram definidos.

O debate foi desencadeado pelo senador Nicolau Vergueiro, de São Paulo, que propôs a alteração do artigo 5º do Projeto Constitucional para o Império do Brasil. Vergueiro sugeriu alterar a linguagem empregada em "[Dos] membros da sociedade do Império do Brasil", substituindo "membros da sociedade" por "cidadão". Ele acreditava que a mudança era necessária devido à presença de "escravos e indígenas, que sendo brasileiros, não são membros da nossa sociedade", aos quais a Constituição não se aplicaria.[3] Seu ponto de vista foi apoiado por Manoel França, do Rio de Janeiro, com o argumento de que o local de nascimento fazia a pessoa brasileira, mas não lhe conferia automaticamente a cidadania. Em sua opinião, "os filhos dos negros, crioulos cativos, são nascidos no território do Brasil, mas todavia não são cidadãos brasileiros. Devemos fazer esta diferença: brasileiro é o que nasce no Brasil, e cidadão brasileiro é aquele que tem direitos cívicos". Seu argumento se estendia aos povos indígenas, que também deveriam satisfazer critérios civilizatórios. "Os índios que vivem nos bosques são brasileiros, e contudo não são cidadãos brasileiros, enquanto não abraçam a nossa civilização", argumentou, acrescentando que eles, "no seu estado selvagem não são, nem se podem considerar como parte da grande família brasileira".[4] Ambos se referiam apenas aos índios autônomos. Na mesma linha, Francisco Carneiro, da Bahia, também excluía explicitamente os escravos e os indígenas da cidadania. "O nosso intento é só determinar quais são os cidadãos brasileiros", começou ele, "e estando entendido quais eles são, os outros poder-se-ão chamar simplesmente brasileiros, a serem nascidos no país como os escravos, crioulos ou indígenas etc.". Em termos inequívocos, Carneiro afirmou que a "constituição não se encarregou desses, porque não entram no pacto social". Os escravizados e os indígenas eram "*meramente brasileiros* e que não fazem parte da chamada sociedade civil, não têm direitos senão os de mera proteção".[5] Esses parlamentares concordavam que a cidadania não podia ser conferida apenas pelo local de nascimento — o princípio do *jus soli*. Os escravizados e indígenas nascidos no Brasil foram excluídos de seu alcance, uns pela condição de escravo e os outros por serem incivilizados. França descreveu essas variações como um problema, "por ser heterogênea a nossa população".[6]

Ao mesmo tempo que se afirmava a exclusão dos escravizados e dos indígenas autônomos, ficavam mesmo abertas as possibilidades de uma inclusão futura. Os escravos nascidos no Brasil estavam em melhor situação nesse sentido. Com pouca controvérsia, os parlamentares apoiavam a cidadania para os alforriados nascidos no Brasil. Os estudiosos têm observado que esse apoio não se baseava no princípio da cidadania universal, mas sim numa defesa liberal da escravidão. Os parlamentares pró-escravidão calculavam que proporcionar aos libertos a possibilidade de liberdade individual e de cidadania acabaria por ajudar a manter a ordem social existente na sociedade escravocrata.[7] As mesmas possibilidades eram vedadas aos libertos africanos, de quem muitos desdenhavam abertamente. O pernambucano Almeida e Albuquerque, por exemplo, questionava: "Como é possível que um homem sem pátria, sem virtudes, sem costumes, arrancado por meio de um comércio odioso do seu território, e trazido para o Brasil, possa por um simples fato, pela vontade de seu senhor, adquirir de repente na nossa sociedade direitos tão relevantes?". Considerava que os africanos estavam entre aqueles a quem não deveria ser concedido o direito de cidadania "senão quando eles se fizerem dignos de o ter". Achou inaceitável que a alforria concedesse automaticamente a cidadania aos africanos, quando os europeus eram obrigados a se naturalizar.[8] Uma defesa contundente da cidadania dos libertos africanos veio de Silva Lisboa, da Bahia, que culpou diretamente os europeus, e em particular os portugueses, pelo tráfico de escravos. Criticou as "odiosas distinções que existem das castas pela diferença das cores" e exortou a Assembleia a não promover "novas desigualdades" que resultariam da concessão da cidadania apenas aos libertos brasileiros.[9] Silva Lisboa enfrentou e acabou derrotado por Maciel da Costa, de São Paulo, que acusava os "bárbaros compatriotas" dos africanos de os terem vendido como escravos. Ele considerava que a escravidão era um contrato que os brasileiros já tinham cumprido e que, portanto, não deviam a cidadania aos africanos. Governador havia não muito tempo da Guiana Francesa sob o domínio brasileiro, Maciel da Costa tinha visto de perto os acontecimentos tumultuosos das colônias francesas que se desenrolavam a partir de São Domingos. Defendia que a segurança pública era mais importante do que a "filantropia" e sugeriu que limitar a cidadania aos libertos brasileiros ajudaria a manter a ordem social, criando uma barreira entre eles e os africanos.[10]

Em comparação com os libertos, as possibilidades de cidadania para os indígenas eram muito mais ambíguas. Em primeiro lugar, os defensores de sua exclusão dirigiam-se apenas aos autônomos, muitos dos quais estavam sendo escravizados na guerra justa, precisamente enquanto aconteciam esses debates. A habilitação dos indígenas das aldeias — aqueles que tinham se tornado vassalos de Portugal e residiam em aldeias tuteladas pelo Estado, sujeitas a leis separadas dos autônomos — ficou indefinida.[11] Teixeira Vasconcellos, de Minas Gerais, apontou essa omissão no argumento anterior de França, observando que ele aparentemente excluía todos os indígenas da cidadania, embora "nasçam livres e vivam no Brasil". Referindo-se aos aldeados, defendia que se eles são "parte do pacto social, não há razão para excluí-los". Da mesma forma, José de Alencar, do Ceará, argumentou que "um índio que 'entra em nossa sociedade', selvagem como é, é um cidadão". No entanto, é revelador que nenhum desses conselhos tenha sido seguido, talvez com base numa suposição implícita de que os indígenas das aldeias não mereciam uma discussão especial.[12] Em segundo lugar, ao contrário dos critérios para os libertos brasileiros, não havia critérios claros para a cidadania dos autônomos. O próprio França sugeriu que "nós daremos a eles os direitos de um cidadão quando eles abraçarem nossos costumes e civilização". Francisco Montesuma, da Bahia, concordou que os indígenas poderiam entrar na "família que constitui o império" assim que quisessem e sugeriu que a Constituição estabelecesse "um capítulo que tivesse os meios de os chamar e convidar ao nosso grêmio".[13] No entanto, as deliberações da Assembleia sobre essas matérias terminaram abruptamente em novembro de 1823, quando ela foi dissolvida por d. Pedro I e substituída por uma nova comissão que incluía seis dos antigos parlamentares e era chefiada por Maciel da Costa. Foram eles que deram o arremate final à Constituição promulgada em março de 1824.

Bem distante das especificidades discutidas na Assembleia Constituinte, a Constituição brasileira de 1824 era ao mesmo tempo explícita e vaga sobre quem se qualificava como cidadão. De acordo com o artigo 6º, "São Cidadãos Brasileiros os que no Brasil tiverem nascido, quer sejam ingênuos, ou libertos, ainda que o pai seja estrangeiro, uma vez que este não resida por serviço de sua Nação". Também estavam incluídos os filhos estrangeiros de pai brasileiro e os filhos ilegítimos de mãe brasileira que viessem estabelecer residência no Império. Por fim, os portugueses residentes no Brasil que tivessem jurado fidelidade à Independência, bem como os estrangeiros naturalizados de qualquer credo, também se qualificavam.[14] A maior sociedade escravocrata da América Latina concedeu assim a cidadania a todas as pessoas livres e ex-escravizadas nascidas no Brasil.[15]

Tão notável quanto seu caráter inclusivo foram, no entanto, os silêncios da Constituição. Não havia qualquer menção a distinções de gênero. Também não havia nenhum critério racial pelo qual a cidadania fosse facultada a um liberto nascido no Brasil. Essa cidadania desracializada contrastava com a exclusão baseada na raça dos negros e dos indígenas nascidos nos Estados Unidos.[16] Os libertos africanos, porém, foram completamente excluídos da Constituição. Embora pudessem se naturalizar, como os imigrantes europeus, eram considerados apátridas, incentivados à deportação voluntária em vez de reivindicar a cidadania brasileira.[17]

A Constituição também manteve silêncio total sobre os indígenas. O princípio do *jus soli* (direito de solo) do artigo 6º implicava que todos eles fossem cidadãos, mas os debates anteriores na Assembleia demonstraram claramente o consenso dos representantes em torno da exclusão dos autônomos.[18] A sugestão de Montesuma, de incluir um capítulo sobre os métodos para integrá-los à sociedade, foi discutida mas acabou por ser cortada da versão final da Constituição, e uma tentativa posterior de definir uma política nacional de catequese e civilização, em 1826, também falhou.[19] De fato, somente em 1845, quando o Estado brasileiro, no governo de Pedro II, ficou mais centralizado, haveria uma legislação nacional para a incorporação dos indígenas. A Constituição, portanto, na melhor das hipóteses, sugeriu, mas nunca afirmou, sua inclusão. O silêncio sobre a cidadania indígena pode ser parcialmente explicado pela incapacidade dos parlamentares que deliberaram sobre o assunto, no Rio de Janeiro, de enfrentar a diversidade de grupos indígenas e leis locais em todo o Brasil, sobre os quais tinham pouca experiência ou conhecimento. Mas, fundamentalmente, um problema central na definição da cidadania indígena era sua impossibilidade, uma vez que, de acordo com as ideias da elite política sobre raça e cultura, para entrar no pacto social, eles precisavam ser civilizados e, assim sendo, deixavam de ser índios.[20]

A exclusão dos indígenas foi criticada nas linhas de frente. Em 1825, Guido Marlière, diretor-geral dos Índios de Minas Gerais, nascido na França e que vivia entre os botocudos, criticou que a "Constituição qualifica Cidadão um escravo liberto". Mas "aos índios, *Senhores Proprietários*, e natos do país imenso que habitamos, não deu ainda este Título! Tal é a nossa equidade". A confusão sobre seu estatuto é evidente no fato de Marlière, mais tarde, referir-se a eles como "cidadãos indígenas" — um oximoro para muitos legisladores.[21]

Por último, a Constituição também se distinguiu por aquilo que James Holston chamou de sua natureza "inclusivamente igualitária". Ela estendeu a cidadania a muitos, mas baseou-se numa distribuição desigual dos direitos. Em nenhum outro lugar isso ficou mais evidente do que na ausência da palavra "igualdade". A ideia de cidadania no Brasil diferia fundamentalmente, nesse aspecto, dos modelos norte-americano e francês, cuja distribuição de direitos baseava-se no "tudo ou nada".[22] Os direitos foram separados em civis e políticos, estes últimos reservados apenas a alguns e distribuídos de forma desigual entre três níveis de cidadãos: cidadãos passivos, cidadãos ativos com direito de voto e elegíveis ativos, sendo que estes últimos tinham de nascer livres.[23] A grande maioria era de cidadãos passivos, que não podiam votar. Os libertos brasileiros tiveram algumas conquistas importantes, incluindo o direito à propriedade sem restrições, manter uma família, herdar e legar, ser tutor legal e representar-se em tribunal e perante o Estado. Mas só podiam votar nas eleições primárias e não eram admitidos no serviço público.[24] A exclusão política das mulheres não foi sequer mencionada, porque era bastante evidente para os legisladores que elas não mereciam uma menção especial.[25] Mesmo os parlamentares da Assembleia Constituinte que discordaram em vários assuntos não tiveram escrúpulos sobre a desigualdade da própria cidadania. Como observou Andréa Slemian, a Constituição era um "modelo de cidadania liberal que adota, sem traumas, a ideia de uma sociedade naturalmente desigual".[26]

A desigualdade e as exclusões, tanto explícitas quanto implícitas, foram, portanto, centrais para a definição de cidadania na Constituição brasileira. A cidadania foi construída em torno não apenas de ativos e passivos, livres e escravizados, mas também de civilizados e incivilizados. Todos os escravos e autônomos foram excluídos da esfera da constituição porque estavam "fora do pacto social". No entanto, embora aos escravos brasileiros se abrisse um caminho para uma eventual cidadania, essa possibilidade não desafiava a existência da própria escravidão. E isso garantiu a expansão do trabalho escravo no Brasil pós-colonial.

A linguagem inclusiva só na aparência da Constituição, baseada no local de nascimento e no estatuto de liberdade, era deliberadamente omissa quanto à possibilidade da cidadania dos indígenas das aldeias. Nenhum deputado defendeu a ideia, e um conjunto coeso de leis para a eventual inclusão dos indígenas autônomos foi abandonado.[27] As guerras aos botocudos e outras guerras ofensivas abriram as portas para que muitos indígenas se integrassem à nação como escravos, condição que os perseguiria muito depois de as guerras e a escravidão indígena terem oficialmente terminado. Esse ambíguo status de cidadania os colocou numa área cinzenta de legalidade e vulnerabilidade, que corroeu seus direitos e proteções ao longo do século XIX. Como os libertos, que alcançavam uma liberdade apenas parcial ou condicional e eram ameaçados por uma cidadania precária, os indígenas tornaram-se quase cidadãos desde o nascimento da nação, na melhor das hipóteses elegíveis a uma incerta cidadania futura.[28] Se as políticas de Estado deliberadas no Rio pareciam irrelevantes em uma nova nação politicamente fragmentada, na fronteira Atlântica elas se encontrariam na guerra e na escravidão.

CIVILIZAÇÃO COM ESCRAVIDÃO: A CURIOSA VIDA
NA COLÔNIA LEOPOLDINA

A criação da Colônia Leopoldina, no sul da Bahia, às vésperas da Independência, foi possível porque a Coroa combinou o assentamento de colonos com a conquista dos indígenas. Quando autorizou as guerras aos botocudos na Bahia, Espírito Santo e Minas Gerais, d. João VI definiu com clareza seus objetivos territoriais,[29] que incluíam a navegação do rio Doce (principal rio que liga Minas Gerais ao Atlântico através da capitania do Espírito Santo) e concessões especiais aos "que quiserem ir povoar aqueles preciosos Terrenos e auríferos abandonados hoje pelo susto que causam os índios botocudos". Ele ofereceu incentivos generosos aos futuros colonos, incluindo sesmarias, perdão de dívidas e isenção do pagamento do imposto real por dez anos. A Coroa também criou oito divisões de infantaria para proteger os colonos, uma delas, a Divisão do Rio Doce, se estendia de Minas até as fronteiras do Espírito Santo e da Bahia.[30] Em 1811, três anos depois de declarar guerra aos botocudos, d. João VI aprovou a assistência a 3 mil colonos que "entraram nos terrenos livres da invasão dos Índios Bárbaros" na capitania de Porto Seguro. Essas terras que, na linguagem da guerra justa, foram "resgatadas" dos "índios antropófagos botocudos", foram distribuídas como concessões entre os recém-chegados. Naquele ano, 381 sesmarias foram concedidas num único distrito militar.[31]

Depois disso, em 1818 a Coroa passou a patrocinar colônias agrícolas de imigrantes na região, de acordo com o decreto de 1808 de d. João VI, que autorizava a concessão de terras a estrangeiros. Com a ajuda do governador da Bahia, em junho de 1819 o naturalista alemão Georg Wilhelm Freyreiss e cinco outros imigrantes da Suíça e de Hamburgo receberam terras. Alguns anos mais tarde, juntaram-se a eles outros suíços e alemães, como Jan Martins (João Martinho) Flach e Georg Anton (Jorge Antônio) von Schaeffer. O nome da colônia foi dado em homenagem a Maria Leopoldina da Áustria, que viria a ser imperatriz após o regresso de d. João VI a Portugal e a subida ao trono do seu filho, d. Pedro I, que decidiu permanecer no Brasil com a sua nova consorte após a Independência.[32] Schaeffer era um agente da colonização com laços estreitos com Pedro I e José Bonifácio, o "Pai da Independência" do Brasil, que o incentivou a convidar alemães a se estabelecerem perto da Colônia Leopoldina.[33] Entre 1818 e 1829, outras colônias de imigrantes seriam criadas em todo o Brasil, incluindo mais três no sul da Bahia; Nova Friburgo, na província do Rio de Janeiro; São Leopoldo e São Pedro de Alcântara, no extremo sul do país (hoje Rio Grande do Sul e Santa Catarina); e Santo Amaro, Itapecerica e Rio Negro, na província de São Paulo.[34]

A Colônia Leopoldina ocupava cerca de 11 mil hectares de terras densamente florestadas, habitadas por indígenas pataxós, maxacalis e puris, às margens do rio Peruípe, 32 quilômetros a noroeste de Vila Viçosa. Um canal natural ligava o Peruípe ao rio Caravelas e ao Oceano Atlântico através de um labirinto de manguezais. Os grandes navios que chegavam de Salvador e do Rio de Janeiro podiam navegar por essa rota até o porto de São José, próximo à colônia. Com a expansão de sua produção agrícola, a relativa proximidade da colônia com o oceano se mostrou valiosa para sua capacidade de vender seus produtos a Salvador, ao Rio de Janeiro e à Europa. Em seu apogeu, a colônia chegaria a ocupar quase 53 quilômetros quadrados em ambas as margens do Peruípe.[35] Em troca do incentivo da Coroa, que incluía terras, gado e utensílios, os colonos eram obrigados a cumprir rigorosas normas de ocupação e de produção. Entre elas, as mais difíceis de cumprir eram as relativas à mão de obra. Num decreto de 1820, a Coroa exigiu que os beneficiários cultivassem metade das terras com o trabalho de suas próprias famílias e distribuíssem a outra metade a outros imigrantes, que ficavam responsáveis por angariar. Isso proibia a utilização de trabalho escravo. Assim, a Coroa afirmava sua intenção de colonizar aquelas terras recém--adquiridas com mão de obra branca e livre.[36]

O fracasso espetacular desse projeto de trabalho livre racializado nas décadas seguintes revela sua incompatibilidade com a incorporação das fronteiras do Brasil, onde a escravidão se mostrou vital para o povoamento e desenvolvimento econômico. E se a transformação da Colônia Leopoldina numa próspera comunidade com mão de obra escrava sugeria a desconexão entre o governo central e a fronteira, e a incapacidade do Estado de estender sua autoridade sobre a região, na prática a separação entre os dois era muito menos cristalina. Mesmo com críticas à colônia, o Estado não tomou nenhuma medida concreta para fomentar o trabalho livre nas fronteiras cedidas aos interesses lucrativos e escravistas. A trajetória da Colônia Leopoldina foi um processo de incorporação territorial que ampliou a geografia dos não cidadãos na incipiente nação.

Dois viajantes missionários italianos introduziram o café no sul da Bahia no final do século XVIII. Quando os imigrantes suíços e alemães chegaram, o cultivo de café em pequena escala já estava em curso. Mas foi somente com a Colônia Leopoldina que ele floresceu, estabelecendo-se como a única economia cafeeira da Bahia, com algumas fazendas chegando ao mesmo tamanho das grandes propriedades do Sudeste brasileiro. Seu café viria a ser popular no Rio de Janeiro e até na Europa.[37] Somente na segunda metade do século XIX, São Mateus também passou a cultivar o café, impulsionado pela expansão da fronteira cafeeira do vale do Paraíba, mais ao sul.

Os primeiros escravos foram introduzidos na Colônia Leopoldina em 1824, apesar de a Coroa exigir o trabalho livre. Não se sabe ao certo as razões que levaram a essa guinada para o trabalho escravo, mas a falta de novos imigrantes foi um fator importante. A correlação entre essas duas questões fica evidente em uma carta dirigida a d. Pedro I escrita pelo imigrante suíço transferido do Rio de Janeiro João Flach, que solicitava auxílio do monarca para trazer mais imigrantes para a colônia e também mencionava a introdução de quinze escravos e um feitor.[38] De acordo com os cálculos de B. J. Barickman, em 1820 a região tinha 3529 escravos afrodescendentes.[39] Essa paisagem racial mudaria drasticamente à medida que a Colônia Leopoldina superasse as propriedades vizinhas tanto na produção quanto na população escrava, e que São Mateus também acelerasse sua produção de mandioca por meio do trabalho escravo.[40]

Os preços de escravizados eram baixos nos primeiros anos, e as aquisições eram facilitadas por empresas de propriedade de brasileiros e de imigrantes que concediam crédito aos colonos. Mais tarde, alguns dos colonos mais ricos da Leopoldina criariam seus próprios mecanismos de empréstimo.[41] O aumento da população escrava logo agravou os conflitos com os senhores imigrantes. Muitos fugiram para os sertões indígenas, pouco povoados, para estabelecer quilombos.[42] A colônia experimentou sua primeira grande revolta em 1832, quando escravos de Schaeffer mataram outro agricultor, arrastaram sua mulher para a plantação e a espancaram sem dó nem piedade. Os colonos originais desconfiavam de Schaeffer porque ele "deixou os seus negros num estado de total insubordinação; um exemplo que é muito nefasto para os negros de outras plantations". Queixaram-se ao cônsul suíço que os escravos de Schaeffer, "armados com espingardas, dirigiram-se à roça Leopoldina, incitando os negros da dita roça a juntarem-se a eles, para porem tudo em ordem e matarem os brancos". Com a experiência desses flagrantes conflitos raciais, eles estavam ansiosos para disciplinar seus escravos e desencorajá-los de levantar uma "mão imprudente contra os brancos sem receberem o castigo que merecem".[43] Na década de 1840, coletivamente os colonos possuíam mais de mil escravos. Ainda assim, alguns deles podem ter reconhecido que aquele tipo de economia não era o que o governo brasileiro havia imaginado quando lhes concedeu as terras. O problema real não era que os escravos estivessem fugindo e se revoltando, mas que eles estivessem na região.

A proibição da escravidão pela Coroa nessas colônias de terras concedidas baseava-se numa visão específica de raça e civilização que se pretendia implementar nos territórios fronteiriços. A realeza portuguesa, que transferiu a sede do Império para o Rio de Janeiro em 1808, ficou desconcertada com a agitada sociedade de escravos negros que os recebeu. Embora reconhecesse a total dependência que o Brasil tinha do trabalho forçado de pessoas negras, a corte real e o governo imperial que a sucedeu consideraram a significativa população afrodescendente um problema crucial. A Corte concebia o Império como um corpo político homogêneo, e os imigrantes europeus brancos desempenhavam um papel fundamental em seu desejo de facilitar a exclusão dos africanos "estrangeiros" e "bárbaros" da participação na sociedade civil.[44] Esses medos racializados de africanos tornaram-se mais pronunciados no rescaldo da Revolução Haitiana. Em 1821, o já mencionado Maciel da Costa preocupou-se que com uma inundação racial de africanos "venha o Brasil a confundir-se com a África" e alertou para um "Reino de Congo" a crescer em seu seio. Costa estava confiante de que "não seria difícil aumentar a nossa população branca com 'emigrantes' europeus" e defendeu especificamente as colônias agrícolas como a melhor forma de conseguir trabalhadores esforçados que pudessem dar o exemplo numa sociedade demasiado dependente dos escravos.[45]

Os sentimentos antiafricanos tornaram-se ainda mais acentuados na esteira da Revolta dos Malês, liderada por escravizados muçulmanos da África Ocidental, que aconteceu em 1835 em Salvador e afetou todo o Brasil com o medo de uma tomada de poder pelos africanos.[46] Nesse ano, o político e fazendeiro baiano Miguel Pin e Almeida, que pretendia fundar uma empresa de imigração, exortou seus compatriotas a extirpar o "cancro africano" e a promover o trabalho livre dos imigrantes. Ligou o trabalho livre à civilização e à construção de uma nação, argumentando que era "a base mais sólida para a prosperidade de um Estado novo", a única forma de converter "ermos em Cidades, de transformar bosques em Searas".[47] Ao mesmo tempo, a escassez geral de população levou o ministro do Império a encorajar a imigração europeia e a civilização indígena.[48] Estudiosos têm observado o surgimento de debates sobre imigração durante o final do século XIX, quando a elite econômica e política do Rio de Janeiro e de São Paulo, percebendo a inevitabilidade da abolição, defendeu os imigrantes europeus como substitutos do trabalho escravo. No entanto, a proibição inicial, pela Coroa, do trabalho escravo nas colônias de imigrantes e o favorecimento aos imigrantes alemães e suíços indicam que, no início do século XIX, a Coroa já via a imigração branca como um antídoto para a africanidade e a escravidão.[49]

Ao mesmo tempo, o predomínio de escravizados africanos e a falta de mão de obra livre não eram os únicos problemas que a imigração pretendia amenizar. A maior parte das primeiras colônias de imigrantes foi fundada no sertão, onde se destinava a cumprir múltiplos propósitos.[50] Em primeiro lugar, como atestam a localização e o período de fundação da Colônia Leopoldina, os imigrantes eram, acima de tudo, agentes de povoamento e colonização de territórios fronteiriços em processo de violenta incorporação pelo Estado. Isso inclui tanto as fronteiras internas quanto as interimperiais, como as do extremo sul.[51] Em segundo, os imigrantes serviam de proteção contra os inimigos do Estado — quer fossem indígenas hostis ou potências estrangeiras, especialmente as forças espanholas no Rio da Prata — e ofereciam mão de obra para a guerra. São Pedro, Rio Negro e Nova Friburgo estavam, como a Colônia Leopoldina, em território indígena. O já citado

FIGURA 1.1. *Os africanos escravizados e seus descendentes desmataram a Mata Atlântica para a construção de povoados e estradas que ligavam o interior ao litoral.*

Schaeffer foi um recrutador de imigrantes e trouxe alemães para servir como colonos e mercenários, dos quais 3 mil serviram na Guerra da Cisplatina (1825-8) contra as Províncias Unidas do Rio da Prata.[52] Em terceiro lugar, os imigrantes comprometiam-se a beneficiar essas regiões fronteiriças, que a elite considerava atrasadas, com uma dose bem-vinda de desenvolvimento econômico e civilização europeia. Um juiz local expressou admiração pelos campos limpos e pelas fileiras ordenadas dos pés de café da colônia, como símbolos do progresso ao estilo europeu, e exclamou: "Quem dera que todo o Brasil possuísse iguais estradas!".[53]

Por fim, d. João VI havia idealizado transformar os imigrantes em pequenos proprietários, que formariam uma classe intermediária entre os grandes proprietários e os escravos e complementariam as grandes propriedades produzindo para o mercado interno.[54] Após a independência, o apoio oficial à Colônia Leopoldina continuou sob o comando de d. Pedro I, que ordenou ao governo local que auxiliasse os imigrantes, visando aos grandes benefícios que eles poderiam trazer ao Estado (Figura 1.1).[55]

O entusiasmo com a imigração e o desenvolvimento econômico da região mais ao sul da Bahia crescia à medida que o próprio sistema de produção escravista era cada vez mais questionado. A década de 1840 foi marcada por uma crise econômica, enquanto o comércio da Bahia foi abalado pelos estragos da revolta federalista Sabinada (1837-8).[56] Durante a revolta, a província tinha perdido seus antigos parceiros comerciais para rivais mais estáveis. A perda se estendia também a ultramar, onde a Bahia teve seu acesso aos mercados da África Ocidental e Centro-Ocidental limitado pela presença crescente dos ingleses nas águas do Atlântico, que perseguiam os traficantes de escravizados ilegais, muitos dos quais se dirigiam para o Brasil. A agravar a crise estava a iminente abolição do tráfico transatlântico de escravos pelo governo brasileiro, uma medida praticamente ignorada quando a lei original foi aprovada em 1831, mas que era, naquele momento, cada vez mais plausível à medida que os navios britânicos patrulhavam as águas do Atlântico com maior frequência. De fato, a Lei Eusébio de Queirós, de 1850 — que transferiu a acusação de tráfico de escravos dos tribunais locais para tribunais imperiais especiais —, acabaria finalmente com o tráfico, assinalando o início do fim da escravidão no Brasil e uma crise em todas as práticas econômicas nela baseadas.[57]

Em meados do século XIX, a combinação de pressões políticas internacionais, campanhas antiescravistas e conflitos federalistas em Salvador instigou uma crise econômica na Bahia que ameaçava o futuro da escravidão de africanos. O clima econômico sombrio e a crise de mão de obra fizeram com que os imigrantes europeus parecessem cada vez mais desejáveis, ao mesmo tempo que as autoridades do estado baiano, ansiosas por uma solução, olhavam com maior interesse para a colonização da parte sul da província. O presidente baiano Joaquim Vasconcellos se entusiasmava com as perspectivas e acreditava que o sul da Bahia poderia abrigar mais de 600 mil colonos.[58] Seus sentimentos foram partilhados em 1857 por outro presidente baiano que proclamou, grandiloquente, que "basta lançar os olhos sobre as comarcas do sul, para ver como aí jazem desaproveitadas vastas e riquíssimas terras interpostas entre o mar e o sertão, banhadas pelo Rio Jequiriçá, Rio de Contas... Que campos mais vastos para uma grande colonização!".[59]

Assim, à primeira vista, a Colônia Leopoldina era exatamente aquilo de que a província precisava: europeus contribuindo para o povoamento e desenvolvimento econômico do interior do país. Mas, em vez de entusiasmo, cresciam o ceticismo e a crítica. O problema é que a Colônia Leopoldina não era, estritamente falando, uma colônia de imigrantes europeus. A produção de café estava indo bem, admitiu o presidente Vasconcellos em 1842, mas muito mais poderia ser feito, insistiu ele, se toda a agricultura fosse feita por trabalhadores livres.[60] Cinco anos mais tarde, a única colônia próspera da província foi depreciada na observação de outro presidente: "Faz pena que tudo isto [café e farinha de mandioca] não seja unicamente produzido por braços livres".[61] Um engenheiro que avaliou a falta de desenvolvimento econômico no sul da Bahia logo após a cessação do tráfico transatlântico de escravos também advertiu que, embora a colônia fosse o único motor econômico da região, sua economia baseada na escravidão só tinha dificultado ainda mais a necessária transição para o trabalho livre.[62]

TABELA 1.1. *Colônia Leopoldina: População branca e escravizada,*
1824-57

Ano	Número de Propriedades	Brancos/Livres	Negros escravizados
1824	20		15 min. (Flach)
1832	18	86	489
1840	55		1036
1848	37	130	1267
1851	43	65 "Pessoas de família"	1243
1852		54 europeus e 400 brasileiros	1600
1857		200 brancos	2000 (aprox.)

Nota: Os números relativos aos indígenas, colonos e autônomos não estavam disponíveis, embora a cidade vizinha de Prado tivesse uma população de 43% de indígenas na década de 1840 e mais indivíduos de ascendência indígena fossem provavelmente incluídos entre os pardos (10%) e mamelucos (2%). (Maria Rosário de Carvalho, "Índios do sul e extremo sul baianos: Reprodução demográfica e relações interétnicas". In: Ana Stela de Negreiros Oliveira e João Pacheco de Oliveira (Orgs.), *A presença indígena no Nordeste: Processos de territorialização, modos de reconhecimento e regimes de memória*. Rio de Janeiro: Contra Capa, 2011, p. 374.

Em suma, a civilizada colônia europeia tinha se transformado numa plantation com mão de obra escrava. Em 1832, a Leopoldina contava com dezoito fazendas que empregavam 86 brancos e 489 escravos. Em 1858, 39 anos após a fundação, tinha quarenta fazendas, duzentos residentes livres, europeus e brasileiros, e cerca de 2 mil escravizados (Tabela 1.1). Um médico alemão chamado Karl Tölsner, que residiu na colônia na década de 1850, atribuiu o crescimento da população escrava aos bons tratos que lhes eram dispensados, uma afirmação contestada por seus vizinhos brasileiros.[63] Na primeira metade do século XIX,

FIGURA 1.2. *O café da Colônia Leopoldina, produzido por escravos, era enviado de um porto local no rio Peruípe para o resto do Brasil e, às vezes, para a Europa.*

cerca de metade dos escravos da colônia era de origem africana, e foi pouco a pouco sendo substituída por escravos nascidos no Brasil na segunda metade do século, pois os proprietários se concentraram na reprodução dos escravizados para garantir a manutenção de sua força de trabalho.[64] A trajetória de crescimento da colônia expôs o quanto a propaganda da imigração europeia tinha se desviado do rumo, um embaraço para as aspirações de construção nacional da elite política brasileira. Longe de mostrar as maravilhas do trabalho livre europeu, os imigrantes delegavam o trabalho árduo da produção de café a seus escravos. O sucesso econômico da Colônia Leopoldina se transformou num amargo testemunho do fato de que a conquista e o povoamento da fronteira Atlântica foram realizados não pelo Iluminismo e pela civilização europeus, mas pelo trabalho escravo de africanos e seus descendentes, que se pretendia erradicar (Figura 1.2).

Em meados do século XIX, a opinião pública em relação à colônia era totalmente fria, em contraste com os elogios de tempos passados. Tanto os brasileiros como os observadores estrangeiros criticavam a colônia por depender do trabalho escravo em vez de incentivar a imigração europeia. A avaliação negativa permaneceu inalterada mesmo quando o café da colônia, conhecido pelo nome de Café de Caravelas, tornou-se conhecido em todo o Brasil por sua qualidade superior. Os críticos mais severos afirmavam que a Leopoldina não podia mais ser considerada uma colônia, pois era então "habitada por uma grande maioria de estrangeiros proprietários de fazendas de plantação de cafés, cuja cultura, especial do lugar, é particularmente confiada a 2 mil cativos pouco mais ou menos". Na sequência desses repúdios, a menina dos olhos dos empreendimentos de colonização, embora economicamente vibrante, começou a desaparecer dos relatórios oficiais do governo, numa clara indicação do decréscimo de seu mérito e de sua promessa.

Os imigrantes suíços e alemães podem ter ficado satisfeitos com seu feito: vastos e ordenados campos de café, cultivados por alguns milhares de escravos, substituíram as terras virgens não cultivadas e "infestadas" de índios "selvagens". Mas isso estava bastante longe da concepção de progresso racial e econômico que o governo brasileiro tinha imaginado — e que, na prática, pouco tinha feito para apoiar. Uma lei orçamentária de dezembro de 1830 havia suspendido qualquer ajuda financeira do Estado às colônias ou à introdução de novos imigrantes, deixando-as entregues à própria sorte, o que os críticos da colônia não mencionaram. É provável que os interesses pró-escravidão tenham aprovado a lei, desconfiados do trabalho livre e da criação de uma classe de imigrantes proprietários de pequenas terras que poderia lhes usurpar o poder. Quando não tomaram nenhuma medida concreta para desencorajar o trabalho escravo e dar apoio material a uma colônia de imigrantes, até mesmo os críticos da Colônia Leopoldina acabaram por permitir que a escravidão crescesse.[65] Enquanto isso, outras colônias mais antigas ao redor do Brasil estagnavam de forma semelhante, e as que prosperaram, como

Cantagalo e Macaé, no Rio de Janeiro, também se transformaram em plantações de café baseadas na escravidão.[66]

No entanto, apesar dos detratores da colônia, seus produtores permaneceram indiferentes à perda de prestígio. O cultivo de café com mão de obra escrava continuou. Com a escassez de trabalhadores livres e a falta de alternativas, a escravidão negra era a tábua de salvação dos fazendeiros, que a defenderiam até o fim. Eles combateriam o abolicionismo com violência, mesmo quando o resto da nação já o havia aceitado. A colônia foi o local onde o lendário líder quilombola da região, Benedito, seria morto a tiro na véspera da abolição, após anos de fuga (ver capítulo 5).

O olhar sobre a trajetória da Colônia Leopoldina nos permite traçar a expansão da escravidão de origem africana para as fronteiras indígenas do país, desafiando uma ideia bem estabelecida de que ela se estendia para terras vazias.[67] Seu percurso tortuoso, no entanto, foi mais do que apenas outro capítulo na consolidação das economias de plantation, baseadas na escravidão, no século XIX, como vimos em várias regiões do Brasil, bem como em Cuba, Porto Rico e Estados Unidos. Pelo contrário, o objetivo original encarnava as aspirações de uma nação emergente — promover o branqueamento racial, a civilização e a colonização das fronteiras por meio de uma fusão de conquista indígena, imigração europeia e desenvolvimento econômico. Que tenha durado e prosperado como zona de plantation com mão de obra de escravos até às vésperas do século XX, ao mesmo tempo que uma oligarquia de proprietários de escravos estava também emergindo na vizinha São Mateus, mostra bem o quanto o crescimento da escravidão foi fundamental para construir a nação brasileira. Foi um processo que tanto engendrou quanto dependeu de pessoas que, como africanos e escravos, residiam na nação, mas eram excluídos dela.

"CATIVEIRO PERFEITO": ESCRAVIDÃO INDÍGENA NO SÉCULO XIX

Embora na fronteira Atlântica os imigrantes da Colônia Leopoldina tenham sido pioneiros na agricultura de larga escala e com emprego de mão de obra de escravos africanos, outra forma de escravidão — a dos indígenas — já era praticada na região. No início do século XIX, a conquista e o povoamento desses territórios promoveram um violento ajuntamento de escravidão africana e indígena. O entrelaçamento dessas duas histórias nos obriga a questionar a aceitação banal da escravidão indígena como a "primeira escravidão", uma prática colonial suplantada pela africana muito antes do século XIX.[68] João VI tinha justificado a guerra ofensiva, em sua declaração de 1808, como a única opção viável para subjugar o que ele injuriava como praticantes "de atrozes cenas da Bárbara Antropofagia". O alegado canibalismo e a hostilidade dos botocudos ao domínio português eram considerados merecedores de medidas violentas, e as guerras justas legalizavam sua escravização. Os indígenas capturados, assim como aqueles "resgatados" de "nações hostis", tornavam-se prisioneiros de guerra, obrigados a servir seus captores por um período mínimo de dez anos e enquanto durasse sua "ferocidade". Era um esquema muito conveniente aos colonos que precisavam de mão de obra.[69]

A escravidão indígena era inseparável do clamor pelo controle territorial que se acelerava no início do século XIX. Por volta da mesma época da guerra aos botocudos, também foram declaradas guerras ofensivas contra os kaingangs, xavantes, karajás, apinayés e canoeiros em outras regiões de fronteira do Brasil, de São Paulo a Goiás, Ceará e Amazonas.[70] Por exemplo, apenas seis meses depois de declarar guerra aos botocudos, d. João VI autorizou outra guerra ofensiva contra os bugres (termo depreciativo que designa os povos indígenas não escravizados) em São Paulo.[71]

No sul da Bahia, Baltazar da Silva Lisboa, juiz régio de Ilhéus encarregado de abrir as estradas do interior, afirmava a necessidade da guerra justa, levando em conta os "projetos que se não podem realizar, enquanto os bárbaros permanecerem no seu estado selvagem [...] sendo necessário que se empregue a força pública de tropas adestradas neste gênero de guerra". Menos de uma década antes da fundação da Colônia Leopoldina, ele escreveu com otimismo que, ao subjugar os botocudos, "o Estado terá o poder, riqueza e população, pois que são férteis terrenos atrairão imensos colonos, que produzirá massas enormes de riqueza".[72]

A escravidão de indígenas "hostis" continuou legalizada até uma década após a Independência, perdurando na transição de colônia para nação, juntamente com a escravidão africana. Foi abolida no mesmo ano da proibição do tráfico transatlântico de escravos (1831), um fato pouco notado pelos estudiosos da escravidão do século XIX. A lei portuguesa sempre garantiu a liberdade dos indígenas das aldeias, que eram seus aliados no projeto colonial. Mas manteve uma trajetória inconsistente em relação aos autônomos, abolindo e legalizando sua escravidão. As repetidas leis que aboliam a escravidão indígena foram um amargo testemunho da dificuldade de implementá-las, e a autorização periódica da escravidão legal acontecia porque a Coroa considerava a impossibilidade de liberdade para todos eles, dada a preponderância de indígenas hostis. Sua escravidão havia sido abolida pouco tempo antes e sua liberdade afirmada entre 1755 e 1758 pelo administrador real, o futuro Marquês de Pombal, que expulsou os jesuítas e secularizou a administração indígena.[73] Foi novamente legalizada em 1808, e o silêncio total sobre eles na Constituição de 1824 significou que o estatuto dos índios autônomos, que os representantes brasileiros consideravam viver fora do pacto social, permaneceu sem ser abordado, e muitos deles entraram como escravos na nova nação. A ambiguidade jurídica sobre seu estatuto ajudaria a manter a escravidão indígena vigorando de fato muito depois de sua abolição em 1831, tal como o tráfico transatlântico de escravos para o Brasil continuou após a proibição de 1831.[74]

As fontes são abundantes sobre episódios de assombrosa violência contra os botocudos e outros grupos indígenas na fronteira da Bahia com o Espírito Santo nas primeiras décadas do século XIX. O príncipe Maximiliano Wied-Neuwied, que viajou pelo Brasil nas vésperas da Independência, captou a gravidade da violência quando observou que

> desde então não se deu trégua aos "botocudos", que passaram a ser exterminados onde quer que se encontrassem, sem olhar idade ou sexo; e só de vez em quando, em determinadas ocasiões, crianças muito pequenas foram poupadas e criadas. Essa guerra de extermínio foi mantida com a maior perseverança e crueldade, pois acreditavam firmemente que eles matavam e devoravam todos os inimigos que lhes caíam nas mãos.[75]

O que Maximiliano talvez não soubesse é que essa "guerra de extermínio" estava só começando. Ao longo do século XIX, a violência da expansão dos colonos iria se combinar com um amálgama complexo de política, teorias raciais e ciência para devastar as vidas dos povos indígenas da fronteira Atlântica.

Ao contrário do que essa violência anti-indígena sugere, no entanto, a política indigenista brasileira nos anos que se seguiram à Independência não foi de extermínio. Pelo contrário, foi de assimilação. Embora o novo governo nacional só viesse a conceber uma política indígena no nível nacional em 1845, em tese defendia a *brandura* no tratamento dos indígenas, mesmo quando conduzia uma guerra ofensiva contra eles. Em seus "Apontamentos para a civilização dos índios selvagens do Brasil" (1823), o ministro do Império José Bonifácio de Andrada e Silva traçou uma política de Estado, em grande parte inspirada nas políticas coloniais de Pombal e baseada em meios pacíficos para civilizar os índios por meio de regimes de trabalho produtivo. Os "Apontamentos" criticavam explicitamente as guerras ofensivas que, "num século tão esclarecido como o nosso, na Corte do Brasil", haviam permitido que "os Botocudos, os Puri do Norte, e os Bugres de Guarapava [fossem] novamente convertidos de prisioneiros de guerra em miseráveis escravos". Ele insinuou que a escravidão indígena era tão prejudicial ao progresso do Brasil quanto a africana, e essa alegação o colocou em desacordo com a poderosa sociedade escravocrata da nação. José Bonifácio imaginou a incorporação de todos os índios, aldeados e autônomos (junto com mulatos e negros) à nação brasileira por meio da civilização e da miscigenação. Com isso, "ligar os interesses recíprocos dos Índios com a nossa gente e fazer deles todos *um só corpo da nação* — mais forte, instruída e empreendedora".[76] Sua visão homogeneizadora ecoava a opinião recorrente, partilhada por membros da Assembleia Constituinte, de que os índios não formavam uma sociedade em si, mas que mesmo assim existiam. José Bonifácio também não estava interessado em preservar as sociedades indígenas ou a cidadania indígena, o objetivo da assimilação era que eles deixassem de existir como um grupo distinto. Como diz Manuela Carneiro da Cunha, a assimilação não era considerada destrutiva para a sociedade indígena, porque, em primeiro lugar, não se considerava que ela existisse.[77] Embora José Bonifácio tenha sido exilado e sua proposta rejeitada quando d. Pedro i dissolveu a Assembleia Constituinte, sua abordagem "branda", centrada na assimilação, deu o tom para a política indígena nacional que se seguiu (discutida mais adiante no capítulo 3).[78]

Longe do conforto do Rio de Janeiro, os desafios da implementação de uma política indigenista nacional ficaram imediatamente evidentes. Uma tentativa de fazê-la em 1826 fracassou. Entretanto, em 1831, com o fim da guerra justa, a escravidão dos botocudos foi abolida pela última vez.[79] Mas, em vez de serem libertados, eles foram juridicamente transformados em órfãos sob a tutela do Estado. Seu novo status legal, de filhos da nação, os colocava numa condição semelhante à dos africanos livres e dos recém-libertos. O juiz de Órfãos era responsável por supervisioná-los até que fossem considerados prontos para ser emancipados e entrar na sociedade, ao mesmo tempo ele devia assegurar que eles fossem pagos por seu trabalho, protegidos da reescravização e batizados.[80] Embora essas medidas pudessem ser consideradas um passo concreto para começar a incorporar os indígenas "selvagens" à nação como cidadãos, os colonos na zona de guerra contra os botocudos, beneficiários da escravidão indígena, se sentiram ameaçados por essa intervenção do Estado. As instituições estatais, por seu lado, não tinham nem ânimo nem recursos para aplicar as políticas de brandura, o que contribuiu para o colapso das iniciativas civilizadoras baseadas na cooperação entre o governo e os colonos.

Um exemplo disso foi o rápido fracasso da aldeia de Biririca, financiada pelo governo, no interior de São Mateus. Biririca pretendia deslocar os indígenas para terras férteis ao longo do rio, treiná-los no trabalho agrícola e mandá-los para o Rio de Janeiro para servir na Marinha. Mas o governo do Espírito Santo, cada vez mais preocupado com a proliferação de quilombos na província, demonstrou pouco interesse em Biririca. A Câmara Municipal de São Mateus autorizou sua criação em 1841, depois de recusar vários pedidos de financiamento para outras aldeias. O esperado era que Biririca tirasse proveito da "diária comunicação que fazem os mesmos indígenas no espaço de nove anos com os habitantes desta Villa, já vendendo, e já comprando, e trabalhando pelas fazendas com o interesse em módico jornal".[81] Sem investimento governamental a colônia colapsou de vez em 1848,

70

mas a sabotagem e a hostilidade geral dos colonos da região, que viam a aldeia interferir em seu acesso aos trabalhadores indígenas, contribuíram muito para que isso acontecesse. Biririca não conseguiu aldear um único indígena, e nenhuma outra aldeia foi fundada depois disso.[82]

Estado e colonos da fronteira tinham concepções divergentes sobre o trabalho indígena, discordância esta que expôs as fragilidades da cidadania dessa população. O Estado encarava os regimes de trabalho como um meio para civilizar os indígenas autônomos, transformando-os num campesinato estabelecido e produtivo, preparando-os para uma eventual cidadania. Por outro lado, muitos colonos, em especial aqueles que não tinham escravos negros, simplesmente cobiçavam trabalhadores servis e não tinham escrúpulos em escravizar indígenas. O governo brasileiro permitia que eles trabalhassem para particulares mediante um contrato, conforme o Regulamento das Missões (1845), a única lei indígena nacional relevante do século XIX. Mas ao deixar os contratos nas mãos de particulares era quase certo que grande parte do trabalho não seria remunerado. Muitos colonos "pagavam" aos índios com cachaça, e isso contribuiu para a disseminação do alcoolismo.[83] Outra razão para o fracasso de Biririca foi a tentativa do Estado de reinstalar famílias indígenas e impedi-las de ir para propriedades individuais, onde corriam o risco de ser reescravizadas e maltratadas.[84]

No entanto, os colonos não foram os únicos entusiastas da escravização de indígenas. As reticências do Estado em relação a sua cidadania e a falta de um plano civilizatório coeso traduziram-se numa política indígena ambígua, oficialmente "branda", mas que ao mesmo tempo condenava e permitia a escravidão indígena.[85] Durante as guerras aos botocudos, os indígenas capturados eram entregues a colonos por um período mínimo de dez a quinze anos ou, se fossem crianças, vinte anos. Os colonos eram responsáveis por alimentar, vestir, educar e cristianizar seus escravos em troca de trabalho, como forma de prepará-los para uma eventual participação na sociedade como cidadãos plenos.[86] A escravidão indígena tinha, portanto, um perverso objetivo pedagógico que ligava interesses governamentais e individuais. Não é de surpreender que a pedagogia não estivesse em primeiro lugar na agenda de ninguém. O viajante francês Auguste de Saint-Hilaire observou que os colonos usavam essa promessa para enganar os botocudos e fazê-los entregar seus filhos, que eram vendidos por 15 mil-réis a 20 mil-réis. Os agentes do governo também emprestavam, uns aos outros, trabalhadores indígenas para abrir estradas, através daquelas que tinham sido suas próprias terras, e favorecer os colonos e o comércio. O presidente do Espírito Santo estava particularmente ansioso para "tomar emprestados" trabalhadores indígenas de Minas Gerais, uma vez que era "sumamente difícil, senão impossível, achar nesta província jornaleiros livres ou escravos para serem empregados em lugares tão distantes das povoações [...] só se pode contar por ora com os mesmos índios".[87] Após a abolição da escravidão indígena, em 1831, como vimos, os que tinham sido escravizados foram transformados em órfãos sob a tutela de um juiz. O juiz tinha o poder de distribuí-los como trabalhadores livres àqueles que estavam em sua esfera de influência. Muitos juízes abusaram desse privilégio com liberalidade, acumulando grande riqueza pessoal.[88]

Essa ladeira escorregadia entre a civilização e a escravidão indígena sancionada pelo Estado criou muitas oportunidades de abuso que perduraram muito tempo depois de a escravidão indígena ter sido oficialmente abolida. A escravização e o tráfico de indígenas, especialmente crianças conhecidas como kurukas, foi chocante.[89] Saint-Hilaire criticou, com acerto, que "no Brasil se repetia o que acontece na Costa da África: tentados pelos preços que os portugueses pagavam pelas crianças, os capitães botocudos lutavam entre si para conseguir crianças para vender". A demanda por kurukas desestabilizou as relações entre os indígenas. Dois grupos botocudos no norte de Minas Gerais, por exemplo, foram quase aniquilados por guerras para obter kurukas para os portugueses.[90] A escravidão de kurukas também atingiu muitos outros grupos indígenas, aldeados e autônomos, com mais de um colonizador rotulando suas vítimas como botocudos para justificar a escravização.[91] Esse é um assunto ainda pouco estudado sobre o Brasil do século XIX, em parte devido à pouca atenção dada à escravidão indígena durante o Império, mas também por causa de seu pequeno número e de sua ilegalidade. Ao contrário da escravidão africana, que produziu volumes de registros, notas de venda e inventários, a escravidão de kurukas sofre de escassez de documentação. No entanto, os kurukas aparecem no registro histórico com frequência suficiente para nos obrigar a questionar o que essa escravidão revela sobre o estatuto dos povos indígenas no Brasil pós-colonial.

Os kurukas eram empregados para diversos fins. A maioria foi capturada, comercializada e usada por colonos sem escrúpulos como empregados domésticos e trabalhadores agrícolas e, por vezes, na extração da valiosa madeira do jacarandá. Alguns indivíduos ricos consideravam-nos um sinal de prestígio social e davam kurukas uns aos outros como favores e presentes. No início da década de 1820, soldados no Espírito Santo e em Minas Gerais "deram de presente" sete kurukas botocudos a Pedro I para serem educados em escolas, o que Marco Morel identificou como escravidão, já que essas crianças eram propriedade de soldados que haviam atacado e matado seus pais.[92] As crianças eram geralmente preferidas aos adultos por sua suposta propensão à assimilação. Até Saint-Hilaire, que denunciava veementemente a escravidão de kurukas, estava determinado a ter sua própria criança botocuda. Seus repetidos pedidos foram recusados pelo cacique Johaima, que disse ao francês que "os portugueses levaram quase todos os nossos filhos, prometendo-nos que voltariam, mas nunca mais os vimos". Diante da insistência de Saint-Hilaire, Johaima evocou o léxico português da civilização indígena para repelir o intento, afirmando que, "como gostaríamos de cultivar a terra, não podemos dispensar nossos filhos". Acrescentou que os brancos tinham mulheres suficientes para lhes dar filhos e que "não precisavam de vir à procura de botocudos".[93] Saint-Hilaire não era o único branco que tinha dificuldade em compreender por que os indígenas não queriam dar seus filhos. Um português diretor de Índios admirou-se da capacidade de indígenas de amar e chorar a perda dos filhos, tal como os europeus.[94]

O envolvimento do Estado na escravização de kurukas foi especialmente problemático. As crianças das aldeias eram treinadas para se tornar intermediárias e ajudar a trazer indígenas autônomos para as vilas portuguesas. No Espírito Santo, famílias indígenas protestaram contra o envio de seus filhos para servir em regiões remotas, alegando que eles eram "índios nacionais" e, portanto, cidadãos (algo raro e valioso) e deveriam ser dispensados de tal tratamento. Um exemplo ainda mais preocupante era o do diretor dos Índios da referida província, que costumava constranger os aldeados a entregar seus filhos, até mesmo rapazes de onze anos e meninas ainda mais novas, de três. Em 1834, ele distribuiu generosamente 72 kurukas a pessoas de prestígio, argumentando que era o melhor meio de transformar "animais selvagens" em "população útil de que esta Província tanto precisa". O abuso sexual era previsível.[95] Por fim, em sua pior faceta, os colonos massacraram aldeias indígenas inteiras e se apoderaram de suas crianças, numa prática conhecida como *matar uma aldeia*, que o capítulo 4 investiga em profundidade. Esses repetidos exemplos de escravização indígena na fronteira Atlântica, por vezes ilegal e outras disfarçada de tutela, apontam para a ausência de proteção jurídica, de fato, e para a incapacidade e falta de vontade do Estado em pôr termo a essa prática, quando não era ele próprio a participar dela.[96]

Mesmo assim, alguns índios também confiaram os cuidados de filhos a missionários e colonos e não foram exatamente vítimas de ataques de escravização ou coerção. Paraíso argumentou que os indígenas fizeram isso por causa da pobreza, do desejo por bens e por falta de perspectiva de futuro. O já mencionado diretor de Índios visava especialmente as crianças órfãs, cujos parentes estavam mais inclinados a entregá-las em troca de objetos.[97] O viajante norte-americano Thomas Ewbank ficou horrorizado ao encontrar, no Rio de Janeiro, mães indígenas do Ceará, atingido pela seca, em desespero vendendo seus filhos à Marinha. Enviar os filhos para estranhos também era uma forma de os indígenas negociarem sua sobrevivência em meio à crescente ocupação de terras pelos colonos. Eles "ofereceram os filhos ao cativeiro" dos colonos locais para se proteger de ataques, apaziguar hostilidades e estabelecer alianças estratégicas e conseguir proteção paternalista. Os botocudos do Vale do Rio Mucuri, por exemplo, "deram de presente" vários kurukas ao senador mineiro Teófilo Ottoni, que procurava se estabelecer em suas terras. Disseram-lhe que o objetivo era fazer com que Ottoni ficasse "manso", mais um caso em que os botocudos manipularam o léxico português da civilização indígena.[98] Na Bahia e no Espírito Santo, alguns indígenas trabalhavam vez ou outra com escravos negros, mas vendiam seus filhos para os colonos locais. Entre estes estavam os moradores da Colônia Leopoldina, onde muitos botocudos vinham se refugiar de outros colonos, às vezes pedindo o batismo como forma de firmar aliança. Alguns indígenas chegaram a se tornar camponeses nas terras da colônia.[99]

Ainda assim, a precariedade dessas alianças foi exemplificada por um incidente em São José de Porto Alegre, ao sul da colônia, onde a posse de kurukas era comum. Um grupo de indígenas que vivia no interior vinha enviando seus jovens para os missionários e colonos da aldeia, até que estes últimos, cobiçando as recompensas financeiras prometidas por seus vizinhos que buscavam os kurukas, invadiram os aldeamentos e confiscaram os filhos dos indígenas, destruindo a aliança que estava florescendo. No ano seguinte, um morador da mesma aldeia massacrou um grupo de catorze botocudos, chefiado por um líder identificado como Jiporok, em retaliação pelo assassinato de uma família local. Amplamente relatado como o epítome da selvageria dos botocudos, o ataque de Jiporok foi na verdade motivado pelo rapto de seus próprios filhos.[100]

Indígenas também eram traficados num comércio interprovincial. A concentração de documentos denunciando sua escravização e tráfico, de meados até o final da década de 1840, sugere que eles não estavam imunes à corrida pelo trabalho escravo provocada pela proibição iminente do comércio transatlântico de escravos em 1850.[101] Crianças e adultos eram escravizados e vendidos até no Rio de Janeiro. O tráfico de escravos indígenas tem sido quase invisível na história do Brasil do século XIX, já que seu número era provavelmente minúsculo em comparação ao de escravos negros. Não há números abrangentes disponíveis além dos estimados seiscentos a setecentos botocudos dispersos entre três cidades no norte de Minas Gerais na década de 1820; 72 enviados pelo diretor dos Índios do Espírito Santo em 1834; e os 52 mantidos em propriedade privada e sem contrato no Rio de Janeiro em 1845.[102] Thomas Ewbank ficou surpreso ao saber que no Rio de Janeiro já em 1845 "os índios parecem ser escravizados quase tanto quanto os negros, e são comprados e vendidos como eles".[103] No mesmo ano, um decreto exigia vigilância para crianças destinadas a outras províncias sem evidência de um contrato ou do consentimento de seus pais ou tutores. O embarque de uma mulher indígena de São Mateus para um morador do Rio de Janeiro também suscitou preocupações sobre o tráfico de indígenas direcionado a particulares para quem trabalhariam sem contrato. A Justiça de Órfãos da cidade manifestou preocupação com o fato de que esses indígenas, explorados por sua "natural simplicidade", fossem mantidos num estado de "quase perfeito captiveiro".[104] Dois anos mais tarde, o presidente do Espírito Santo elogiou cautelosamente o progresso econômico de São Mateus, observando como seus fazendeiros tinham "conseguido domesticar os botocudos e empregá--los na agricultura em troca de sustento e vestuário". No entanto, ele permaneceu preocupado com a escravidão ilegal e defendeu o estabelecimento de aldeias financiadas pelo governo como forma de manter o controle sobre os trabalhadores indígenas e os indivíduos a quem eles serviam. O plano nunca se concretizou.[105]

A escravidão de kurukas, tal como a dos africanos trazidos ilegalmente para o Brasil depois de 1831, era um falso segredo. Quando o assunto voltou à baila em 1841, o presidente do Espírito Santo não demonstrou surpresa, mas lamentou que *ainda* estivesse em prática na comarca o "bárbaro e abominável costume de comprar-se ao gentio das matas".[106] O juiz de Direito de São Mateus foi um dos poucos que contestou a prática, buscando condenar a escravização indígena como uma violação do artigo 179 do Código Penal, que criminalizava a redução de pessoas livres à escravidão. Mas ele também afirmava que os indígenas vinham para as casas dos colonos por livre vontade, sem coerção, contradizendo seu reconhecimento de que suas condições de vida eram cada vez mais difíceis. Para além da insinuação dissimulada de que os indígenas se escravizavam voluntariamente, havia a dura realidade do desaparecimento das terras e dos meios de subsistência, tornando-os cada vez mais vulneráveis ao cativeiro.[107]

Juridicamente, as formas de escravidão indígena e africana não eram idênticas. Entre os negros nascidos no Brasil, a escravidão era uma condição biológica hereditária, até antes da Lei do Ventre Livre, de 1871, enquanto os indígenas tornavam-se legalmente escravos por meio da captura em guerra justa, mas não herdavam essa condição. Os escravos negros podiam comprar a liberdade ou ser alforriados, mas não havia essas opções para os indígenas, que eram mantidos em cativeiro durante o período designado pelo Império ou até serem "civilizados", uma condição completamente subjetiva.[108] No entanto, examinando o processo de colonização da fronteira podemos ver como essas duas formas de escravidão se sobrepunham em termos temporais, geográficos e de experiência. Os negros e os indígenas partilhavam as devastadoras experiências da escravidão, da venda e do tráfico, da migração forçada e da ruptura das famílias. Embora a escravidão indígena assumisse, por vezes, a forma de trabalho contratual ou de tutela, a experiência real era frequentemente a de uma "escravidão perfeita".[109]

À medida que a nova nação se deparava com os desafios de alargar sua soberania sobre seu vasto domínio, o povoamento fronteiriço concretizava a exclusão dos negros e dos indígenas. A escravidão africana, e não a mão de obra branca livre, impulsionou o processo, fundindo-se e acelerando a perseguição e a escravização dos indígenas. O povoamento e a incorporação da fronteira dependiam, portanto, de pessoas que estavam "fora do pacto social" e cuja existência era, no entanto, incorporada à própria construção de uma cidadania liberal brasileira.

A escravidão de negros e indígenas também expôs a ambiguidade da cidadania e sua precondição, a liberdade. Porque, se tanto os escravos africanos como os brasileiros tinham direito legal a uma futura manumissão, essa possibilidade dependia da vontade do senhor ou da capacidade do escravo de comprar sua liberdade. Nada disso era possível onde a mão de obra era escassa. Além disso, como Sidney Chalhoub demonstrou, os escravos e libertos africanos e nativos no Brasil do século XIX estavam sujeitos a uma quantidade de alforrias condicionais, revogações de liberdade e restrições à plena cidadania.[110] Assim, os africanos foram desencorajados de se tornar cidadãos, e até os libertos brasileiros descobriram que o acesso à cidadania era assustadoramente ardiloso, sempre ameaçados de prisão e numa espécie de purgatório da "meia-liberdade", ou pior, da queda do status de cidadãos para o de escravos.

A precariedade da liberdade também ameaçava a vida dos indígenas. Quem percebeu isso foi Manoel Mascarenhas, presidente do Espírito Santo, que denunciou os efeitos deletérios que o tráfico de crianças tinha sobre a civilização. Ele partia do princípio de que os índios preferiam viver no interior, onde mantinham sua liberdade, a entrar no "berço da sociedade", onde viam seus filhos serem reduzidos à escravidão por pessoas que eram "tão livres como esses que os reduzem a tal estado".[111] O fato de os indígenas terem entrado na sociedade brasileira como escravos ilumina uma questão central. Eles eram livres? E se sim, eram cidadãos? Em 1844, quando Mascarenhas falou, não havia escravidão indígena legal no Brasil. No entanto, ela continuava vigente de maneira descarada na prática, às vezes assumindo a forma de tutela ou de acordos informais de trabalho. A escravização "perfeita" expôs o quão imperfeitas eram as leis que regiam a cidadania indígena, que permaneciam tão ambíguas quanto na Constituição de 1824. Sobre ela, o naturalista suíço J. J. von Tschudi foi sucinto quando criticou a guerra de extermínio contra os indígenas no Vale do Mucuri, que continuava "apesar da bela mas infelizmente defeituosa Constituição brasileira".[112]

Dizer que nas primeiras décadas pós-coloniais do Brasil o Estado não teve influência nos acontecimentos da fronteira Atlântica é ignorar a forma como os brasileiros, desde a elite política nacional até o colono local — quer por indiferença quer por envolvimento direto —, permitiram que a escravidão, legal e ilegal, impulsionasse sua colonização e integração. O medo de um Brasil africano e o elogio às promessas civilizatórias do trabalho dos imigrantes brancos não se traduziram em apoio material à Colônia Leopoldina, cuja transformação em fazenda de escravos o Estado, observando seus lucros e cedendo aos interesses pró-escravistas, criticou apenas de longe. Tendo mantido uma guerra ofensiva contra os "índios hostis", pouco fez para impor a abolição da escravidão indígena, da qual, às vezes, ele mesmo participou. Estado e fronteira convergiram ao garantir que as desigualdades e as exclusões da cidadania brasileira se reproduzissem na instituição de escravos e quase cidadãos que residiam no território nacional, mas não tinham direito sobre ele. Como os negros e os indígenas vivenciaram e interpretaram esses termos para sua inclusão e exclusão e, por vezes, articularam os seus próprios termos, é o tema do próximo capítulo.

2. Rebeldes, reis, soldados: Política popular

"Um povo tão atrasado na civilização!" Foi com essas palavras pouco lisonjeiras que Manoel Pontes, presidente do Espírito Santo, descreveu os moradores de São Mateus em 1833, apenas dois anos depois do fim da guerra aos botocudos e da primeira abolição do tráfico transatlântico de escravos. Ele poderia estar se referindo a uma série de coisas que afligiam a cidade: um levante nativista liderado por um turbulento grupo de mestiços moradores no sertão; um massacre justiceiro de botocudos; o ataque de botocudos a propriedades dos moradores de São Mateus; e à tenacidade dos quilombos da região, que os moradores temiam que pudesse culminar numa guerra racial semelhante à Revolução Haitiana.[1] Foi nesse ambiente caótico que a cidade prosperou, cada vez mais, com o crescimento das exportações de farinha de mandioca, prosperidade que não conseguiu dissipar — ao contrário, incentivou — o que Pontes via como a total desordem reinante na cidade e na região.

Em meio às turbulências políticas da Independência e da abdicação de d. Pedro I, em 1831, que agitaram várias regiões do

Brasil, a expansão do Estado para a fronteira Atlântica foi obrigada a enfrentar as mesmas pessoas que excluía da nação. Com o rápido fracasso da imigração europeia, a civilização significava a extensão da agricultura baseada na escravidão e na domesticação dos indígenas "selvagens", cujas mão de obra e terras serviriam às necessidades dos colonos. No entanto, os escravos brasileiros e africanos e os indígenas possuíam ideias radicalmente diferentes sobre o rumo da expansão do Estado, desafiando a imposição de uma autoridade centralizada na fronteira e a tornando um processo complexo e muitas vezes violento. Esses desafios assumiriam várias formas, desde revoltas e confrontos diretos com colonos até levantes por cidadania e acesso a direitos legais e à cultura política monárquica. Este capítulo examina as várias formas como negros e indígenas interpretaram e contestaram, pela lente da política popular, a construção da nação na fronteira Atlântica.

Falar da construção da nação na fronteira durante as primeiras décadas pós-Independência pode parecer prematuro, ou mesmo irrelevante, especialmente quando nosso foco está nos escravizados e nos indígenas. As pessoas centrais deste capítulo pouco se assemelhavam aos patriotas crioulos de elite na obra de Benedict Anderson sobre o surgimento do nacionalismo. Em contraponto a Anderson, José Murilo de Carvalho defende que, no final do período colonial, antes da chegada da Corte portuguesa, não existia uma pátria brasileira, apenas um "arquipélago de capitanias" sem qualquer unidade política ou econômica. A pretensão de pátria surgiu em grande parte do âmbito provincial, e a ideia permaneceu ambígua após a Independência.[2] De fato, os negros e os indígenas que aparecem neste capítulo não estavam, na maioria dos casos, concebendo suas ideias e ações em termos de nação ou de seu complemento, a cidadania; assim como a maioria dos brasileiros ou dos latino-americanos da época. É imperativo reconhecer as formas muito diretas com que confrontaram e lutaram contra as forças da expansão do Estado e as estreitas vias de inclusão oferecidas pela nação liberal.

SÃO DOMINGO NA FRONTEIRA

A vila de São Mateus, que voltou ao Espírito Santo após a Independência, estava emergindo como importante centro econômico naquela província escassamente habitada. No início do século XIX, era a única cidade no interior, localizada a montante da povoação costeira de Barra de São Mateus (hoje Conceição da Barra). Seu centro, onde ficavam a catedral e a câmara municipal, localizava-se no lado sul do rio São Mateus (Cricaré), no alto de um penhasco de quase trinta metros de altura, com vista para o porto e para o rio que serpenteava lentamente vale abaixo. O São Mateus tinha origem em dois rios separados, no interior de Minas, que se juntavam e fluíam para leste, entrando no território do Espírito Santo. Os campos de mandioca circundavam a cidade, e nas margens do rio, fora dos bairros principais, podiam ser encontradas as moradias simples e as hortas dos indígenas aldeados. A Mata Atlântica, sempre vulnerável ao avanço da agricultura de queimada, ainda cobria a margem norte. Os paquetes e vapores do Rio de Janeiro, Vitória e Salvador passavam pela Barra, subiam o rio até o porto, e iam dar numa praça movimentada, repleta de armazéns, escritórios de comerciantes e empresas de tráfico de escravos. Cruzando o calçamento de pedra da praça, escravos carregavam pesados sacos de farinha de mandioca.

A população escrava cresceu de maneira acelerada, passando de 1336 pessoas em 1820, para cerca de 3029 em 1827, ultrapassando a população branca livre na proporção de 3,5 para um, e a população não branca livre de dois para um. Os indígenas, tanto os moradores das aldeias como os autônomos, quase não foram contabilizados, além dos 433 indígenas aldeados em 1820 e dos 783 em 1827.[3] Em 1824, 20% (2654) de toda a população escravizada da província residia em São Mateus. A maioria trabalhava no cultivo da farinha de mandioca, o que permitiu que a vila se tornasse, entre 1826 e 1827, praticamente o único motor econômico da província, com exportações que tinham triplicado de 60 mil alqueires em 1815-7 para quase 186 mil alqueires em 1826.[4] A população escrava diminuiria após a abolição definitiva do tráfico transatlântico de escravos, em 1850, para 2213 em 1856. Mesmo assim, a cidade continuava a produzir 173 610 alqueires em 1852. Em 1872, quando a população escrava se recuperou e chegou a 2813, São Mateus tinha feito a guinada para o cultivo mais lucrativo do café.[5]

No entanto, apesar da importância econômica da cidade, muitos a consideravam um covil de foras da lei. Concordando com a opinião de Pontes, que abriu este capítulo, o juiz de paz queixava-se de que "nesta Vila nada regula perfeitamente sobre obediência, e respeito às Autoridades, pois aqui o que labora é facas de ponta, pistolas, espingardas". Observou ainda que, na vila e em seu interior, em "cada um deles figura um Magistrado, sem haver obediência, nem respeito às autoridades".[6] A combinação de vários acontecimentos desordenados alimentou essa imagem negativa. Só em 1843 foram registradas ocorrências como estas: marinheiros mataram-se uns aos outros, indígenas contratados para caçar um escravo fugitivo mataram e decapitaram por engano um fazendeiro de gado, escravos atiraram em quilombolas e circulou o boato de uma insurreição de escravos. Essas imagens permaneceram mesmo quando São Mateus se tornou, em 1848, "por sua posição geográfica, o porto mais frequentado de todo o litoral entre o Rio de Janeiro e a Bahia". Para o então presidente Luiz Ferraz o problema era o "grande número de marinheiros, muitos desertores, e outros criminosos de várias províncias, que lá vão todos procurar refúgio e abrigo".

O que, no entanto, mais atormentava legisladores e colonos eram os quilombos. Ferraz temia que eles pudessem "ser de consequência mui fatal à segurança individual e de propriedade", e seu sucessor acrescentou que eles eram "um mal que sem dúvida alguma comprometerá para o futuro a tranquilidade da província, nossa existência, fortuna e bens".[7] Os quilombos, alimentados por escravos fugitivos de São Mateus e de outros lugares, atraídos pela negligência na aplicação da lei, não paravam de aparecer e se multiplicar na fronteira Atlântica a cada vez que uma expedição era enviada para os destruir. Quando a maior insurreição de escravos da história do Espírito Santo eclodiu, mais ao sul, na cidade de Queimado, em 1849, os moradores de São Mateus ficaram apavorados com o fato de alguns dos participantes terem vindo buscar refúgio ali, junto a outros escravos fugitivos de Caravelas, no sul da Bahia, e preventivamente confiscaram todas as armas de seus escravos.[8]

Desde o início do século XIX, os caçadores de fortuna que chegavam à região reivindicando sesmarias e outros despojos da guerra aos botocudos não estavam preparados para a resistência de seus próprios escravos. Fugindo para o sertão ou se revoltando abertamente, os escravizados reivindicavam a fronteira Atlântica como espaço de liberdade da escravidão. E eles produziram frequentes confrontos com seus senhores, mas também com indígenas e agentes do Estado.

Em novembro de 1822, pouco depois de o Brasil ter proclamado sua Independência, São Mateus sentiu o gosto do medo. Uma violenta revolta de "africanos livres e escravizados [...] contra brancos e pardos" deixou os habitantes da cidade em pânico. Os dois suspeitos de serem os mentores da revolta eram os africanos Cláudio Ferreira de Jesus e Luís Benguela, um dos quais teria sido escolhido para ser o rei dos rebeldes. Jesus e Benguela foram libertados por falta de provas, mas acontecimentos posteriores sugerem que não se tratava de um mero boato de conspiração.[9] Nos cinco anos que se seguiram à revolta, quilombos e levantes de escravos continuaram a proliferar no entorno de Caravelas e São Mateus, alimentando o medo de uma guerra racial semelhante à do Haiti. Em 1827, quase uma centena de fugitivos da escravidão haviam estabelecido quilombos nos arredores de São Mateus, atacando mulheres e assassinando viajantes em vias públicas. Eles exigiam que seus amedrontados donos os tratassem "com a humildade de servos" até os abandonarem para se juntar aos quilombolas. Os moradores de São Mateus referiram-se à revolta africana liderada por Jesus e Benguela com receio de que sua cidade se tornasse "outra segunda ilha de São Domingo, pois os seus planos são outros, segundo mostra a nossa experiência e certeza no ano de 1822".[10] Três meses depois, em junho de 1827, o medo da violência racial e da inversão das relações senhor-escravo voltou a abalar os moradores de São Mateus. Quando perceberam que mais de noventa dos seus escravos "já não cortejavam os brancos na forma do costume" e pareciam dispostos a tomar o controle da cidade, expressaram novamente o receio de reviver os acontecimentos de 1822, que recordavam como uma "sublevação da escravatura neste país com mortes as mais cruéis".[11]

A resistência dos escravizados também era grande no sul da Bahia. Em 1828, um quilombo foi destruído e incendiado em Caravelas. Seus membros chamavam o assentamento de "império" e tinham claramente se preparado para a guerra contra invasores, armando-se com armas de fogo, arcos e flechas e fortificando o quilombo com armadilhas e estacas escondidas. A expedição que se formou para atacar o quilombo, e que incluía indígenas, matou três quilombolas e capturou vários homens e mulheres, mas deixou escapar o líder ferido. No entanto, mesmo com a destruição desse quilombo em particular, quase cem quilombolas continuaram à solta nas florestas do entorno. O desolado capitão do mato encarregado de liderar as expedições contra os quilombos em torno de Caravelas foi forçado a reconhecer a inutilidade de seu trabalho. De fato, o juiz de paz de Caravelas queixava-se de que "sempre hão de haver negros fugidos, nestes matos, porque eles são dilatados, as roças muitas, e a escravatura numerosa; pois tem mais de cinquenta, oitenta, e cem cativos, sem um só capitão do mato neste termo".[12] A revolta de 1832 nas terras de Schaeffer, na Colônia Leopoldina, foi um alerta de que os escravos das fazendas eram igualmente capazes de causar danos. Em 1843, a população de escravizados africanos de Caravelas chegaria a mais de 3 mil, muitos dos quais continuaram a estabelecer seus próprios quilombos. A polícia local queixou-se de que

> ameaçam a segurança de todos os habitantes, chegando sua audácia a ponto de andarem arrombando portas, tomando de dia nas estradas os víveres, que conduzem os agricultores para suas roças, e levando para sua cidadela à força escravas, que os não querem acompanhar.[13]

As origens étnicas de escravizados na fronteira Atlântica na primeira metade do século XIX são incertas. Um documento de 1833 listando 25 escravos e escravas fugidos em São Mateus oferece uma rápida visão: dois eram angolanos (da África Centro-ocidental), um nagô (iorubá) e um crioulo. A essa pequena lista podemos acrescentar o já referido Luís Benguela (também da África Centro-ocidental). Origens semelhantes foram registradas entre os africanos escravizados da Colônia Leopoldina.[14] Embora os historiadores tenham demonstrado, há muito tempo, que as "nações" de escravizados declaradas no comércio de escravos são, na melhor das hipóteses, aproximações, podemos concluir que africanos de origens geográficas muito distintas foram escravizados junto com nativos na fronteira Atlântica, e que ambos os grupos fugiram e se revoltaram.[15] Em meados do século, a geração seguinte de escravos era nascida no Brasil, o que resultou em importantes laços intergeracionais entre africanos e parentes nascidos no Brasil.

Os danos econômicos que os quilombos e as revoltas escravas causaram às povoações fronteiriças foram formidáveis. Os colonos perderam força de trabalho, já limitada, e sofreram a destruição de suas propriedades e a diminuição da produtividade. É provável que a resistência escrava tenha desempenhado um papel significativo no acentuado declínio da produção de farinha de mandioca em Caravelas, Vila Viçosa, Alcobaça e Prado na primeira metade do século XIX.[16] A luta contra quilombolas e escravizados também custou caro. Os milicianos que participavam das *entradas* contra os quilombos voltavam para suas propriedades no sertão e descobriam, com desgosto, que os escravos haviam roubado seu gado e destruído suas roças.[17] Uma lei de 1846 no Espírito Santo estabeleceu uma força militar para combater os quilombos e capturar escravizados fugitivos na província, mas a força foi rapidamente dissolvida devido aos altos custos de manutenção. Quatro anos depois, o presidente da província, Filippe Leal, expressou sua exasperação constatando que "nada de profícuo se há podido conseguir a respeito dos quilombos", os quais comparou a um "terrível cancro da lavoura da província". Leal atribuiu a proliferação às dispendiosas e inúteis unidades antiquilombo, bem como a indivíduos que protegiam escravos fugitivos em troca de seu trabalho.[18]

No entanto, o prejuízo foi muito além do econômico. O fracasso da Colônia Leopoldina demonstrou que não era o trabalho livre europeu, mas a escravidão, que impulsionaria o povoamento da fronteira. Por meio de fuga, revolta e criação de seus próprios "impérios" e reinos africanos, os escravizados esmagaram os sonhos de prosperidade dos colonos e as ambições estatais de civilizar a fronteira. Os africanos figuravam de forma proeminente nesses primeiros exemplos, sem dúvida lutando sua própria guerra racial contra "brancos e pardos" que os forçavam à servidão. A reputação da região como um lugar de caos se deveu, em grande parte, ao fato de os escravizados terem conseguido transformar a colônia num espaço de liberdade. E, para isso, também criaram novas alianças e hostilidades com vários grupos indígenas, colonos e agentes do Estado que tinham suas próprias reivindicações territoriais.

FALANDO DE DIREITOS

Enquanto os quilombos proliferavam nas terras fronteiriças da Bahia e do Espírito Santo, um tipo diferente de luta contra a escravidão também estava sendo fomentado nas décadas de 1840 e 1850. Complementando a política de enfrentamento pela fuga e revolta, os escravizados reivindicavam uma relação direta com a monarquia e o Estado. Estabeleceram seus próprios termos de inclusão nacional, exprimiram sua visão política enquanto súditos reais e cidadãos, cuja liberdade era garantida por esses poderes. O primeiro incidente documentado ocorreu em setembro de 1843, três anos após o fim do tumultuado Período Regencial brasileiro (1831-40), quando Pedro II, filho de Pedro I, assumiu o trono. Um boato sobre emancipação geral circulou pelo sul da Bahia e norte do Espírito Santo, motivado pelo casamento de Pedro II com Teresa Cristina, em Nápoles no início daquele ano. Com a iminente chegada da nova imperatriz no final de agosto, os moradores de São Mateus começaram a ouvir que o imperador havia libertado todos os escravizados. Os senhores de escravos ficaram alarmados com o fato de o boato da emancipação ter assumido a feição de um ato real, emanado do imperador em pessoa para os

89

escravizados. Eles temiam que seus escravos, cada vez mais audaciosos e desobedientes, estivessem se unindo a quilombolas e outros elementos perigosos do sul da Bahia para iniciar uma insurreição. As forças da lei apreenderam preventivamente todas as armas em posse dos escravos, além da pólvora e do chumbo. Tão aterrorizante quanto escravos armados era a circulação de boatos perigosos que poderiam incitá-los ainda mais. Para evitar que o boato da emancipação se espalhasse pela Barra, as autoridades também vigiaram os quilombolas e os 45 marinheiros que chegaram no final de setembro e que poderiam levar o perigoso boato ao longo de suas rotas marítimas.[19]

O rumor da insurreição de 1843 foi inspirado numa rica cultura atlântica de monarquismo popular que ia desde o Reino do Congo até à rebelião de Tupac Amaru, no Peru.[20] O monarquismo popular encontrou um terreno especialmente fértil no Brasil, uma colônia e nação sob regime monárquico. Antes considerado prova da ingenuidade política popular entre pessoas supostamente incapazes de compreender a promessa maior do republicanismo, os estudiosos agora reconhecem o monarquismo popular como uma expressão política importante por si só. Muitos negros e indígenas, escravizados e camponeses entendiam as figuras reais como uma fonte de justiça a quem prometiam lealdade e de quem esperavam, em troca, certos direitos e privilégios. As ideias de realeza africanas e europeias também se sobrepunham.[21] A filosofia política congolesa, por exemplo, defendia que um rei devia governar de forma justa e altruísta no interesse público, independentemente da grandeza de seu poder. Os escravizados no Brasil colonial apelavam tanto aos monarcas portugueses, que eles consideravam como seres "acima da lei", como a um monarca com autoridade absoluta, que intercederia a seu favor no que respeita à manumissão, aos abusos e a outros conflitos com seus senhores.[22] Após a chegada da família real ao Rio de Janeiro, em

1808, a relação imperial entre o monarca e seus súditos foi redefinida, escravizados e indígenas da capital e das capitanias vizinhas sentiram-se incentivados a reivindicar o status de vassalos e a fazer apelos diretos ao monarca. Os pedidos de escravizados e indígenas por intervenção régia aumentaram, assim como o número de ações de liberdade e pedidos de alforria enviados por escravos diretamente ao rei, no Rio de Janeiro, entre 1808 e 1831.[23] A crença dos escravos na proteção monárquica — e mesmo na concessão monárquica da liberdade — já era evidente quando d. João VI parou em Salvador, em 1808, a caminho do Rio de Janeiro. Os escravizados da cidade cantaram que sua presença poria fim aos castigos brutais que lhes eram impostos pelo governador da Bahia. Mais esperançosos ainda estavam os que carregaram a liteira de seu filho, d. Pedro I, quando a família chegou à capital: "Nosso senhor chegou, acabou a escravidão".[24]

O monarquismo era, portanto, uma ideia política que ressoava entre os escravizados, tanto africanos quanto brasileiros, cuja crença na proteção real foi reforçada pela permanência da monarquia no Rio após a Independência. Tais crenças nem sempre se coadunavam com a relação ambígua do imperador e do novo Estado com os escravizados. Antes da independência, a monarquia podia manter seu poder absoluto intervindo na autoridade de um senhor sobre seu escravo. Nesse sentido, um escravizado podia reforçar o poder monárquico ao receber proteção como seu vassalo.[25] No entanto, após a Independência, o imperador e o Estado se mostraram mais hesitantes em intervir. Até 1871, a alforria era considerada um assunto privado, deixado inteiramente à mercê dos senhores. Só naquele ano a Lei Rio Branco deu aos escravizados o direito de comprar sua liberdade; até então, esse era, como o direito a acumular pecúlios, um direito costumeiro.[26] Alguns escravizados também tomaram a iniciativa de mover ações de liberdade a partir da década de 1850, alegando cativeiro ilegal com base na lei de 1831, que aboliu o tráfico transatlântico de escravos.[27] No entanto, antes de 1871, nem o imperador nem o governo podiam legalmente alforriar os escravizados, uma vez que isso infringiria os direitos à propriedade privada dos senhores. Ainda assim, d. Pedro I desempenhou o papel de um monarca justo e magnânimo quando "premiou" com a liberdade os escravizados baianos que lutaram pela causa da Independência. Nesses casos, o Estado assegurava a alforria e indenizava os proprietários pela perda de seus bens.[28] Esses precedentes deram aos escravizados razões suficientes para se considerarem beneficiários de uma emancipação decretada pela realeza.

Dito isso, a fronteira Atlântica era um espaço diferente dos centros urbanos densamente povoados como o Rio de Janeiro e Salvador, no coração da corte e de seus rituais do aparato real. O fato de o exemplo mais antigo de um rumor de emancipação por mandato imperial na região datar do início da década de 1840 é indicativo de que se a presença real fora até então esporádica (à exceção de uma relação com certos indígenas aldeados, discutida mais tarde), sua maior integração política e econômica e as crescentes redes de informação estavam então permitindo aos escravizados conceber uma nova relação com o soberano como seu protetor e emancipador. Só seis anos depois do rumor da insurreição, em 1849, é que se desencadearia outra inflamada insurreição de escravos inspirada pela realeza, desta vez em Queimado, mais a sul, no Espírito Santo. Ali a insurreição foi levada a cabo por cerca de cinquenta escravizados armados que acreditavam que a "rainha" havia intercedido, através de um padre capuchinho local, para lhes conceder a liberdade. Embora Vilma Almada tenha sugerido que eles estivessem se referindo à Inglaterra, que com a Lei Aberdeen de 1845 aumentava a pressão sobre o Brasil para acabar com o tráfico de africanos, também é plausível que se referissem à Imperatriz do Brasil.[29] Esses boatos circularam muito antes da visita de d. Pedro II ao Espírito Santo, que só viria a acontecer em 1860 (com São Mateus excluído de seu itinerário), sugerindo que a distância física da monarquia não impedia os escravizados de acreditar na intercessão real.[30]

Entretanto, o fim do tráfico transatlântico de escravos, em 1850, desencadeou uma crise na fronteira Atlântica, agravando sua carência crônica de mão de obra. A Lei Eusébio de Queirós assinalou o fim definitivo da importação ilegal de africanos, que se prolongava desde a cessação inicial do tráfico, em 1831.[31] Os brasileiros não podiam mais contar com um suprimento inesgotável de africanos para reabastecer sua força de trabalho servil. A lei foi apenas um passo importante na direção da abolição gradual, que não aconteceria por quase quatro décadas. Muitos estudiosos demonstraram o impacto variável da lei de 1850 sobre o trabalho escravo no Brasil.[32] Após a lei, entre meados de 1850 e meados de 1881, cerca de 222 500 escravizados foram vendidos no comércio interno, das regiões açucareiras do Nordeste (Pernambuco e Bahia em especial) para as zonas cafeeiras capitalizadas do Centro-Sul (Rio de Janeiro e São Paulo), atingindo um pico de quase 10 mil por ano, na década de 1870.[33] No entanto, se a disponibilidade de mão de obra escravizada, livre ou liberta, permitiu que os produtores de açúcar pernambucanos resistissem à perda dessa mão de obra, a fronteira Atlântica não tinha o mesmo respaldo.[34] A população escravizada de São Mateus cairia para 2213 em 1856. Ela cresceu na Colônia Leopoldina, no sul da Bahia (ver Tabela 1.1), mas permaneceu concentrada ali e não atenuou a escassez geral de população.[35] O que havia na região eram indígenas. O fato de se tratar de uma região de fronteira, com uma população indígena substancial, ao contrário de outras partes do litoral que já tinham cedido ao cultivo do açúcar e do café e tinham uma história de povoamento muito mais longa, ajuda a explicar o aumento da escravidão e do tráfico de indígenas na fronteira Atlântica nos anos 1850.[36]

Foi num ambiente de crise semelhante que surgiu em São Mateus, em outubro de 1851, outro boato de uma emancipação geral dos escravizados. Desta vez, os responsáveis pela balela foram os senhores de escravos, que interpretaram erroneamente a Lei Eusébio de Queirós como um decreto de emancipação geral. Suas conversas inquietas foram ouvidas por seus escravos, que conversaram com alguns marinheiros e concluíram que seus senhores estavam em conluio com as autoridades locais para esconder a notícia de sua emancipação. Os senhores temeram uma revolta violenta e imediatamente começaram a destruir os quilombos locais, proibir reuniões públicas, desarmar os escravizados e isolar os que eram suspeitos de manter contato com quilombolas.[37] Como no caso do boato de 1843, as autoridades ficaram cautelosas com a disseminação de informações perigosas pelos quilombolas, por causa de suas vastas redes sociais e de sua mobilidade no cruzamento da fronteira provincial.

Contudo, as investigações não revelaram quaisquer planos de insurreição. Pelo contrário, ao ouvirem o boato, os escravizados convenceram-se de que a cessação do comércio também prometia sua liberdade. Como relatou um policial, "há ideias na escravatura de reclamarem este *direito* (que estão na convicção de lhe ter sido outorgado) que os senhores ocultam".[38] Os escravizados estavam tão confiantes na liberdade que não viam necessidade de recorrer a agitação ou violência, e tinham até planejado se reunir na igreja no Natal para ouvir o padre dar a maravilhosa notícia. Usando a linguagem da garantia de direitos pelo Estado, eles fizeram uma poderosa reivindicação de inclusão na nação brasileira. Os escravizados acreditavam que o "governo central" os havia emancipado a todos, e supunham que ele estava pronto para forçar os senhores a libertá-los quando descobrisse o conluio destes com as autoridades locais para obstruir sua emancipação. Um policial local zombou dos escravizados "por estarem iludidos que a liberdade emana do governo, que havendo objeção dos senhores, aquele os impelirá a garantir-lha". No entanto, ao acreditarem que o Estado possuía autoridade legal e política para se sobrepor às relações privadas senhor-escravo, os escravizados também esperavam que ele protegesse seu direito coletivo à liberdade, acima do direito individual dos senhores à propriedade. Se o boato de 1843 enquadrava a emancipação como um ato de beneficência real, agora os escravizados entendiam-na como uma ação legal do Estado para garantir seu direito à liberdade.

Os senhores ridicularizavam o que chamavam de "ilusões" de liberdade, que os escravizados haviam inventado uma "lei imaginária sobre sua emancipação" e estavam "convencidos da existência dessa lei". No entanto, o que eles fizeram foi imaginar a existência de uma lei sobre sua liberdade de existir. Estavam imaginando, e forjando em seus próprios termos, uma nação que em 1851 estivesse pronta a incluí-los, mesmo que, na realidade, o Estado não reconhecesse seu direito a comprar a própria liberdade durante mais duas décadas e a emancipação geral só viesse a acontecer dali a 37 anos.[39] Quando reivindicavam a liberdade como um direito e uma lei garantidos pelo Estado, refutavam efetivamente sua exclusão do pacto social e declaravam seu direito à cidadania — uma cidadania que não se manifestava como política oficial ou como voto, mas que se baseava, como observou José Murilo de Carvalho, numa noção emergente de direitos dos cidadãos e de obrigações do Estado.[40] Os escravizados de 1851 difeririam de seus colegas envolvidos nas revoltas de escravos e quilombos discutidos antes, que eram explicitamente adversários da sociedade colonizadora. A insistência dos escravizados na chegada da emancipação e da inclusão se tornaria ainda mais pronunciada nas décadas posteriores: em 1866, a Guerra do Paraguai levou muitos a acreditar que ela era travada em nome de sua liberdade; novamente em 1871, interpretaram a Lei do Ventre Livre como uma emancipação geral.[41] Mas quer escolhessem a fuga, a revolta ou a reivindicação de proteção e direitos monárquicos, os escravizados eram explícitos ao rejeitar a servidão que tinha sido fundamental para o povoamento da fronteira Atlântica.

SENHORES E REFUGIADOS DA TERRA

Por si só, esses exemplos de reivindicações de liberdade podem sugerir que a nação brasileira, especialmente no reinado de Pedro II, fosse cada vez mais inclusiva. Mas o impacto do aumento da escravidão sobre o território indígena nos obriga a enfrentar uma história mais complexa. Se a prosperidade de São Mateus era atribuída aos escravizados, em 1856 o *Jornal do Commercio* também lembrava os leitores da "sombra do terror que em épocas não muito remotas soube incutir desapiedadamente aos míseros selvagens, exterminando-os sem compaixão e com bruteza…". A cidade era "demonstração viva e palpitante da conveniência do sistema do terror empregado contra os míseros habitantes das selvas". O artigo destacava a Colônia Leopoldina como a única exceção — de prosperidade alcançada pelas relações amistosas com os indígenas — e de modo conveniente omitia o fato de que ela empregava mão de obra escrava.[42]

Os grupos indígenas da fronteira Atlântica, entre eles os pataxós, maxacalis, puris, botocudos e kamakãs, estavam cada vez mais em contato com os colonizadores desde o final do século XVIII. Encontros violentos eram, sem dúvida, frequentes, mas muitos acharam formas de negociar com os portugueses por meio do comércio, de acordos de trabalho, assentamentos em aldeias e alianças, mesmo no auge das guerras aos botocudos. No entanto, em meados do século XIX, as oportunidades de negociação ficaram cada vez mais inviáveis, não raro desembocando em confrontos violentos. Tais conflitos nasceram da fusão da ideologia e da geografia. O objetivo do Estado brasileiro de trazer os indígenas "selvagens" para o pacto social por meio da "civilização" significava que a única maneira de qualificar os botocudos seminômades como cidadãos era transformando-os em agricultores estabelecidos e desenvolvendo neles o desejo de acumular propriedade. No entanto, como Judy Bieber demonstrou, esses objetivos eram incompatíveis com as preferências culturais e as práticas de subsistência dos botocudos. Adquirir bens materiais fazia pouco sentido para eles, pois carregavam seus pertences nas costas de um lugar a outro. A propriedade privada da terra era também sem sentido para pessoas que precisavam da terra para viver. Mas se essas diferenças levaram ao fracasso das políticas para os indígenas nas primeiras décadas pós-Independência, em meados do século, o aumento da presença dos colonos e a nova legislação diminuíram a capacidade dos botocudos de negociar e garantir a sobrevivência. Para muitos deles, a incorporação nacional não trouxe promessas de cidadania, mas uma maior exposição à violência dos colonos, à perda de território, à fome e à migração forçada. Alguns escolheram a vida na aldeia, enquanto muitos outros escolheram o confronto, com consequências devastadoras.

Desde o final do período colonial, muitos grupos indígenas da fronteira Atlântica optaram por uma interação seletiva com os colonos. Por vezes, procuravam alianças para combater grupos nativos rivais.[43] Uma prática particularmente importante era o comércio, que lhes permitia obter dos colonos e dos missionários utilidades e bugigangas, como machados, catanas, pregos, anzóis, contas e vestuário, que trocavam por cera de abelha, arcos e flechas e, por vezes, por sua força de trabalho.[44] Alguns optaram por se estabelecer, estrategicamente, nas aldeias, o que se tornou uma fonte comum de mal-entendidos. Para os grupos indígenas que viviam nas periferias da expansão colonizadora, as aldeias serviam muitas vezes como uma solução temporária para complementar a subsistência, e quando havia períodos de escassez se retiravam para a floresta. Os portugueses, por seu lado, acreditavam que os indígenas vinham se instalar nas aldeias prontos para a catequese e ficavam furiosos quando eles partiam, o que acontecia geralmente quando as aldeias ficavam sem víveres para distribuir.[45] Um exemplo particularmente ilustrativo dessas diferentes percepções foi um grupo maxacali que chegou a Caravelas fugindo da agressão dos botocudos. Apesar de terem sido batizados pelo padre local, continuaram desinteressados em adotar a agricultura e abandonaram a aldeia quando o fornecimento de alimentos, ferramentas de ferro e roupas cessou. Instalaram-se em Tocoyos, em Minas Gerais, e esconderam que sabiam português para se passar por indígenas autônomos que entravam em contato com colonos pela primeira vez. Os maxacalis receberam suprimento de mercadorias do governo local até que sua "artimanha" foi descoberta. Confrontado por um capitão militar sobre o fato de terem se aproveitado dos colonos para obter alimentos, o líder maxacali respondeu: "O meu povo não está habituado a comer apenas milho e batatas; precisa de carne, mas nesta zona os botocudos destruíram a caça".[46]

Por trás da resposta criativa dos maxacalis estava uma luta entre colonos, vários grupos indígenas, agentes do Estado e escravizados pelo domínio da geografia da fronteira. Os colonos que tentavam reivindicar seu pedaço de terra e os quilombolas que fugiam para as florestas não eram páreo para a população indígena, cujo estilo de vida dependia do conhecimento intrincado de riachos, árvores frutíferas e áreas de caça. "É necessária a maior cautela para todos aqueles que entram sozinhos nestas imensas florestas sem as conhecer um pouco, ou possuir a extraordinária habilidade dos indígenas para encontrar o caminho", observou o viajante alemão príncipe Maximilian na véspera da independência. "Os europeus são ainda muito fracos nas imensas florestas do Brasil Oriental [...]. Se os selvagens se unissem para atacar o inimigo comum, a costa logo cairia novamente em seu poder, pois aqueles que fugiram das cidades conhecem muito bem as fraquezas dos europeus."[47]

Em meados do século, no entanto, o domínio dos indígenas sobre a região estava significativamente desgastado. A expansão dos colonos e os conflitos entre indígenas, que ela agravou, forçaram muitos botocudos a sair de São Mateus e do seu interior em direção à Bahia, onde novas tensões eclodiram com outros botocudos e grupos indígenas que já residiam ali. Os arquivos nos permitem traçar esse movimento. Os conflitos relacionados aos botocudos começam a diminuir nas fontes sobre São Mateus nas décadas de 1840 e 1850, aumentando simultaneamente nas fontes do sul da Bahia. Já em 1848 o presidente do Espírito Santo observava que "na vila de São Mateus já não aparece hoje tamanho número de Índios, como outrora, tendo-se retirado para as bandas de Mucuri [no sul da Bahia e norte de Minas]".[48] Um missionário capuchinho também observou que os chamados "indígenas selvagens do Mucuri" eram os mesmos que costumavam aparecer em São Mateus, mas que haviam se mudado para o norte, para Caravelas e Porto Seguro, no sul da Bahia.[49] Cada vez mais, esses "senhores originais da terra" estavam se tornando refugiados.

O plano do Estado de transformar os botocudos em agricultores e proprietários combinou com a invasão dos colonos para ameaçar, profundamente, sua subsistência seminômade, baseada na caça e na coleta.[50] Os botocudos guardavam com zelo suas reivindicações territoriais, mesmo antes da chegada dos colonos, e a invasão de áreas de caça e coleta era uma causa comum de conflito. Vários viajantes observaram batalhas não letais entre grupos rivais de botocudos quando um entrava na área de caça do outro (Figura 2.1). A maioria dos grupos gê limitou a caça, a pesca e a coleta a áreas específicas para não entrar em conflito com outros grupos indígenas. A coleta de alimentos também exigia migração temporária para tirar proveito dos recursos sazonais, como frutas, legumes, peixes e caça. Na estação seca, por exemplo, os botocudos viajavam até bem longe para colher cocos e frutos da sapucaia.[51] Mas o aumento da densidade populacional começou a afetar a capacidade que eles tinham de coletar e caçar sem sobrecarregar a oferta do ambiente. Nesse sentido, os quilombolas podiam ser tão ameaçadores quanto os colonos, já que fugindo para as terras indígenas eles poderiam consumir ainda mais os recursos disponíveis, além de atrair forças expedicionárias indesejadas. Enquanto os europeus acreditavam que os indígenas "errantes" não tinham noção de propriedade da terra e infestavam as terras virgens, um missionário reconheceu a importância do território para eles e reclamou que "os selvagens reconhecendo-se por únicos donos, e senhores absolutos das terras, não só não consentem que sejam ocupadas por outras quaisquer pessoas, mas fazem também guerra aberta contra todos aqueles que tentam", incluindo "escravos e trabalhadores brancos em todo o território das Villas na Comarca de Caravelas".[52]

Os conflitos eram constantes na região de Prado e São José de Porto Alegre, no sul da Bahia, para onde muitos indígenas haviam migrado. Os botocudos atacaram propriedades nos arredores das cidades, levando os moradores a abandonar suas propriedades e deixar para trás campos destruídos e, por vezes, vítimas humanas. Como Hal Langfur nos recorda, os ataques violentos contra os colonos baseavam-se numa lógica interna da sociedade indígena, que muitas vezes só pode ser percebida de forma tênue nas fontes. Num determinado momento histórico, suas motivações podem ter sido influenciadas por cosmologia e profecia nativas, doenças epidêmicas, por reivindicações de chefes e grupos de parentesco concorrentes, vingança, pela procura de alimentos

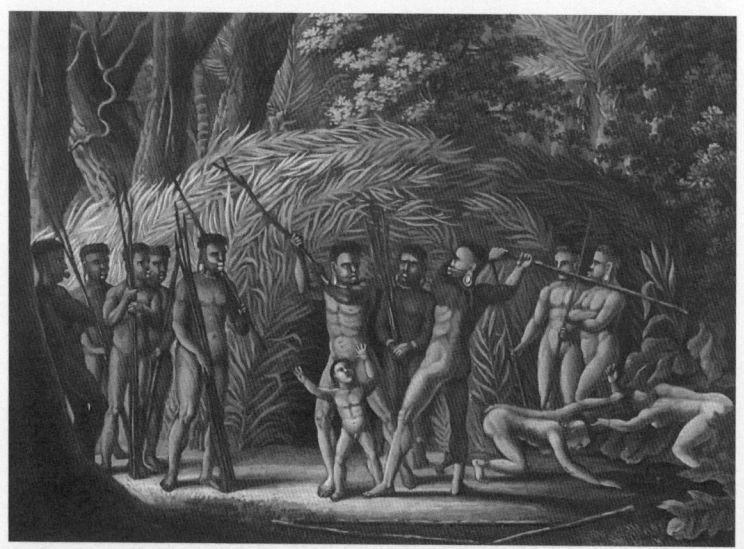

FIGURA 2.1. *Como caçadores e coletores, os botocudos dependiam da terra para sobreviver, e a transposição de fronteiras territoriais poderia levar a conflitos entre grupos rivais.*

ou, em graus variáveis, pela experiência histórica de séculos de confrontos violentos com os portugueses.[53] Por isso, é importante considerar, na medida de nossas possibilidades, o significado multifacetado dos ataques dos botocudos às propriedades dos colonos. O roubo de colheitas e gado aumentaria sua base de subsistência, enquanto a destruição de campos poderia causar danos econômicos, à semelhança dos ataques praticados pelos quilombolas. No entanto, às vezes os atos eram mais simbólicos. Bieber sugeriu que os botocudos tinham uma rejeição cultural à agricultura.[54] Um exemplo sugere a possibilidade de os botocudos terem matado gado para vingar mortes provocadas por doenças que atribuíam à hostilidade dos colonos que empregavam trabalhadores indígenas.[55] Baseando-se na pesquisa sobre os xavantes feita por David Maybury-Lewis, Bieber também postula que o trabalho no campo era desdenhado pelos botocudos, para os quais a agricultura rompia a divisão de trabalho entre os sexos, em que os homens caçavam e as mulheres coletavam, cozinhavam, cuidavam das crianças e transportavam tudo nas viagens.[56]

O ataque dos botocudos a um fazendeiro do Prado indicava o estreitamento das vias de negociação. Em outubro de 1844, o fazendeiro Lourenço da Costa encontrou mais de setenta indígenas em sua propriedade. Costa forneceu-lhes farinha de mandioca e abateu um de seus bois. Como muitos moradores que cobiçavam trabalhadores indígenas fora da regulamentação estatal, tentou instalá-los em sua propriedade a título privado com a ajuda de um morador que atuava como língua (intérprete indígena ou mestiço). Os indígenas foram embora e voltaram no dia seguinte, "mais audaciosos", exigindo comida. A situação parecia tranquila até que, alguns dias depois, mais de cem deles apareceram ao amanhecer em grande agitação, que Costa pressentiu ser causada pela fome extrema. Rejeitando a tentativa de Costa de os apaziguar com comida, eles mataram sete de seus escravos e feriram outras três pessoas, inclusive seu filho.[57] O assassinato dos escravos de Costa foi bastante significativo, pois sugere que os indígenas tinham consciência do valor econômico dos escravos para os colonos e de sua vulnerabilidade no âmbito das hierarquias sociais e raciais da sociedade colonial.[58] Na sequência do incidente, um juiz local perguntava-se sobre o que se poderia fazer para "quebrar a fúria daquela tirana gente", tanto mais que os soldados destacados para proteger o Prado tinham todos desertado por medo, preferindo a prisão ao confronto com os indígenas.[59]

Os ideais do Estado para a civilização indígena limitavam sua capacidade de compreender a situação deles. Discutindo o incidente de Costa, o presidente da Bahia entendeu que os indígenas, "forçados pela fome, vem aos povoados, ora de armas na mão como fazem para as bandas do Prado cometendo distúrbios, e devorando gados, e plantações" porque tinham "pouco espaço para subsistirem de um mato inculto, como hordas errantes". No entanto, ele acabou criticando-os como "filhos da natureza bruta se julgam senhores de quanto a terra produz". Repetia a crença comum de que a caça e a coleta de alimentos eram prova de preguiça, e sugeriu que a única solução viável era que os indígenas aprendessem o *amor ao trabalho* para não prejudicar os agricultores trabalhadores. Ele ainda mantinha a esperança de que os cerca de 10 mil indígenas que viviam ao longo do rio Mucuri pudessem se tornar um campesinato estabelecido seguindo o exemplo dado pelos puris e botocudos mais ao sul, ao longo do rio Doce.[60]

Outras motivações importantes para os ataques eram o rapto ilegal e a escravização de crianças (kurukas) pelos colonos e seus aliados indígenas, conforme abordado no capítulo 1. Uma família ou um pequeno grupo ficava profundamente perturbado com a perda de uma ou duas crianças, sobretudo porque as culturas coletoras espaçam os nascimentos de filhos por meio de tabus sexuais pós-parto e do desmame tardio, para que as mulheres não tenham de carregar mais do que um filho de cada vez quando se deslocam.[61] Os botocudos do Vale do Mucuri eram conhecidos por abrigar fugitivos que podiam lhes fornecer armas de fogo, o que lhes servia quando "suspeitavam que alguém lhes queria furtar os filhos de que eles são extremosamente zelosos".[62] O caso mais notório de escravidão kuruka na região, já mencionado, envolveu uma família de colonos, conhecida como os Viola, que residia na cidade de São José de Porto Alegre, onde se comercializavam kurukas. Em maio de 1845, um grupo botocudo liderado por seu capitão (que os observadores chamaram erroneamente de Jiporok) atacou a família Viola em sua fazenda, assassinando três e roubando um escravo e duas crianças.[63] O incidente foi o que os colonos e as autoridades estaduais viam como a violência e a traição inatas dos indígenas, tendo ocorrido logo após 2100 deles terem sido conduzidos a São José por um missionário. O arcebispo da Bahia os denunciou como "hordas" que "povoam em sociedade com as feras os bosques do nosso vasto continente" e eram "uma verdadeira injúria à civilização".[64] O ataque parecia afirmar a impossibilidade da civilização dos indígenas. Só mais tarde Teófilo Ottoni revelou que, de fato, o grupo tinha estado sob o domínio de um língua que cobrava taxas aos colonos proprietários de kurukas. Os Viola tinham duas kurukas, mas se recusaram a pagar por elas ou a devolvê-las, o que provocou o ataque em que o capitão recuperou os que, na verdade, eram seus próprios filhos. Ele havia concordado em se instalar sob a condução de Ottoni, mas antes que isso acontecesse foi morto por um morador do sertão de São Mateus junto com outras catorze pessoas de seu povo.[65]

Para muitos agentes do Estado e colonos, a invenção da selvajaria indígena era essencial para justificar, e até fazer necessário, o uso da violência.[66] Qualquer tentativa de compreensão das experiências indígenas na fronteira Atlântica do século XIX exige que nos aventuremos para além da cacofonia da linguagem odiosa que abafa a violência do Estado e dos colonos e nega a possibilidade de negociação e resistência indígenas. As acusações de canibalismo foram o exemplo mais saliente, em relação ao qual os acadêmicos permanecem céticos dada a escassez de provas concretas e dado o aumento de tais alegações justo nos períodos de intensificação dos conflitos com os colonos.[67] Em fevereiro de 1845, foi organizada em Prado uma entrada contra os indígenas para vingar um ataque a outro colono. A entrada viajou pelas florestas e disparou contra o assentamento indígena, assassinando três adultos e capturando quatro kurukas, dois meninos e duas meninas. "Sem o emprego de medidas violentas, nenhum resultado favorável se poderá tirar naquela Villa", justificou o chefe da expedição ao presidente baiano, "atenta a dissimulação e a malvadeza

de semelhantes bárbaros, que não poupam ocasião de ofender-
-nos." Ele chamou o chefe indígena de "um dos mais bárbaros e
sanguinários gentios".[68] Imbuídos de um éthos paternalista, os colonos invariavelmente viam qualquer sinal de resistência ou conflito como prova incontestável da perfídia e ingratidão dos indígenas.
Esperavam que eles fossem leais e gratos por sua generosidade, e a
aparente falta dessas qualidades encorajava os colonos a retaliar.

Os colonos acreditavam que viviam num estado de sítio e as
autoridades alimentavam as tensões. Ecoando os receios anteriores, de uma guerra racial africana, o juiz de Alcobaça disse que
Prado estava perigosamente perto de se tornar uma "vítima da
mais terrível carnificina".[69] Seu colega de Caravelas solicitou ajuda ao presidente baiano, relatando com ênfase as "agressões, que
receiam dos índios selvagens, que em crescido número, ultima-
mente, hão aparecido em alguns sítios do Rio Mucury acima, em
aspecto hostil, pelo que parece, visto se mostrassem pintados de
variadas cores, circunstância que entre eles indica 'GUERRA'".[70] A
mesma linguagem de criminalização foi usada para botocudos e
quilombolas, de que eles "circulam esta comarca, aparecendo em
vários pontos da mesma, destruindo roças de plantações, assassinando a quem encontram pelas estradas". Não por coincidência,
ambos os grupos simbolizavam a desordem que afetava o povoamento ordenado da fronteira.[71]

A construção da nação na fronteira apresentou aos botocudos termos de inclusão na nação que eram fundamentalmente
incompatíveis com seu modo de vida. A "civilização" dos botocudos seminômades por meio da agricultura e da acumulação de
propriedades era considerada a única maneira de prepará-los para a cidadania. Quando esses métodos falharam, os colonos e os
agentes do Estado foram rápidos em denunciar a "selvageria" indígena e recorrer à violência. O crescimento da colonização e o
desaparecimento das terras diminuíram as possibilidades de ne-

gociação e de sobrevivência indígena, e para a maioria dos botocudos, a cidadania era sem sentido, se não devastadora. Uma característica marcante das fontes de arquivo sobre os indígenas, nas décadas de 1840 e 1850, é a virulência que excede em muito a que se encontra em fontes contemporâneas que condenam insurreições de escravizados e os quilombos, embora ambos fossem temidos e detestados. Sede de sangue, carnificina, barbárie, antropofagia: esses termos apenas alimentaram a ideia, que vinha do período colonial, de que os botocudos pareciam mais com feras do que com gente e precisavam ser "domesticados" pela violência. Com suas próprias ficções sobre o canibalismo e a selvajaria indígenas, os colonos criaram uma cultura de terror que justificava a violência extrema.[72]

Ainda assim, os botocudos não capitularam facilmente. Por meio de negociações e conflitos, eles impediram a incursão do Estado e dos colonos até que isso se tornou menos viável. Abordar a colonização da fronteira por meio de suas experiências deve ajudar a afastar qualquer noção de que os indígenas brasileiros simplesmente desapareceram no século XIX. A construção da nação na fronteira Atlântica teve de se confrontar com a população indígena, que desafiou e reformulou seu percurso, muitas vezes com consequências irreparáveis.

CIDADANIA ENCENADA: O BOTOCUDO GUIDO POKRANE

O conflito violento não foi o único modo de embate dos indígenas com os colonos e com o Estado. Mesmo com o declínio das possibilidades de negociação, alguns indígenas conseguiram criar novas oportunidades reivindicando identidades como súditos reais e cidadãos. Não há exemplo melhor do que Guido Pokrane, que recebeu elogios da elite brasileira como um índio modelo.

Chefe botocudo nascido em Cuieté, Minas Gerais, sua influência se estendeu entre os chamados botocudos do sul ao longo do Vale do Rio Doce até o Espírito Santo. Pokrane tem uma controversa "história de sucesso" nos anais da civilização indígena patrocinada pelo Estado. Em sua vida relativamente curta, tornou-se um agente da expansão do Estado e, dominando o papel do súdito real ideal e manipulando com habilidade os rituais de clientelismo e civilização, acumulou um poder considerável. Usou sua posição de camponês bem-sucedido, intermediário, cristão e soldado para ter mobilidade social e direitos de cidadania que foram negados à maioria dos botocudos num período de desenfreada violência anti-indígena.[73] Ao mesmo tempo, sua perseguição a outros indígenas e sua afirmação de direitos como um privilégio agravaram as tensões já existentes entre eles e ajudaram a reduzir a cidadania do conjunto dos nativos.

Pokrane já havia demonstrado sua astúcia política em 1824, quando o francês Guido Marlière, famoso por sua política "pró-índio" e nomeado pelo novo governo brasileiro para colonizar os botocudos do rio Doce, apareceu numa canoa carregada de bugigangas.[74] Ele seguiu Marlière de volta ao posto militar e se tornou seu afilhado, recebendo o nome do padrinho no batismo. Embora a guerra aos botocudos estivesse no auge, Marlière defendeu a brandura, declarando que amansaria os indígenas com "balas de milho em vez de balas de chumbo". Ele chegou ao Brasil no mesmo ano que a Corte portuguesa e continuou a ver os indígenas como vassalos reais após a Independência, defendendo que os "Direitos Naturais, e muitas Leis dos Reis de Portugal" estavam sendo ignorados por colonos sem escrúpulos.[75] Pokrane realizou simbolicamente a sua conversão da selvajaria à civilização removendo o disco labial e encorajando seus companheiros botocudos a fazerem o mesmo. Tanta foi sua dedicação que chegou a arriscar a própria vida para facilitar a conversão de seus companheiros indígenas, caindo vítima de uma flecha que lhe valeu o epíteto de Pokrane, ou "braço aleijado".[76] Nesse meio-tempo, sucedeu ao pai para governar cerca de trezentos botocudos na aldeia de Manhuaçu, em Cuieté. Sob seu comando, a aldeia se transformou numa fazenda próspera, produzindo o suficiente para alimentar expedições e colonos ao longo do rio Doce, além de seu próprio grupo. Ele administrava a aldeia com mão de ferro. Como líder, assegurava a obediência por meio da disciplina e do castigo aos transgressores, incluindo os que se recusavam a trabalhar, e recebia elogios oficiais por sua liderança exemplar.[77]

A escassa força militar das zonas de fronteira dependia enormemente de indígenas e negros armados, escravizados ou livres, para combater quilombolas e indígenas hostis. Marlière chefiava seis divisões militares, em sua maioria compostas de indígenas, estacionadas ao longo do rio Doce, e Pokrane se tornou soldado da 4ª e, mais tarde, da 6ª divisão em Cuieté, fazendo-se logo indispensável ao diretor dos índios. Muitos indígenas, tal como os escravizados e os libertos, eram forçados ao serviço militar obrigatório, especialmente na Marinha, e alguns reconheciam nisso uma oportunidade de ascensão social, tanto na Milícia Colonial como na Guarda Nacional, que a substituiu em 1831.[78] Como língua de Marlière, Pokrane foi logo encarregado de pacificar vários grupos beligerantes, a norte e a sul da província, incluindo os coroados, puris, naknenukes e krakmuns botocudos, uma posição que ele usaria para ajustar contas pessoais. Tinha uma animosidade especial com os puris. Entretanto, os crescentes conflitos com os colonos, sem dúvida motivados por opiniões divergentes sobre o tratamento aos indígenas, levaram à demissão de Marlière, em 1829, seguida de sua morte em 1836. Depois que ele se foi, Pokrane permaneceu no Exército e, provavelmente, se juntou à Guarda Nacional.[79]

Como a Constituição deixava a cidadania indígena ambígua,

alguns nativos que procuravam afirmá-la reconheciam que o serviço militar era a chave para provar suas qualificações e ganhar mobilidade social. Aqueles que serviam no Exército como intermediários de Marlière se chamavam "indígenas nacionais" para se distinguir dos autônomos.[80] Depois de 1831, muitos foram recrutados para servir na Guarda Nacional, que se baseava no princípio do "cidadão armado". Há poucos estudos sobre o serviço militar indígena no Brasil imperial, mas Vânia Moreira especula que ele se tornou um importante marcador de cidadania para essa população, já que apenas escravizados e pobres com renda anual inferior a 100 mil-réis (uma condição bastante baixa) eram impedidos de servir na Guarda. Mais importante ainda, esses indígenas podiam também votar. Assim, podendo participar de uma instituição que excluía os afrodescendentes e muitos libertos brasileiros, eles puderam se distinguir como indivíduos num nível de relativa honra entre as classes baixas do país.[81] A Guarda Nacional era, portanto, uma das poucas vias pelas quais os indígenas podiam reivindicar direitos de cidadania que eram negados às pessoas escravizadas de ascendência africana.

Em troca do serviço militar prestado ao Estado e do estabelecimento em aldeias, os indígenas esperavam certos direitos e privilégios. Esperanças que podem ter sido criadas quando ainda tinham o estatuto de vassalos reais da Coroa portuguesa. Maria Celestino de Almeida documentou uma cultura política monárquica entre os indígenas das aldeias da capitania do Rio de Janeiro, que tinham plena consciência de seu papel de súditos e servidores do rei e pediam sua proteção — no caso deles, o reconhecimento da terra — em troca de lealdade.[82] Da mesma forma, os botocudos que viviam em aldeias no Vale do Mucuri sabiam que tinham certos privilégios de que os indígenas autônomos não usufruíam e costumavam solicitar às autoridades que fossem reconhecidos, especialmente aqueles relativos à propriedade da terra.[83]

Pokrane usou essa cultura política monárquica para falar de uma visão específica da cidadania indígena.[84] Com um olhar atento à hierarquia social imperial, ele desdenhava os de posição social inferior, preferindo a companhia de pessoas importantes e até exigindo um título de nobreza em troca da pacificação de indígenas hostis. Seu conhecimento dos rituais do clientelismo foi comprovado em junho de 1840, quando viajou para a Corte, no Rio de Janeiro, e se tornou o assunto da cidade. Vestido com um traje militar imperial, Pokrane foi acompanhado a vários locais da capital — o arsenal da Marinha, oficinas de ferreiro, moinhos, fábricas — e ficou deveras impressionado com os frutos do trabalho árduo. O ponto alto da visita foi uma audiência com o próprio imperador Pedro II, conquistada pela mediação de um engenheiro nomeado pelo Estado que trabalhava no Vale do Rio Doce. Ao chamar Pedro de "Pakiaju" (grande chefe), Pokrane astutamente tirou proveito das simpatias indigenistas do imperador. Ele preparou sua visita com a linguagem da civilização amparada pelo Estado e suplicou a d. Pedro II e ao governo imperial as coisas necessárias — tecidos para vestuário, agricultura e ferramentas de construção — "para que sua tribo não torne a cair no primitivo estado de selvagens". Pedro lhe deu de presente uma espingarda de caça banhada a prata, um carregador de pólvora e uma catana de sua coleção pessoal e, mais tarde, aceitou ser padrinho de seu filho. Encorajado pelo beneplácito imperial e carregado de ferramentas europeias, Pokrane dirigiu-se então a Ouro Preto, Minas Gerais, para se queixar ao tenente-general por não ter sido pago pelos três anos de serviço militar, acrescentando, em tom de ameaça, que Pedro II tinha lhe dado uma espingarda, embora o serviço da Guarda Nacional, em geral, não fosse remunerado.[85]

Sua estrela continuou a brilhar depois que voltou a Cuieté. Mas logo ficou evidente que o crescimento do poder de Pokrane, no início da década de 1840, desestabilizou profundamente as relações já tensas entre os indígenas na fronteira e agravou ainda mais a turbulência geral que se abateu sobre a região. A década de 1840 foi o período de conflitos crescentes entre colonos e indígenas no sul da Bahia, de crescimento da escravidão de kurukas e do boato da emancipação dos escravizados em São Mateus, relacionado ao imperador. Os indígenas de aldeia, no Vale do Rio Doce, assistiam com inveja e apreensão à chegada de presentes reais do Rio de Janeiro para Pokrane e sua família. Suplicaram ao diretor dos Índios do Rio Doce que parasse com os presentes, com o argumento de que o grupo de Pokrane estava usando as armas recebidas para "os matar e roubar-lhe suas mulheres".[86] Esta última era uma referência ao importante papel das mulheres na etnopolítica dos botocudos; em combates intergrupais, elas migravam para o grupo vencedor num ritual de troca de esposas.[87] Não sabemos se d. Pedro II estava ciente das repercussões de seu apadrinhamento dos indígenas na política, mas o diretor dos Índios, João Malaquias, fazia uma avaliação sóbria das mudanças nas relações de poder locais. Enquanto os agentes do Estado, de longe, continuavam a elogiar Pokrane por seu poderio militar e serviço leal, Malaquias declarava ter dúvidas dos benefícios de tratá-lo de forma especial. Quando muito, tinha sido apenas um "enorme mal". Talvez um pouco ingenuamente, Malaquias acreditava que, exceto por brigas ocasionais, os botocudos tinham vivido pacificamente, mas naquele momento estavam em permanente agitação. Tirando proveito de um poderoso apadrinhamento, de armas de fogo e de um controle político frouxo no território disputado, entre Minas Gerais e Espírito Santo, Pokrane atacou os rivais puris, a quem acusou de feitiçaria, e os botocudos do entorno de São Mateus, que haviam unido forças contra ele. As manobras militares de Pokrane contribuíram, sem dúvida, para o exílio forçado de seus rivais no sul da Bahia e para sua elevada mortalidade.[88]

O diretor dos Índios tentou conter a escalada das hostilidades, solicitou ao presidente da província que desse fim ao tratamento especial a Pokrane e o obrigasse a cessar suas operações militares. Malaquias defendeu que os presentes reais deviam ser dados a todos os indígenas, uma vez que "todos merecem a mesma consideração e proteção de Sua Majestade o Imperador" e "todos são irmãos e com direitos iguais". Estava enganado. Pokrane era exatamente o cidadão indígena civilizado que o Estado desejava: cristão, camponês e soldado leal a serviço da expansão do Estado. Mas, ao cobrar seus direitos como recompensa pessoal e privilégio em troca do seu serviço, Pokrane articulou uma cidadania indígena modelada por critérios subjetivos de civilização e políticas de clientelismo que se assentavam precisamente na distribuição desigual de direitos. Essa visão subjetiva de cidadania era possível porque a lei brasileira era omissa quanto aos critérios que qualificariam os indígenas "selvagens" para a cidadania. Malaquias estava, portanto, incorreto ao argumentar que "os Índios Botocudos tanto do Norte quanto do Sul, como todos são habitantes do mesmo Império, e por isso com direitos iguais á Imperial proteção". A ascensão de Pokrane aconteceu quando os indígenas autônomos continuavam a não estar contemplados na Constituição; os indígenas emancipados da escravidão eram órfãos; e até os indígenas das aldeias tinham de apresentar petições para ter seus direitos reconhecidos. O próprio Malaquias parecia reconhecer a desigualdade dos direitos indígenas quando observou que "tal vez mais consideração mereçam os que pelo seu estado de civilização se acham indefesos para com seus inimigos". Os privilégios e o beneplácito que Pokrane recebeu como súdito leal do Estado brasileiro ajudaram a agravar as desigualdades da cidadania indígena, aumentando seu próprio poder e o de seu grupo, mas deixando outros indígenas sem a proteção do Estado.[89]

"Oxalá que todos os indígenas fossem da natureza deste Pokrane!", exclamou um comandante militar brasileiro quando

visitou sua aldeia. Pokrane morreu pouco depois dos acontecimentos acima referidos, por volta de 1844, por doença ou enve-
nenamento, e foi sucedido por seu filho, que também se chamava
Guido. O velho Pokrane era lembrado por seu físico forte, cabelo
preto brilhante e amor a seu padrinho, Guido Marlière. Mas Luiz
Ferraz, presidente do Espírito Santo e autor de um memorial li-
sonjeiro de Pokrane, também reconheceu nele um índio perfeito,
que aprendeu os rituais de clientelismo e serviço leal ao Estado e
estava disposto a subjugar indígenas hostis em seu nome. Seus
atos de violência foram elogiados como bravura militar e poupa-
dos da linguagem cheia de ódio e selvageria destinada a outros
botocudos. Até seu "mau" português e sua poligamia foram ignorados. É evidente que Pokrane não era um mero peão, mas um
hábil negociador na política de consolidação do Estado. Quando
jovem, ele tinha reconhecido a oportunidade que a expansão do
Estado proporcionaria. Tornou-se um líder astuto que sabia como despertar simpatias indigenistas e desempenhar o papel de
um índio civilizado para submeter seus inimigos e favorecer suas
ambições. Numa época em que muitos botocudos foram forçados
ao exílio, escravizados e massacrados, e em que as possibilidades
de cidadania permaneceram nulas ou ilusórias para os escravizados africanos e brasileiros, Pokrane articulou um exemplo singular de cidadania indígena que destacou ainda mais a desigualdade
da cidadania como um todo.[90]

MUNDOS NEGRO, INDÍGENA E MULTIRRACIAL

À medida que a escravidão se estabelecia em território indígena, negros e indígenas se viram definindo novas relações entre
si, e não apenas com os agentes do Estado e os colonos. O papel do
Estado na formação dessas relações deve ser considerado a par

daquelas forjadas por e entre os próprios negros e indígenas. Isso significa que não podemos presumir solidariedade com base numa posição de classe semelhante; nem que todo o antagonismo foi produto da engenharia do Estado. Desemaranhar as relações entre negros e indígenas representa um desafio formidável. Embora o Brasil não tivesse um sistema oficial de castas como na América espanhola colonial, os arquivos são pautados por um interesse estatal de criar tensões racializadas entre negros e indígenas. Patrick Carroll encontrou uma circunstância semelhante nas fontes coloniais mexicanas, resultante dos esforços dos espanhóis para proteger seu domínio minoritário. Os espanhóis evitaram relatar as relações harmoniosas entre negros e nativos e, assim, procuraram manter um sistema de castas raciais rigoroso e encorajar hostilidades entre os subalternos.[91] O historiador do Brasil também tem que enfrentar a ênfase do Estado nas hostilidades entre negros e indígenas e a separação arquivística das duas populações.

Para estabelecer sua autoridade sobre a fronteira, o Estado e os colonos deliberadamente fomentaram a animosidade entre os indígenas hostis e os escravizados rebeldes, a quem eles desejavam controlar. Um juiz de Caravelas relacionou essas ameaças quando disse que era preciso acabar tanto com os quilombos quanto com as invasões dos bárbaros.[92] Para os subjugar, recorreu-se frequentemente ao "combate interétnico", um termo cunhado por Neil Whitehead para designar a utilização de diferentes grupos raciais ou étnicos uns contra os outros, em geral colocando indígenas contra africanos em milícias formais e informais de livres e escravizados.[93] Embora muitas vezes fruto da necessidade em regiões fronteiriças onde os homens brancos livres eram escassos, o combate étnico também servia como tática de dividir para governar. Oficiais e colonos também a empregavam para fomentar tensões entre indígenas de aldeia e autônomos, e escravizados e quilombolas (Figura 2.2). No final do período colonial, por exemplo, o

FIGURA 2.2. *Embora "o combate interétnico" entre grupos indígenas, escra-vizados e quilombolas — incluindo combates que opunham soldados indí-genas "civilizados" a botocudos autônomos — incentivasse fissuras que be-neficiavam a sociedade colonizadora, alguns indígenas e negros também viram o serviço militar como uma via para a mobilidade social.*

ouvidor de Porto Seguro havia estabelecido um posto militar--fazenda, guarnecido por africanos e indígenas, em Itaúnas, no interior de São Mateus. Outros postos avançados logo surgiram ao longo da fronteira Bahia-Espírito Santo, em Galvêas, Tapadinha, Água Boa e Santa Anna. Embora o objetivo original fosse impedir que indígenas hostis chegassem aos povoados costeiros, os soldados negros e indígenas que os serviam logo tiveram que combater também os quilombolas.[94]

Contudo, o combate interétnico podia, às vezes, dar errado. Como no caso de senhores que armavam seus escravos para proteger suas propriedades. Embora nunca tenha sido uma prática recomendada, os senhores faziam-no frequentemente, desafiando as numerosas leis que proibiam dar posse de armas a escravos, e alguns sofreram as consequências.[95] Os escravos podiam estar apenas servindo aos interesses de seus senhores, ou talvez esperassem que o serviço levasse à alforria, mas as armas davam-lhes uma sensação de poder que os encorajava a agir por conta própria. Foi o que aconteceu em junho de 1835, quando escravos armados para combater os botocudos nas proximidades dos postos de Galvêas e Tapadinha se revoltaram, aterrorizando os moradores que estavam em menor número.[96] No boato de emancipação que circulou em São Mateus em 1843, sobre o qual falamos anteriormente, uma das primeiras ações das autoridades foi apreender as armas em posse de escravos. Por outro lado, enquanto alguns indígenas viam o serviço militar como uma oportunidade de se qualificar para a cidadania, armar os indígenas também trazia riscos, como Guido Pokrane demonstrou ao usar seu poderio militar para subjugar seus inimigos pessoais e desestabilizar as relações entre os indígenas. O controle das milícias negras e de cor livres também tinha se revelado difícil para a Coroa na véspera da Independência, quando muitos dos quatrocentos soldados de infantaria, negros e mulatos, que tinham sido colocados em todo o Espírito Santo para combater os indígenas hostis desertaram para São Mateus, aproveitando o controle pouco rigoroso.[97]

Além dos combates étnicos, os negros, os indígenas e os mestiços desenvolveram também suas próprias hostilidades e solidariedades inter-raciais. Os ataques às propriedades dos colonos e à sua mão de obra negra e indígena eram uma forma comum de indígenas e quilombolas infligirem prejuízos econômicos e aterrorizarem a população colonizadora. Os quilombolas agrediram um indígena que trabalhava para Manoel Monjardim, morador de São Mateus, deformando seu rosto, deixando-o irreconhecível e cortando brutalmente seu corpo com um facão. A crueza do ato sugere que os quilombolas nutriam um ódio particular contra a vítima ou pretendiam assustar Monjardim com essa violência espetacular.[98] Por outro lado, alguns indígenas visavam os escravizados durante suas incursões.[99] Num raro exemplo de indígenas brasileiros utilizando o sistema legal para expressar suas queixas, um grupo de aldeados em Viçosa pediu ao juiz de paz que punisse um pardo suspeito de assassinar um membro de seu grupo. Os indígenas "aguardavam [com] uma atitude hostil o resultado do processo".[100]

Por outro lado, os rumores de que os indígenas preferiam carne negra também sugerem que os receios de canibalismo não se limitavam à imaginação dos brancos. Dois escravizados no Espírito Santo contaram a Saint-Hilaire sua participação numa represália contra indígenas locais que tinham atacado seu senhor e raptado uma criança negra. Eles alegaram ter encontrado os indígenas assando pedaços do corpo da criança numa fogueira e, em resposta, decapitaram um deles.[101] Mais tarde, enquanto viajava pelo norte de Minas Gerais, o francês ouviu a história de dois escravizados que fugiram de seu senhor e se estabeleceram perto de um grupo de botocudos. Começaram a cultivar a terra e, no início, mantiveram boas relações com os nativos, até que estes capturaram um dos escravizados. O outro fugiu e, ao regressar, encontrou apenas os ossos do companheiro.[102] Esses episódios também são difíceis de verificar (de que forma, por exemplo, o escravizado sabia que os ossos eram de seu companheiro?), mas revelam como as imagens de canibalismo indígena também agravavam as hostilidades com os negros.

A luta pelo controle da fronteira também podia gerar solidariedades e hostilidades multirraciais. O sentimento anti-indígena uniu pessoas de várias raças num massacre de quase 140 botocudos em São Mateus, menos de dois anos após o fim oficial da guerra aos botocudos. Os criminosos eram moradores do sertão, incluindo brancos, pardos, curibocas (filhos de mamelucos e negros), africanos e alguns escravizados, e os não brancos foram chamados pelos informantes, depreciativamente, de "pessoas de cor". O grupo estava tentando pacificar os indígenas com presentes e gado e ficou enfurecido quando os botocudos mataram um de seus filhos e destruíram suas propriedades.[103] O massacre revelou a hostilidade aos botocudos num amplo espectro racial da população. Talvez tenha sido o mesmo grupo multirracial que mais tarde liderou as rebeliões nativistas Mata-Maroto em São Mateus, exigindo a reunificação da comarca com a Bahia.[104]

Esses exemplos ilustram a natureza plural e contingente das relações negro-indígenas e multirraciais que escapam a categorizações fáceis de solidariedade ou hostilidade baseadas em raça ou classe. A religião era um espaço potencial de relações, como observou Ana Lucia Araújo em seu estudo sobre o pintor francês Auguste Biard. Durante uma estada no Espírito Santo, o artista presenciou indígenas e negros brasileiros celebrando juntos a festa de São Benedito, santo católico negro popular entre os afrodescendentes.[105] No entanto, a invasão de colonos e a expansão da escravidão estimularam relações complexas entre eles, como podemos ver no seguinte incidente do Vale do Rio Mucuri. Em 1863, um grupo de escravizados e botocudos que trabalhavam juntos na fazenda de José Vieira de Lima fugiu para a floresta para montar um quilombo. Percorrendo uma trilha densamente arborizada apenas com um facão, os homens ficaram alarmados, mas aliviados, ao encontrar um grupo de indígenas da aldeia vizinha. Seu líder, Albino, avisou-os dos perigos que enfrentavam ao procurar alimentos e caçar em território desconhecido ocupado por indígenas e colonos. Também podiam ser encontrados por Pojixá, líder de um grupo autônomo de botocudos que tinha como alvo não só negros e brancos, mas também botocudos aldeados. Os homens aceitaram de bom grado o convite de Albino para o seguirem até sua aldeia, onde foram calorosamente regalados com comida, bebida e dança.

Saciados e um pouco embriagados, os homens negros sentaram-se em círculo, com um indígena de cada lado, enquanto círculos maiores de mulheres e homens indígenas se formavam à sua volta. Emprestaram suas catanas às mulheres, que as queriam para cortar cana. Já bem animados, os homens ficaram confusos quando, de repente, no meio da dança, seus anfitriões indígenas os agarraram e amarraram. A festança tinha acabado. Os homens foram levados de volta a seu senhor, Lima, que recompensou Albino por seus serviços com algumas cabeças de gado e roupas. Albino, um maxacali que governava um grupo rival de botocudos, era um aliado próximo do diretor de Índios local, Augusto Ottoni, que o havia contratado para caçar escravos fugidos.[106]

À primeira vista, esse incidente é mais um exemplo de combate interétnico. É notável que Albino tenha tido sucesso não com a força, mas com a falsa oferta de solidariedade e que tenha tirado proveito do medo que negros e indígenas tinham de Pojixá. Sobrevivente da guerra intergrupal entre os naknenukes botocudos e os maxacalis, Albino compreendeu bem que suas próprias perspectivas dependiam de uma aliança com a família Ottoni que tinha se estabelecido muito rápido na região. Era parecido com Guido Pokrane na leitura astuta das mudanças nas relações de poder provocadas pela maior presença do Estado e dos colonos. O diretor dos Índios era irmão do senador Teófilo Ottoni, que tinha grandes negócios na região. Da perspectiva de Albino, portanto, os quilombolas que fugiam para seu território comprometiam ainda mais a oferta de terras e recursos, que já era reduzida, e era melhor devolvê-los. Assim, ele optou por se aliar aos Ottoni na perseguição aos quilombolas.

E os trabalhadores indígenas que tinham fugido para a liberdade junto com os negros? Desaparecem dos registros após a primeira fuga. Eram oriundos da aldeia de Corsiumas, também administrada por Ottoni, e trabalhavam para Lima a troco de um modesto salário. Os indígenas da aldeia fugiam regularmente dessas obrigações de trabalho compulsório, cuja duração muitas vezes ultrapassava o período "costumeiro" de dois a três meses, e que raramente os recompensava a contento.[107] É plausível que eles tenham enganado os quilombolas e os entregado nas mãos de Albino. No entanto, a camaradagem também pode ter florescido no tempo que passaram juntos, ajudada por um desdém comum que sentiam por Lima. A possibilidade é reforçada pela intenção de criar um quilombo em vez de fugir para a aldeia, já que Corsiumas, controlada pelo diretor dos Índios, teria expulsado ou devolvido os quilombolas a seus senhores. Assim, por um curto período, os dois grupos podem ter partilhado uma visão da floresta como lugar de liberdade contra um regime de trabalho cruel.

A violência da incorporação da fronteira, fundada na expansão da escravidão e na violência anti-indígena, gerou novas tensões entre negros e indígenas. As fontes são, sem dúvida, tendenciosas em relação aos episódios de violência e traição inter-raciais. No entanto, mesmo quando os espaços de vida autônoma diminuíam rápido, as alianças inter-raciais forjadas pela camaradagem, pelo parentesco e pela partilha dos sonhos de liberdade também faziam parte da história da região.

CONCLUSÃO

"À proporção que o território se for cobrindo de mais povoados, e se forem descortinando os sertões", previa o jurista Perdigão Malheiro, "o facho da civilização abrirá caminho, espancando as trevas da selvageria." Malheiro condenava a violência contínua contra os indígenas do Brasil, mas não duvidava que a civilização — isto é, a cultura de base europeia — triunfaria sobre o atraso e a desordem que as fronteiras do país representavam. No entanto, ali na fronteira, o povoamento estava muito longe dessa visão ordenada.[108] Os escravos negros que tinham substituído definitivamente os imigrantes como mão de obra na fronteira Atlântica se revoltavam e fugiam em massa e, em meados do século, alguns estavam prontos a saudar uma emancipação coletiva. Os botocudos e outros grupos indígenas frustraram os colonos porque se envolveram seletivamente com a "civilização" e escolheram, cada vez mais, o conflito aberto com as pessoas que ocupavam as terras e ameaçavam sua sobrevivência.

Dizer que a construção da nação não aconteceu também na fronteira é ignorar o quanto a expansão do Estado foi forjada pelas mesmas pessoas que procurava excluir. Apesar de na maior parte das vezes escravizados e os indígenas não conceberem suas ações e ideias em termos de nação e cidadania, é evidente que rejeitaram, redefiniram e reivindicaram ativamente os termos de sua exclusão e inclusão. Isso não significa que a cidadania fosse o seu objetivo universal, nem que fosse ditada de cima para baixo, mas fazia parte de um leque de possibilidades através das quais os negros e os indígenas contestavam sua condenação à servidão, à violência e à usurpação no processo de incorporação da fronteira. Além disso, a cidadania tinha significados variados. Em 1851, ela foi a base em que os escravizados formularam seu direito à liberdade. Para muitos botocudos, no entanto, era o ilusório objetivo final de um processo de "civilização" forçada que era fundamentalmente incompatível e destrutivo para o seu modo de vida. Ainda assim, alguns, como Pokrane, entenderam a promessa de mobilidade social, mesmo quando esta agravava as desigualdades da cidadania brasileira. Acima de tudo, as fugas para os quilombos, as visões de um reino africano no sertão, o aldeamento temporário e os confrontos abertos com colonos foram, juntamente com as reivindicações de cidadania, formas de luta de negros e indígenas para afirmar seus próprios significados do território fronteiriço. Se para o Estado a região parecia desordenada e atrasada era porque os negros e os indígenas tinham contrariado tenazmente e reiteradas vezes a imposição daquilo a que se chamava civilização.

3. Nação mestiça: Indígenas, raça e identidade nacional

"Seremos um espetáculo e tanto nos cabarés e nas operetas burlescas, onde o Brasil é conhecido como um país que importa africanos e exporta botocudos!", exclamou um escritor anônimo num jornal baiano em dezembro de 1882. O autor comentava sarcasticamente o recente embarque de cinco indígenas botocudos do Espírito Santo no navio *Ville de Bahia*, com destino à Europa, por um cidadão oportunista que pretendia exibi-los numa exposição sobre populações indígenas primitivas. O público indignado temia que as "nações refinadas" do Velho Mundo ridicularizassem o Brasil, zombando de sua economia voltada para a exportação — uma nação que enviava indígenas botocudos ao lado de café e madeira de jacarandá — e do estigma inabalável da escravidão africana que continuava a assombrá-lo. Se o incidente trouxe uma atenção indesejada para as populações indígenas "primitivas" sobreviventes, o autor temia que acabasse por expor a própria barbárie dos brasileiros, pondo em dúvida o progresso da nação em direção à civilização. "Nós também merecemos ser exportados como objetos de curiosidade", exclamou. "Então *nós* seremos botocudos."[1]

Além dessa melodramática autoavaliação, o incidente encerrava uma questão central que o Brasil, aproximando-se do final do século XIX, ainda não havia resolvido: a busca pelo "povo brasileiro".[2] O médico francês Louis Couty, um firme adepto da crença na ociosidade da população negra e mestiça do Brasil, reforçou esse ponto de vista dois anos depois, quando observou que "o Brasil não tem povo, ou melhor, o povo que lhe foi dado pela mistura das raças e pela libertação dos escravos não desempenha um papel ativo e útil".[3] Essas palavras pouco simpáticas afetaram profundamente os nervos da elite brasileira pós-colonial que, tal como os seus vizinhos das repúblicas hispano-americanas, procurava definir uma identidade nacional racializada que celebrasse a herança racial única de seu país, ao mesmo tempo que afirmava seu lugar entre seus "civilizados" pares europeus.[4] Como vimos, a heterogeneidade do Brasil já era motivo de consternação para a classe dominante antes da Independência, quando a família real portuguesa chegou ao Rio de Janeiro e se deparou com uma sociedade com uma minoria branca de elite e uma maioria afrodescendente e indígena, da qual muitos eram escravizados. Não eram poucos os que acreditavam que o povo brasileiro só poderia ser forjado pela homogeneidade, cultural, cívica e racial. Um dos primeiros promotores da homogeneidade foi o administrador real português, o marquês de Pombal, que fez do casamento entre indígenas e portugueses um elemento importante da administração indígena no Brasil. No entanto, outras tentativas iniciais de atenuar esse problema de heterogeneidade pela imigração europeia falharam, como atesta a trajetória da Colônia Leopoldina e de outras colônias iniciais.

A preocupação com a definição de uma nacionalidade homogênea só se intensificou após a Independência. O Brasil era uma nova nação política que tinha de se confrontar com uma variedade de "nações" africanas e indígenas dentro de suas fronteiras

— fossem elas congo, nagô, benguela ou botocudo, tupi, guaykuru — que eram consideradas fora da "boa sociedade", a dos cidadãos proprietários brancos.⁵ Alguns temiam que o tráfico transatlântico de escravos estivesse transformando o Brasil na África Ocidental, a "pátria dos africanos e não dos brasileiros", e defendiam soluções radicais para a heterogeneidade do Brasil, como a deportação dos africanos ou o extermínio dos indígenas.⁶ Mas a solução que viria a suscitar maior entusiasmo no Brasil era a miscigenação — das populações indígena, negra e branca — para criar um povo brasileiro homogêneo.

A elite se entusiasmava com a miscigenação como forma de incluir como cidadãos da nação as populações afrodescendente e indígena, o que engendraria uma identidade nacional racialmente única e harmoniosa. No entanto, logo ficou evidente que se pretendia muito mais. Embora os estudiosos tenham apontado o século XIX como o momento de origem da ideia de democracia racial brasileira, baseada na mistura das "três raças", muito pouco se sabe sobre sua prática.⁷ Este capítulo mostra que a miscigenação foi implementada como um projeto racial nacional, tornando-se a caraterística central da política indígena brasileira, finalmente levada a cabo em escala nacional em 1845. O estudo da conexão entre o discurso racial da miscigenação e a política indigenista revela que o objetivo era, na verdade, promover o oposto da inclusão racial: desejava-se o apagamento dos indígenas brasileiros da nação. Isso ocorreu precisamente numa época em que idealizações de indígenas foram elevadas a símbolos nacionais na versão brasileira do *indigenismo*.

Complementando a violência anti-indígena vista nos capítulos anteriores, surgiu nesse período um novo discurso de extinção indígena que inventou, e depois transformou, o suposto "desaparecimento" dos indígenas num fato. O discurso da extinção, segundo Patrick Brantlinger, era um "ramo específico das ideologias duais do imperialismo e do racismo" centrado na "'desgraça' das 'raças primitivas' causada pelo 'impacto fatal' com a civilização ocidental branca".[8] O Brasil fez parte do fenômeno global que envolveu de Estados Unidos e Grã-Bretanha a Japão, México e Argentina com o discurso da extinção para validar o expansionismo interno e externo e a violência contra as populações indígenas. O surgimento desse fenômeno no Brasil, no final do século XIX, teve raízes profundas na violenta conquista e colonização das fronteiras do país, onde as leis de terras estavam causando estragos nas reivindicações territoriais dos povos indígenas.[9]

Entre a fronteira e a política "branda" do Estado, a história e a antropologia, a literatura e o direito, a promoção da miscigenação e a produção da extinção indígena andaram de mãos dadas na segunda metade do século XIX, unindo perfeitamente inclusão e exclusão indígena. Os povos indígenas foram deliberadamente apagados do projeto racializado de construção da nação brasileira, cujos poderosos legados continuamos a viver até hoje.[10] Ao mesmo tempo, esses discursos raciais emergentes sobre os indígenas moldaram de forma surpreendente as ideias raciais sobre os africanos e os brasileiros afrodescendentes. Embora o discurso da extinção indígena ecoasse em teorias científicas posteriores sobre o desaparecimento dos negros, a linguagem da inclusão e da assimilação racial empregada na política indigenista do século XIX também seria recuperada e revigorada pelos negros brasileiros que reivindicavam uma cidadania plena no auge do abolicionismo e nas décadas seguintes.[11]

DA INFESTAÇÃO À EXTINÇÃO

O embarque dos cinco botocudos para a Europa, em 1882, provocou um escândalo tão grande porque a presença deles desafiava a ideia, insistentemente difundida por brasileiros e observadores europeus e norte-americanos, de que eles estavam em vias de deixar de existir. Nos quase quarenta anos que se seguiram à morte de Guido Pokrane, os botocudos passaram por uma transformação surpreendente no imaginário nacional. Nas décadas de 1840 e 1850, muitos colonos da fronteira Atlântica acreditavam estar sitiados pelos botocudos que "infestavam" as terras. Ao mesmo tempo, o soldado e chefe indígena Guido Pokrane recebia elogios da elite nacional como modelo a ser seguido por outros indígenas "selvagens". Na década de 1870, no entanto, os botocudos se tornaram conhecidos num domínio diferente: a nova ciência racial da antropologia. Uma safra de novos cientistas recolheu e mediu com todo o cuidado os seus crânios e concluiu que os botocudos eram a raça mais primitiva de todas, imprópria para a civilização e em vias de extinção. O que explica essa mudança surpreendente? Como e por que os botocudos, que "infestavam" as florestas, foram reduzidos a uma coleção de crânios?

O traçado dessa transformação sobre o lugar dos botocudos no imaginário nacional nos permite entender como os indígenas brasileiros se inserem nas ideias emergentes sobre o povo brasileiro. Para isso, devemos começar em 1845, quando o naturalista alemão Karl Philip von Martius publicou seu ensaio vencedor do concurso promovido pelo Instituto Histórico e Geográfico Brasileiro, inaugurado por Pedro II em 1838. Na famosa obra, "Como se deve escrever a História do Brasil", cujo objetivo era definir os "fundamentos da existência [do Brasil] como nação", o autor proclamava que a população brasileira daquele momento possuía um caráter único que resultava da convergência das "três raças". Embora não duvidasse da superioridade dos portugueses, Martius reconheceu a importância das "raças" indígenas e africanas na formação do povo e do caráter do Brasil. Ele também sugeriu que a mistura de raças havia criado uma "nação nova e maravilhosamente organizada". Com esse elogio à herança racialmente mista do Brasil e a proposta de que as três raças tenham criado ordem em vez de desordem, Martius ajudou a inventar um "passado mestiço comum", ao mesmo tempo que acalmava com habilidade as ansiedades da elite em relação ao presente e ao futuro do povo brasileiro.[12]

A miscigenação atraiu uma gama ampla do campo político. Liberais como José Bonifácio acreditavam que, pela mistura de raças, os elementos negros e indígenas do Brasil acabariam por ser incorporados num povo cada vez mais branco e homogêneo que constituiria "um só corpo da nação", permitindo enfim a unidade nacional e a verdadeira liberdade.[13] Até mesmo o historiador Francisco Adolfo de Varnhagen, conservador convicto e pró-português, alimentava a ideia da miscigenação. Varnhagen abominava o perfil racial da população brasileira, cuja "heterogeneidade é pior do que o seu pequeno número". Em sua visão, "temos cidadãos brasileiros; temos escravos africanos e ladinos [aculturados], que produzem mão de obra; temos índios selvagens que são completamente inúteis ou mesmo deletérios; e temos muito poucos colonos europeus".[14] Abalado com a ideia de um Brasil africanizado, ele incentivou a imigração europeia e, acima de tudo, a mão de obra branca para promover a economia do Brasil. Mas, enquanto os imigrantes não chegavam, a segunda melhor opção eram os indígenas "selvagens" que, uma vez subjugados, se tornariam trabalhadores "menos perigosos que os negros, porque logo estariam misturados conosco na cor e em tudo".[15] Essas adesões à miscigenação colocaram a construção racializada da nação brasileira em nítido contraste com os Estados Unidos ou as repúblicas andinas vizinhas com grandes populações indígenas. Ali, a elite crioula do século XIX abominava a mestiçagem, tanto como discurso quanto como prática, e defendia ativamente um binarismo racial rígido que reforçava e marginalizava a indianidade.[16] No entanto, se essa celebração das contribuições africanas e indígenas para o Brasil propagava uma imagem de harmonia racial baseada num passado comum, as disjunções marcantes do presente assinalavam o fosso entre a visão afirmativa do ensaio de Martius e o período da sua publicação.[17] O ano de 1845, diante da iminente cessação do tráfico transatlântico de escravos, foi um momento de acirramento dos interesses pró-escravidão. A violência anti-indígena e a escravização ilegal de indígenas estavam no auge nas fronteiras do país. Por fim, foi também o ano em que o governo brasileiro editou a única legislação indigenista nacional de todo o século XIX, assunto que abordaremos a seguir.

UMA NAÇÃO DE BRANDURA

Em julho de 1845, o governo brasileiro, sob Pedro II, emitiu o *Regulamento acerca das Missões de catequese e civilização dos Índios*, num esforço para centralizar a legislação e a administração dos indígenas. Seu foco na aculturação se baseava no precedente colonial anterior estabelecido pela Direção dos Índios do Marquês de Pombal. Antes de expulsar os jesuítas, em 1759, Pombal tinha fundado a Direção em 1755, aplicada em toda a colônia em 1758, que proibia a escravização indígena e promovia sua assimilação por meio da tutela de diretores laicos e da miscigenação com os brancos. A Diretoria foi desmantelada em 1798 no Grão-Pará e Rio Negro, e em toda a colônia em 1822, o que resultou na revogação de quaisquer proteções e direitos especiais que os indígenas possuíssem e os tornou iguais a todos os outros vassalos da Coroa. A legislação indígena passou a ser descentralizada e deixada a cargo das autoridades locais. No Espírito Santo, por exemplo, a Diretoria foi restabelecida localmente, em 1806, para facilitar a navegação do rio Doce e aldear os botocudos autônomos capturados na que seria oficialmente declarada guerra dos botocudos dois anos depois.[18]

Após a Independência, como vimos no capítulo 1, José Bonifácio planejou reintroduzir políticas assimilacionistas inspiradas em Pombal — conhecidas como brandura, para contrastar com as guerras ofensivas em curso — em escala nacional, a fim de concretizar sua ideia de uma nação homogeneizada. No entanto, sua proposta foi abandonada com a dissolução da Assembleia Constituinte pelo autocrático d. Pedro I e sofreu outro golpe durante o tumultuoso Período Regencial (1831-40), quando o Ato Adicional (1834) permitiu o regresso de maior autonomia provincial. Leis indígenas severas foram editadas no nível provincial, incluindo guerras ofensivas no Ceará e em Goiás.[19] O Regulamento de 1845, editado por um Estado mais consolidado sob Pedro II, foi, portanto, um restabelecimento das políticas aculturativas "suaves" defendidas em períodos anteriores, agora promulgadas como política nacional. Como veremos, no entanto, o Regulamento, combinado com a Lei de Terras de 1850 e a legislação fundiária subsequente, iria se tornar fundamental para a produção da "extinção" indígena nas décadas seguintes.

O principal objetivo do Regulamento era preparar os indígenas autônomos para a inclusão no corpo de cidadãos brasileiros por meio da instrução católica, do casamento com não indígenas, da educação primária e da formação de mão de obra. A criação de uma força de trabalho com a população indígena do país era especialmente necessária dada a escassez de mão de obra agravada pela iminente cessação do comércio transatlântico de escravos em 1850 e pela ausência de uma população ativa e produtiva (um tópico abordado com mais detalhe no capítulo 6). O regulamento pretendia proteger os indígenas da escravidão e exigia que seus serviços fossem prestados mediante contratos, mas essa exigência, como vimos, era com frequência ignorada. Muitos indígenas foram postos a trabalhar em projetos de obras públicas ou emprestados a habitantes locais.[20]

Um objetivo igualmente importante era a terra. A lei reafirmou o sistema de aldeias, que realocou os indígenas "errantes" em aldeias dirigidas pelo governo e incluiu várias cláusulas relativas à demarcação e ao uso das terras indígenas. O imperador nomeou um diretor-geral dos Índios para cada província sob a tutela do Ministério do Império, que, por sua vez, nomeou um diretor para cada uma das aldeias. Os diretores tinham o poder de juntar ou reatribuir as terras das aldeias em função de sua avaliação sobre a quantidade de terras que os indígenas necessitavam com base na alegação errônea de que os indígenas, muitos dos quais subsistiam da caça e da coleta, podiam obter seu sustento com a agricultura e que seu número estava diminuindo.[21] O trabalho efetivo na linha de frente da catequese e educação dos indígenas coube aos missionários capuchinhos italianos. Os capuchinhos começaram a chegar em vários cantos do Brasil após um acordo de 1843 entre o governo e a Santa Sé. Ao contrário dos jesuítas da era colonial, que tinham acumulado demasiado poder autônomo sobre os indígenas e acabaram por ser expulsos pela Coroa portuguesa, os capuchinhos foram incorporados na estrutura do Estado brasileiro.[22]

Os colonos locais e o Estado contavam com os capuchinhos para realocar os indígenas nas aldeias. Servindo na linha de frente em todo o Brasil "na companhia de selvagens, tigres, répteis e febres erráticas", como disse um diretor de Índios, os frades muitas vezes não se distinguiam dos exploradores, engenheiros ou capitães militares.[23] O diretor dos Índios da Bahia reclamou que a falta de capuchinhos nos vales florestados de Porto Seguro e Caravelas estava encorajando os mongoiós, kamakãs e botocudos a "cometer hostilidades e assassinatos" retirando-se em seguida para as florestas.[24] Quando dirigimos nossa atenção para a fronteira Atlântica, vemos como as políticas aculturativas do Estado para os indígenas foram aplicadas ali. Por exemplo, em março de 1845, poucos meses antes da promulgação oficial da lei, o capuchinho italiano frei Caetano de Troina foi enviado para catequizar os botocudos perto da aldeia degradada de São José de Porto Alegre, na foz do rio Mucuri, famosa por seu envolvimento no tráfico ilegal de kurukas. O frade se juntou a uma expedição de 74 membros e viajou rio acima para identificar locais onde estabelecer uma aldeia e uma coluna militar que a acompanhasse e protegesse. Ergueu uma cruz nas montanhas locais e se assentou para espalhar o Evangelho entre "selvagens e canibais". Estava certo de que "o catecismo [seria] muito fácil" assim que uma fazenda estivesse funcionando e alguns homens e um língua fossem enviados para lhe fazer companhia.[25] Em novembro, ele relatou que os "selvagens, embora um pouco ferozes, estão muito dispostos a se tornar civilizados".[26] Durante seu primeiro ano se manteve bastante otimista.

As cartas dos missionários mostram as fissuras do Regulamento que conduziram a sua rápida desintegração, visível na rapidez com que o otimismo de frei Caetano se rendeu à solidão, às febres tropicais e ao clima desértico. Depois de um ano, o frade havia caído num estado de raiva e medo permanentes. Ele "nunca mais iria aldear os índios Mucuri". Na raiz de sua raiva estava um profundo sentimento de traição, fruto da constatação de que seu trabalho missionário não havia progredido como ele imaginara no início. A admiração que desenvolveu por eles só agravou sua cólera. Os botocudos eram dotados de "muita vivacidade, leveza e inteligência. Por isso se distinguem". E, que os botocudos desejassem ter um sacerdote entre eles era uma "mentira absoluta", ele se indignava, senão por que fugiam dele, que tinha sido tão bom para eles?[27] Os botocudos do Vale do Mucuri, como os que vimos no capítulo 2, provavelmente só se juntaram à aldeia de frei Caetano enquanto esta complementava sua caça e coleta de alimentos, e a abandonaram quando ela deixou de satisfazer suas necessidades. Como um observador laico anotou em poucas palavras, "enquanto houver ferramentas, bugigangas e comida, há uma aparência de aldeamento — mas quando esses suprimentos do governo cessam, os padres e os índios desaparecem!".[28]

No entanto, o ponto de vista dos indígenas passou desperce-bido a frei Caetano, que com raiva os acusou de arrogância e pre-guiça e os menosprezou por desperdiçar sua força física em em-boscadas e assassinatos em vez de aprender formas de trabalhar. Considerou também a "mata fechada" em que viviam, sem estra-das, caminhos ou agricultura visíveis, uma prova de sua incapaci-dade para a civilização.[29] A raiva, a frustração e o desgosto acaba-ram levando frei Caetano a abandonar o princípio central da catequese — a brandura — e a apoiar abertamente a violência anti-indígena dos moradores. Em reação, grupos puri, botocudo e maxacali, que tinham estado em guerra, uniram forças contra os colonos. O frade foi para Salvador para se recuperar e, depois, foi transferido para outra província. Enviado para o território in-dígena fronteiriço para fazer cumprir a política civilizatória do Estado, frei Caetano acabou sendo levado a simpatizar com a cul-tura de terror dos colonos, expondo a facilidade com que os agen-tes da "civilização" indígena podiam transgredir os limites tênues da brandura e da violência.[30]

As políticas brandas sobreviveram em alguns setores. Al-guns dos maiores defensores surgiram entre os laicos que propun-ham o desenvolvimento econômico da região e consideravam a colonização indígena essencial para seu sucesso. O mais proemi-nente entre eles foi o senador Teófilo Ottoni (1807-69), um im-portante liberal e republicano, de uma família mineira bem rela-cionada, que se retirou da política após a vitória dos conservadores nas urnas, em 1848. Ottoni começou a explorar o território boto-cudo no Vale do Mucuri em 1851, o ano seguinte à partida de frei Caetano da região, com a fundação da Companhia do Mucuri.

Como seus inúmeros antecessores e sucessores, o objetivo de Ottoni era incentivar a agricultura no norte de Minas e estabelecer rotas comerciais lucrativas que ligassem a província, sem litoral, ao Atlântico, pela navegação no rio Mucuri de Santa Clara, no interior, até São José de Porto Alegre, no Atlântico.[31] Seus primeiros anos entre os botocudos foram relatados na sua "Notícia sobre os Selvagens do Mucuri" (1858), publicada na *RIHGB* e republicada no jornal *Correio Mercantil*. Grande admirador do republicanismo norte-americano e de William Penn, Ottoni fundou uma cidade no nordeste de Minas a que deu o nome de Filadélfia (hoje Teófilo Otoni) e um posto militar chamado Urucú. Além disso, iniciou uma colônia de imigrantes alemães nas proximidades, na esperança de transformar as florestas em terras cultivadas.[32]

Quando entrou no território dos botocudos, Ottoni ficou "convencido de que as agressões dos selvagens contra os cristãos eram quase sempre incitadas pela violência e provocações destes últimos" e considerou que "um sistema de generosidade, moderação e brandura poderia conquistar sua benevolência". Ottoni era crítico da desenfreada escravização de kurukas que ocorria na região e estava determinado a convencer os indígenas de que o "novo processo de catequese" não precisava recorrer à violência. Sempre que viajava pelo território dos botocudos, o grupo de Ottoni distribuía presentes de ferramentas e alimentos entre os indígenas para mostrar que eles eram "mansos" e se dispunham a conquistá-los com bondade.[33]

Ottoni estabeleceu uma base de apoio entre os naknenukes botocudos, no Vale do Mucuri, trabalhando numa parceria privado-estatal com seu irmão Augusto, que era o diretor dos Índios local. Os irmãos consolidaram uma posição por meio de laços de clientelismo com os indígenas locais. Uma dessas figuras foi Poton, cacique botocudo que recebeu Ottoni como se fosse seu parente e o incentivou a trazer sua família para a região, pois "as terras eram fartas e chegavam para todos".[34] Os Ottoni em agradecimento se comprometeram a abrir a floresta e estabelecer três "magníficas fazendas" empregando 150 escravizados negros, um ponto de orgulho para Ottoni, um crítico declarado da escravização de kurukas. Eles reuniram os botocudos em aldeias e reparcelaram, com títulos, as terras onde viviam. Também alugaram indígenas a colonos. Muitos fugiram desses trabalhos forçados, muitas vezes não remunerados, um exemplo disso foram os botocudos, discutidos no capítulo 2, que fugiram da fazenda onde trabalhavam com seus colegas escravizados. Eles eram da aldeia de Corsiumas, administrada por Ottoni. Ele parecia alheio a essas atribulações e afirmava que todos os indígenas passaram a confiar em Augusto, porque ele lhes dispensou "não só justiça, mas também benevolência" para a solução de quaisquer conflitos.[35]

A mistura de bondade e violência do paternalismo era familiar a Ottoni, cuja benevolência assumia uma forma assustadora quando os indígenas não concordavam com sua visão sobre propriedade de terras. Desprezou o cacique João Imã e seu grupo que "se atreveram a aparecer na colônia militar e a falar com o diretor em tom arrogante, não agradecendo as dádivas recebidas e protestando contra os cristãos, que lhes tomavam as terras".[36] Ottoni adotou uma narrativa de conversão na qual ele esclarecia os indígenas insubmissos. Dois caciques, Timóteo e Ninkaté, tinham inicialmente "declarado com arrogância que os brancos deveriam se contentar com a terra que já haviam tomado!". No entanto, depois de receberem os presentes e a gentileza dos Ottoni, mudaram de opinião. O diretor dos Índios registrou títulos de terra para o grupo de Timóteo e atribuiu o resto à companhia de Ottoni. Timóteo e seu povo, muito agradecidos, "arriscariam suas vidas para defender a propriedade que a Companhia lhes deu". Como um escravo fiel das fantasias dos fazendeiros, o cacique provou mais tarde sua dedicação pondo em perigo sua própria vida para defender os Ottoni de uma emboscada de outros botocudos, que tinham dito a Timóteo que os brancos estavam tomando suas terras.[37]

Ao contrário de frei Caetano de Troina, Ottoni nunca chegou a defender a violência. No entanto, sua convicção absoluta na brandura de seus métodos civilizatórios permitiu que expropriasse terras e reorganizasse e desestabilizasse à força as relações entre os indígenas. Ottoni se manteve dissociado da violência que tanto criticava e que ajudou a desencadear, tudo em nome da brandura.

ÍNDIOS DESAPARECIDOS, PASSADOS IDOS

O sucesso de Ottoni no Vale do Rio Mucuri — mesmo quando sua empresa Mucuri e sua colônia de imigrantes caminhavam para o fracasso e a liquidação em 1861 — animou, a ele e a outros, a defender um propósito ainda mais ambicioso: a criação de uma nova província que ligaria a riqueza das Minas Gerais ao Atlântico. Em 1857, um morador de Caravelas chamado José Cândido da Costa propôs a criação de uma província independente chamada Santa Cruz, compreendendo duas comarcas do sul da Bahia, Porto Seguro e Caravelas, a comarca capixaba de São Mateus e a comarca de Jequitinhonha do norte de Minas. Costa argumentava que o desenvolvimento econômico da região era prejudicado por sua subordinação aos interesses das distantes capitais das províncias e especialmente de sua "madrasta", a cidade do Salvador. Com isso se referia ao fato de Salvador ter bloqueado a criação de uma alfândega em Caravelas que lhe permitiria negociar sem intermediários com os mercados estrangeiros nos Estados Unidos e na Europa. Em vez disso, todas as suas exportações e importações eram obrigadas a passar por Salvador ou pelo Rio de Janeiro.

Embora aparentasse apoiar os empreendimentos de Ottoni, Costa desconfiava das tentativas do senador de estabelecer Filadélfia como a nova capital da província e argumentava que Caravelas, com seu amplo porto e proximidade com a Colônia Leopoldina e a cidade mineira de Santa Clara, era a única qualificada para liderar a nova província. Ele estava ansioso para aproveitar a expansão da produção de café, que já estava "destronando" a mandioca com uma produção anual de 200 mil arrobas, três quartos das quais vinham da Colônia Leopoldina.[38] A fronteira do café logo se expandiria também para o sertão indígena de São Mateus, onde, nas décadas de 1860 e 1870, as famílias mais ricas da região, consolidando-se em uma oligarquia regional, começaram a acumular grandes propriedades de terra para o cultivo.[39]

Foi na segunda metade do século XIX, enquanto os moradores da fronteira Atlântica defendiam a criação de uma nova província, que o discurso sobre os indígenas começou a se transformar tanto nacionalmente quanto na província. Essas mudanças estavam ligadas ao controle territorial e teriam um impacto fundamental no curso da política indígena que veio a seguir. As queixas sobre a "infestação" de indígenas eram cada vez mais ofuscadas por um novo fenômeno: o desaparecimento e a extinção dos indígenas e de suas aldeias. Tal foi a transformação que, em 1873, o ministro da Agricultura, Comércio e Obras Públicas (Macop) observou que os "aldeamentos [baianos] [...] podem ser considerados praticamente extintos". A degradação era tão avançada que as aldeias estavam "em ruínas, sem apoio e já não convinha a seus moradores permanecer na terra".[40] A extinção indígena tinha suscitado preocupação e atraído defensores desde a Independência, em especial durante e logo após as guerras aos botocudos, mas só na década de 1860 é que começou a assumir cada vez a forma de fato incontestável.[41]

Como as aldeias estavam no centro da política indigenista nacional, sua extinção sugere o fracasso total do Regulamento de 1845, cujo objetivo era deslocar os indígenas para elas, a fim de "civilizá-los" para a inclusão na nação. O Regulamento teve alguns críticos muito veementes, como Varnhagen, que afirmou que "longe de ajudar a melhorar as coisas, tudo o que fez foi legalizar ou aumentar os abusos". Atacou também os capuchinhos, cujos esforços ele considerou "caros e inúteis".[42] Cético em relação à política da brandura, Varnhagen continuou a defender a força bruta para subjugar os indígenas. "Mais de meio século de experiência demonstrou a insuficiência dos meios brandos, que são os mais prejudiciais para o Estado", argumentou ele, e mais tarde insistiu que "sem o uso da força não é possível reduzir os selvagens, assim como não é possível ter sociedade sem punição para os delinquentes". Sua proposta mais escandalosa era reiniciar uma guerra justa para capturar e reduzir os indígenas a um "cativeiro temporário" a serviço dos seus captores, para transformá-los em "cidadãos exemplares e bons cristãos". Considerando que os indígenas eram alheios ao pacto social, ele afirmava que "temos todo o direito de os conquistar, não havendo direito de conquista mais justo do que o da civilização sobre a barbárie".[43] As propostas de Varnhagen causaram alvoroço entre os leitores liberais e os editores da revista romântica *Guanabara*, na qual seu artigo original apareceu em 1851, o mesmo que ele sem nenhum escrúpulo reimprimiu em 1867.

Se essas diferenças entre os defensores de métodos violentos e brandos de civilização indígena pareciam irreconciliáveis, os dois pilares da política da brandura que o Regulamento das Missões promoveu — aculturação e miscigenação — eram juntos concebidos para orquestrar o "desaparecimento" dos índios. Nesse sentido, o Regulamento de 1845 foi um sucesso retumbante. Após sua promulgação, na segunda metade do século XIX, as reformas legais, inclusive as que pretendiam proteger os indígenas, fundiram-se com manipulações discursivas e ideias culturais e biológicas de raça para legalizar a expropriação de terras e produzir um caso convincente de seu desaparecimento do solo brasileiro.

Cinco anos após o Regulamento, o governo brasileiro publicou uma lei histórica que teria um impacto devastador sobre a população indígena: a Lei de Terras de 1850. Essa lei, seguida da transferência, em 1861, da civilização e da catequese dos indígenas do Ministério do Império para a Diretoria de Terras Públicas do recém-criado Ministério da Agricultura, Comércio e Obras Públicas (Macop), marcou a fusão definitiva dos interesses indígenas e territoriais do Estado. A incorporação dos indígenas como cidadãos da nação se tornou inseparável da integração do território fronteiriço à nação.[44] O Brasil foi um exemplo precoce de reformas fundiárias que ocorreriam nas nações pós-coloniais da América Espanhola, onde a consolidação do latifúndio em territórios de fronteira desencadeou ondas de violência sobre as populações locais. Levadas a cabo para reformar a propriedade fundiária colonial, essas transformações corroeram a proteção aos indígenas e a outros grupos socioeconomicamente vulneráveis nas décadas que se seguiram à Independência. Esse foi um período, como afirmou Erick Langer, "em que tanto o Chile como a Argentina começaram as invasões de territórios araucanos a sul, o México atacou e espancou os yaquis, os tarahumaras no norte do México e os mayas em Yucatán, e o escândalo do Rio Putumayo revelou as horrendas condições de trabalho a que os trabalhadores da borracha estavam sujeitos na Amazônia peruana". No Brasil, o confisco de terras indígenas se fundiu com a produção da extinção indígena.[45]

O principal objetivo da Lei de Terras era melhorar a situação caótica dos títulos de propriedade em todo o Brasil. O caos era resultado da ausência de qualquer regulamentação desde a Independência, o que incentivou os indivíduos a reivindicar terras por meio da posse. O artigo 5º da Lei de Terras legitimava as posses "mansas e pacíficas" adquiridas por ocupação primária. Isso sugere o direito dos indígenas à terra, mas essa tinha de ser cultivada. Os estudiosos discordam quanto ao fato de a Lei reconhecer os direitos originais dos indígenas às suas terras. Na era pombalina os indígenas aliados e os missionários das aldeias recebiam sesmarias, prerrogativa que os indígenas às vezes reivindicavam para reafirmar seu direito à terra. Embora o sistema de sesmaria tenha sido suspenso em 1822, os que já tinham sesmarias mantiveram nominalmente seus títulos.[46] Entre os que afirmavam o direito dos indígenas à terra estavam José Bonifácio, que declarou em suas "Notas" de 1823 que eles são os "legítimos senhores (da terra) pois Deus lhas deu", e Guido Marlière, o diretor dos Índios do Rio Doce, nascido na França, que defendia a demarcação de territórios indígenas "para não confundir as propriedades dos índios com as dos destinatários de sesmaria e evitar dissensões entre eles".[47] A duradoura confusão sobre a propriedade de terras indígenas foi capturada por um artigo de jornal em 1871 que argumentou: "uma vez que as *terras que pertencem ao Estado* [se encontram] nas mãos de seus *proprietários naturais*, seria conveniente a criação de aldeias para a catequese desses mesmos senhores". De forma característica, Varnhagen negou aos botocudos o direito à terra, alegando que eram intrusos nômades e não proprietários originais dos territórios que habitavam.[48]

Outro artigo importante da Lei de Terras referente às terras indígenas era o 12, que dizia que "o governo reservará das terras devolutas as que julgar necessárias para a colonização dos indígenas". Com essa lei, as terras devolutas passaram a fazer parte do domínio público e foram diferenciadas das terras privadas. Uma categoria profundamente contestada, as terras devolutas eram, segundo James Holston, "as propriedades devolvidas ao patrimônio da Coroa por violação de seus termos de concessão. Também era comum, embora talvez não tecnicamente legal, usar a expressão para significar terras vazias ou desocupadas". Ao legalizar tanto as definições formais quanto as comuns, a lei marcou um ponto de inflexão na história das terras devolutas, impactando fundamentalmente o direito dos indígenas à terra.[49]

Embora a Lei de Terras sugerisse um grande avanço no domínio do direito indígena à terra, na prática sua aplicação foi facilmente subvertida. Foi o que aconteceu, em particular, quando era combinada com o Regulamento. Em primeiro lugar, embora o Artigo 5º implicasse que os indígenas tinham direito à terra por ocupação primária, ele era contradito pelo Artigo 12, que não garantia esse direito, mas reservava terras devolutas que o Estado destinaria à colonização indígena. Um estudioso argumentou que a Lei de Terras transformou a condição dos indígenas de proprietários naturais da terra em expropriados que dependiam da generosidade do Estado para ter algo que antes era deles.[50] Outro problema relacionado era a imprecisão da Lei de Terras sobre quem ela considerava indígena. Um decreto de 1854 afirmava que "as terras devolutas seriam reservadas para a colonização e aldeamento de indígenas nos distritos onde existissem hordas selvagens". No entanto, numa coincidência notável com os debates da Assembleia Constituinte sobre a cidadania indígena discutidos no capítulo 1, a Lei não se referia aos indígenas das missões que já possuíam títulos de sesmarias e terras da aldeia antes de 1850.[51] Em segundo lugar, a prática do Regulamento de reassentar os indígenas em aldeias concentrou-os em pequenos lotes de terra, deixando seus territórios originais para serem, de fato, classificados como vazios e, portanto, terras devolutas. As câmaras municipais, que lucravam com a venda de terras, estavam, e isso não surpreende, na vanguarda do reassentamento indígena.[52]

Os efeitos das duas leis ficaram logo evidentes. Relatos de extinção de indígenas foram feitos no Ceará na década de 1850 e, no início da década de 1860, o governo provincial do Espírito Santo considerou as terras do sertão de São Mateus "inteiramente devolutas e sem habitantes" e, portanto, ideal para a colonização.[53]

A extinção dos indígenas foi seguida pelo desaparecimento das aldeias. Na década de 1870, as autoridades baianas notaram um declínio vertiginoso nos aldeamentos, de 29, em 1860, para 21, uma década mais tarde, muitos dos quais "não poderiam ser considerados como tal". A falta de informações crônica, decorrente do financiamento insuficiente e da negligência administrativa, dificultou uma avaliação exata das aldeias.[54] No mesmo período, no norte do Espírito Santo, mais de mil botocudos autônomos teriam continuado a viver na região que abrange o interior de São Mateus e o Rio Doce, ao sul.[55] No entanto, a Câmara Municipal daquela cidade observou, em 1878, que "nada existe que prove que houvesse terras pertencentes aos índios".[56] Na década de 1870, foram publicados vários decretos com o objetivo de fazer o levantamento e o desmantelamento das aldeias em todo o país. No início da década de 1880 restava apenas um aldeamento comprovado em toda a província, mais ao sul, em Mutum, junto ao Rio Doce. Se as aldeias fossem consideradas extintas, as terras eram revertidas para o Estado e, mais tarde, para as províncias, depois vendidas ou arrendadas pelas câmaras municipais. Em 1847, o presidente baiano já previa e se queixava de que as terras dos indígenas eram "usurpadas pelos detentores do poder local. As Câmaras Municipais e o clero que deveriam atender às suas necessidades, um no domínio temporal, outro no espiritual, às vezes causam o mal".[57]

Além da legislação, o pensamento racial e, em particular, a miscigenação foram também essenciais para a invenção da extinção dos índios. Raça e lei se combinaram.[58] A Lei de Terras incorporou as terras das aldeias ao território nacional desde que elas fossem habitadas por "índios dispersos que viviam misturados às massas civilizadas".[59] Essa mensagem foi repetida de forma ameaçadora pelo Ministro da Agricultura que, em 1873, afirmava que os "primitivos habitantes das extintas aldeias estavam *misturados com a população geral* do país, de tal modo que, tendo mudado seus hábitos e costumes, *esqueceram a língua de seus antepassados e só são índios no nome*".[60] Essas palavras indicam como as concepções coloniais da raça, com base nos hábitos, costumes e língua, continuaram, no final do século XIX, a determinar quem era indígena ou quem já não podia ser qualificado como tal. No entanto, estavam também evidentes as novas ideias de determinismo biológico. O Regulamento permitia o arrendamento das terras das aldeias a não indígenas e incentivava a população em geral a se instalar ao redor das aldeias para promover a aculturação e a miscigenação entre indígenas e não indígenas. Essa prática incentivava os indígenas a se "misturar" com os não indígenas e, assim, "perder" o que as autoridades consideravam ser sua "indianidade", tanto pela transformação cultural quanto pela miscigenação biológica. Os missionários capuchinhos acreditavam que a miscigenação teria um efeito domesticador sobre os "selvagens".[61] A Lei de Terras, combinada com o Regulamento das Missões, criou assim um caminho fácil para os que cobiçavam as terras dos nativos, com a simples alegação de que eles já não eram genuinamente indígenas. Os libertos e os pobres também foram deslocados por sua incapacidade de apresentar provas documentais de seus direitos de ocupação de terras ou de pagar os impostos necessários ao registro de propriedades. Os grandes proprietários foram os principais beneficiários da Lei de Terras.[62]

No entanto, se a miscigenação era o método pelo qual a elite brasileira esperava incorporar os negros e os indígenas num povo brasileiro homogêneo, nem toda a miscigenação era considerada positiva. Por exemplo, o diretor dos Índios da Bahia, padre Manoel Cunha, utilizou evidências de miscigenação para comprovar o desaparecimento dos indígenas, mas o fez de forma depreciativa. Falando da missão de Aricobé, no norte da Bahia, o padre afirmou que as aldeias estavam extintas, apenas mestiços e mamelucos habitavam as terras.[63] A missão tinha se transformado num refúgio de vagabundos, assassinos e ladrões, "supostos índios" que eram na realidade "pardos, crioulos, mulatos e cabras". Ele acreditava que os indígenas, em vez de progredir racialmente em direção a uma homogeneidade embranquecida, haviam degenerado em direção à negritude. Acusou os moradores mestiços, em sua maioria negros, de afirmarem falsamente que eram indígenas para ocupar as terras da missão. Na visão do padre Cunha, a preponderância da negritude entre os habitantes miscigenados combinava com sua degeneração moral para produzir indivíduos "turbulentos e desordeiros, insubordinados; em suma, uma horda de bandidos".[64] Essas definições sobre raça e miscigenação não eram novas; no entanto, foi no final do século XIX que elas foram usadas para validar a extinção indígena do território nacional. A ironia da transformação racial da missão de Aricobé é que os indígenas estavam desaparecendo não pelo branqueamento em direção à civilização, mas pelo enegrecimento em direção à depravação. Por outro lado, as mesmas fontes também sugerem a presença crescente de livres e libertos afrodescendentes nas terras da missão e em seus arredores, o que facilitou uniões entre negros e indígenas.[65]

Como Ivana Stolze Lima observou em seu estudo sobre as transformações na linguagem utilizada para descrever cor e raça nos censos do Brasil Imperial, o Censo Nacional de 1872 foi a primeira vez que os indígenas foram incluídos como "caboclos", um termo que geralmente significava a miscigenação de índio e branco ou índio e negro, dependendo da região.[66] Essa alteração de termos (índio para caboclo) implicava não apenas a miscigenação, mas também sua assimilação, pois, como vimos, a mistura de raças e a transformação cultural nunca foram percebidas como distintas. Assim, quando usou o censo como um meio de afirmar seu poder centralizador sobre súditos díspares e distantes, o Estado brasileiro expressou sua visão racializada de nação. Ao tornar oficial a categoria caboclo, afirmava-se que os indígenas eram incluídos na nação apenas se já estivessem no caminho da "desindianização". Contar os indígenas como caboclos projetava uma imagem de harmonia e ordem racial, ao mesmo tempo que os fazia desaparecer do território nacional, tornando cada vez mais possível a imaginação de uma nação brasileira em que indígenas e negros fossem meros elementos de um povo cada vez mais branco.

INDIGENISMO, AFRICANOS E O PASSADO DA NAÇÃO

Protegido e desaparecido, louvado e detestado, havia uma área em que o índio brasileiro era sem dúvida amado: nas artes. As elites latino-americanas pós-coloniais que buscavam uma herança única e distintamente não ibérica para suas novas nações encontraram um símbolo perfeito no indígena pré-colombiano ou colonial. Assim como a elite dirigente da América espanhola, que menosprezava suas populações indígenas, não via problema em reivindicar uma genealogia neoinca ou neoasteca, o indígena se tornou um elemento central da invenção pós-colonial de uma identidade nacional pela elite brasileira.[67] Essas percepções conflitantes sobre os indígenas foram atenuadas pelo que John Monteiro chamou de uma forma de pensamento racial no Brasil antes da disseminação da ciência racial. Injetando sangue novo na dicotomia colonial de tupi e tapuia, ou indígenas "bons" e "maus", a elite pós-colonial romantizou os tupis como os que deram origem à nacionalidade brasileira, localizados num passado colonial distante. Os tupis, nesse imaginário, teriam colaborado e se misturado com os primeiros colonizadores, mas convenientemente desapareceram como povo. Os tapuias, pelo contrário, tendo recusado o domínio colonial, infelizmente sobreviveram. Nessa genealogia imaginada, os botocudos eram os herdeiros modernos dos tapuias. Sua influência na atualidade era, no entanto, cada vez mais tênue.[68]

As representações literárias e artísticas são, sem dúvida, a única área em que o estudo dos indígenas brasileiros do século XIX prosperou. O objetivo desta seção é, portanto, traçar uma visão geral do movimento conhecido como indianismo romântico, a fim de demonstrar sua inseparabilidade do contexto mais amplo da política pós-colonial indígena e fundiária, dos debates sobre cidadania e da violência anti-indígena. Só assim poderemos compreender o indianismo romântico para além do quadro do nacionalismo de elite e ver o seu papel na produção da extinção indígena.

Os tupis foram as estrelas do indianismo romântico. Encarnando o nobre selvagem tropical, eles serviram como um "índio mitificado" que "permitiu que a jovem nação descobrisse um passado honrado e previsse um futuro promissor". À frente do empreendimento estava o indigenista mais proeminente do Brasil, o próprio imperador Pedro II, que ostentava seu conhecimento de nheengatu (a língua geral tupi-guarani padronizada pelos jesuítas) e distribuía títulos indígenas a seu séquito aristocrático.[69] O botocudo Guido Pokrane, como vimos, sabia muito bem como explorar as simpatias indigenistas de Pedro II. O monarca incentivou a Academia Imperial de Belas Artes, produtora de "todas as imagens oficiais do Império", a celebrar a nacionalidade brasileira criando obras inspiradas nas primeiras crônicas coloniais que apresentavam indígenas românticos. Com frequência retratados perto da morte ou como recém-falecidos, esses indígenas mitificados, sempre confinados a um passado distante, ajudaram a forjar uma narrativa das origens indígenas da nação, reforçando a ideia da extinção indígena no presente. Por exemplo, *Moema* (1866) de Victor Meirelles (Figura 3.1) e *O último tamoio* (1883) de Rodolfo Amoedo eram pinturas de estilo acadêmico francês

FIGURA 3.1. *Como em muitas nações latino-americanas do século XIX, os indianistas românticos no Brasil celebravam indígenas idealizados do passado colonial distante que ajudaram a colonização portuguesa e prepararam o caminho para o eventual nascimento da nação. Tais representações reforçaram a crença na "extinção" dos povos indígenas no presente, particularmente os botocudos.*

que retratavam indígenas quase nus dando, languidamente, seu último suspiro nas costas brasileiras. Em *O último tamoio*, o chefe índio é amparado pelos braços do padre jesuíta José de Anchieta enquanto recebe a extrema-unção. Amoedo baseou sua pintura em *A Confederação dos Tamoios* (1857), do escritor romântico Gonçalves de Magalhães, relato fictício de uma batalha do século XVI entre os tamoios e as forças portuguesas.[70]

Autores literários também abraçaram o indígena mitificado em sua obra. Além do já mencionado Magalhães, o poeta Gonçalves Dias (editor da revista *Guanabara*, onde Varnhagen publicou sua diatribe) e o romancista José de Alencar celebraram a herança indígena do Brasil. A trilogia indianista de Alencar,

O *guarani* (1857), *Iracema* (1865) e *Ubirajara* (1874), todas am-
bientadas no início do período colonial, definiram uma história e
uma cultura nacional nitidamente brasileiras por meio da exploração das tradições indígenas. *Iracema* (um anagrama de "América"), por exemplo, celebra a união de uma indígena e um português que gerou o primeiro brasileiro. Em conformidade com a
promoção da mestiçagem na política indigenista do século XIX,
Iracema retratava os mestiços, e não os indígenas, como os verdadeiros brasileiros, reforçando a ideia predominante de que os indígenas existiam fora da sociedade brasileira. Assim como em *O
último tamoio*, Alencar retratou a morte de Iracema como o even-
to que permitiu que o homem português e seu filho mestiço pros-
perassem e abrissem caminho para a colonização portuguesa e a
disseminação do cristianismo. Os indianistas românticos promoviam a ideia de que a morte era o que permitia aos indígenas dar
a contribuição mais importante para a fundação da nação brasileira.[71] No entanto, nem todas as elites brasileiras foram conquis-
tadas por essa celebração do passado indígena do Brasil. Adolfo
Varnhagen, um amante irredutível de todas as coisas portuguesas, desprezou o movimento e rejeitou o que ele via como a marca de Gonçalves Dias e de Magalhães de "patriotismo caboclo".[72]
    Se o indianismo romântico celebrado nessa produção artís-
tica foi um "movimento cultural e político com profundas ligações com o nacionalismo" liderado pelo próprio imperador, o
discurso da extinção foi seu gêmeo mau.[73] Os indianistas românticos complementaram o discurso da extinção excluindo cons-
cientemente os indígenas vivos de suas criações. Também foram
excluídos os negros, a escravidão e as influências africanas, todos
considerados estranhos às concepções que a elite tinha da nacionalidade brasileira. Tendências que também eram evidentes no
Instituto Histórico e Geográfico Brasileiro (IHGB), cuja revista

tratava longamente da etnografia das populações indígenas do Brasil. A produção de conhecimento sobre os indígenas, ao mesmo tempo que reforçava a ideia de que eles estavam em vias de extinção, permitia ao Instituto vinculá-los à construção de um passado nacional. Ao mesmo tempo, a revista praticamente excluía os africanos como sujeitos etnográficos de sua copiosa produção (apesar de ter premiado o ensaio de Martius sobre as três raças), o que contrastava com o grande fascínio que os africanos de várias etnias despertavam nos viajantes e cientistas estrangeiros que vinham ao Brasil. Na perspectiva do IHGB, a origem não autóctone dos africanos e sua associação à escravidão os tornavam representantes indesejáveis de um passado nacional.[74]

A exclusão dos africanos pelo IHGB expõe as fissuras na imagem de harmonia racial da mestiçagem. José Bonifácio, que tanto promoveu a miscigenação, defendia "favorecer, por todos os meios possíveis, os casamentos entre índios e brancos, e mulatos", ou "casamentos de homens brancos e homens de cor com mulheres índias". Chegou mesmo a sugerir que se oferecesse uma "recompensa financeira a todos os cidadãos brasileiros, brancos ou de cor, que casassem com uma índia pagã". Embora, à primeira vista, José Bonifácio pareça abraçar a ideia das três raças, ele de fato excluiu os africanos de seu projeto de construção da nação, dirigindo-se apenas aos mulatos e aos homens de cor (uma expressão reservada aos nascidos no Brasil). Assim, ele deu um selo racial à exclusão legal dos africanos, fossem eles escravizados ou livres. Dos indígenas, apenas as mulheres eram consideradas, com a ideia implícita de que os casamentos com homens brasileiros de outras raças teriam um efeito civilizador. Tanto homens africanos como indígenas foram excluídos da ideia de um povo brasileiro harmonioso, bem como do passado e do futuro da nação.[75]

Enquanto as elites do Rio de Janeiro celebravam as contribuições dos indígenas românticos, havia muito falecidos, outro tipo de celebração acontecia na fronteira Atlântica. Em novembro de 1882, os moradores de Caravelas ficaram entusiasmados ao ver dignitários brasileiros e estrangeiros se reunirem em sua cidade para a inauguração da estrada de ferro Bahia-Minas. Em sua viagem inaugural, os reluzentes vagões de fabricação norte-americana e britânica partiram de Caravelas, passando pela Colônia Leopoldina, viajando sobre modernos trilhos de aço Bessemer numa subida gradual para o interior, cruzando a fronteira provincial e chegando à cidade de Aymoré, perto de Filadélfia, no coração do território botocudo.[76] Para os que ali estavam, a ferrovia era a tão esperada união do interior de Minas com o Atlântico, concretizando as ambições de inúmeros indivíduos que almejavam realizar empreendimento semelhante desde o final do período colonial, quando as Terras Proibidas começaram a se descortinar. A imprensa de Caravelas celebrava a estrada de ferro como o prenúncio da civilização e exaltava "este gigantesco projeto ferroviário" como a "mais perfeita expressão dos progressos da sociedade moderna".[77] O engenheiro do projeto comparou o caminho de ferro à Union Pacific Railroad dos Estados Unidos, com a sua promessa de unir "populações distantes separadas por florestas virgens, ainda em poder de pagãos selvagens, onde se implantará a civilização".[78] Ou, como disse um observador britânico em termos inequívocos, com um desenvolvimento sério da região, "os pobres índios seriam rapidamente varridos [...] perante o avanço irresistível do homem branco".[79]

Brasileiros e estrangeiros compartilhavam a convicção da inevitabilidade da extinção dos indígenas diante da força da modernidade euro-americana. Exploradores, artistas e cientistas estrangeiros que vieram ao Brasil procuraram com avidez os botocudos, que segundo acreditavam deviam estar nos estágios iniciais da civilização e ser os últimos resquícios de uma raça primitiva e moribunda. Imagens negativas dos botocudos circulavam desde o período colonial e continuaram a influenciar os artistas, que os retratavam com um misto de admiração e desdém. Entre os mais famosos está o pintor francês Jean-Baptiste Debret, que residiu no Brasil entre 1816 e 1831, a convite da família real para fundar com outros artistas europeus a Academia de Belas Artes do Brasil. Sua *Viagem pitoresca ao Brasil* foi o retrato histórico de uma nação no "desenvolvimento progressivo da civilização" que a colocava a par das "mais distintas nações do velho continente".[80] O interesse de Debret pelos povos indígenas foi despertado pelo encontro casual com um grupo de botocudos no Rio de Janeiro dois dias após sua chegada. Eles tinham sido trazidos do sul da Bahia para uma audiência com João VI, de quem receberam facões de ferro, emblemas da civilização. O artista ficou chocado com a visão de "selvagens" no "centro de uma capital civilizada" e descreveu-os como os "mais cruéis e ferozes" dos indígenas, donos da fisionomia "mais horrível e terrível". Embora não tenha ligado João VI à guerra dos botocudos, Debret considerou o texto do decreto de 1830 que aboliu a escravidão indígena em São Paulo como prova do compromisso dos legisladores brasileiros com a civilização indígena e o progresso nacional.[81]

Debret dedicou o primeiro dos três volumes aos grupos indígenas do Brasil, que ele considerava em graus progressivos de civilização. Os botocudos estavam entre as primeiras imagens. A primeira mostrava musculosos guerreiros botocudos e suas famílias na selva, seguida da imagem de um grupo de mulheres, homens e crianças nus reunidos na floresta, todos os adultos usavam botoques labiais (Figura 3.2). Um deles devorava o que parecia ser um membro humano. O artista intitulou a imagem *Botocudos, puris, pataxós e maxacalis ou gamelas* por engano, uma vez que

FIGURA 3.2. *Esta representação etnograficamente incorreta de vários grupos indígenas, que parecem estar consumindo carne humana, mostra que Debret classificou os botocudos, puris, pataxós e maxacalis entre os indígenas brasileiros menos "civilizados".*

apenas os botocudos usavam botoques labiais, e descreveu o seu "aspecto repugnante" em decorrência das "mutilações que infligem a si próprios". A ambivalência de Debret sobre o lugar desses indígenas na civilização brasileira era evidente em suas descrições alternadas como civilizados e selvagens. O volume terminaria com uma imagem contrastante de guaranis "civilizados", vestidos da cabeça aos pés com roupas ocidentais.[82]

Enquanto Debret celebrava a capacidade do Brasil de civilizar indígenas "selvagens" para que se tornassem parte da nação, outro artista francês, cuja estada no Brasil coincidiu com o surgimento do discurso da extinção, assumiu uma visão diferente. Ao contrário de Debret, François-Auguste Biard veio para o Brasil, em 1858, procurando a oportunidade de estar entre os povos indígenas no Espírito Santo e na Amazônia. No entanto, além de ter testemunhado suas relações com os botocudos e produzido alguns esboços, o pintor demonstrou pouco interesse em seus assuntos. Ressoando visões orientalistas dos povos do norte da África e do Oriente Médio, Biard acreditava que a civilização branca corrompia os povos indígenas, e os considerava, junto com a população afrodescendente do Brasil, a prova da selvageria da nação brasileira em comparação com a civilizada França.[83] A visão antipática de Biard também pode ter sido influenciada pelos daguerreótipos de 1844 de um homem e uma mulher botocudos, sombrios, que haviam sido levados a Paris no ano anterior. Na década de 1850, suas imagens parcialmente nuas e sentadas estavam entre as primeiras fotografias a serem incluídas nas coleções do Museu de História Natural de Paris como alguns dos primeiros espécimes de antropologia física.[84]

O entusiasmo científico pelos botocudos continuou a crescer em ambos os lados do Atlântico. Entre os entusiastas estava o norte-americano explorador, cientista e ávido colecionador de crânios de botocudos Charles Hartt, que dedicou a eles um capítulo inteiro de seu diário de expedição. Hartt combinou perfeitamente teorias raciais culturalistas e científicas e mostrou sua familiaridade com a dicotomia tupi-tapuia do Brasil. A "raça [botocudo] está diminuindo rapidamente e em poucos anos deixará de existir", observou, porque eles se recusavam a se civilizar como os tupis, que, por outro lado, se tornaram "parte integrante da nação brasileira". Em outras palavras, a culpa era dos botocudos.[85] Um geógrafo britânico comentou, mais tarde, que um encontro com os botocudos era testemunhar o "leito de morte de uma raça em extinção". No entanto, sua extinção teve alguns resultados positivos, particularmente no domínio da colonização territorial. "Como eles eram total e completamente alheios a qualquer avanço no sentido da civilização", afirmou, "havia esta compensação pela perda da tribo — que abriria uma região ricamente dotada aos benefícios da civilização e do cristianismo." Os defensores da extinção propuseram então que, ao se extinguirem, os botocudos puderam finalmente dar uma contribuição positiva à civilização brasileira.[86]

A introdução da antropologia no Brasil deu às teorias de extinção dos indígenas o selo de fato incontestável. Entre a nova classe de antropólogos estavam João Batista de Lacerda Filho e José Rodrigues Peixoto, coautores do artigo "Contribuição para o estudo antropológico das raças indígenas do Brasil (1876)" na revista inaugural do prestigioso Museu Nacional. "Dada a pequena capacidade do crânio, os botocudos devem ser considerados [...] entre as raças mais notáveis pelo seu nível intelectual inferior", concluem os autores. "Suas aptidões são efetivamente limitadas, e é muito difícil fazê-los entrar no caminho da civilização."[87] Lacerda e Peixoto estavam ansiosos para conquistar espaço num campo dominado por cientistas da Europa e dos Estados Unidos que afluíam a seu país, cativados pelo "primitivismo" dos botocudos e, em particular, por seus crânios. Cheios de entusiasmo, eles escavaram covas de mortos recentes, desenharam, inspecionaram e mediram cuidadosamente cada crânio. Depois, compararam seus resultados com outros estudos, chegando sempre à mesma conclusão: os botocudos eram a raça mais primitiva, imprópria para a civilização e, portanto, destinada à extinção (Figura 3.3).

Os trabalhos de Lacerda e Peixoto foram incentivados pelo Museu Nacional, que em julho de 1882 organizou a Exposição Antropológica com o patrocínio de d. Pedro II. A exposição foi quase toda dedicada a história, etnografia e antropologia dos indígenas brasileiros, com notável exclusão dos africanos e dos portugueses. Como os indianistas românticos, os organizadores da exposição enfatizaram o "enorme contraste entre a importância dada às origens indígenas da nação e a representação negativa dos índios reais".[88] O próprio d. Pedro II não via problemas em patrocinar os indianistas românticos e facilitava a exportação de crânios e es-

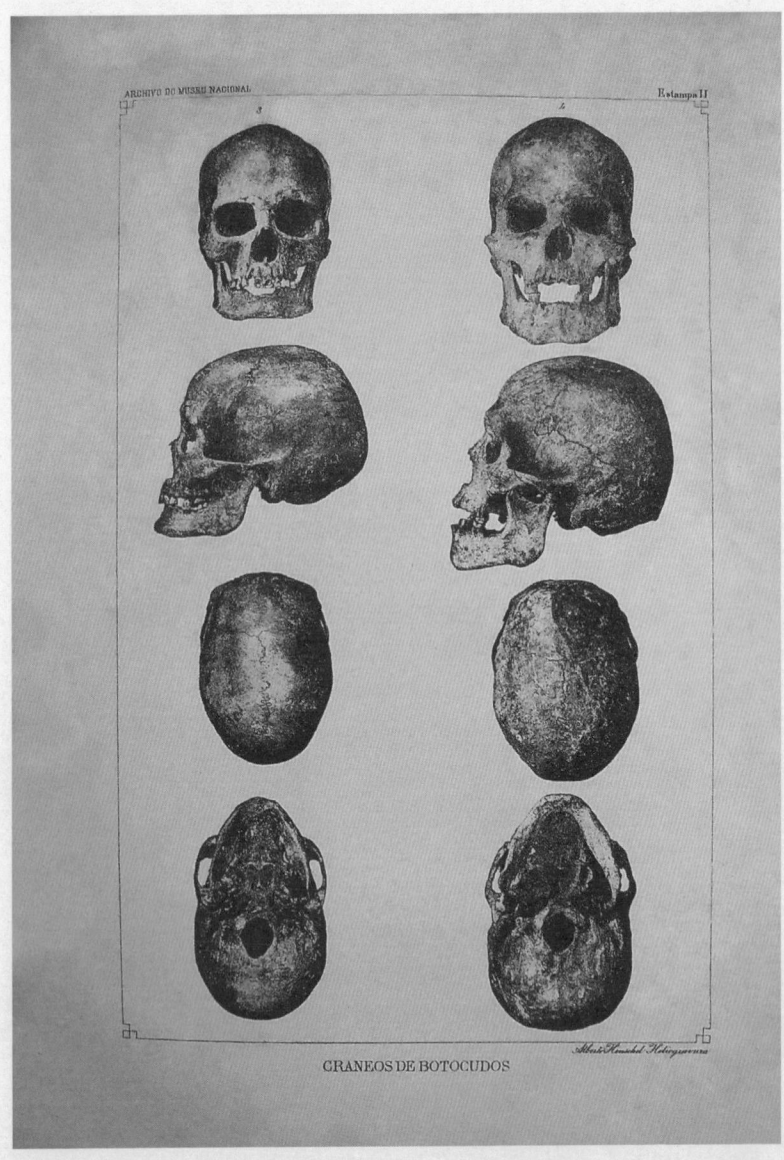

ARCHIVO DO MUSEU NACIONAL.   Estampa II

CRANEOS DE BOTOCUDOS

FIGURA 3.3. *Uma nova safra de antropólogos brasileiros e estrangeiros passou a coletar e medir crânios de botocudos, chegando à conclusão de que a inferioridade biológica das amostras atestava que o destino certo desses indígenas era a extinção.*

queletos de botocudos do Museu Nacional para estudiosos de renome em Berlim e Paris.[89] A atração principal da exposição foi um grupo vivo de botocudos, trazido de uma aldeia no Espírito Santo e exibido em meio a coleções de cestos, ferramentas, cerâmicas e ossos indígenas. Os visitantes acorreram em massa à exposição e ficaram fascinados e repugnados pelos "últimos selvagens do Brasil", inspirando um famoso satirista a relatar que foram os botocudos que tiveram que fugir da selvageria dos visitantes e buscar refúgio com o "grande cacique" Ladislau Neto, diretor do Museu.[90]

Terror dos colonos brasileiros na fronteira Atlântica até meados do século passado, os botocudos estavam seguramente contidos no recinto da exposição, reduzidos a espécimes antropológicos de uma raça em vias de extinção. Diferentemente da escandalosa "exportação" dos cinco botocudos, que aconteceu à margem da perícia antropológica, os botocudos ali expostos lisonjeavam a autoimagem modernizadora que o Brasil esperava projetar para o mundo, uma vez que foram apresentados como prova de sua própria iminente extinção. Os artigos com que Lacerda e Peixoto contribuíram para a publicação que acompanhou a Exposição demonstram sua total adesão às teorias científicas racistas que se instalaram na América Latina no último quartel do século XIX.[91] Utilizando o "estudo verdadeiramente científico" da antropometria, Lacerda "provou" a inferioridade biológica dos botocudos e sua consequente incapacidade de entrar no "caminho da civilização". Enquanto Varnhagen entrou em conflito com os defensores da brandura sobre o uso de meios violentos ou suaves para trazer os indígenas para a civilização brasileira, os antropólogos usaram seus dados craniológicos para provar que esse objetivo era inalcançável. Lacerda chegou a utilizar sua experiência para encerrar o debate sobre a utilidade da mão de obra indígena. Os botocudos, argumentava ele, eram fisicamente incapazes de realizar trabalhos agrícolas pesados, pois seus músculos eram mais fracos do que os de um trabalhador branco ou negro. Como se trata-va de um defeito físico, civilizá-los não resolveria o problema.[92]

Com esse argumento biológico, Lacerda jogou fora o princí-pio central da política indígena brasileira pós-colonial. A brandu-ra se baseava na ideia de que, por meio da civilização e da misci-genação, os indígenas poderiam ser talvez incluídos na sociedade brasileira como cidadãos. A civilização dependia de eles se torna-rem uma força de trabalho estável e produtiva que serviria aos in-teresses da nação. Lacerda argumentou que isso era biologica-mente insustentável. "Agora vocês veem como podemos deduzir um problema econômico e industrial de um problema antropoló-gico", afirmou triunfante. "Isso mostra que a antropologia não é uma ciência meramente especulativa, mas pode ter aplicação prá-tica e útil." Graças ao trabalho de Lacerda, os indígenas brasileiros passaram a ser vistos não apenas como incapazes de sobreviver, mas como completamente inúteis para a nação.[93]

NAS SOMBRAS DA HARMONIA RACIAL

No final do século XIX, a precária existência dos botocudos contrastava com a potente união entre o discurso da extinção e da mestiçagem, revigorado durante a Primeira República (1889--1930). Ao contrário dos etnógrafos monogenistas do IHGB, La-cerda e Peixoto adotaram, em seu estudo sobre os botocudos, as teorias poligenistas populares entre cientistas dos Estados Unidos e da Europa, como Louis Agassiz, que acreditavam que as raças eram fenômenos acabados e, portanto, que a miscigenação era degenerativa. Esses antropólogos brasileiros atribuíram a alegada inferioridade racial dos botocudos à miscigenação, contradizen-do assim a crença dos defensores da brandura de que a mistura de raças seria uma força positiva.[94] No entanto, Lacerda mais tarde

reviu seus pontos de vista. Como único representante latino-
-americano no Primeiro Congresso Universal das Raças, realiza-
do em Londres em 1911, Lacerda, então diretor do Museu Nacional, afirmou que a miscigenação não só produzia uma população
saudável e mista, mas também uma população que embranquecia
com o tempo. No artigo "Os Métis, ou mestiços do Brasil", usou
sua autoridade científica para defender uma nova fase de extinção: dentro de um século, os mestiços desapareceriam, coincidin-
do com a "extinção paralela da raça negra entre nós". Agora era a
vez dos negros.

A visão "científica" de Lacerda sobre o branqueamento racial
do Brasil tinha um tom estranhamente familiar. Desde a abolição
da escravidão, em 1888, os negros estavam "expostos a todos os tipos de agências destrutivas". Agora vivendo "dispersos em distritos pouco povoados", eles "tendem a desaparecer do nosso território".[95] Sua linguagem era idêntica à de afirmações anteriores
discutidas neste capítulo de que "índios dispersos vivendo misturados entre as massas civilizadas" eram prova de sua irreversível
extinção.[96] Embora sua atenção tivesse mudado dos botocudos
para os brasileiros afrodescendentes, sua nova tese de branqueamento era sem dúvida baseada nos primeiros discursos de extinção indígena. Numa trajetória que se estendeu do Império à Primeira República, o discurso da extinção indígena, em harmoniosa
parceria com a inclusividade da mestiçagem, lançou as bases para
as teorias raciais que viriam a prever o desaparecimento dos povos afrodescendentes. Se sua aspiração era o branqueamento da
elite brasileira, suas implicações foram nefastas. Pois, fosse a miscigenação ou a diferença física a causa alegada, o discurso da extinção apagava a violência física, legal e discursiva infligida aos
negros e indígenas brasileiros e os tornava, por serem raças "inferiores", responsáveis por seu próprio desaparecimento.

O enredamento da mestiçagem com o discurso da extinção indígena nos obriga a reconsiderar a imagem de harmonia racial que não raro associamos à mistura de raças. A sugestão de que o colonialismo português e seu herdeiro, a política indigenista pós-colonial, foram benévolos porque promoveram o casamento misto e a incorporação dos indígenas como cidadãos parece menos benigna quando reconhecemos que a inclusão tanto produziu como foi possibilitada pela extinção indígena. As elites brasileiras procuraram trazer os indígenas para o povo brasileiro por meio da civilização e da miscigenação e, ao fazê-lo, fecharam deliberadamente as possibilidades de cidadania indígena, ou mesmo de inclusão nacional *como* indígenas. Para se tornar cidadãos, os indígenas tinham de ser civilizados e, uma vez civilizados, deixavam de ser indígenas. Johannes Fabian chamou a isso uma "negação da coetaneidade" — a crença de que os "selvagens" pertencem ao passado e não têm lugar no presente ou no futuro.[97] E como a nova pesquisa de Lacerda revelou, o conceito de extinção foi logo transposto para os negros brasileiros, que estavam trilhando sua própria corrida contra o destino. A identidade racial mestiça do Brasil, celebrada pela elite e pelos proponentes da "democracia racial" no início do século xx, era, portanto, notavelmente excludente, tanto no desejo quanto na prática.

No entanto, a imagem de harmonia racial gerada pela miscigenação entre portugueses e indígenas criou também novas aberturas políticas que demonstraram a atração e a versatilidade da ideia. O famoso jornalista e abolicionista mulato José do Patrocínio, por exemplo, elogiou os colonizadores portugueses por assimilarem, em vez de destruírem, as "raças selvagens", o que, segundo ele, preparou o Brasil para resistir à "invasão devastadora" do preconceito racial. Outros abolicionistas e pró-imigração também afirmavam a ausência de preconceito racial no Brasil. Escrevendo em 1887, é impossível saber se Patrocínio tinha conhecimento da exposição dos botocudos cinco anos antes, que teria mostrado claramente que as "raças selvagens" não foram assimiladas nem poupadas de qualquer racismo. No entanto, ele evocou um precedente indígena idealizado como um "hino à assimilação racial" que usou para exigir uma integração mais completa dos brasileiros afrodescendentes.[98] A miscigenação indígena serviu, portanto, a ideias concorrentes, como precedente para a extinção do negro, por um lado, e para a inclusão do negro, por outro.

Enquanto isso, a busca por um "futuro povo brasileiro perfeito" continuava. O otimismo de Lacerda em relação à mistura de raças e ao branqueamento, que estava colado ao discurso da extinção do negro, foi contrariado pelo estudioso literário Silvio Romero, que reconhecia a mistura racial única do Brasil, mas era cético quanto à possibilidade de um povo embranquecido.[99] Foi o indianista José Couto de Magalhães que abraçou a mistura das três raças como fonte de um orgulho não só brasileiro, mas também americano, com ecos da *Nuestra America* do líder independentista cubano José Martí. Como que para contrariar a afirmação do francês Louis Couty, de que o Brasil não tinha povo, Magalhães afirmava com entusiasmo sua visão de um povo brasileiro, a

> raça humana que atualmente habita o Brasil descende de três ramos: o branco europeu, o negro africano e o vermelho americano. Não somos europeus nem africanos. No caldeirão colossal da América do Sul, o sangue das três raças misturou-se e continua a se misturar, criando uma raça americana, brasileira, que é grande e poderosa, porque é inteligente, forte, comedida, trabalhadora e pacífica.[100]

4. Territórios violentos: Regimes jurídicos

Na escuridão da madrugada, no início de julho de 1881, uma aldeia inteira de indígenas botocudos do subgrupo nok-nok, em rio Pardo, no sul da Bahia, foi massacrada por uma expedição conjunta de moradores locais e indígenas kamakãs.[1] Um dos participantes relatou que "mataram caboclo como o diabo" na incursão em que mais de trinta indígenas foram assassinados e quatro crianças capturadas.[2] Os contundentes depoimentos das testemunhas deram à polícia a confiança de que seria possível apresentar um argumento sólido contra os autores do crime. No entanto, em novembro, o caso caiu por terra por falta de provas. A justiça local concluiu que não houve massacre, pois não foram encontrados corpos de indígenas. No verão de fevereiro de 1884, outro corpo desapareceu em São Mateus. Um escravo chamado Seraphim, baleado e sangrando, foi arrastado pela família de seu senhor e nunca mais foi visto. A família alegou que ele havia fugido para a província vizinha de Minas Gerais. No entanto, poucos acreditaram neles. A polícia e os moradores estavam certos de que eles tinham feito sua própria justiça contra Seraphim, que tinha cometido uma transgressão intolerável engravidando a filha viúva da família, Rita. A família, segundo se pensava, tinha vingado a honra de Rita castrando e executando o escravizado em segredo. Foram acusados de homicídio.

A partir dos casos dos nok-noks e de Seraphim, este capítulo examina o nexo entre lei, violência e cidadania nos anos finais da escravidão e do domínio imperial no Brasil, que aconteceriam em 1888-9. Defende que a comparação entre o colapso da investigação do caso nok-nok e as acusações apresentadas contra os assassinos presumidos de Seraphim nos permite compreender a relação divergente entre o corpo legislativo do país e indígenas e escravizados, com a exclusão efetiva dos primeiros refletindo a maior inclusão dos segundos.

Um dos temas centrais a ser tratado aqui é a ambiguidade dos limites entre a violência legal e a ilegal que marcam os casos em que é possível perceber a presença do Estado na fronteira Atlântica. Desprezada por sua irregularidade em virtude do povoamento esparso, da distância dos centros de poder político e econômico e de sua população escrava e indígena rebelde, a fronteira Atlântica tinha, no final do século XIX, passado por décadas de colonização, expansão do Estado e desenvolvimento econômico. Os projetos de civilização indígena sancionados pelo Estado se fundiram com a violência anti-indígena para gerar a extinção dos botocudos, enquanto a agricultura com mão de obra escrava dava aos grandes proprietários uma influência política extraordinária e poucas oportunidades para os escravizados alcançarem sua liberdade por meios legais.

A violência, portanto, não significava ausência do Estado e anarquia na fronteira. Ao contrário, sinalizava como o Estado e os agentes locais criaram regimes legais desiguais de cidadania para os brasileiros indígenas e escravizados num momento crítico da história pós-colonial brasileira, bem quando a "extinção" dos indígenas e o abolicionismo convergiam. O massacre dos nok-noks e a sua ocultação pelo sistema legal expuseram a erosão das leis que protegiam os indígenas brasileiros, particularmente aqueles que permaneceram autônomos, revogando o seu sempre precário direito à cidadania e os pondo para fora do "corpo da nação". Por outro lado, embora o caso de Seraphim tenha sido espantoso pela brutalidade contra ele e Rita, refletia duas mudanças importantes que estavam ocorrendo no Brasil em geral: a confluência do crescente apoio à abolição entre as instituições do Estado e o público e o desgaste do apoio do Estado à dominação privada dos senhores sobre seus escravos. Juntas, essas mudanças começaram a abrir mais espaços de inclusão legal para os escravizados, mesmo na fronteira Atlântica pró-escravatura.

Além de servir como indicador da presença do Estado, a violência também continuou a moldar o cotidiano das populações escravizadas e indígenas. Este capítulo examina de perto a violência infligida aos nok-noks e a Seraphim e acompanha a afirmação de Michael Taussig, de que "longe de serem espontâneos, sui generis e um abandono daquilo a que muitas vezes se chama os 'valores da civilização', esses ritos [de tortura e terror institucionalizado] têm uma história profunda que colhe poder e significado desses valores".[3] A análise da violência em si, que não foi apenas macabra, mas também muito particular em sua execução, mostra as mudanças nas definições de violência legítima e ilegítima contra escravizados e indígenas na última década do Império brasileiro.

O MASSACRE DOS NOK-NOKS

De acordo com o primeiro inquérito policial, de setembro de 1881, o massacre aconteceu da seguinte forma: no início de julho, dois comerciantes da cidade de Canavieiras, na foz do rio Pardo,

178 quilômetros ao norte de Prado, ofereceram uma recompensa a vários homens que participassem de uma entrada — invasão de um assentamento indígena — a um grupo de nok-noks "selvagens" ou autóctones. Subgrupo dos pojixás botocudos, os nok-noks tinham vivido sob a liderança de Guido Pokrane em Manhuaçu (capítulo 3), mas se mudaram para o Vale do Mucuri na década de 1840, depois que ele morreu, e na década de 1880 já estavam muito mais ao norte, provavelmente empurrados pela expansão dos colonos e pela guerra.[4] As ordens dos comerciantes para os membros da entrada eram para dispersar os índios, ou matá-los se resistissem. Várias testemunhas identificaram esses comerciantes como Antonio Luiz de Carvalho e Antonio Peixoto Guimarães. Um imigrante alemão chamado Georg Stolze e o morador Manoel Cândido Moreira, que viria a ser o líder da expedição, recrutaram membros, assegurando-lhes que a entrada tinha autorização do governo. Canavieiras, que abriga uma robusta zona de plantação de cacau que se estende ao sul de Ilhéus, tinha sido agitada com a recente descoberta de novas minas de diamantes ao longo do rio Pardo. A chegada de garimpeiros de todos os cantos do estado e também de outros lugares quase duplicou a população, que chegou a 6 mil pessoas, aumentando a disputa por terras e ajudando a propagação da varíola. Em 1881, as tensões entre a crescente população de colonos e os nok-noks já haviam chegado a confrontos físicos.[5]

Os nok-noks guardavam uma especial desconfiança em relação a seu vizinho Georg Stolze, que ainda em março tinha, junto com outro morador, solicitado ao governo que enviasse um missionário.[6] Em 1873, Stolze havia contratado com o governo brasileiro o estabelecimento de uma nova série de colônias de alemães e poloneses na região. Apesar de todas as colônias já terem fracassado em 1878, Stolze tinha financiado pessoalmente a abertura de uma estrada através de território indígena, no que restava da Mata

Atlântica entre Vila da Vitória, no interior, e o rio Pardo.[7] Para a entrada de 1881, Stolze e Moreira reuniram doze moradores e um grupo de seis kamakãs "mansos". Os kamakãs, originários de São Paulo, a centenas de quilômetros de distância, estavam então em Canavieiras depois de também eles terem sido exilados de suas próprias terras (Figura 4.1). Um morador que viu Moreira comprando uma grande quantidade de armas perguntou para que serviam, ao que Moreira respondeu: "Para matar os índios nok-noks".[8] Ele estava decidido a permanecer na área por mais seis meses após o ataque, caso algum índio sobrevivente tentasse voltar.[9]

A expedição se dirigiu para a aldeia na escuridão da madrugada, tomando todos os cuidados para esconder sua posição. Como contou Manoel Ramão Mendes, que participou dela, a entrada sorrateira foi anunciada bruscamente por um tiro de espingarda por volta das quatro horas da manhã. Seguiu-se uma saraivada de tiros que pôs os indígenas em fuga, em pânico. A expedição acompanhou os gritos e seguiu-se mais um tiroteio. Alguns homens dispararam suas espingardas contra um indígena que apontava para eles o seu arco e flecha; o indígena fugiu. Quando o sol apareceu no horizonte, os vestígios de "uma grande carnificina" eram visíveis. O sangue estava espalhado por todos os lados. Pelo número de tiros disparados e pelo rastro de sangue na mata próxima, os membros do grupo acreditaram ter matado mais de trinta indígenas.[10] Os assaltantes viram "caboclas agonizantes" espalhadas pelo chão.[11] Na volta, Ramão Mendes disse a outro morador que as mortes eram inegáveis, apesar de seus companheiros afirmarem o contrário. Moreira, o líder da entrada, mais tarde se gabou de ter baleado uma cabocla. Enquanto ela se debatia com a morte, uma criança correu para ele, agarrou-se a seu machete e implorou sua proteção. Moreira retribuiu golpeando a criança até à morte e deixando-a "ensopada em seu próprio sangue". Uma testemunha no processo, Carlos Warnaux, expressou seu horror diante da notícia de "tamanha ferocidade".[12]

FIGURA 4.1. *Os indígenas kamakãs também foram perseguidos pela expansão dos colonos na fronteira Atlântica. Mas no massacre dos nok-noks, em 1881, foram apresentados primeiro como colaboradores dos colonos e depois como os principais autores do crime. Ainda assim, não receberam autorização para testemunhar.*

Quatro crianças indígenas, uma ainda mamando, foram apreendidas pela expedição e trazidas como cativas, juntamente com um estoque de arcos e flechas, e foram distribuídas entre Moreira e outros dois. Uma das crianças morreu após ser atingida na perna por uma bala. Embora a escravidão de kurukas tivesse diminuído desde seu apogeu na década de 1840, elas continuavam a ser desejadas. Um dos membros da expedição se ofereceu para conseguir uma "indiazinha" para um morador local.[13] Outro queria uma espécie de recordação indígena da entrada. Ambos os pedidos foram recusados por Georg Stolze, que avisou que iriam comprometer a entrada, talvez preocupado com a grande quantidade de provas.[14] No entanto, Moreira recebeu seu pagamento dos dois comerciantes, com o que pagou a Mendes e a duas outras pessoas. Foi preso pela participação na expedição, mas logo liberado após a apresentação de um pedido de habeas corpus.[15]

Matar uma aldeia: a história de um assassinato

A saraivada de balas, os indígenas aos gritos, os rastros de sangue, as crianças apreendidas — tudo isso sugere uma anarquia na fronteira, onde o Estado de direito parecia ter desmoronado para dar lugar à selvajaria dos assaltantes. Mas o massacre dos nok-noks foi uma história distinta com um padrão específico de violência, apesar de sua aparente "ausência de ordem e sentido".[16] A violência até tinha um nome: matar uma aldeia. O senador mineiro Teófilo Ottoni conta em suas memórias dos primeiros anos entre os botocudos, no Vale do rio Mucuri, que a prática tinha uma longa lista de precedentes que remontava a pelo menos meio século. Estudar o massacre dos nok-noks em relação a esses precedentes históricos nos permite compreender tanto a especificidade da violência quanto as transformações na forma como essa brutal violência anti-indígena foi interpretada por seus autores e críticos.[17]

A primeira menção de Ottoni a matar uma aldeia data de 1830, em meio à escalada dos conflitos entre indígenas e colonos na região.[18] Uma expedição antibotocudos foi formada em Minas Gerais, liderada por Cró e Crahy, dois soldados indígenas da milícia imperial. Esse foi o último ano da guerra aos botocudos. O próprio governo mineiro forneceu as armas e o efetivo contra os "selvagens". Como aconteceria no massacre dos nok-noks, a expedição cercou a aldeia à noite. Ao amanhecer, iniciaram o assalto, apoderando-se dos arcos e das flechas dos indígenas. Com as vítimas desarmadas, a aldeia tornou-se um "açougue, não um lugar de combate". Os velhos, as mulheres e as crianças foram alvo

FIGURA 4.2. *Os colonos realizaram expedições anti-indígenas conhecidas como "matar uma aldeia", que eram frequentemente ataques surpresa. Os criminosos massacravam aldeias inteiras e, às vezes, escravizavam as crianças.*

de ataques indiscriminados. Algumas crianças foram levadas para serem vendidas no tráfico de kurukas, junto com algumas jovens consideradas atraentes, enquanto outras foram mortas e alguns adultos foram escravizados (Figura 4.2).[19]

A prática de matar uma aldeia continuou vigorosa após a guerra aos botocudos. Os soldados indígenas Cró e Crahy continuaram como protagonistas, liderando várias outras incursões, uma contra um indígena militar desertor na década de 1830, que se tornara líder de um grande grupo, e outra, em 1854, ao longo do rio Jequitinhonha, no sul da Bahia. Mais aldeias foram atacadas nas fronteiras da Bahia, Espírito Santo e Minas Gerais ao longo dos rios Mucuri, Doce e Jequitinhonha.[20] Nesse meio-tempo, a família Ottoni tinha se estabelecido no Vale do Mucuri, no coração do território botocudo, e permaneceria sem se deixar abater pelo eventual fracasso de sua Companhia do Mucuri, nem pela catastrófica extinção de uma colônia europeia afiliada em 1861.[21] Convencidos da justiça de suas relações "benevolentes" com os indígenas, os Ottoni não perceberam seu papel na criação da mesma violência que condenavam, que culminou num outro matar uma aldeia.

Pojixá, o temido capitão de um grupo botocudo com o mesmo nome (os nok-noks também eram botocudos pojixás), tornou-se inimigo dos Ottoni em sua tentativa de dominar o Vale do Mucuri. Após o fracasso de um cessar-fogo temporário, o irmão de Teófilo e diretor dos Índios, Augusto Ottoni, ordenou a captura de Pojixá em 1862. Um oficial da polícia local chamado Joaquim Fagundes assumiu a tarefa. Ele conta que sua expedição para capturar os "indígenas criminosos" chegou à aldeia pojixá, perto do rio São Mateus, em meados de agosto. Com a aldeia cercada, o oficial de justiça ordenou que os indígenas se entregassem. Estes responderam atirando flechas contra a expedição, e continuaram mesmo depois de um tiro de advertência. O comandante da expedição concluiu que a rendição era improvável e ordenou o ataque. "Eu não o detive", declarou Fagundes, "pois a lei nos manda repelir, com força, qualquer resistência à prisão." Como Georg Stolze e Manoel Moreira, que em 1881 recrutariam membros assegurando-lhes que a entrada tinha autorização do governo, Fagundes enfatizou a legalidade do ataque. Em seu balanço final, prenderam sete indígenas e muitos outros fugiram. Dezessete morreram.[22]

Os Ottoni contestaram veementemente a narrativa de Fagundes, afirmando que o que de fato se passou foi uma "guerra de extermínio". Ottoni insistia que Fagundes havia omitido a participação de ninguém menos que Cró e Crahy, provavelmente para amealhar eventuais recompensas. Ele acreditava que esses dois

168

indígenas, voltando aos seus "velhos hábitos", é que teriam desencadeado a terrível carnificina na aldeia. Ottoni não acreditava que o grupo de Pojixá teria resistido a um cerco armado, pois sabiam da superioridade das armas de fogo sobre seus arcos e flechas. Ele também estava certo de que a expedição foi, na verdade, um ataque surpresa. Os indígenas costumavam ficar muito alertas e "não se deixam cercar, exceto quando estão dormindo, da meia-noite ao nascer do dia", algo que Cró e Crahy teriam sabido e explorado. Pojixá escapou por pouco, e as perdas foram muito superiores às relatadas por Fagundes. De seus dois filhos feitos prisioneiros, um foi entregue a um colono e o outro morreu nas mãos de Fagundes. O seu grande grupo, de quase duzentas pessoas, foi dizimado, restando apenas oito sobreviventes. Os membros da entrada foram tão impiedosos quanto Manoel Moreira fora em 1881, e entre eles havia um soldado que disparou numa indígena desarmada que corria para ele pedindo proteção.[23] Mais tarde, Ottoni reviu sua versão, admitindo que, antes do ataque, Cró e Crahy tinham sido assassinados por membros de sua própria família, que tomaram seu lugar na entrada.[24]

As semelhanças entre esses exemplos de matar uma aldeia e o massacre dos nok-noks são óbvias, desde a composição mista da expedição — indígenas e não indígenas — até as reivindicações de legitimidade do ato, o ataque surpresa ao amanhecer, a carnificina aniquiladora e a apreensão de crianças para escravização. Juntos, apontam para uma prática de violência que obedecia a um modelo específico, e não a uma ruptura da ordem num estado de anarquia fronteiriça. A incômoda presença de indígenas "aculturados", esses seres paradoxais cuja existência era impossibilitada pelos princípios da civilização indígena, é a peça-chave desses exemplos. Em suas narrativas, Ottoni repetidamente destacou Cró e Crahy como os elementos de legitimidade das expedições. Como leais intermediários entre os indígenas "selvagens" e os colonos e o Estado, tal como Guido Pokrane, eles deram as informações necessárias sobre o território e os costumes indígenas e tornaram as entradas possíveis.[25] Cró e Crahy foram soldados que colocaram seus serviços à disposição do Estado por mais de três décadas, assim como os kamakãs "mansos" e cristianizados que participaram do massacre dos nok-noks. Mas Ottoni, ao mesmo tempo, desconfiava da sinceridade da aculturação de Cró e Crahy, atribuindo a eles e a seus "velhos hábitos" a principal responsabilidade pelo massacre dos pojixás em 1862.

Foram esses indígenas intermediários que tornaram a violência do matar uma aldeia compreensível para suas testemunhas. Se, como argumentou Neil Whitehead, a violência deve ser "julgada apropriada para ser considerada legítima e verossímil", colocar os indígenas no centro dos massacres satisfez essa necessidade, ao mesmo tempo que atribuí-la a não indígenas tornava a violência inapropriada.[26] Para provar o que ele via como a selvageria inata de Crahy, Ottoni insistiu que ele havia assassinado a própria sogra durante a entrada para demonstrar sua lealdade à expedição. Eram eles que, na opinião de Ottoni, contaminavam os não indígenas com seu conhecimento e selvageria.[27] Ele contava com horror a história de um estimado comandante militar em São Mateus que "atacou [uma] aldeia, seguindo exatamente os métodos de Cró e Crahy. Regressou a São Mateus com o repugnante troféu de trezentas orelhas que mandou amputar dos indígenas assassinados".[28] Sem essa narrativa de participação indígena, a selvajaria dos não indígenas não seria legítima nem confiável.

Não é preciso dizer que matar uma aldeia era ilegal. Nenhum massacre de indígenas era legal pela lei brasileira. A guerra justa terminou em 1831, e em 1845 o Estado adotou oficialmente uma política indígena "branda". Mais importante ainda, os massacres de 1862 e 1881 (e provavelmente outros) foram em grande parte perpetrados por não indígenas, incluindo vários representantes do Estado, cuja presença encobriu a ilegalidade. Fagundes, um agente do Estado, estava ciente da ilicitude do massacre dos pojixás. Mas afirmou o contrário, chamando-o de ação legal em resposta à resistência à prisão. Nem ele nem Ottoni negaram a brutalidade, mas desviaram a responsabilidade para a influência indígena e a legalidade, segundo Ottoni e Fagundes respectivamente. Era um discurso que ressurgiria em 1881, quando o líder da entrada, Manoel Moreira, disse a outro que o ataque aos indígenas "tinha garantias, visto que o capitão Peixoto, Diogo Filho e outros lhe disseram que haviam pedido e obtido ordens do governo para esse fim". Manoel Mendes alegou que "se juntou à tropa, enganado pela garantia que lhe deram de uma ordem do governo, que leram para ele". Em outras palavras, entenderam que o selo da legalidade os eximia da responsabilidade.[29]

Ottoni, Fagundes e os agressores de 1881 eram todos regidos pelo mesmo léxico de violência formado no cadinho da conquista do território indígena. Eles reproduziram a fantasia da selvageria indígena que sancionou as guerras justas desde o final do período colonial e que continuou a alimentar a violência anti-indígena em seu longo rescaldo. Mesmo quando denunciou o massacre, Ottoni disse que "nós aqui em Mucuri tememos ser devorados pelos selvagens".[30] Nas ambíguas fronteiras da legalidade e da ilegalidade, as duradouras fantasias coloniais tornaram necessários e legítimos os massacres de aldeias indígenas inteiras.

O desfecho

Quando os primeiros interrogatórios das testemunhas terminaram, em 27 de setembro de 1881, o delegado de polícia nomeado pelo presidente baiano para investigar o massacre dos nok-noks concluiu que estava "veementemente demonstrado [...] que os indígenas nok-noks sofreram um terrível ataque dentro de sua própria aldeia no início de julho deste ano". Ele falou na linguagem do indigenismo brasileiro do século XIX. Os indígenas foram "indubitavelmente vitimados" por seus agressores, que "descarregaram suas armas sobre os infelizes indígenas nok-noks que repousam em suas florestas, das quais são filhos e verdadeiros senhores". Ele identificou como instigadores os dois comerciantes de Canavieiras, Antônio Guimarães e Antônio de Carvalho, além do alemão Georg Stolze e de outro chamado Diogo Filho. Seis indígenas kamakãs "mansos", chamados Gregório, Joaquim Antônio, Jeronimo, Militão, Manoel Joaquim e Francisco, e outros doze moradores, incluindo o líder da entrada Manoel Moreira, foram identificados como responsáveis. No total, foram 22 suspeitos.[31]

Embora os testemunhos parecessem claros e a acusação contra os agressores, forte, o caso desmoronou espetacularmente em poucos meses. Talvez uma das testemunhas, Manoel Pereira, já tivesse previsto o que viria a acontecer quando disse a seus interrogadores, em setembro, que os habitantes locais tinham se unido para obstruir e até desmoralizar as autoridades nomeadas pelo governo para investigar o massacre. Os moradores desdenhavam as forças do governo central, que consideravam "ignorantes das florestas e fáceis de enganar". Ele advertiu a polícia de que os investigadores iriam desistir de chegar ao local do massacre.[32]

Dois meses depois, em novembro, os acusados montaram uma agressiva equipe jurídica que centrou seus argumentos em dois pontos: a reputação dos réus e a falta de um corpo de delito (prova concreta de um crime, ou seja, um corpo). Numa flagrante sugestão de negociação secreta ou de intimidação, as testemunhas, inclusive aquelas que num primeiro momento haviam prestado depoimentos incriminadores contra os dois comerciantes de Canavieiras, Stolze, Moreira e outros, reviram e até mesmo negaram seus depoimentos anteriores. A reputação dos arguidos substituiu a análise cuidadosa das provas. Carvalho e Guimarães denunciaram as acusações como uma vingança pessoal do antigo procurador que tinha conduzido o inquérito policial original, enquanto um coro de testemunhas afirmava então que os quatro suspeitos de orquestrar o crime eram homens "pacíficos", cujo renome e riqueza os tornavam incapazes de cometer crimes. Só Stolze vivia suficientemente perto dos nok-noks para ter conflitos, acrescentaram (já vimos que os indígenas desconfiavam dele); no entanto, Stolze não foi interrogado nenhuma vez. Ao mesmo tempo, os arguidos com menos prestígio foram acusados. O presidente do Tribunal de Justiça e o promotor público concluíram que as alegações de que Manoel Candido Moreira e Manoel Ramão Mendes eram bêbados e mentirosos tornavam os vários testemunhos que os incriminava indignos de uma investigação mais aprofundada. Em setembro, Mendes tinha apresentado o relato mais completo e pormenorizado do massacre. Ele foi claramente excluído do processo em novembro, apesar de não ter nenhum motivo evidente para inventar o massacre com detalhes tão vívidos. Stolze, Diogo Filho, os indígenas kamakãs e muitos outros que participaram da entrada também ficaram ausentes.

A cada dia que passava, a responsabilidade pelo massacre ia mudando. Primeiro, houve uma inversão da responsabilidade. Embora os mesmos 22 permanecessem suspeitos, em 5 de novembro eles haviam trocado de lugar: então os dezoito indígenas kamakãs eram os "autores", e os quatro supostos instigadores eram "cúmplices". Estes últimos foram absolvidos um mês depois. Então, da mesma forma que Ottoni transferiu a responsabilidade do matar uma aldeia para os indígenas Cró e Crahy, a narrativa do incidente transformou-se de uma entrada contra os indígenas em um conflito entre índios, e os kamakãs passaram de auxiliares a protagonistas. Numa pergunta claramente direcionada, o novo promotor público questionou uma das testemunhas se "não sabia que existe um ódio antigo entre os indígenas kamakã e nok-nok, pois estes últimos frequentemente invadem os campos dos outros, causando problemas?". A testemunha, Carlos Warnaux, confirmou.[33] Moreira pareceu não se importar com os ataques pessoais, mas logo mudou sua versão, afirmando que a entrada era um assunto kamakã no qual ele não teve nenhuma participação. Acrescentou que seus amigos kamakãs tinham dito a ele que "os nok-noks fugiram assim que os viram, e nenhum deles disparou suas armas". Quanto ao fato de ter sido visto com várias crianças indígenas após o alegado massacre, Moreira explicou que os kamakãs tinham-lhe dado as crianças "abandonadas" e que ele tencionava batizar.[34] Ele não explicou como uma delas havia morrido. Quando fez essas declarações, em novembro de 1881 e em junho de 1882, quase um ano após o massacre, Moreira — originalmente acusado de ter matado uma criança a facadas com "tanta ferocidade" e "matado caboclo como o diabo" — já tinha saído do centro para a periferia do caso.[35]

Um massacre sem corpos, um povo fora da lei

O nevoeiro em torno do massacre adensou. A defesa argumentou falta de provas físicas para comprovar a inexistência do massacre. "Dizem que houve uma carnificina tão grande, que muitos indígenas foram mortos", disse o advogado dos réus. "No entanto, em todo esse massacre, não apareceu uma única vítima."[36] Ele estava correto: não tinha havido corpo de delito, o ponto que a defesa repetidamente enfatizou. Não houve investigação da cena do crime, porque os moradores provavelmente confirmaram o prognóstico anterior de Manoel Pereira e garantiram que os agentes do governo, "ignorantes das florestas", nunca chegariam à aldeia. (Uma vez que a propriedade de Stolze era vizinha, não teria sido difícil chegar lá com sua ajuda.) O advogado dos dois comerciantes de Canavieiras argumentou que eles não poderiam ser punidos "quando não há sequer a mais leve e remota prova da existência do crime". Como não havia corpos, afirmavam, não houve massacre.[37] Insistiram que a ausência de um corpo de delito invalidava o caso por razões processuais. No entanto, a afirmação de que não havia "uma única testemunha que tenha visto pelo menos um osso destas muitas vítimas feitas nesta entrada" era incorreta.[38] Manoel Ramão Mendes tinha visto sangue espalhado pelas matas no rastro da entrada. Outros disseram ter visto os cadáveres das caboclas mortas. Outro participante, Theodorico Britto, disse que eles haviam matado muitos índios, e várias outras testemunhas ouviram falar das violentas façanhas de Moreira. Esses depoimentos foram simplesmente descartados.[39]

Não houve o matar uma aldeia? O caso se distingue tanto por sua horrível violência como pelo esforço concertado que se seguiu para fazer desaparecer o massacre e os indígenas envolvidos. Desde a primeira investigação policial, em setembro de 1881, até a última absolvição, em maio de 1893, não se ouviu uma única voz indígena durante todo o processo, quer fosse a dos nok-noks sobreviventes ou a dos kamakãs autores do crime. Os indígenas permaneceram invisíveis durante todo o processo. Nenhum kamakã foi interrogado, apesar de sua residência e seus nomes serem conhecidos desde o início da investigação, e mesmo depois de terem sido identificados como os líderes da entrada. Também não houve esforço da polícia para encontrar provas do massacre. Garantiram que nem uma única ossada fosse desenterrada.

No entanto, apesar desses silêncios, há vários fatores que apoiam fortemente a ocorrência do massacre. O massacre dos nok-noks seguiu um modelo específico de violência, cujas semelhanças com aquele de meio século antes, de matar uma aldeia, podem sugerir que se tratasse apenas de um enredo narrativo, um conto. Mas os detalhes dos testemunhos originais desafiam essa possibilidade. Aqueles que testemunharam à polícia em setembro de 1881 falaram com uma precisão e vivacidade de detalhes nunca mais vistos em seus depoimentos posteriores, que se tornaram uma farsa de avaliações de caráter e contradições.[40] Quando muito, as semelhanças apontam para a banalização da extravagante violência anti-indígena pelas mãos de colonos, agentes do Estado e seus aliados indígenas. Em segundo lugar, a terra estava claramente em jogo. Como já vimos, Stolze foi um ator central na colonização da região, além de financiar a construção de estradas através do território indígena. A aldeia nok-nok, vizinha à terra dele, era provavelmente um obstáculo a suas ambições territoriais. Por último, apenas dois meses antes do massacre dos nok-noks, tinha ocorrido um assassinato de indígenas perturbadoramente semelhante que sugeria uma relação difundida e preocupante entre a violência anti-indígena e o sistema jurídico.

Em maio de 1881, um botocudo chamado Antônio Impó foi assassinado por um rico fazendeiro de nome Antônio Pereira de Abreu na cidade de Alcobaça, perto da Colônia Leopoldina. Impó e nove membros da família estavam extraindo madeira para Abreu. Depois da morte de Impó, Abreu contratou vários homens para envenenar sua família. O plano falhou e os homens golpearam as mulheres com facões e pegaram as crianças. Os cadáveres foram amarrados com pedras e atirados num rio. Abreu e seus parentes logo foram suspeitos de contratar os assassinos e ordenar o massacre, mas o juiz de direito impediu o devido processo legal, concedendo-lhes automaticamente o habeas corpus. O juiz estava envolvido no negócio da madeira com Abreu, a quem já havia ajudado inventando uma história de legítima defesa que levou o fazendeiro a ser absolvido.[41] Inúmeras obstruções à justiça, provável intimidação de testemunhas e falta de julgamento permitiram que o caso se arrastasse. Quatro anos após o incidente, o juiz municipal recordou com tristeza o "assassinato de três crianças inocentes, três mulheres infelizes e três jovens inofensivos, que constituíam uma família de indígenas pacíficos e civilizados".[42] O acusado saiu livre.

Nos dois massacres, a violência foi brutal e a punição, nenhuma. No entanto, seria errôneo entender esses desfechos como evidência de uma fronteira sem lei, onde o Estado brasileiro deixou de existir. O que esses casos revelam é justamente o modo como o Estado se constituiu nos limites obscuros entre o legal e o ilegal. Para entender por que aconteceu o massacre dos nok-noks e por que não houve consequências para os perpetradores, precisamos examinar como as leis que regem a violência anti-indígena no Brasil pós-colonial permitiram que o incidente fosse "exposto à luz e depois deixado para cair de volta na escuridão [...] como aconteceu e como foi negado".[43]

Nenhuma lei brasileira em 1881 permitia explicitamente o assassinato ou a escravização de indígenas. No entanto, nem o fato de as vítimas não receberem proteção legal nem o de seus assassinos sofrerem consequências era um sinal de anarquia. Pelo contrário, era uma evidência do estado de exceção dos indígenas. Poole e Das, ao discutirem o *Homo Sacer* de Agamben, argumentam que o estado de exceção — cujo exemplo clássico é a guerra — pode criar "novas categorias de pessoas incluídas na comunidade política, mas a quem é negada a pertença em termos políticos". E explicam: "A questão não é que a pertença seja simplesmente negada, mas que os indivíduos sejam reconstituídos por meio de leis especiais como populações sobre as quais podem ser exercidas novas formas de regulação". Desenvolvendo o *homo sacer*, ou uma vida humana que é "incluída na ordem jurídica apenas sob a forma de exclusão (isto é, da sua capacidade de ser morta)", Poole e Das argumentam que a lei produz ativamente "corpos matáveis" que são "posicionados pela própria lei como anteriores a sua instituição".[44] Da mesma forma, o massacre dos nok-noks expõe como os indígenas no Brasil pós-colonial foram colocados à margem da lei e transformados em corpos matáveis.

O estado de exceção dos indígenas brasileiros começou com a guerra. O príncipe regente português d. João VI havia declarado guerras ofensivas em 1808, após reconhecer a "inutilidade de todos os meios humanitários". A suposta selvageria dos botocudos havia dado ao rei os "motivos justos" para "suspender os efeitos da Humanidade". Nesse estado de exceção, a escravidão indígena foi de novo legalizada, a tomada de terras, permitida e a violência em geral, incentivada como forma de aterrorizar os indígenas até a submissão.[45] A violência das guerras aos botocudos ultrapassou em muito o fim do período oficial, 1831, e o matar uma aldeia foi seu exemplo mais terrível. Muitos desses atos de violência eram de particulares, mas, muitas vezes, admitidos nas políticas indigenistas "brandas" do Estado para a conquista territorial e, naquele momento, para a produção de "extinção" indígena. Os efeitos do silêncio da Constituição de 1824 sobre a cidadania indígena eram então evidentes: para os indígenas "selvagens", seu estado de exceção não tinha fim. Eles estavam ao mesmo tempo dentro e à margem das leis brasileiras.

A fabricação de indígenas "matáveis" aconteceu nas nebulosas fronteiras entre o legal e o ilegal. À primeira vista, o Estado parecia estar em conflito com os moradores do Rio Pardo, autores de violência ilegal que impediam seus representantes — o tenente de polícia e o promotor público — de cumprir o dever com o presidente baiano de investigar o massacre.[46] Em novembro, estes dois homens foram afastados e substituídos por outros que desqualificaram a investigação inicial e ajudaram a destruir o caso. No entanto, essa transição não significou a passagem da autoridade do Estado para o domínio da ilegalidade; pois aqueles que fizeram a investigação sair dos trilhos, em particular os novos procurador público e juiz de direito, eram também agentes que encarnavam o

Estado. Representavam simultaneamente, tal como os *gamonales* (homens poderosos) peruanos estudados por Poole, tanto o poder personalizado e privado como a autoridade supostamente impessoal do Estado, atravessando e anuviando as distinções entre público e privado, legal e ilegal.[47] Da mesma forma que o juiz de Alcobaça ajudou a absolver os assassinos dos botocudos para satisfazer seus interesses particulares, os agentes envolvidos no processo nok-nok usaram sua autoridade no tribunal para absolver os acusados, em relação a quem eram claramente parciais. Ao mesmo tempo, fizeram com que os indígenas não tivessem lugar nesse mesmo tribunal — pois não foi encontrado corpo de delito, não procuraram sobreviventes e nenhum kamakã testemunhou.

Esses homens usaram sua posição de agentes do Estado para legitimar atos de violência privada e ilegal e, ao fazê-lo, reforçaram a suscetibilidade dos indígenas brasileiros a serem mortos, particularmente daqueles para quem o status de "selvagem" impedia a inclusão na nação. Por meio deles, o Estado se reproduzia na fronteira, colocando especificamente os indígenas fora de seu corpo de leis. O mais perturbador, porém, foi o fato de que o Estado e seus agentes não se limitaram a legitimar a violência ilegal. Chegaram ao ponto de tornar irrelevante a legitimidade do massacre, fazendo desaparecer os corpos dos indígenas e junto com eles o próprio massacre, como se estivessem cravando o último prego no caixão da extinção.

A SUPREMACIA DESVENDADA: O CASO DE RITA E SERAPHIM

Na tarde de 5 de fevereiro de 1884, tiros foram disparados em frente à casa de Olímpio Leite de Amorim, em São Mateus. Um escravo chamado Seraphim entrou na casa cambaleando, procurando desesperadamente a proteção de Olímpio. Seus braços, atingidos por balas de espingarda de caça, estavam banhados em sangue.

Logo, mais três homens forçaram a entrada, dois com espingardas e outro com um porrete. Um deles recarregou a arma enquanto dizia a Olímpio que estava matando o escravo por dinheiro. Olímpio implorou aos homens que não matassem Seraphim, prometendo entregá-lo às autoridades ou a seu senhor, José Vicente de Faria. Faria era vereador de São Mateus e seu pai, Vicente José de Faria, o patriarca de uma grande família local de alguma importância. Os laços de clientelismo dos Faria com o dr. Raulino, grande proprietário de escravos, presidente da Câmara Municipal e líder do grupo conservador local, consolidaram ainda mais sua posição na oligarquia escravocrata de São Mateus.[48] O próprio Vicente Faria não tardou a chegar com seus filhos e dependentes a reboque. Os homens de Faria, num total de nove, amarraram uma corda em volta das mãos, da cintura e das costas de Seraphim, de modo a que o escravo sangrento ficasse bem amarrado. Olímpio assistiu em silêncio enquanto os Faria, todos a cavalo, arrastavam o escravo para sua fazenda, situada a quatro léguas do centro da cidade.[49]

Seraphim nunca mais foi visto. No inquérito policial que se seguiu, os homens de Faria afirmaram unanimemente que ele tinha escapado da corda e fugido. O próprio Vicente Faria achou que o escravo tinha ido para Minas; nenhum dos homens se deu ao trabalho de explicar como é que um escravo gravemente ferido conseguiu soltar a corda e fugir de nove homens a cavalo. O relato deles não convenceu ninguém. Um policial local tinha certeza de que os Faria haviam feito sua própria justiça, castrando e assassinando brutalmente Seraphim e depois enterrando-o em segredo. Os testemunhos de outros deixaram claro que os Faria, apesar de sustentarem ignorância, consideravam Seraphim culpado: ele tinha engravidado a filha viúva de Vicente Faria, Rita, cuja honra queriam vingar.[50]

A união sexual e a reprodução entre um escravo negro e uma mulher branca constituía uma violação flagrante dos costumes sociais.[51] A relação de Rita e Seraphim e seu trágico destino mostram como o caso transgrediu múltiplas fronteiras legais e sociais no seio da sociedade escravista — de raça, gênero e status — ao mesmo tempo que expôs os limites da honra feminina. No entanto, a execução de Seraphim foi clandestina, e seus autores, poderosos senhores de escravos, negaram o envolvimento. O segredo e a negação dos Faria contradizem o pressuposto predominante de punição, mutilação e execução de escravizados nas Américas, que enfatizam sua natureza pública e espetacular. No Brasil e em outras sociedades escravistas, o castigo privado dos próprios escravizados ocorria a portas fechadas. Mas o castigo era mais eficaz quando público, pois seu objetivo era afirmar o domínio e incutir o medo e a submissão pelo exemplo.

Desde o período colonial, o Estado brasileiro manteve uma posição ambígua quanto às relações privadas entre senhores e escravizados e às punições. Às vezes, ele intervinha, mas, na maioria das vezes, apoiava a autoridade dos senhores ou simplesmente se abstinha. O caso de Seraphim nos permite, portanto, testemunhar uma importante mudança política no âmbito das relações privadas senhor-escravo que começava a ocorrer na fronteira Atlântica, refletindo transformações mais amplas em todo o Brasil. Sua execução aconteceu em meio a um crescente apoio público à abolição, cuja evidência mais palpável, no Espírito Santo, foi a fundação, em 1883, da sociedade abolicionista Domingos Martins por proeminentes liberais.[52] A morte violenta de Seraphim e suas consequências, marcadas pela censura pública aos Faria, abriram uma luta cada vez mais intensa pelos direitos dos escravizados e dos senhores. A crescente intervenção do Estado acelerou a erosão do poder dos senhores e criou mais oportunidades de atuação para os escravizados. No entanto, muito já foi escrito sobre as leis de punição e execução de escravizados no Brasil e nas Américas.[53] Esta seção assume uma perspectiva diferente. Em vez de se centrar na punição dos escravizados em si, justapõe o caso de Seraphim ao massacre dos nok-noks. Com isso, revela a simultaneidade da expansão das oportunidades de cidadania para as pessoas escravizadas e a total exclusão legal dos indígenas, o que desafia as narrativas liberais que moldaram a nossa compreensão da escravatura e da cidadania na história pós-colonial da América Latina.

Crise econômica e emancipação gradual

As décadas de 1870 e 1880 foram difíceis em São Mateus. O final do século XIX testemunhou o florescimento dos ricos fazendeiros das regiões cafeeiras do centro-sul, Rio de Janeiro, São Paulo e Minas Gerais, cujo poder político se expandiu junto com a economia. À medida que a fronteira do café se estendia para leste, do vale do Paraíba no Rio de Janeiro para o sul do Espírito Santo, os laços econômicos fortaleceram-se entre o Rio e Vitória, a capital da província do Espírito Santo, facilitados pela inclusão desta última na rota costeira da Companhia Brasileira de Navegação a Vapor em 1874. São Mateus foi excluída da rota de navegação devido à sua localização no interior e à limitada navegabilidade do rio que a banhava. No entanto, um serviço local de navios a vapor permitiu-lhe manter seu comércio de mandioca com o Rio, bem como com a Bahia e Pernambuco. Nesse mesmo ano, foram acesos os primeiros lampiões da iluminação pública, começaram a ser calçadas algumas ruas e novas linhas telegráficas ligaram São Mateus a outras cidades do litoral.[54]

Ainda assim, essas melhorias na infraestrutura não conseguiram proteger a cidade nem a província do impacto econômico da Lei do Ventre Livre de 1871. Com sua população escravizada perenemente pequena ainda mais diminuída, as exportações de mandioca de São Mateus, de quase 7,5 milhões de litros em 1870, caíram para 4,9 milhões de litros em 1874 e cairiam para 4,5 milhões de litros em 1884.[55] No entanto, esse declínio deveu-se também à lenta passagem para a cultura do café, uma mudança liderada, a partir de cerca da década de 1860, por uma oligarquia rural emergente que alargou suas propriedades fundiárias para o interior da cidade. Essa oligarquia, ligada por laços familiares e escravistas ao coronel Antônio Rodrigues da Cunha e seu filho homônimo, chegou a ocupar cadeiras na Assembleia Provincial. Como representantes do Partido Conservador, eles deram voz aos interesses escravistas de São Mateus.[56]

Em 1872, a população de São Mateus e das freguesias vizinhas, Barra de São Mateus e Itaúnas, era de 8170, incluindo 2793 escravizados, 2728 pretos e pardos livres, 141 caboclos e 2488 brancos. A população de escravizados caiu para 2500 em 1876, último ano antes da abolição para o qual existem estatísticas.[57] A redução do número de escravizados não os apaziguou. Em 1865 e 1866, a Guerra do Paraguai (1864-70) provocou temores de insurreição em São Mateus, Barra e nas cidades de Cariacica e Serra, mais ao sul. De acordo com o chefe de polícia, "alguns escravos, acreditando que a guerra contra as Repúblicas do Prata trará liberdade a todos os escravos brasileiros, estavam prontos para uma insurreição em algumas partes da província".[58] A Lei do Ventre Livre voltou a provocar vários boatos de insurreição em 1871. Em São Mateus, os escravizados fugitivos acreditavam que estava em curso a emancipação geral. Os escravizados da cidade sabiam que mudanças estavam por vir.[59]

Sexo inter-racial e os limites da honra feminina

Rita Faria estava visivelmente doente quando chegou a Vitória em outubro de 1883. Vinha de São Mateus acompanhada de sua ex-escrava Magdalena. Já viúva aos trinta anos, em fevereiro daquele ano tinha abortado um feto de sete meses, concebido com Seraphim, por meio da ingestão de várias poções de ervas, e ainda lutava para se recuperar. Mais tarde, ela contou ao chefe de polícia António Pitanga que o aborto tinha sido feito para "esconder sua vergonha". Magdalena e outra escrava enterraram o feto no jardim das flores. Rita tinha vindo para Vitória com um nome falso para se recuperar e fugir dos parentes que a rejeitavam. Estava mortificada por expor seus segredos mais íntimos à polícia.[60]

Em nítido contraste com a reticente Rita estava Magdalena, uma ávida testemunha. Magdalena tinha conseguido a liberdade mediante um acordo com os Faria para ajudar no aborto, enterrar o feto e acompanhar Rita à capital. Talvez encorajada por sua recém-conquistada liberdade, Magdalena não se acanhou de contar pormenores lúgubres, mostrando a surpreendente intimidade que unia mulheres brancas livres e negras escravizadas na mesma esfera privada.[61] Ela contou a Pitanga que tinha conhecimento da relação porque "às vezes encontrava vestígios na roupa da senhora". Só quando a gravidez deixou de ser dissimulável é que Rita contou a Magdalena, acrescentando com amargura que estava sofrendo porque o "autor da sua desgraça" estava muito satisfeito com o que tinha acontecido.[62]

Neste caso escandaloso entre uma mulher branca da classe alta e o escravo da família, a alegação de violação está ausente. Porque, embora Rita e várias testemunhas tenham mencionado sua "vergonha" e "desonra", em nenhum momento, nem de sua parte, nem da parte da família, nem das testemunhas, nem da polícia, houve qualquer sugestão de relações sexuais forçadas. Segundo Magdalena, a senhora tinha dito que estava na relação de livre vontade, uma revelação que anulava de imediato qualquer possibilidade de violação. Entretanto, os Faria se recusavam a reconhecer que estavam caçando Seraphim por ele ter tido relações sexuais com sua filha e irmã, e por tê-la engravidado. O patriarca Vicente Faria afirmava que Rita tinha dito que sua desgraça fora cometida por uma pessoa livre, cuja identidade se recusava a revelar. Afirmou que a família só estava perseguindo Seraphim porque ele era um escravo fugitivo. Um dos seus filhos, Vicente Jr., declarou que, embora inicialmente acreditasse que Seraphim fosse desobediente, mais tarde ouviu rumores de que "ele tinha desonrado alguém de [sua] família", mas não entrou em pormenores. Mesmo quando pressionado pela polícia sobre se sua família não quis castigá-lo depois de descobrir o que tinha acontecido, ele se manteve evasivo, afirmando "não, porque não tínhamos certeza".[63] Mas como é que um escravo e uma senhora conseguiam manter uma relação sexual sob a vigilância da família? Apesar da falta de provas, é possível que pelo menos alguns membros da família tenham permitido tacitamente a relação, e que a gravidez de Rita fosse o verdadeiro problema.

O que quer que os Faria pensassem lá entre eles, em público a relação era inaceitável. A hierarquia racial e de gênero das sociedades escravistas de todo o continente americano assentava-se no direito dos senhores aos corpos e à capacidade reprodutiva das mulheres escravizadas, uma hierarquia que era virada de cabeça pra baixo pelas proezas e pelo poder reprodutivo dos homens negros exercido sobre os corpos de mulheres brancas.[64] O medo da masculinidade negra ficou evidente no surgimento do tema do estuprador negro — alegações de que homens negros estupravam ou cobiçavam crianças e mulheres brancas — em São Mateus logo após a execução de Seraphim. Como o crescente movimento abolicionista ameaçava o poder dos escravocratas, estes retaliaram, equiparando a liberdade dos negros à violência sexual. Nesse crescente clima de paranoia, a ausência de uma acusação de estupro no caso de Seraphim foi ainda mais marcante.

A provação de Rita revelou o espaço limitado em que uma mulher branca com status social podia defender sua honra. Mulher branca (casada, então viúva) de uma família bem estabelecida e irmã do vereador da cidade, Rita tinha gozado de um grau significativo de honra antes de se envolver com Seraphim. Mas sua relação sexual com um escravo a destruiu. Os termos "vergonha" e "desonra" perseguem-na ao longo da investigação. As mulheres brasileiras tinham os meios para restaurar sua honra legalmente, conforme estipulado nos crimes contra a honra do código penal brasileiro; no entanto, sua posição excepcionalmente vulnerável negou-lhe esses meios. Como viúva, não tinha a proteção do marido, nem era uma virgem que pudesse defender a honra, alegando defloramento, com o casamento. O casamento, que poderia ter sido uma possibilidade se a relação fosse com um homem branco livre, estava fora de questão com um escravizado.[65] Em essência, uma relação consensual não era crime. A criminalização das relações sexuais entre pessoas livres e escravizadas teria provocado um alvoroço entre os proprietários de escravos. A ausência de acusações de estupro (ou de tentativas de enquadrar o caso como tal) sugere que mesmo a família, até certo ponto, reconheceu a natureza consensual do relacionamento, que, no entanto, era desonroso. Os Faria acabaram por obrigar Rita a se exilar e começaram a caçada a Seraphim.

No entanto, se a desgraçada Rita se esforçava para esconder sua relação e sua gravidez, Seraphim não tinha escrúpulos. Magdalena conta que "todo mundo sabia" da relação, pois ele tinha se gabado dela em público. Todo mundo incluía Olímpio, que ouvira dizer que "o escravo tinha relações ilícitas com uma das jovens senhoras dos Faria". Rita ressentia-se de Seraphim por estar "muito satisfeito [com a sua desgraça], e ela é quem sofria". Sem dúvida foi a arrogância juvenil que levou Seraphim a se pavonear de suas aventuras sexuais com a senhora branca, permitindo-lhe escandalizar e impressionar seus companheiros escravizados. Mas sua gabarolice significava muito mais do que imprudência. Quando tornou pública sua relação sexual com uma senhora branca,

Seraphim desafiou o que era permitido a um homem escravizado e ameaçou virar pelo avesso a imagem de barbárie associada à sexualidade masculina negra. E assim cometeu o que nunca foi permitido a um escravo: manchar o nome da família e a autoridade absoluta de seu senhor. Talvez percebendo subitamente o perigo em que tinha se metido, Seraphim se escondeu quando a notícia chegou à família Faria.[66]

Punição e domínio reconsiderados

Os Faria encontraram Seraphim e o submeteram a uma violência brutal. Por meio da disciplina física, a força fundiu-se com o paternalismo para formar a base das sociedades escravistas. Em seu best-seller *Manual do agricultor brasileiro* (1839), Carlos Augusto Taunay, brasileiro nascido na França, estabeleceu uma relação direta entre a disciplina dos escravizados e o aumento da produtividade, destacando a importância do "medo, e só o medo" para submeter os escravizados a uma "disciplina rigorosa e seu inevitável castigo".[67] Entre os métodos mais comuns estavam palmatória, tronco e vários tipos de chicotes e açoites, os dois últimos reservados exclusivamente aos escravizados. A lei brasileira limitava o máximo diário a cinquenta repetições.[68] Os castigos corporais foram elevados a espetáculo com o pelourinho, colocado no centro das praças das cidades e vilas, à vista do público (Figura 4.3). Os escravizados ouviam os gritos de agonia dos castigados. O código penal português deixara claro que o objetivo da punição era dar um exemplo público, e não corrigir indivíduos. Da mesma forma, Taunay enfatizou que a punição deveria ser "executada às vistas de todos os escravos, com a maior solenidade, para que servisse para ensinar e intimidar os demais".[69]

Quando o castigo não era suficiente, os senhores recorriam ao espetáculo da morte. A execução pública de escravizados rebeldes e a mutilação dos seus cadáveres tornaram-se meios podero-

FIGURA 4.3. *As chicotadas públicas em escravizados, que disciplinavam e aterrorizavam tanto a eles quanto aos espectadores, tornaram-se escassas no final do século XIX, à medida que se tornava difícil conciliar a escravidão com as pretensões do Brasil de ser uma nação moderna.*

sos de demonstrar o poder dos senhores. Os corpos dos escravizados eram exibidos publicamente como marcadores de memória do crime e do castigo. As execuções públicas assumiram um significado especial nas sociedades escravistas, uma vez que os senhores utilizavam cadáveres de escravos, ou por vezes pedaços dos seus corpos, como método aterrador de dominação. Numa prática a que Vincent Brown chamou necromancia, os senhores de escravos aproveitavam o poder afetivo dos mortos para "transformar seu domínio legal em autoridade sagrada", a fim de subjugar tanto seus corpos como suas almas.[70] A mutilação também era um ato calculado cuidadosamente. Na Jamaica do século XVIII, as partes extirpadas do corpo eram muitas vezes acompanhadas de instruções específicas quanto à sua exibição e eram pregadas em algodoeiros, na forca e noutros locais públicos que "prolongavam o efeito espetacular do castigo para além do breve momento da sua inflição".[71] Os Faria também entendiam o poder da mutilação corporal. Embora Peter Beattie tenha afirmado que "o linchamento ritualizado não era uma parte proeminente da gramática cultural de justiça popular do Brasil", a castração de escravizados era exatamente isto: um ato ritualizado de violência contra a masculinidade negra.[72] Os Faria puniram a intolerável violação da ordem com a mutilação sexual e o assassinato de Seraphim.

No entanto, se o poder do castigo e da execução se concretizava no espetáculo, o segredo e a negação anulavam esse poder.[73] Por que razão a tortura e a mutilação de Seraphim, sua execução e seu enterro foram clandestinos? Uma exibição pública do cadáver mutilado ou dos testículos de Seraphim teria sido a oportunidade ideal para a família aterrorizar outros escravizados. Em vez disso, Seraphim desapareceu. Um aliado da família Faria informou à mãe de Seraphim, Dulce Maria da Conceição, que os Faria tinham levado seu filho para a floresta, onde o mataram e colocaram o corpo num buraco cavado no chão. Ela tinha "certeza de que seu filho tinha sido assassinado", pois, embora ele a visitasse frequentemente enquanto se escondia dos Faria, as visitas tinham cessado no dia seguinte àquele em que os Faria o arrastaram. Ela acreditava que os Faria tinham "removido [seu corpo] por medo de que fosse descoberto".[74] Ela não voltaria a ver seu filho nem lhe daria um enterro digno.

Os Faria ergueram um muro de silêncio e negação. A desgraça que atingiu sua família talvez fosse demasiado grande para justificar um espetáculo público. Provavelmente também acreditavam que os rumores sobre o destino de Seraphim seriam suficientes para disciplinar outros escravizados. Mas foi a consciência da ilegalidade e da ilegitimidade de suas ações o que realmente motivou o silêncio. A oposição e o desconforto do público brasileiro com a violência disciplinar pública já eram evidentes na década de 1830, quando os pelourinhos foram desmantelados em todo o Brasil e os enforcamentos públicos tornaram-se escassos. Na segunda metade do século XIX, vários setores da sociedade brasileira, com destaque para o próprio Pedro II, começaram a contestar os castigos aos escravizados e as execuções em geral. Essas transformações foram corroendo o domínio dos senhores sobre sua propriedade humana.

Uma relação nebulosa entre o Estado e os senhores mediava os castigos aos escravizados na era colonial. O Estado português prestou pouca atenção à administração dos escravizados em comparação com as colônias do Caribe, evitando interferir na governança doméstica dos senhores, exceto para encorajar o bom tratamento geral.[75] Após a independência, a lei brasileira permaneceu notoriamente permissiva em relação à punição privada. De acordo com o artigo 14 do Código Criminal, publicado em 1830, a punição era um "crime justificável" quando consistia em um "castigo moderado que os pais dão a seus filhos, os senhores a seus escravos e os mestres a seus discípulos". Além disso, "os proprietários de escravos devem abster-se de castigos excessivos e, ao castigar seus escravos, devem limitar-se a meios justificados pela justiça e pela humanidade". Essa linguagem vaga dava aos senhores uma margem de manobra significativa na interpretação do que era um castigo justo e humano.[76] O poder privado dos senhores de escravos e a autoridade pública do Estado alinhavam-se claramente nas prisões de escravizados geridas pelo Estado, das quais o Calabouço do Rio de Janeiro era a mais conhecida, onde os senhores podiam trazer seus escravizados para serem chicoteados.[77]

O maior interesse pela administração dos escravizados, incluindo a punição, surgiu após 1831, com a lei que aboliu o tráfico transatlântico. Apesar de ineficaz, a lei despertou preocupação com a manutenção da mão de obra escravizada no Brasil após o corte das fontes africanas. Os manuais agrícolas desse período incentivavam o castigo moderado e eficaz como forma de estimular a produtividade e a reprodução. Eles também promoviam um espírito paternalista, segundo o qual os senhores, como membros da "boa sociedade" da nação brasileira, deveriam encarar a escravidão como uma missão civilizatória.[78]

O Estado começou a afirmar-se mais fortemente na esfera privada da disciplina dos escravizados com a Lei n. 4, de 10 de junho de 1835, aprovada na sequência da Revolta dos Malês. Essa lei determinava a pena de morte para os escravizados que assassinassem seus senhores, familiares ou feitores, ou que estivessem envolvidos numa insurreição. As costumeiras vias de apelação foram negadas aos acusados. Além disso, um escravizado culpado de "ferir gravemente ou cometer qualquer outra ofensa física a seu senhor, a sua mulher ou a seus descendentes ou antepassados" seria punido com o chicote ou com a morte. O Estado afirmava assim seu direito de intervir na disciplina dos escravizados, por vezes contra a vontade dos senhores, a fim de manter a ordem pública e a produtividade econômica.[79] Ironicamente, a lei coincidiu com uma crescente aversão do público às punições e execuções públicas.

Contudo, o Estado também podia intervir em favor dos escravizados. O capítulo 2 analisou a forma como os escravizados acreditavam que o imperador e o governo os tinham libertado ao colocarem seus interesses acima dos direitos de propriedade privada dos senhores; essas ideias baseavam-se, em parte, na prática de então. Por vezes, os escravizados recorriam à polícia para pedir proteção contra desmandos de seus senhores. Taunay argumentou que a relação senhor-escravo era semelhante a um contrato em que o Estado era o fiador com direito de intervir em nome de ambas as partes. Ele atenuou o receio dos senhores em relação à intervenção do Estado, afirmando que ambos se beneficiariam com ela. "A lei que regula a escravidão torna-se especialmente útil para os ricos e para seus escravos", afirmava, "poupando àqueles a fadiga de legislar sobre suas fazendas, e a estes das crueldades desnecessárias e irregularidades de tratamento." Para isso, recomendava que a lei decidisse qual era o castigo moderado e eficaz, fosse ele a coleira de ferro, a cadeia ou cinquenta açoites.[80]

No entanto, se nas primeiras décadas após a independência a intervenção do Estado na disciplina dos escravizados era considerada necessária para a manutenção da ordem pública, e os manuais agrícolas afirmavam que a escravidão era uma "missão civilizadora", tais ideias tinham perdido muito apoio na altura do assassinato de Seraphim. Como vimos no capítulo 3, até a década de 1880, muitas elites brasileiras continuavam preocupadas com a mancha da escravidão e com a persistência da população indígena, que elas viam como um obstáculo à civilização do Brasil e à constituição de um povo brasileiro. D. Pedro II, um crítico da escravatura e da pena de morte, estava ciente do estatuto de pária de sua nação, como a última nação independente escravista no hemisfério ocidental após a Guerra Civil Americana, e pretendia provar a civilização do Brasil ao mundo exterior. Reconhecendo, no entanto, que a escravidão estava enraizada e exigia uma ação parlamentar para que fosse abolida, concentrou seus esforços em acabar com a pena de morte para os escravos, o que o seu Poder Moderador permitia. Pedro II começou a eliminar gradualmente a pena capital na década de 1850, e a última execução de escravizados aconteceu em 1876.[81] Mas, em 1873, dois anos após a Lei do Ventre Livre, o ministro da Justiça já havia declarado que as chicotadas públicas em escravizados eram um anacronismo. A prisão do Calabouço foi fechada no ano seguinte e os castigos passaram a ser administrados apenas com autorização da polícia, fora da vista do público.[82] O crescente reconhecimento entre os brasileiros da incompatibilidade entre escravidão e civilização contribuiu para a proibição parlamentar, em 1886, de que as autoridades públicas açoitassem os escravos. Embora a lei não tenha coibido a violência privada, seu alcance foi ampliado pelos escravizados, que desafiavam seus senhores mais abertamente. Assim, a contenção estatal dos castigos infligidos aos escravizados teve um impacto direto na capacidade dos senhores de os infligirem privadamente.[83]

Esse reconhecimento da incompatibilidade da escravidão com a civilização deslegitimava a prerrogativa dos senhores de disciplinar a violência. Os Faria, e não o escravo que engravidou sua senhora, é que foram acusados de um ato "bárbaro".[84] A família sabia que seu exercício de violência era ilegítimo aos olhos da lei e da opinião pública, que se "opunha a esta prática".[85] O surgimento de um movimento abolicionista local no final do mesmo ano, violentamente reprimido pelos senhores de escravos de São Mateus, testemunhou a intensificação do confronto entre estes, o público e o Estado, local e nacionalmente.[86] Em 1884, a abolição já estava em curso em três províncias brasileiras. O domínio da escravidão em São Mateus era diariamente enfraquecido pela coalescência do abolicionismo com rumores de insurreição de escravizados e agitação quilombola. Nesses territórios da escravidão e da liberdade em rápida mutação, um escravo que se atrevesse a transgredir seus limites legais, raciais e sexuais recebia a simpatia do público em vez de ser chamado de violador. E as famílias cujo poder e riqueza se baseavam em seus escravizados viram sua supremacia ameaçada.

Em julho de 1884, houve o julgamento e o abolicionista Olavo Henrique Batista atuou como promotor. Desta vez, a classe escravista de São Mateus levou a melhor. Um júri simpático e o juiz presidente absolveram por unanimidade todos os Faria, que foram julgados como cúmplices, e um dos matadores de aluguel.[87]

Se esse resultado parecia afirmar a vitória dos Faria, seus piores receios também se concretizaram. No relatório anual do mesmo ano, o ministro da Justiça afirmava que "ficou provado que uma filha de Vicente José de Faria teve relações ilícitas com o escravo". Com uma linguagem forte, continuou: "Há fortes indícios de que Vicente e seus filhos mataram o escravo para vingar sua honra".[88] Os Faria foram condenados publicamente pelo mais alto órgão jurídico do país. Pior ainda, apesar de terem sido absolvidos, a vergonha e a desonra passaram a constar do registro público permanente — um desfecho catastrófico para uma família que tinha feito tudo para vingar sua honra.

Mesmo assim, a violência não tinha como ser desfeita. Seraphim pagou o preço por ter ousado reivindicar uma liberdade proibida aos negros escravizados. Seu corpo foi enterrado algures em São Mateus, tal como o feto da criança mulata, cujo destino expôs o lado amargo da Lei do Ventre Livre (1871). Embora a Lei tivesse dado início ao lento processo de desbiologização do estatuto de escravo quando deu liberdade aos filhos de mulheres escravizadas, o filho de uma mulher branca livre e de um homem escravizado seria legalmente livre, mas proibido de nascer.[89] Rita, mesmo viva, perdeu sua honra e até seu nome. Para sua família, estava como morta, uma mulher desgraçada, sem ter aonde ir e sem meios para recuperar sua honra. Todos os três foram vítimas de violência, desaparecidos cada um à sua maneira. Finalmente, depois de todo o sofrimento físico e psicológico que teve de suportar, Rita, junto com Magdalena, foi acusada do crime de aborto.[90]

UM ESPETÁCULO DE SUBVERSÃO

A paz não voltaria a reinar na região. Apenas dois meses após o desaparecimento de Seraphim, em 25 de abril de 1884, o fazendeiro José Antonio Venerote foi encontrado morto a pauladas em sua fazenda na Colônia Leopoldina. O crânio foi despedaçado, a testa, cavada e o couro cabeludo, cortado. Uma mancha escura espalhava-se por seu tronco inchado, sugerindo hematomas graves ou o início da decomposição. Ao lado do cadáver, que jazia estendido num caminho que ia a seus campos de café, estava um porrete rachado e coberto de sangue nas duas extremidades. Quatro outros porretes manchados de sangue foram descobertos num matagal próximo. No que dificilmente poderia parecer acidental, os perpetradores tinham deixado um chicote — o símbolo mais odiado do castigo dos escravizados — debaixo do nariz de Venerote, adornando sua cabeça desfigurada com um bigode de couro torcido.[91] Venerote voltava de um negócio fora da cidade quando foi emboscado no limite de sua propriedade e morto a pauladas. Sete de seus escravos, que haviam fugido no domingo de Páscoa, menos de duas semanas antes do assassinato, foram logo conduzidos à polícia como suspeitos. Outro grupo de escravas que tinha fugido com eles foi libertado. Os escravizados começaram afirmando inocência, mais tarde alteraram o depoimento para dizer que tinham sido contratados para matar Venerote por outro morador da Colônia. Dois anos mais tarde, eles voltariam a desmentir seus testemunhos e afirmar que tinham sido forçados a fazer uma falsa confissão, mas foram deixados a definhar na prisão, onde pelo menos um acabou morrendo.[92]

O espírito paternalista tinha enganado Venerote. No final de 1882, ele ajudou a reprimir duas revoltas de escravizados na Colônia Leopoldina, uma envolvendo quase duzentas pessoas, que ele havia denunciado por serem "extraordinariamente desobedientes e rebeldes".[93] Três semanas antes de sua morte, ele havia comprado o impressionante número de 47 escravizados adultos e treze crianças, aumentando sua escravaria para 97, tornando sua força de trabalho igual à das maiores plantações de café do Centro-Sul do país. Na época de sua morte, ele possuía 291 mil pés de café.[94] Para além de senhor de escravos, Venerote era também co-

195

merciante de escravizados que lucrava com as transações que fazia em nome de terceiros. Daí, pode ter tido a intenção de revender os que vieram a ser seus agressores a um dono desconhecido, e a um futuro incerto, sujeitando-os assim à cruel separação dos parentes e à perda de direitos consuetudinários duramente conquistados.[95]

A aversão dos escravizados a Venerote era tamanha que, mesmo afirmando sua inocência, o escravo Cristiano declarou acerbamente que, "se eles tivessem alguma intenção de matar seu senhor por causa dos maus tratos que recebiam na fazenda e aqui no presídio de Caravelas, onde estavam de castigo, já o teriam feito há muito tempo".[96] Embora nenhum deles tenha admitido a intenção assassina, expressaram unanimemente o desejo de se libertarem de sua posse. No entanto, quer o tenham assassinado ou não, essa morte macabra distingue-se por ser precisamente aquilo que as mortes dos nok-noks e de Seraphim não foram: um espetáculo.[97] Um amigo de Venerote, que acorreu ao local, descreveu que o encontrou "morto no chão, com a cabeça esmagada por paus, a parte da frente partida em duas, de onde saíam os miolos, e o corpo roxo e inchado por ter sido espancado".[98]

Os corpos mutilados dos senhores eram o maior sinal da degradação de seu domínio sobre os escravizados. Um incidente semelhante ocorreu em setembro de 1882 num engenho no Recôncavo baiano, onde os escravizados mutilaram e assassinaram seu senhor, um frade carmelita, com foices, enxadas e outros implementos usados regularmente na colheita da cana. Segundo Walter Fraga, o frade havia aplicado castigos brutais e revogado direitos costumeiros duramente conquistados.[99] Os dois homicídios se distinguem pela característica específica da violência. O chicote e as ferramentas agrícolas eram precisamente os instrumentos usados para forçar a obediência e a produtividade dos escravizados e, ao utilizá-los contra os seus senhores, os agressores subverteram o léxico da subjugação. Eles nos permitem vislumbrar como os escravizados utilizavam a violência para exprimir sua insatisfação com uma classe escravista que se recusava a reconhecer os direitos consuetudinários e ignorava a crescente onda abolicionista.

Por outro lado, a violência silenciou os nok-noks e Seraphim. O massacre dos nok-noks foi a morte e o apagamento de pessoas presas num "estado de exceção". A violência específica de matar uma aldeia foi o maior testemunho da persistência da violência anti-indígena no Brasil pós-colonial. Como indígenas autônomos e quase-cidadãos, cujos direitos à cidadania a Constituição nunca afirmou, os nok-noks estavam presos nas fronteiras ambíguas do legal e do ilegal. No tribunal de Justiça e sob o manto da autoridade do Estado, os perpetradores e os representantes do Estado produziram e aproveitaram ativamente essa indefinição para colocar os indígenas fora da lei. Esses atos de extravagante violência não significavam uma condição de anarquia provocada pelo colapso do Estado, mas a união ativa de interesses estatais e privados para permitir tal violência contra seus próprios cidadãos tornados "matáveis". Nesse sentido, a Constituição brasileira não era "inclusivamente igualitária", mas permitia a exclusão dentro dos próprios parâmetros da inclusão. Para tornar a tragédia ainda mais devastadora, o próprio massacre foi apagado, o que deu à "extinção" indígena uma aparência de fato. Os nok-noks, segundo os registros oficiais, nunca existiram.

Se os indígenas eram cidadãos colocados à margem da lei, o que dizer dos escravizados? Como pessoas inequivocamente excluídas da cidadania brasileira, não estariam eles também em estado de exceção? O exame dos regimes jurídicos revela o contraste gritante entre as numerosas leis que regiam os castigos dos escravizados e a autoridade dos senhores e a ausência de lei uma equivalente para os indígenas. Embora o Regulamento das Missões de 1845 tenha incentivado meios "brandos", não regulava especificamente o tratamento aos indígenas. É interessante notar que um número crescente de leis relacionadas aos indígenas das décadas de 1870 e 1880 — quando a maioria das leis emancipacionistas graduais foi publicada — não diz respeito a tratamento ou a direitos, mas a sondagens para avaliar se as terras foram abandonadas devido à extinção indígena e se poderiam ser revertidas ao governo para redistribuição.[100] A própria ausência de leis sobre o tratamento aos indígenas tornava-os vulneráveis à violência nascida da problemática sobreposição do estatal e do privado, do legal e do ilegal, produzindo, em última análise, a legalização de fato da violência anti-indígena.

As leis sobre o tratamento e a punição dos escravizados contam uma história diferente. A intervenção do Estado no domínio privado dos senhores sobre seus escravizados era irregular e motivada principalmente pelo desejo de fomentar a produtividade econômica e promover a ordem social da "boa sociedade". No entanto, à medida que a compatibilidade da escravidão com a civilização se tornou difícil de defender, o Estado começou a limitar o poder dos senhores sobre seus escravizados por meio de leis emancipacionistas graduais e de outras leis que restringiam e aboliam os castigos severos e a pena de morte. Os negros, assim como os índios, continuavam a ser mantidos em cativeiro ilegal, ou quase cativeiro, como se discute no capítulo 6. No entanto, a opinião pública estava cada vez mais solidária, ainda que cautelosamente, com os escravizados. As alterações legais, aliadas a um movimento abolicionista crescente e às ações políticas dos próprios escravos, estavam reduzindo a separação legal entre cidadãos e escravos. Já em 1870, o jovem Joaquim Nabuco, de 21 anos, falando sobre as raças branca e negra, argumentava que "a lei de uma raça não tem poder sobre a outra [...]. Os filhos do mesmo solo são cidadãos da mesma pátria, e como cidadãos, têm direitos imutáveis".[101] Da mesma forma, Ricardo Pirola defende que a abolição do chicote em 1886, acompanhada de uma proposta de abolição da lei de 1835 sobre a pena capital, demonstrou a luta pela ampliação das garantias dos escravizados no judiciário imperial, que caminhava para a equiparação de direitos entre livres e escravos.[102] Com a expansão dos direitos dos escravizados, a violência disciplinar dos senhores tornou-se prova de barbárie. Os Faria escolheram o silêncio.

Mas se tais progressos assinalaram oportunidades de cidadania mais amplas para os escravizados nascidos no Brasil na década de 1880, este capítulo demonstrou que a punição e as execuções de escravos, por si só um significativo objeto de estudo, oferecem apenas uma visão parcial das relações mutáveis entre lei e cidadania. O estudo em conjunto do massacre dos nok-noks e o assassinato de Seraphim revela trajetórias muito diferentes para dois grupos excluídos da cidadania, implícita e explicitamente, desde o alvorecer da nação. Acompanhando a diminuição da separação jurídica entre escravizados e cidadãos, houve a exclusão efetiva dos indígenas do corpo de leis, embora todos fossem, como afirmou Nabuco, "filhos do mesmo solo". Os dois casos da fronteira Atlântica permitem, assim, considerar a forma como as hierarquias racializadas foram construídas, moldando o acesso diferente ao poder entre as pessoas de ascendência africana e indígena.

Reconhecer a divergência não significa minimizar o horror infligido a Seraphim ou o sofrimento imposto a Rita e a seu filho por nascer. No entanto, permanece uma questão intrigante: porque é que aldeias inteiras de indígenas são repetidamente massacradas, enquanto não há violência equivalente lançada sobre os escravizados? As explicações materiais, de que os escravizados eram propriedades valiosas, ao contrário dos indígenas, ou de que estes ocupavam as terras, são importantes, mas insatisfatórias. Talvez nossa resposta esteja nas próprias razões pelas quais a escravidão se tornou um anátema para o Brasil. Como povos condenados à extinção pela autoridade inatacável da ciência, os indígenas também se tornaram irreconciliáveis com a busca da civilização brasileira.

5. Fuga para a escravidão: Geografia

Em 26 de julho de 1880, quatro anos antes do desapareci-mento de Seraphim, uma grande fuga de presos escandalizou São Mateus. Benedito, o quilombola mais famoso da cidade, desapa-receu da cadeia pública numa fuga espetacular.[1] Depois que os guardas adormeceram, bêbados, Benedito usou um balde de lim-peza e uma corda feita com o lençol para escalar a parede poste-rior da cela. Pulou para o outro lado, abriu a porta dos fundos e saiu sem fazer barulho. O que torna a situação ainda mais absur-da, para aqueles que descobriram seu desaparecimento, foram as algemas jogadas no chão, manchadas de gordura de ovelha usada para ajudá-lo a sair sem forçar a fechadura. Escravizado por uma fazendeira de uma das famílias mais ricas da cidade, o jovem de 24 anos havia fugido da família da senhora, anos antes, e se tor-nado um quilombola com uma lista crescente de bem conhecidas atividades em seu percurso, inclusive homicídios.[2] O policial que investigou o caso reconheceu com pesar que seria difícil uma no-va prisão. Não só havia uma falta crônica de agentes, como os quilombolas raramente agiam sozinhos. Tinha a certeza de que seria impossível capturar Benedito porque provavelmente ele estava protegido por um quilombo local no distrito da cidade — e possivelmente por muitos outros.[3]

O capítulo 4 mostrou como as transformações políticas nas décadas de 1870 e 1880 começaram a reduzir o poder dos senhores e a oferecer mais proteção legal aos escravizados. No entanto, muito mais notáveis do que estas mudanças foram as ações levadas a cabo pelos próprios escravizados, que afirmaram suas próprias ideias sobre liberdade e inclusão nacional, muito mais abrangentes do que qualquer lei poderia conceber. O método escolhido foi o da fuga, por meio do qual fizeram reivindicações sobre a geografia espacial e política do Brasil do final do século XIX.[4]

A investigação dos usos e das ideias dos quilombolas sobre espaço evidencia o tema da geografia, cujas visões concorrentes têm sido um tema central neste livro. Desde uma teia de reivindicações territoriais indígenas, à subjugação da fronteira Atlântica e dos seus povos negros e indígenas num Estado-nação em expansão, à conquista de territórios indígenas, à expansão da escravatura e ao quilombismo, às reivindicações sobrepostas e muitas vezes contraditórias sobre a geografia revelaram as múltiplas epistemologias que moldam a história pós-colonial do Brasil. Este capítulo baseia-se na documentação excepcionalmente rica sobre os quilombolas de São Mateus na década de 1880. Os eventos aqui se cruzam com o massacre dos nok-noks, com o embarque dos cinco botocudos para a Europa e a Exposição Antropológica no Rio de Janeiro. Durante um período da história brasileira que envolveu a extinção dos botocudos com o manto da ciência racial, não é coincidência que estes, destacados como espécimes em textos antropológicos, estejam virtualmente ausentes das fontes de arquivos policiais e judiciários nas quais eram presentes até meados do século. Na década de 1880, eles raramente aparecem em qualquer fonte de São Mateus e do sul da Bahia, um testemunho de sua migração forçada, assimilação e, claro, mortalidade. As geografias dos quilombolas se sobrepunham, moldavam e colidiam com as geografias indígenas sob cerco, lembrando-nos que a liberdade negra e a perseguição indígena podiam convergir desconfortavelmente. O território botocudo, que antes se estendia de Porto Seguro ao rio Doce, estava então reduzido a um canto do norte de Minas, ao redor da missão de Itambacuri. Suas histórias serão contadas no próximo e último capítulo.

Até agora, vimos como os quilombolas, muitos deles de origem africana, e os "índios hostis" já dificultavam a colonização na fronteira Atlântica no início do período pós-Independência. Na década de 1840, os quilombolas eram também temidos pela capacidade de levar informações perigosas através das fronteiras provinciais, incluindo boatos sobre a emancipação de escravos. No entanto, inúmeras expedições contra os quilombos foram infrutíferas, e eles continuaram a florescer até a década de 1880. Nessa época, a população livre afrodescendente superava em muito a escravizada no Brasil como um todo. Mas as oportunidades de alforria eram muito menores na fronteira Atlântica, por causa da permanente escassez de mão de obra, dos interesses escravistas e das poucas possibilidades de compra da própria liberdade. Assim, os quilombolas decidiram fugir *para* São Mateus, e não para longe dela, vivendo como pessoas livres de fato dentro da geografia social e espacial da região em que eram legalmente escravizados, numa prática que chamo de "geografias insurgentes".

A dimensão política dessa prática no contexto da colonização territorial pós-Independência do Brasil pode ser melhor compreendida à luz da ideia de Edward Said, de uma "geografia rival" que descreve as práticas geográficas dos povos colonizados em oposição à conquista imperial. Stephanie Camp adaptou o conceito de Said para examinar a forma como as pessoas escravizadas no Sul dos Estados Unidos, antes da guerra, reconfiguraram criativamente os espaços da plantation e da sociedade de escravos.[5] O método de Camp ressoa o campo negro de Flávio Gomes, uma rede de quilombolas, escravos e pessoas livres no Rio de Janeiro, em que um caleidoscópio de atores sociais engendrou uma reivindicação alternativa numa geografia definida pela escravidão.[6] Entendendo a fuga dos quilombolas à luz do que Jonathan Crush chamou de "espaços ocultos ocupados, e investidos com seu próprio significado, pela classe subalterna [pós-]colonial", este capítulo argumenta que suas geografias insurgentes eram uma prática política por meio da qual eles reimaginavam suas vidas como pessoas livres dentro da própria geografia na qual estavam destinados a permanecer escravizados. E no contexto de uma luta contra a escravidão que desafiava diariamente a divisão entre escravizados e cidadãos, os quilombos significavam não só um ato de resistência, mas também uma expressão política de cidadania.[7] Em 1851, os escravizados de São Mateus souberam que o governo brasileiro não queria e não podia conceder o que eles consideravam seu direito à liberdade. Agora, três décadas depois, eles próprios a conquistam. Suas histórias revelam como a fronteira Atlântica, marcada pela violência anti-indígena e pela expansão da escravatura ao longo do século XIX, se tornou o próprio campo de batalha em torno da liberdade e da cidadania negras.

A primeira parte do capítulo concentra-se nos acontecimentos entre 1880 e 1881, contados por meio da vida das onze mulheres e homens quilombolas que eram colegas de Benedito e de seus mais de cinquenta supostos colaboradores e vizinhos. Os laços sociais e econômicos altamente complexos e contraditórios dos quilombolas os ligavam a escravos, libertos e senhores de escravos e eram essenciais para suas geografias insurgentes. Os quilombos eram também comunidades contingentes criadas por indivíduos com uma variedade de motivações e tensões internas que desmentiam sua aparente unidade, que tinham de negociar entre objetivos individuais e uma política quilombola mais ampla. Será dada especial atenção às mulheres quilombolas, cujas experiências ainda não foram suficientemente reconhecidas. Em seguida, avançaremos até 1884, ano da morte de Seraphim, quando surgiu um boato de insurreição antiescravista em São Mateus, cujo suspeito de liderar não era outro senão Benedito. Por meio de uma série vertiginosa de boatos, ataques quilombolas e perseguições policiais, veremos como as geografias insurgentes dos quilombolas forjaram uma política antiescravista.

OS MUNDOS EMARANHADOS DE LIVRES, ESCRAVOS E QUILOMBOLAS

Em 5 de julho de 1881, quase um ano após a dramática fuga de Benedito, uma jovem escrava de São Mateus, chamada Marcolina, andava a cavalo a caminho da fazenda de seu senhor, ao sul do centro da cidade, quando se assustou com o aparecimento repentino de um homem negro na estrada. Vestido com calças de sarja e uma camisa de tecido grosseiro e com uma espingarda na mão, aproximou-se de Marcolina com "fins libidinosos", ameaçando-a de morte se ela não obedecesse. Marcolina tentou fugir, mas desmaiou quando uma bala perfurou a parte superior de seu braço esquerdo. Num dolorido relance captou a visão de dois outros homens vestidos e armados da mesma forma que o primeiro. Alarmados por seus gritos de socorro, os homens correram em direção à fazenda do senhor dela e desapareceram. Embora, no dia seguinte, tenha dito à polícia que não reconheceu os agressores, Marcolina tinha certeza de que eram quilombolas. À medida que a notícia do ataque se espalhava, os moradores começaram a pronunciar o nome do quilombola mais conhecido da cidade: será o Benedito atacando de novo? A investigação do atentado contra Marcolina revelou a alta complexidade das redes que constituíam a sociedade de São Mateus. As presumíveis divisões sociais entre escravos e senhores, escravos e livres, foram expostas por sua notável ambiguidade; os residentes começaram a sussurrar e a apontar o dedo a indivíduos livres que, segundo os rumores, estavam ajudando escravos fugitivos.

Marcolina tinha boas razões para identificar seus agressores como quilombolas e não como bandidos comuns. Ela afirmou, como muitos outros eventualmente fariam, que era amplamente conhecido por pessoas livres e escravizadas na cidade que o vizinho de seu senhor, Francisco Pinto Neto, tolerava a presença de um quilombo em seu próprio terreno que contava com cerca de onze membros entre homens e mulheres. Corroborando seu testemunho, um agente da Câmara Municipal afirmou que a existência do quilombo no terreno de Pinto Neto era, de fato, de conhecimento público havia anos.[8] O senhor de Marcolina, Bernardino d'Araujo, acrescentou que os quilombolas tinham se estabelecido nas terras de Pinto Neto pelo menos oito anos antes; havia poucos anos, ele tinha encontrado dois deles na estrada que leva à sua fazenda.[9] Os escravos desse quilombo eram conhecidos por roubar gado, mandioca e outros bens.[10] Igualmente surpreendente foi o fato de esses quilombos estarem escondidos à vista de todos, e de os próprios quilombolas terem optado por criar um assentamento ao alcance da polícia local. Por que ninguém havia dito ou feito nada durante todos esses anos? Esses quilombos foram formados com ajuda de uma rede de cumplicidade entre pessoas escravizadas e livres — uma rede que permitiu que os quilombolas exercessem liberdades que corroíam seu status legal de escravos.

Sem dúvida, para a polícia, o aspecto mais problemático desse caso não era o boato de que os quilombolas residiam na propriedade de Francisco Pinto Neto havia anos, e com tácito conhecimento público, mas que também recebiam sua proteção e alguns bens em troca do trabalho que prestavam em suas lavouras.[11] Esses chamados "coiteiros de escravos" eram uma fonte constante de dor de cabeça para as autoridades. Os que eram descobertos dando abrigo, ajudando ou empregando o trabalho de escravos fugidos eram severamente investigados, mas os coiteiros de escravos dificilmente eram erradicados, assim como os próprios quilombolas. A prática teve uma longa história no Brasil, persistiu e até floresceu apesar de ser proibida nas Ordenações Filipinas de 1603.[12] De fato, três homens, além de Pinto Neto, também seriam acusados, no mesmo inquérito policial, de ajudar os quilombolas.

Acoitar escravos era uma prática problemática que diluía as fronteiras entre senhores e escravos, livres e não livres, cidadãos e forasteiros. Apesar de ser senhor de escravos, Francisco Pinto Neto obteve ganhos financeiros em conluio com os quilombolas, que eram legalmente propriedade de outros. Com isso, ganhou uma força de trabalho que não precisou comprar ou manter integralmente. Pinto Neto tinha apenas três escravos e provavelmente estava entre os 70% de pequenos proprietários de terras da cidade. A mão de obra quilombola exercia uma atração sobre esses indivíduos de pequena envergadura econômica. João Reis observou um uso semelhante da mão de obra de escravos fugidos por fazendeiros de mandioca no sul da Bahia no início do século XIX, o que contribuiu para tensões com outros moradores (Figura 5.1).[13] O acoitamento de escravos era semelhante ao emprego de indígenas por moradores locais. Como se viu no capítulo 1, esses acordos de trabalho eram, muitas vezes, feitos privadamente e numa zona obscura que os tornava indistinguíveis da escravidão, levando os moradores e os diretores das aldeias a entrar em conflito sobre o controle e o acesso aos trabalhadores indígenas.

Igualmente conveniente para Pinto Neto era a parcial autossuficiência dos quilombolas, baseada na caça e nos roubos regulares de mandioca e, ocasionalmente, de gado nas fazendas vizinhas.

FIGURA 5.1. *A farinha de mandioca, o produto mais importante de São Mateus, era exportada para vários mercados brasileiros. Mulheres e homens escravizados e quilombolas eram empregados no cultivo da mandioca e na sua transformação em farinha.*

Não há evidências de que quilombolas tenham recebido terras para cultivar. Como os frequentes deslocamentos não lhes permitiam cultivar seus próprios alimentos, muito menos produzir um excedente, eles ofereciam sua mão de obra em troca de abrigo, munições e alimentos.[14] Esse arranjo recíproco é uma evidência de que os quilombolas, embora não fossem economicamente independentes, também não levavam uma existência totalmente "parasitária". Eles gozavam de liberdade em relação aos senhores e de maior mobilidade do que os escravos das fazendas. Ao mesmo tempo, seu estilo de vida semi-itinerante e a consequente falta de acesso a terras cultiváveis os obrigaram a fazer acordos de troca de mão de obra com os coiteiros de escravos, o que nos oferece a perspectiva de um tipo de economia quilombola diferente da baseada no cultivo independente e na venda dos seus produtos.[15]

No entanto, colaborar com os quilombolas era uma escolha arriscada, por várias razões. Primeiro, embora contratá-los provavelmente garantisse a Pinto Neto alguma segurança contra depredação, ele havia literalmente armado escravos fugitivos que residiam nas proximidades, tornando a si mesmo e sua família alvos fáceis no caso de uma revolta. Já vimos como os colonos da região armavam seus próprios escravos para defender suas propriedades contra os quilombolas e os "índios hostis", mas armar os escravos fugidos era completamente diferente.[16] Em segundo lugar, quando escolheu proteger os escravos alheios, Pinto Neto se colocou contra outros proprietários de escravos, embora a motivação fosse o próprio interesse, e não simpatia abolicionista. De fato, nenhum dos testemunhos revela qualquer sentimento antiescravista, mesmo em 1881. Mas, independentemente da intenção, sua atitude ameaçava a divisão básica entre escravo e senhor, uma ameaça que não podia ser ignorada à luz da crescente atividade antiescravista em todo o Brasil. Veremos como acoitar escravos adquiriria, de fato, um novo significado três anos depois, quando um florescente grupo de abolicionistas locais seria acusado de proteger quilombolas, inclusive Benedito. Essas relações, inicialmente formadas como acordos oportunistas de troca de mão de obra entre os quilombolas e seus empregadores, abrigavam, portanto, a capacidade de se transformar em movimentos explicitamente antiescravistas nessa década turbulenta.

Em terceiro lugar, os quilombolas negociavam e eram remunerados pelo trabalho que prestavam nas roças de Pinto Neto, seja em dinheiro, abrigo, bens ou armas, uma prática que desestabilizava seu status de legalmente escravizado. Essa não era a única situação no Brasil em que os escravos recebiam pagamento por trabalho extra. Em seu estudo sobre o Recôncavo baiano, Walter Fraga mostrou que escravizados realizavam regularmente trabalhos extras em seus dias de folga, especialmente nas décadas de 1870 e 1880, seja em suas próprias lavouras ou por empreitada. Consideravam isso um direito seu e aproveitavam a oportunidade para acumular os recursos necessários para comprar a liberdade.[17] Essa prática também estava presente em São Mateus, onde os escravizados tinham o costume de folgar aos sábados. O que os quilombolas faziam era esticar esse direito até que todos os dias da semana ficassem disponíveis para trabalho extra, não sobrando dias para seus senhores. Como não eram propriedade de seus coiteiros, os quilombolas podiam negociar as condições de trabalho ignorando sua condição legal de escravos, de "coisas" que não tinham capacidade de negociar relações de trabalho.[18] Uma das mulheres quilombolas, por exemplo, contou que deixou seu esconderijo por causa de um trabalho ruim e que considerava muito mal pago, um exemplo claro do que ela entendia ser sua parte de direito.[19] Ao realizar trabalho remunerado exclusivamente em proveito próprio, os quilombolas, embora legalmente escravizados, trabalhavam como pessoas livres de fato.[20] Finalmente, um dos escravos de Pinto Neto testemunhou ter visto Benedito no local. Abrigar o mais notório escravo fugitivo e criminoso da cidade pode ter rendido elogios de alguns dos escravizados, mas certamente não tornou Pinto Neto popular entre as autoridades e outros senhores de escravos.[21]

Colaboradores escravizados também foram essenciais para as geografias insurgentes dos quilombolas. A natureza perigosa de sua empreitada fez Francisco Pinto Neto evitar a interação direta com os quilombolas e relegar a tarefa a um de seus próprios escravos, João Carretão, que atuou como intermediário para lhes fornecer bens e abrigo.[22] Um escravo da fazenda, Ignácio, contou que João Carretão era universalmente reconhecido pelos escravos de Pinto Neto como o fornecedor de mercadorias, pólvora e balas aos quilombolas. João Carretão acabaria por tomar a decisão de cruzar inteiramente a barreira esquiva entre escravo e quilombola, juntando-se ao quilombo, fazendo um filho com uma das mulheres aquilombadas e abandonando a fazenda, para o provável desgosto de seu senhor.[23] Ignácio também costumava comprar mercadorias para os quilombolas e já havia visitado o quilombo duas vezes, uma delas para ver o amigo. Havia muitas armas, ele lembra. Mas, em vez de transportar as mercadorias diretamente para o quilombo, Ignácio as entregava numa estrada que ligava a cidade aos campos mais distantes. Quando lhe perguntaram por que ele não havia informado a polícia sobre o quilombo, Ignácio respondeu que, apesar de ter contado a seu patrão, ele não contou às autoridades por medo dos quilombolas.[24]

Das histórias de João Carretão e Ignácio, começa a surgir um complexo mapa das redes que ligavam escravizados e quilombolas. Por trabalharem para Francisco Pinto Neto em suas roças, os dois devem ter, frequentemente, passado o dia lado a lado. Se não se conhecessem previamente, a interação na roça teria gerado — se não amizade ou camaradagem — pelo menos algum tipo de familiaridade. Assim, devemos admitir a possibilidade de que o "medo" de quilombolas declarado por Ignácio fosse, na verdade, um subterfúgio. Entre os escravizados da fazenda havia os que não fugiam, mas ajudaram voluntariamente os que fugiam, enquanto outros, como João Carretão, decidiram se juntar ao quilombo. Com acesso limitado a mantimentos, armas e outros itens essenciais, esses escravos intermediários — e os senhores que permitiam ou participavam voluntariamente dessas interações — eram essenciais para garantir a sobrevivência dos quilombolas. Ao mesmo tempo, a relação diária com eles proporcionava aos escravizados uma experiência da vida fora do controle do senhor. Essas relações fluidas atestam a porosidade das fronteiras entre escravizados e quilombolas, e como eram negociadas no dia a dia.

No entanto, a expressão do medo de Ignácio, se for levada à risca, insinua que também havia tensões entre escravos e quilombolas. Justamente porque estes últimos estavam tão próximos e armados, os escravizados podiam enfrentar consequências graves se não cumprissem suas exigências. A agressão a Marcolina foi o exemplo mais revelador. Embora ela tenha afirmado que não conseguiu identificar os agressores, a natureza da união da comunidade escravizada-quilombola pode tê-la obrigado a mentir por medo de vingança.[25] (A tentativa de agressão sexual contra ela mostra os conflitos de gênero moldando a vida de mulheres escravizadas e quilombolas, isso será abordado em profundidade mais adiante neste capítulo.) Entretanto, alguns dos próprios escravos suspeitavam de Benedito. Outra quilombola, Rufina, lembrou que o próprio irmão de Marcolina havia manifestado dúvidas sobre a inocência de Benedito no caso.[26] Até mesmo alguns companheiros quilombolas de Benedito suspeitavam dele, achando que ele "tinha má conduta e era um desordeiro".[27] Essas manifestações de medo e desconfiança são um lembrete de que os laços que uniam escravos e quilombolas, ao mesmo tempo que tinham o poder de ameaçar a sociedade escravista por dentro, abrigavam uma discórdia latente.

Em sua defesa, Francisco Pinto Neto admitiu ter conhecimento do quilombo e de alguns de seus membros, mas não admitiu conivência, optando por atribuir a culpa a outros supostos traficantes de escravos. A relutância em desistir de uma situação lucrativa e o medo de represálias foram suas prováveis motivações.[28] Alguns dos quilombolas que passaram a viver em suas terras já haviam estabelecido um acordo muito semelhante com outro fazendeiro chamado Manoel Curandor, que não tinha nenhum escravo. O quilombola Vicentino observou que "pelas plantações dele [Curandor] e pelo tempo que ele passa caçando, é claro que ele quer a mão de obra dos escravos fugidos".[29] Os quilombolas tinham plena consciência da demanda por sua mão de obra e se valiam disso para buscar protetores. Assim como Pinto Neto, Curandor negou as acusações. Esses coiteiros sabiam claramente que os senhores de escravos não veriam com bons olhos suas atividades ilegais, então nenhum deles assumiu abertamente a culpa.[30]

O oportunismo não era a única razão para que alguns dessem abrigo a escravos fugitivos. Vizinho de Pinto Neto em Ribeirão, o africano liberto Manoel Chagas, conhecido como Cabinda, admitiu ter ajudado quilombolas no passado. Arrependeu-se de não os ter denunciado, mas disse que, "se contasse, cairia em desgraça com os parentes dos escravos e com os próprios escravos".[31] As palavras de Cabinda mostram um senso de obrigação de ajudar os quilombolas que o procuravam, num misto de solidariedade e medo de censura, semelhante ao de Ignácio, que talvez até tivesse laços estreitos com aquela comunidade. A consciência de Cabinda sobre os laços que uniam escravos e quilombolas levou-o a abrir suas portas para outros que fugiam do cativeiro. É das histórias dele e de outros que emerge uma imagem das complexas redes sociais às quais os quilombolas pertenciam, nas quais os traficantes de escravos, os escravos intermediários, os moradores vizinhos e, às vezes, até as próprias autoridades (que, no caso de Pinto Neto, sabiam de seu arranjo, mas nada fizeram durante anos) eram cúmplices voluntários ou relutantes. O punhado de coiteiros de escravos presos pela polícia em agosto de 1881 pode, portanto, ter sido a ponta do iceberg.

Como Flávio Gomes argumentou, os quilombos eram comunidades historicamente dinâmicas forjadas não fora, mas dentro da escravidão, comunidades que simultaneamente transformaram o mundo em que viviam.[32] As geografias insurgentes como prática social, encarnadas pelas relações que Benedito e seus companheiros quilombolas estabeleceram com pessoas escravi-

zadas e livres no início da década de 1880, baseavam-se claramente nos laços comunitários existentes e nas práticas econômicas forjadas sob a escravidão, quer motivadas por camaradagem,
medo ou oportunismo. Em 1881, nenhum deles manifestou explicitamente qualquer ideologia antiescravista subjacente a suas
ações, mas essas ações desestabilizavam a escravidão por dentro.
O fato de os quilombolas abandonarem seus senhores e trabalharem como pessoas livres, debaixo dos próprios olhos desses senhores, equivalia a uma rejeição da escravidão. Embora os acordos com traficantes de escravos não significassem o campesinato
independente das sociedades pós-emancipação, o fato de terem
forjado relações de trabalho livre dentro do próprio tecido social
escravista foi um ato político com que afirmaram seus próprios
termos de inclusão, muito antes de a legislação poder ditar os termos dela. Preparando-se para enfrentar esses desafios a seu poder, os grandes senhores de escravos de São Mateus eliminaram
violentamente o nascente movimento abolicionista três anos mais
tarde, provavelmente horrorizados ao perceber que o abolicionismo havia crescido a partir das mesmas redes que escravos, livres
e quilombolas haviam forjado sob a escravidão.

FUGA PARA A ESCRAVIDÃO

As redes sociais dos quilombolas, apesar de extensas, incluíam muitos que não queriam admitir a cumplicidade. Isso
contrastava com as atitudes dos próprios quilombolas, que pouco
se esforçavam para se esconder. Sua permanência na propriedade
de Francisco Pinto Neto começou a ser percebida pelos escravos
que ouviam vozes cantando sambas no meio da noite, cruzando o
céu escuro até a casa de seu senhor. O filho de Pinto Neto também já tinha cruzado com os quilombolas, inclusive com Benedi-

to, em várias ocasiões a caminho da roça. Os quilombolas haviam se estabelecido a cerca de um quilômetro da residência do fazendeiro, não tão perto a ponto de estar ao alcance imediato de sua vigilância, mas ainda assim a uma curta distância a pé — e auditiva. Isso facilitava o contato direto entre quilombolas, escravos intermediários e, em pelo menos uma ocasião, o próprio Pinto Neto, às vezes na casa do fazendeiro.[33]

Como é que se explica esse comportamento despreocupado? O aquilombamento tem sido considerado como fugas para locais remotos e inacessíveis, ou para centros urbanos, onde, em meio a uma crescente população negra livre, os fugidos podiam se misturar e passar por livres. Essas fugas contrastam com as escapadas temporárias para os arredores, conhecidas como *petit marronage*, para visitar entes queridos ou como tática de negociação com os senhores. Entre os quilombolas de São Mateus havia aqueles que pretendiam apenas uma fuga curta, mas o grupo que se formou foi bem distinto. Pouco interessados em segredo, esses quilombolas acamparam na propriedade de Pinto Neto por meses, ou até anos, agindo como pessoas livres. Em outras palavras, eles deliberadamente encurtaram a distância que separava os quilombos do espaço da escravidão, fugindo para *dentro* dele.[34] Essa reconfiguração das geografias da escravidão e da liberdade está no cerne das geografias insurgentes dos quilombolas. Suas reivindicações espaciais e redes sociais eram camadas sobrepostas de um mesmo mapa, cuja riqueza e complexidade revelam como pessoas escravizadas reimaginaram formas de pertencer à sociedade brasileira. Embora suas escolhas tenham sido moldadas pela geopolítica da região, sua fuga tornou-se uma força transformadora que desestabilizou essas mesmas configurações.

Não há evidência mais clara de como os quilombolas deram novo significado à sua geografia de escravidão do que o local de seu assentamento. Vivendo ousadamente perto da residência de Pinto Neto, os quilombolas se sentiam confortáveis o suficiente para fazer música alta à noite e cruzar o terreno em plena luz do dia. Certamente não estavam alheios ao fato de que os sambas e os batuques fossem regularmente perseguidos pelas autoridades, que temiam que eles gerassem desordem pública.[35] Fazer música alta — seja para louvar uma força superior ou simplesmente para se divertir — era uma forma de se afirmar não só na paisagem visual, mas também na paisagem sonora da propriedade. Embora estivessem fora da vigilância imediata dos Pinto, seu canto ultrapassava a fronteira invisível traçada para o escravo e invadia o espaço do senhor. Mais desplante ainda era atravessar os campos diante dos olhos do filho de Pinto Neto. Com isso, os quilombolas zombavam da distinção invisível entre escravos e livres, reivindicando para si a geografia.[36]

Ao mesmo tempo, os quilombolas não podiam desconsiderar a precariedade de sua posição. Talvez seus senhores tolerassem a fuga ocasional, desde que retornassem e que suas propriedades não fossem danificadas. O ataque a Marcolina, no entanto, rompeu o delicado equilíbrio sobre o qual repousava a rede de proteção aos quilombolas, levando o senhor dela, Bernardino d'Araujo, a aproveitar a oportunidade para se manifestar, depois de um longo aborrecimento. Em abril daquele ano, sua fazenda tinha sido atacada e seu gado roubado por três quilombolas que ele identificou como Benedito e dois companheiros, Lucindo e Rogério. Na manhã seguinte ao ataque, Bernardino seguiu o rastro deles, que levava, segundo ele, às portas da propriedade de Francisco Pinto Neto. Comunicou aos respectivos donos dos escravizados e convidou para que se juntassem a ele na captura, da qual ele próprio não pôde participar em decorrência de um "mal súbito".[37]

A proximidade em que viviam na cidade permitiu a Bernardino reconhecer seus assaltantes. Embora sua relação com Benedito e Rogério seja desconhecida, sabemos como foi que ele conseguiu identificar Lucindo: Bernardino era o seu antigo senhor.[38] Ele tinha comprado Lucindo de seu antigo dono por volta de 1872, quando ainda era uma criança de nove anos. Lucindo invocaria esse fato de seu passado para contestar as acusações de que teria sido cúmplice no ataque a Marcolina. Cresceram juntos e tinham uma boa relação, afirmou ele; não tinha motivos para matá-la.[39] O inquieto Lucindo foi vendido em junho de 1877 e novamente em julho de 1880 a novos senhores, dois comerciantes de escravos locais, mas tornou a fugir.[40] Para Bernardino, o que mais o enfurecia na inclinação de Lucindo à fuga era o fato de ele não ter se dado ao trabalho de escapar para fora de seu alcance, mas estar morando com um grupo de quilombolas ali ao lado no terreno do seu vizinho, Francisco Pinto Neto. Quatro anos depois de sua venda, ele ainda estava lá, vivendo como pessoa livre, e, para juntar o insulto à injúria, teve a audácia de roubar o gado de Bernardino.[41]

O fato de Lucindo esconder-se tão próximo, combinado com a duração de sua fuga, mostra o notável funcionamento de uma geografia insurgente na prática. Os quilombolas não apenas reivindicaram a propriedade de Pinto Neto para si, mas também escolheram se estabelecer a pouca distância de seus donos. De fato, nenhum dos quilombolas fugiu para longe de São Mateus. Esse padrão de fuga, aparentemente estranho, foi uma escolha cuidadosamente deliberada, moldada por uma consciência da geopolítica regional e fundada em suas concepções de liberdade. A segurança era uma das principais razões para os quilombolas fugirem para a cidade e seus arredores, devido a uma rede de outros quilombolas, escravizados e conhecidos coiteiros de escravos. Esse conhecimento dos espaços de liberdade, mesmo dentro dos limites gerais da escravidão, que Philip Troutman chama de "cultura geopolítica", era fundamental para as decisões que tomavam sobre para onde ir e quem incluir em suas redes.[42] Em São Mateus, seus conhecimentos lhes proporcionavam um mapa mental de potenciais povoações e de suas fontes de água e de alimentos, para não falar dos coiteiros e dos escravizados colaboradores, e eram vitais para estas mulheres e estes homens frequentemente obrigados a se deslocar de uma hora para outra.[43] Os depoimentos dos quilombolas indicam que eles nunca vagaram sem rumo, o que poderia ameaçar suas chances de sobrevivência. Quando se deslocavam, dirigiam-se a *ranchos* específicos escolhidos pela relativa segurança e proximidade de alimentos e água, e voltavam repetidamente a eles em seu processo de deslocamento. Benedito atravessava com frequência a fronteira da Bahia com o Espírito Santo, demonstrando um notável conhecimento da topografia local e uma vasta rede de protetores que lhe permitiu iludir grandes expedições durante anos. No entanto, ele também sempre se manteve próximo ao litoral, ciente dos potenciais perigos do interior.

De fato, aventurar-se fora de São Mateus sem um conhecimento profundo da geografia das redondezas implicava altos riscos. É essencial situar as fugas desses escravizados em seu contexto geopolítico particular para entender por que o sertão não era um porto seguro óbvio. O florescimento dos quilombos nas décadas de 1840 e 1850 foi em parte facilitado pela migração forçada dos botocudos e outros grupos indígenas de São Mateus para o sul da Bahia. Nas décadas seguintes, no entanto, o interior da cidade tornou-se cada vez mais inóspito para os escravos fugitivos. Embora a economia de São Mateus continuasse baseada predominantemente na produção de mandioca em pequena escala, nas décadas de 1860 e 1870 algumas das famílias mais ricas começaram a comprar grandes extensões de terra, no interior, para cultivar café. Entre os que expandiram agressivamente suas propriedades rurais estava Rita Maria da Conceição Cunha, a última senhora de Benedito. O mais rico desses novos cafeicultores era seu filho, o major Antônio Rodrigues da Cunha, futuro Barão de

Aimorés e um dos maiores proprietários de escravizados de São Mateus. Ele tinha motivo e recursos para capturar os escravos fugidos aptos para o trabalho.[44] Mais para o interior de Minas Gerais, a fundação da missão de Itambacuri, em 1873, perto de Filadélfia, atraía colonos para as novas terras disponíveis. No início da década de 1880, o desenvolvimento da infraestrutura havia integrado a região mais do que nunca à economia nacional. A mais significativa dessas transformações foi a estrada de ferro Bahia-Minas, ligando a vila de Aimorés (perto de Filadélfia) ao Atlântico, em Caravelas, cuja construção estava quase concluída em 1881. A estrada de ferro trouxe uma nova população de ferroviários e colonos para a região e, em meados da década de 1880, mais de novecentos agricultores haviam se estabelecido no sertão de São Mateus. O sertão estava, então, muito longe daquelas "terras proibidas" escassamente povoadas do período da Independência; nessa época, fugir para distâncias longas e desconhecidas era extremamente arriscado.

A fuga para o interior também fez convergir as geografias quilombola e indígena com consequências imprevisíveis. Ninguém conhecia melhor o território da fronteira Atlântica do que a população nativa. O capítulo 2 discutiu a enorme importância que os botocudos davam às reivindicações territoriais, uma vez que sua sobrevivência como caçadores-coletores dependia do acesso a importantes bacias hidrográficas, áreas de caça e árvores frutíferas sazonais. A colonização, a privatização de terras, a transferência de aldeias e a migração forçada causaram estragos em seu modo de vida. A escassa evidência arquivística das interações entre indígenas e colonos nas cidades e vilas costeiras na década de 1870 e sua maior visibilidade perto de Filadélfia e Itambacuri no norte de Minas sugerem tanto o confinamento forçado dos botocudos no interior e mais ao norte na Bahia quanto a diminuição dos espaços para negociações estratégicas com a sociedade colonizadora em expansão. Poucos meses antes do ataque a Marcolina, um grupo de pojixás botocudos tinha emboscado e matado um colono e uma equipe de trabalhadores que estavam abrindo as estradas de São Mateus para o norte de Minas, levando o engenheiro-chefe a exigir o seu extermínio.[45]

Nessa instável disputa territorial, a fuga de um escravo para a liberdade poderia ameaçar diretamente a sobrevivência dos indígenas, pela competição por seu território e por recursos já escassos e por atrair expedições. A população afrodescendente também não estava imune aos rumores da ferocidade dos botocudos. É provável que existissem alianças entre indígenas e quilombolas. Por exemplo, os missionários de Itambacuri afirmavam que "no meio dos terríveis pojixás há alguns escravos negros fugitivos que dão maus conselhos aos índios, governam sobre eles e os reúnem na mata próxima de São Mateus".[46] Uma história oral relata o caso de um escravo que fugiu de seu senhor no norte de Minas. O escravo matou uma onça na mata, o que "o levou a ser chamado de Capitão Grande pelos índios. Usando sua posição de prestígio, o escravo fugido incitou os índios a invadir a fazenda Liberdade para matar o capitão Leonardo [seu senhor] e roubar suas cinco filhas".[47] Os dois exemplos acusam os quilombolas de manipular os indígenas para resistir aos missionários e colonos, e mostram a incapacidade destes últimos de compreender a resistência indígena. Ao mesmo tempo, fornecem exemplos fugazes, mas sugestivos, de colaboração entre negros e indígenas forjada no contexto da escravidão e da invasão de colonos. Não há, contudo, garantia da existência de tais alianças, que também não devem ser presumidas.[48]

Nessas condições de risco, a familiaridade dos quilombolas com o terreno e as pessoas era essencial. Navegando cuidadosamente entre lugares e rostos familiares, eles gozavam de uma notoriedade que lhes dava vantagem sobre seus inimigos potenciais;

ao se aventurar mais longe, um quilombola se tornaria apenas mais um escravo fugitivo, vulnerável a múltiplas hostilidades. Em outras palavras, era mais seguro estar entre pessoas conhecidas, fossem elas amigas ou inimigas. Tirando proveito do medo, ou da necessidade, que os moradores tinham de quilombolas como Benedito, Lucindo e seus pares podiam fugir descaradamente para outra parte da cidade por meses, quiçá anos. Assim, a segurança não era a única razão da fuga para São Mateus. A importância de manter os laços de parentesco, o acesso à terra e outros direitos consuetudinários, duramente conquistados, era a razão fundamental para que pessoas libertas permanecessem frequentemente nos locais onde tinham estado cativas havia pouco tempo — o deslocamento poderia significar a perda dessas coisas. Sua ideia de liberdade não se definia pelo deslocamento para longe (que não deve ser confundida com a liberdade de circulação), mas pela possibilidade de viver junto à família e à comunidade no local de sua escolha, uma escolha que tinha praticamente desaparecido para os indígenas da região.[49]

Assim como os quilombolas atuando como trabalhadores livres desestabilizaram a definição legal de escravidão, a fuga para a área de São Mateus começou a corroer as geografias da escravidão. A fuga foi inegavelmente moldada pela consciência da redução das oportunidades de liberdade no sertão. A liberdade para os quilombolas, no entanto, só tinha sentido à medida que podia ser vivida em sua própria comunidade e em seus próprios termos, e foi justamente por isso que eles permaneceram. Uma visão panorâmica de São Mateus e seus arredores nos permite apreciar o impacto maior de suas geografias insurgentes. Em meio a uma paisagem dominada por poderosos interesses escravistas e que se estendia até o sul da Bahia, havia refúgios seguros nos quais os quilombolas viviam e se moviam como pessoas livres, auxiliados por uma rede de escravizados e coiteiros. A própria existência desses espaços nos territórios da escravidão enfraqueceu o domínio dos escravistas na região. Os escravizados fugidos utilizaram o quilombo não para se isolar da sociedade brasileira, mas como uma forma de reimaginar seus termos de inclusão dentro da mesma geografia. Veremos agora por que e como essa notável comunidade se uniu.

QUILOMBOS COMO "COMUNIDADES CONTINGENTES"

Em agosto de 1881, aproximadamente um mês após o ataque a Marcolina e um ano depois da dramática fuga de Benedito da prisão, uma expedição antiquilombo quase capturou Benedito, que por pouco não matou o chefe da expedição com um facão numa luta feroz antes de desaparecer entre as árvores. Mais tarde, ele disse a outro quilombola, em suas únicas palavras registradas, "[meu] amigo, eu joguei uma pedra no diabo; eles me cercaram. Usei meu facão, mas no final eles me pegaram na porrada".[50] Benedito viajava com mais quatro pessoas, três delas, mulheres. Eles viviam com mais oito pessoas na propriedade de Francisco Pinto Neto até que as tensões entre Benedito e seu companheiro Rogério dividiram o grupo em dois. Já separado, o grupo de Benedito foi atacado e desarticulado, mas depois parcialmente reconstituído e novamente reconfigurado.

Esses arranjos sociais fugazes e frequentemente reinventados nos levam a questionar o que constitui uma comunidade quilombola. Deve ter um tamanho ou uma duração mínima? Uma finalidade política definida? Os quilombos não aderiram a nenhum paradigma, mas eram o que Walter Johnson chama de "comunidades contingentes", constantemente renegociadas por decisões pessoais, interações diárias e mudanças nas condições materiais.[51] Essas comunidades em formação foram reunidas por laços de parentesco, amizades e esperanças de uma vida melhor, ao mesmo tempo que se debatiam com dissidências internas nascidas do choque de necessidades e aspirações individuais.[52] Não reconhecer essas contingências é correr o risco de tornar os quilombos a-históricos, e as mulheres e os homens que os construíram, protótipos de resistência, em vez de seres humanos com variadas aspirações e fragilidades. Os quilombolas de São Mateus, mesmo em 1881, não estavam necessariamente unidos por uma ideologia antiescravista comum, mas tinham uma variedade de motivações para a fuga, fruto de suas experiências diárias na escravidão. Essas disparidades fazem a decisão de juntos criar uma comunidade ainda mais notável; foi precisamente essa experiência que permitiu que essas pessoas, com seus objetivos e aspirações individuais, começassem a forjar uma política quilombola mais ampla que desafiava a escravidão por dentro.

Nem todos os escravos que fugiam do senhor para se juntar a outros eram movidos, desde o início, pela intenção explícita de rejeitar ou desafiar a instituição da escravidão. Para muitos, tratava-se de uma tática de negociação, enquanto outros fugiam para visitar entes queridos ou para protestar contra castigos. Os objetivos também eram contingentes: viver com outros quilombolas podia gerar aspirações até então impensáveis para um escravo que pretendia fugir apenas por pouco tempo.[53] A fuga individual e o aquilombamento faziam parte de um mesmo processo.[54]

Os quilombolas cujos caminhos convergiram para a propriedade de Francisco Pinto Neto foram reunidos por um conjunto notavelmente diverso de fatores que os "empurraram" e "puxaram", e não por qualquer coisa que se assemelhe a uma causa comum — exceto o desejo de pôr fim a suas atuais circunstâncias. A idade dos componentes desse grupo constituído por seis mulheres, sete homens e pelo menos um bebê (nem todos testemunharam) variava entre os vinte e os cinquenta anos. O grupo, liderado por Rogério, havia se reunido inicialmente na fazenda de outro coiteiro, com quem se desentendeu e daí se mudou para a de Pinto Neto. Entre eles estava Manoel Bahiano, propriedade da mesma senhora que Rogério, que fugiu para se juntar ao amigo.[55] Gertrudes tinha fugido com o filho pequeno havia cerca de seis anos, na esperança de encontrar um novo dono, plano que nunca se concretizou. Depois de muitas dificuldades, muitas delas na solidão, ela chegou ao coiteiro, onde acabou se juntando aos outros quilombolas.[56] Foi o cansaço que levou Hortência a deixar seu senhor quase dois anos antes de chegar à fazenda.[57] Vicentino tinha sido dado como garantia de dívida de seu senhor e fugiu algumas semanas depois, provavelmente por medo de ser vendido.[58]

Outros logo se juntaram ao quilombo na terra de Pinto Neto, guiados por rumores de que mais escravos fugidos haviam fundado ali um assentamento. Rufina, de 22 anos, fugiu de seu senhor, o tenente de polícia de São Mateus. Depois de passar alguns meses com outros quilombolas, ela seguiu seu próprio caminho, e acabou se juntando novamente a eles.[59] Mais de um ano e meio depois da fuga, sua mãe, Josefa, uma africana de cerca de cinquenta anos, decidiu se juntar a Rufina e foi conduzida às terras de Pinto Neto por Lucindo, que encontrou em suas andanças. Sua decisão mostra a importância que as mulheres escravizadas davam à manutenção das relações entre mãe e filha, mesmo quando esta última já não era criança, e foi provavelmente motivada pelo fato de pertencerem a donos diferentes.[60] Lucindo, que seria acusado de participar do ataque a Marcolina, estava em meio a uma de suas fugas habituais. Ele se juntou a seus companheiros quilombolas na fazenda de Pinto Neto, depois de fugir com medo de seu último e exigente dono. Outra dupla de mãe e filha, Francisca e Ricarda, havia fugido do senhor e chegado à cidade com a esperança de serem compradas pelo major Cunha, o mais poderoso fazendeiro de São Mateus e figura central da oligarquia conservadora local.[61] Para essas mulheres, a fuga não era uma rejeição da escravidão em si — como para Rufina e Josefa —, o que importava era ficarem juntas. Sem conseguir encontrar seu potencial comprador, Francisca e Ricarda estavam tentando se orientar quando foram encontradas por Rogério, que as mulheres mais tarde afirmaram tê-las "enganado" com a promessa de que ele as ajudaria a chegar a seu destino, levado para se juntar aos quilombolas das terras de Pinto Neto.[62] Suas declarações contradizem o testemunho de Lucindo, de que cada quilombola tinha aderido ao quilombo por sua própria vontade, e não por sedução ou força, como as autoridades presumiam.[63] Provavelmente, Júlio também se juntou a um grupo, enquanto Benedito estava por si em algum outro lugar.

O que é notável nos processos que juntaram essas mulheres e esses homens é precisamente a falta de uma motivação comum. Apesar disso, eles criaram uma comunidade, ainda que flutuante, capaz de corroer ainda mais o poder dos senhores de escravos. Podemos ficar inclinados a perceber uma ideologia antiescravista abrangente e preexistente unindo esses quilombolas. Isso não é de todo descabido, dado o crescente clima antiescravista da década de 1880, já referido no capítulo 4. No entanto, seus testemunhos revelam uma grande variedade de razões, algumas contraditórias, mas nenhuma delas *explicitamente* destinada a rejeitar a instituição da escravidão (embora seja possível que tenham simplesmente optado por não mencionar as razões). Benedito ou Rogério podem ter falado mais explicitamente contra a escravidão, mas não em testemunho. O exemplo mais próximo de uma afirmação de liberdade foi de dois quilombolas que tentaram "passar" por libertos quando se apresentaram pela primeira vez a seus coiteiros.[64]

Ainda assim, todos os quilombolas estavam desafiando seu cativeiro, de uma forma ou de outra. Ao reconhecer a diversidade de fatores que levam à fuga, é fundamental não privilegiar motivações antiescravistas claramente discerníveis como sendo "mais políticas" do que o desejo de se juntar a amigos e familiares ou de tentar melhores condições com outro senhor. Essas reivindicações, aparentemente corriqueiras, expressavam as ideias dos quilombolas sobre liberdade e eram feitas com enorme risco para sua segurança pessoal. Se, por um lado, eles contavam com uma rede de pessoas que os protegiam e, sempre que possível, se comportavam como sujeitos livres, por outro, enfrentavam diariamente a dura realidade da perseguição. As expedições contra os quilombos se intensificaram nos meses seguintes ao ataque a Marcolina, o que tornou ainda mais impressionante o fato de os quilombolas ainda permanecerem em São Mateus. Isso porque sua política não existia fora da vida escrava, e era formulada dentro dela. Seus desejos de viver com parentes, proteger seus filhos ou melhorar suas condições de trabalho no próprio território em que estavam escravizados eram, em si mesmos, atos políticos por meio dos quais eles afirmavam suas vidas como mulheres e homens livres, e não como propriedade que poderia ser espancada ou vendida, mesmo que não articulassem essas ideias na linguagem antiescravista. Suas geografias insurgentes foram expressas em seus esforços para realizar essas aspirações exatamente onde viviam e em seus próprios termos.[65]

O assentamento quilombola na terra de Francisco Pinto Neto entrou em crise logo após a entrada de Benedito e do escravo de Pinto Neto, João Carretão, o que elevou o número total para treze. Apenas cinco meses depois, a precária convivência entre fazendeiro, escravos e quilombolas foi comprometida quando Benedito tentou atirar em Júlio, abrindo uma fissura no grupo. As tensões e divisões internas entre eles tornaram-se evidentes, com alguns abertamente céticos em relação ao caráter do agressor. Manoel Bahiano culpou Benedito e Lucindo pelos roubos de gado.[66] Vicentino estava convencido de que Benedito estaria "pronto para fazer qualquer coisa ruim porque está perdido".[67] Rogério desaprovou a desordem que Benedito provocou no assentamento, pois poderia gerar hostilidades. Concluindo que a reconciliação era impossível, Rogério reuniu sete quilombolas e uma criança e deixou a terra de Pinto Neto para se restabelecer em outra propriedade.[68] Na versão alternativa de Josefa, a ruptura foi causada pela disputa entre Benedito e Rogério pela filha dela, Rufina.[69]

As causas reais da separação podem ter sido muitas. Esse incidente mostra que a comunidade quilombola não pode ser considerada um fato consumado, dada a fragilidade do empreendimento diante das diferenças individuais e das suspeitas que aparecem em momentos de tensão. A ameaça de Benedito de atirar em Júlio foi a gota d'água no caldeirão da dissidência. As críticas dos quilombolas aos comportamentos de risco de Benedito decorrem de um código de comportamento que eles elaboraram para as relações entre si e com o mundo exterior, cientes de que sobreviver sozinhos era impossível. Com a tentativa de assassinar um colega quilombola, Benedito desferiu um duro golpe na unidade do precário assentamento onde os treze se reuniram. Para sobreviver, todos os quilombolas furtavam fora do assentamento, mas aqueles que estavam do lado de Rogério, em sua disputa pela liderança e contra Benedito, percebiam o roubo deste último como imprudente e ameaçador para a sobrevivência do grupo. Se ultrapassassem o ponto de ruptura, suas redes não poderiam mais protegê-los e viria a perseguição e a exposição de todo o grupo a graves perigos e a uma vida de fuga. O exercício da liderança entre os quilombolas era também um ato de autoafirmação masculina, em parte definido pelo acesso às mulheres, pela posse de armas e, pelo menos para Benedito, por uma performance de bravata. Significativamente, todos os críticos de Benedito eram homens. As rivalidades e tensões sexuais podem, portanto, ter contribuído para que os dois homens se desentendessem, constituindo assim outro fator que teria ameaçado a coesão do grupo.[70]

Violência era o que os aguardava após a separação do grupo. Várias expedições contra eles, deslocamentos constantes e recursos escassos resultaram, como veremos, no assassinato de Rogério e na prisão de muitos outros em agosto de 1881. Essas dificuldades sugerem o lado negativo daquilo que Clóvis Moura, em seu trabalho seminal sobre quilombos, argumentou ser sua tábua de salvação: a mobilidade. A falta de terra proporcionava versatilidade, mas ao mesmo tempo era motivo de vulnerabilidade.[71] No entanto, essa instabilidade não invalidou a importância do quilombo. Como vimos, cada quilombola teve motivos distintos para fugir para as terras de São Mateus. Embora no início não estivessem unidos por uma explícita ideologia antiescravista, o resultado mais marcante desses eventos foi que *nenhum* deles retornou à escravidão até serem forçados, mesmo que isso pudesse salvá-los de mais instabilidade e perseguição. Um segundo resultado notável foi que eles se esforçaram para manter uma comunidade apesar de todas as adversidades. Fugindo para proteger o que era importante para eles, os quilombolas experimentaram em primeira mão uma vida que ia além da escravidão. Eles forjaram uma consciência de liberdade criando uma comunidade e compartilhando suas vidas como quilombolas; voltar atrás parecia não ser mais uma opção viável. A liberdade, então, tornou-se uma prática política coletiva pela qual eles remapearam suas vidas nas terras de São Mateus. Mesmo assim, as mulheres que viviam em comunidades escravizadas e quilombolas enfrentaram desafios únicos em suas lutas pela liberdade individual e coletiva.

MULHERES QUILOMBOLAS E TENSÕES DE GÊNERO

A extravagância de Benedito ameaça ofuscar algumas das informações mais valiosas que esses depoimentos fornecem sobre a vida das mulheres quilombolas.[72] Além da ausência de fontes, nosso conhecimento limitado sobre as mulheres quilombolas decorre da afirmação da masculinidade no quilombo. As mulheres escravizadas são muitas vezes consideradas incapazes de suportar as duras condições de vida no quilombo e, devido à dificuldade emocional de deixar os filhos para trás ou a dificuldades físicas de fugir com uma criança, tendem a escapadelas em vez de uma fuga definitiva. Em suma, muitos concluíram que a família prendia as mulheres ao domínio de seus senhores.[73] No entanto, as mulheres quilombolas de São Mateus fugiram para estar com seus filhos ou para com eles ter uma vida melhor. Suas histórias ajudam a iluminar a política quilombola como uma prática de gênero moldada pelas formas específicas com que as mulheres foram excluídas e lutaram pela liberdade no Brasil do século XIX.[74]

Muitas vezes, os laços que uniam mãe e filho não eram um fator desencorajador, mas uma poderosa motivação na decisão das mulheres de fugir, independentemente da idade da criança. É difícil saber se esse fator também influenciava as decisões dos homens, uma vez que nenhum deles mencionou os parentes como motivação. Vimos anteriormente que Josefa e Francisca fugiram para estar com suas respectivas filhas adultas, Rufina e Ricarda. A história de Gertrudes, que fugiu com o filho pequeno, ilustra a luta particular das mulheres quilombolas pela liberdade, encarnada em sua disposição de arriscar a vida por outra melhor com seus filhos, mesmo sofrendo perdas devastadoras.[75] A penosa experiência de Gertrudes é um exemplo das separações enfrentadas pelas pessoas escravizadas, apesar de as leis brasileiras do final do século XIX reconhecerem cada vez mais os direitos dos escravos a ter e permanecer com suas próprias famílias, e dos esforços extraordinários que essas mulheres quilombolas fizeram para manter suas famílias unidas.[76]

Mulher de 35 anos, que tinha passado mais de meia década em fuga, Gertrudes sobreviveu durante anos na companhia exclusiva do filho pequeno, caçando e procurando alimentos nas florestas. Sua fuga foi motivada pela urgência de proteger a si e a seu filho dos castigos de seu senhor e pela esperança de melhores condições com um novo dono. Apesar de não ter de início rejeitado totalmente a escravidão, sua decisão baseou-se na determinação resoluta de permanecer com seu filho e de se libertar das situações que ligavam suas vidas à violência. No entanto, o fato de ser quilombola negou-lhe a proteção legal para manter a família preservada. As esperanças de Gertrudes quanto à possibilidade de uma compra conjunta de mãe e filho foram frustradas quando um morador local comprou ilegalmente apenas seu filho, um ingênuo legalmente livre, separando-o assim de sua mãe.[77] Como observou Mary Ann Mahony, pessoas que não eram proprietárias de grandes plantações tinham poucas razões para obedecer à lei de 1869 de manter intactas as famílias de escravos, uma vez que dependiam, mais do que outras, da compra e venda de escravizados. Como quilombola, Gertrudes era ainda mais vulnerável a essas transgressões legais, pois a perda do filho parece ter sido resultado de uma transação direta e não registrada entre ela e o comprador.[78]

Podemos entender a magnitude da luta de Gertrudes para ficar com o filho à luz de uma experiência anterior. Antes da venda do filho, Gertrudes deu à luz um segundo filho, sozinha num engenho de farinha de mandioca aparentemente abandonado. No ambiente mal equipado e insalubre do engenho ela correu um tremendo risco, para ela e para o bebê. Após o parto, a quilombola deixou temporariamente o recém-nascido e, ao retornar, descobriu que a criança havia desaparecido. O engenho, como ela logo descobriu, na verdade não estava abandonado, pertencia a um dos conhecidos coiteiros de escravos de São Mateus, que havia encontrado a criança e se recusou a devolver à mãe. O filho de Gertrudes, ao contrário de sua mãe, deveria ser legalmente livre, pois nasceu após a Lei do Ventre Livre de 1871 — mas a criança perdeu a liberdade para um estranho. A tragédia que se abateu sobre Gertrudes revelou os riscos de transitar pela geopolítica da sociedade de São Mateus; apesar de ter encontrado um coiteiro de escravos, isso não era garantia de abrigo e ajuda. Assim, a decisão de Gertrudes de permanecer na fazenda do coiteiro, apesar da hostilidade aberta deste a sua presença, sinaliza seu compromisso de ficar perto do filho, fugindo *para* São Mateus.

A decisão de Gertrudes de não ter nem criar seus filhos na propriedade de seu senhor e sua decisão de longo prazo de não retornar à escravidão, apesar das terríveis perdas, demonstram como as mulheres quilombolas entendiam sua liberdade como um direito à maternidade. A liberdade significava o controle sobre seus corpos e a reprodução — não apenas a liberdade do útero — e a capacidade de estar com seus filhos. O que Gertrudes fez, portanto, confirma o que Camillia Cowling afirmou em relação a mulheres escravizadas no Rio: "[a] luta pela guarda dos filhos como parte da luta pela emancipação foi, antes de tudo, uma batalha das mulheres". Gertrudes acabou decidindo se juntar aos quilombolas. E foi encontrada com um terceiro filho no peito quando uma expedição prendeu muitos deles no início de agosto de 1881. Mesmo depois de perder dois filhos, ela lutou para manter o direito à maternidade conquistado, a duras penas, como quilombola que optou por não voltar à escravidão (Figura 5.2).[79]

Escapar do controle dos senhores sobre seus corpos e famílias foi um dos desejos que determinaram a busca por liberdade de mulheres quilombolas. No entanto, a convivência com outras quilombolas, ao mesmo tempo que lhes proporcionava uma nova "família" com quem compartilhar experiências, não estava livre de suas próprias tensões de gênero. Um exame mais detalhado das relações de gênero entre os quilombolas revela um lado importante do funcionamento interno, pouco compreendido, das

FIGURA 5.2. *A vida de mulheres quilombolas, como Gertrudes, mostra que o desejo de ficar com os filhos e ter uma vida melhor com eles era uma motivação importante para as mulheres fugirem de seus senhores.*

FIGURA 5.3. *Os quilombolas eram empregados por moradores da cidade que precisavam de mão de obra extra. Além de trabalharem como lavradores, os quilombolas Rogério e Gertrudes faziam estes cestos de samburá.*

comunidades quilombolas, e como a liberdade das mulheres podia ser limitada não apenas por seus senhores, mas também por outros homens no quilombo.[80] O trabalho era um exemplo. Todos os quilombolas trabalhavam, seja para um coiteiro ou para si mesmos, montando armadilhas, colhendo ou roubando mandioca. As mulheres carregavam água e os homens faziam a vigia. Gertrudes e Rogério, por exemplo, plantavam cana e faziam cestos e outros produtos (Figura 5.3). No entanto, quando se tratava de roubar coisas maiores, como gado, a tarefa era tacitamente acordada como exclusividade dos homens. Hortência testemunhou que não fazia ideia de onde vinham os animais.[81]

Assim, enquanto mulheres e homens realizavam frequentemente tarefas distintas para seus senhores sob o regime de escravidão, os próprios quilombolas também criaram e mantiveram suas próprias divisões de gênero.[82] Os homens quilombolas deliberadamente escondiam certas informações das mulheres. Em nenhuma situação essa prática foi mais evidente do que na aquisição e posse de armas. Os homens nunca deixavam o quilombo sem uma espingarda, que foi provavelmente o marcador visual que permitiu a Marcolina identificar seus agressores como quilombolas. Embora certamente importante para a autodefesa, a posse de armas também era uma forma de os homens quilombolas afirmarem sua masculinidade e bravura. Pois, embora as mulheres enfrentassem perigos iguais, se não maiores, a elas era proibida a posse de armas, e mais ainda de saber de onde elas vinham. Francisca lembrava-se claramente de que "os negros voltavam com pólvora e armas", mas "não sabia como as arranjavam, porque eram muito reservados sobre isso".[83] Gertrudes e Rufina foram igualmente mantidas na ignorância. As observações de Vicentino revelam claramente a atitude por detrás de tais medidas. As mulheres não podiam saber o que estava se passando, conta ele, porque Rogério não lhes confiava minimamente qualquer informação.[84] Aparentemente, guardar o segredo era mais importante do que permitir às mulheres maior controle sobre sua segurança. O rígido controle dos quilombolas sobre informações vitais, como onde conseguir certas fontes de alimentação e armas — informações que teriam permitido às mulheres autoproteção e mobilidade —, limitou o acesso delas aos recursos necessários à sobrevivência e as tornou dependentes dos homens. Isso pode ter reforçado o sentimento de serem eles próprios os provedores, expandindo seu senso de liberdade e medida de controle sobre seu ambiente (mesmo que eles possam ter lutado pelo controle entre si, como visto anteriormente), mas às custas da liberdade das mulheres quilombolas.

Se os homens quilombolas achavam as mulheres tão pouco confiáveis, por que elas foram incorporadas aos quilombos? Se os homens quilombolas viam as mulheres com condescendência, ao mesmo tempo as procuravam ativamente. Tanto Francisca como Ricarda responsabilizaram Rogério por tê-las trazido para a comunidade. Segundo seus depoimentos, ele as enganou, "alimentando a esperança" de que iria ajudá-las a chegar a seu destino, mas as atraiu para o quilombo. No entanto, elas permaneceram por meses. É claro que mãe e filha podiam estar tentando minimizar sua própria ação perante a polícia. Uma razão mais óbvia para a incorporação de mulheres era satisfazer as necessidades sexuais dos homens — e das próprias mulheres —, sendo o exemplo mais brutal a tentativa de estupro de Marcolina por seus agressores quilombolas não identificados. As fontes são reticentes quanto às relações sexuais entre os quilombolas. Gertrudes teve um filho com João Carretão, o que poderíamos considerar uma aparente família quilombola, mas não sabemos se permaneceram juntos. Hortência e Rufina também deram à luz enquanto quilombolas, mas a identidade dos pais não é revelada. Benedito e Rogério teriam se desentendido por causa de Rufina, mas os depoimentos não indicam tensões entre as mulheres quanto ao acesso aos homens. Francisca e Josefa eram vinte a 25 anos mais velhas do que os homens e, portanto, podem ter sido as parcerias sexuais menos prováveis, embora certamente não impossíveis. Ainda assim, vale a pena sublinhar que nenhuma das mulheres afirmou ter sido raptada ou trazida à força. Pelo contrário, cada mulher tinha claramente as suas próprias razões para fugir.[85]

O gênero moldou as experiências dos quilombolas na escravidão e na fuga. A liberdade das mulheres escravizadas foi cerceada de maneiras muito específicas, primeiro no direito à maternidade sob a escravidão, e segundo nas relações com os homens quilombolas, levando-nos a reconhecer as experiências singulares das mulheres numa atividade que tem sido vista como esmagadoramente masculina. A família e os filhos estão longe de ser impeditivos, são antes fatores que moldam a consciência política de mulheres como Gertrudes, que decidiu reivindicar seu direito à maternidade, tomando seu destino em suas próprias mãos. Ao mesmo tempo, a convivência com homens quilombolas revelou que as ideias masculinas que eles tinham da liberdade às vezes restringiam as oportunidades das mulheres de viver como fugitivas e, eventualmente, pessoas livres. Essas tensões não negam, de forma alguma, a importância de suas concepções de liberdade, mas nos obrigam a reconhecer os conflitos reais entre mulheres e homens na tentativa de forjar uma política coletiva de quilombos.

"Cerco! Cerco!" Rogério gritava para seus companheiros quilombolas. "Vamos todos! A expedição está chegando!!"[86] Ainda estava escuro na madrugada de 8 de agosto de 1881 quando uma batida policial assustou os quilombolas que haviam acompanhado Rogério a um assentamento na fazenda Campo Redondo — quatro homens, três mulheres e uma criança. As mulheres, em pânico, fugiram quando o som das balas tiniu na mata. Escondendo-se atrás de uma árvore, viram os homens trocarem tiros com a expedição.[87] Rogério atacou e esfaqueou o peito de um membro da expedição. Mas sua vitória durou pouco, pois foi rapidamente atingido por uma chuva de balas. Momentos depois, Francisca, Ricarda e Gertrudes, esta última com o filho pequeno ao peito, foram descobertas pela expedição e presas. Alguns foram posteriormente vendidos como castigo. Os restantes, João Carretão, Júlio, Vicentino e Manoel Bahiano, fugiram pela mata em várias direções. Vicentino foi atingido por um total de quinze balas, enquanto Manoel Bahiano foi baleado por um liberto que havia se juntado à expedição; ambos sobreviveram. Esconderam-se na mata até decidir se entregar às autoridades.[88] João Carretão e Júlio conseguiram escapar por completo. Benedito, que não estava no cerco, sumiu no mato.[89]

ENTRE O RUMOR E A AÇÃO: A INSURREIÇÃO
DOS ESCRAVOS DE SANTANA

Três anos se passaram até que se soubesse de Benedito. A notícia de seu paradeiro só veio à tona em 9 de julho de 1884, apenas uma semana depois de os Faria terem sido absolvidos do assassinato de Seraphim. Aproximava-se a Festa de Santana, um feriado popular entre os escravizados da região. Naquele ano começou a circular um boato de que "no dia 27 deste mês, durante as festas de Santana, os [escravos] querem se unir e deflagrar uma insurreição para serem libertados". Boato semelhante foi relatado pelo tenente da polícia da cidade, segundo o qual os escravizados esperavam sua emancipação para o dia da santa e estavam prontos para se levantar ao grito de "Viva a liberdade!". Embora não suspeitasse de uma insurreição, o tenente estava preocupado com uma série de competições festivas que reuniam escravos da cidade e do campo e lhes davam um grau de autonomia preocupante.[90]

Enquanto circulavam esses boatos, um grupo armado de vinte a trinta quilombolas de São Mateus, Barra de São Mateus e do sul da Bahia havia se juntado para atacar viajantes e fazendas. Logo o chefe de polícia do Espírito Santo, Antonio Pitanga, associou esses dois incidentes (por razões que permanecem obscuras) e lançou um novo boato: que vinte a trinta quilombolas das duas províncias estavam planejando uma insurreição antiescravista, liderada por ninguém menos que Benedito. Ele informou o vice-presidente da província que os quilombolas haviam se reunido na propriedade do fazendeiro de Barra José Guedes e instou a polícia local a destruir seus assentamentos.[91] A especulação de uma insurreição liderada por Benedito era invenção da polícia ou o boato tinha fundamento?

O medo de insurreição não era novidade em São Mateus. Os rumores de emancipação haviam despertado esses receios em

1843 e 1851, e a Guerra do Paraguai e a Lei do Ventre Livre inspiraram outros em 1866 e 1871.[92] Em 1884, no entanto, o clima político havia mudado drasticamente. Ceará, Rio Grande do Norte e Amazonas já haviam abolido a escravidão em suas províncias. Mais perto de casa, duas revoltas de escravos na Colônia Leopoldina em 1881 e 1882 atingiram o auge em 1884 no violento assassinato do fazendeiro José Venerote por seus próprios escravos. Em São Mateus, os senhores de escravos sabiam que o veredito de inocência dos Faria pelo assassinato de Seraphim não poderia protegê-los das mudanças na lei e na opinião pública que estavam corroendo sua autoridade. Em breve, um movimento abolicionista local os levaria ao pânico e ao frenesi.

Os escravizados e quilombolas estavam, é claro, bem conscientes dessas mudanças. Por que outra razão eles esperariam uma emancipação geral em julho de 1884? Vimos como os quilombolas, através de suas geografias insurgentes, afirmaram seus próprios termos de inclusão nacional. Fundamentais para essas geografias eram as complexas redes sociais e econômicas que os ligavam aos escravizados e aos livres, bem como o seu intrincado conhecimento do terreno que lhes permitia encontrar espaços de liberdade numa geografia de cativeiro. Nos três anos que se seguiram à detenção deles, muita coisa tinha mudado. Em 1881, nenhum quilombola se manifestou expressamente contra a escravidão, e ninguém na vasta rede de escravistas e colaboradores demonstrou simpatias abolicionistas. A emancipação geral não fazia explicitamente parte do discurso público em São Mateus, e ninguém considerava Benedito o líder de uma insurreição antiescravista. O fato de essas ideias terem ganhado tanta força em 1884 revelou o novo horizonte de possibilidades e a emergência de uma nova geografia insurgente da antiescravidão.

Os documentos de arquivo nos permitem seguir como esse novo rumor produzido pelo chefe da polícia sobre uma insurreição liderada por quilombolas foi sendo cada vez mais polido com uma pátina de realidade em cada troca de impressões aparentemente rotineira entre ele, o vice-presidente da província e, eventualmente, o ministro da Justiça. A evolução do boato certamente sugere o trabalho de homens paranoicos que viam uma conspiração de escravizados em cada esquina, e de agentes perfeitamente alinhados com os interesses dos senhores de escravos.[93] Essas possibilidades, no entanto, não podem obscurecer o fato de que o boato original — de uma emancipação geral dos escravos na Festa de Santana — surgiu entre os escravizados; a polícia apenas o ampliou. Se os boatos são, como argumentou Steve Hahn, um "campo e uma forma de luta política" que permitia aos escravizados participar e moldar o debate político, os de São Mateus apostaram suas fichas na política da abolição com esse boato de emancipação. No clima turbulento de 1884, o boato indicava que a emancipação era possível e desejável para os escravizados. Que a polícia tenha cada vez mais validado e embelezado a história mostra que não só a consideravam plausível, mas que também viam os quilombolas, de forma cada vez mais explícita, pela lente da antiescravidão.[94] Os quilombolas, por seu lado, aproveitaram para reafirmar, deliberada e publicamente, suas próprias posições nesse debate político.[95]

O reaparecimento de Benedito deu corpo ao boato. Somente no dia 22 de julho uma expedição ordenada pelo vice-presidente da província partiu da vila de Barra em direção à propriedade de José Guedes, onde supostamente estava o quilombo.[96] Comandado pelo segundo-tenente Manoel Souza, de Vitória, o grupo era composto de cinco fazendeiros, entre eles o próprio Guedes. Após dois dias de buscas infrutíferas, Souza seguiu sozinho, aventurando-se numa área de mata nos arredores da Barra numa noite de chuva. Foi surpreendido por dois tiros. Procurando de onde vinham os tiros, Souza avistou a figura de Benedito a poucos metros de distância, apontando uma espingarda em sua direção. Souza atirou de volta, mas a escuridão da noite o atrapalhou, Benedito escapou e sua silhueta foi engolida pelas árvores. Os tiros alertaram o restante da expedição, que foi atrás de Souza e prendeu seis quilombolas, mas outros fugiram. Os quilombolas haviam se preparado para os ataques organizando seu povoado em três ranchos separados. A expedição destruiu o que restava da infraestrutura do quilombo para evitar que eles voltassem para lá.[97]

A polícia ficou feliz com os resultados. A expedição também prendeu oito suspeitos de acoitar escravos. Além de ter prendido Júlio, que estava fugido desde o tiroteio em Campo Redondo. Os interrogatórios revelaram que o quilombo havia sido fundado cerca de um mês antes e incluía pelo menos nove indivíduos, homens e mulheres, a maioria deles pertencente a um rico proprietário de escravos chamado Gothardo Esteves.[98] Júlio e outro quilombola chamado Venâncio Camundá afirmaram que o povoado tinha ligações com Benedito, que ele esteve lá várias vezes, sempre fortemente armado com espingardas e facões. Era ele quem fornecia ao quilombo a maior parte das provisões e das armas de fogo, talvez para ser aceito.[99] Essas revelações parecem reforçar o pânico que Pitanga tinha de uma insurreição liderada por Benedito.

A posterior investigação policial desse quilombo é, no entanto, estranha. Embora os interrogatórios tenham ocorrido entre 26 e 31 de julho, datas que englobam a Festa de Santana, não é feita uma única pergunta sobre a insurreição, como se o boato nunca tivesse existido. O interrogador era Bento de Jesus Silvares, o tenente de Polícia que havia relatado, em 9 de julho, as depredações dos quilombolas e as expectativas de liberdade dos escravizados no dia da santa. Silvares questionou Júlio sobre seu paradeiro desde 1881 e sobre Benedito, mas, por razões que permanecem obscuras, concentrou seus interrogatórios quase inteiramente em outra investigação de assassinato.[100] O procedimento bizarro não impediu a polícia de comemorar o sucesso em evitar a desordem na Festa de Santana, apesar de não ter descoberto nada que comprovasse ou refutasse a insurreição, ou que estabelecesse sua ligação com os quilombolas e Benedito.[101] Esse comportamento sugeria que a polícia apenas inventara a ligação entre o boato, Benedito e os quilombolas como pretexto para prender estes últimos. O caso parecia encerrado.

A satisfação durou pouco tempo. A ilusão de controle policial da ordem pública foi destruída pelas ações dramáticas dos quilombolas logo após o dia da festa. Quando os temores de insurreição pareciam se dissipar com as prisões, Benedito reapareceu em 30 de julho liderando um grupo de quilombolas, que nos dias seguintes fizeram uma série de ataques de guerrilha às propriedades de São Mateus e Barra. A expedição mobilizada não foi páreo para eles. Quando chegou às áreas onde os quilombolas haviam sido avistados, eles já haviam fugido, forçando os perseguidores a voltar frustrados e de mãos abanando.[102] Os moradores temiam que o fracasso da polícia estimulasse uma atitude "audaciosa" dos escravizados e os encorajasse a se juntar aos quilombolas.[103] Os ataques puseram abruptamente fim a qualquer aparência de paz, produziram um clima de medo e deram novo fôlego ao rumor da insurreição.

Que os quilombolas estivessem orquestrando um espetáculo de terror contra os senhores de escravos e a polícia ficou mais evidente no dia 6 de agosto, quando saquearam e destruíram a fazenda de Gothardo Esteves. Esse não foi um ataque aleatório. Esteves era dono da maioria dos quilombolas recém-capturados e havia participado da expedição para capturá-los. Era um senhor de escravos politicamente bem relacionado que já havia assassinado impunemente um de seus escravos, mas agora a vingança dos quilombolas o deixava temendo por sua vida.[104] No dia seguinte, qualquer resquício de confiança que os moradores da

Barra tinham em suas forças policiais foi finalmente quebrado quando os quilombolas, novamente sob a liderança de Benedito, apareceram no bairro de São Domingos, perto do assentamento recém-destruído, disparando suas armas e roubando propriedades.[105] Embora esses ataques pudessem gerar medo em qualquer momento, a incerteza quanto à insurreição fez suas ações muito mais assustadoras.

Um mês depois da Festa de Santana, Pitanga foi obrigado a reconhecer a incompetência da polícia na captura dos quilombolas, embora continuasse confiante de que a insurreição não se concretizaria.[106] Novas investidas contra o quilombo começaram sob o comando de Manoel Vasconcellos, um entusiasmado segundo-tenente da Companhia de Polícia, também enviado de Vitória.[107] No dia 11 de setembro, Vasconcellos recebeu uma informação de que Benedito estava escondido numa fazenda chamada Santa Isabel. O tenente e seus homens dirigiram-se rapidamente para a propriedade, mas ao chegar não encontraram ninguém. Ele fez uma escrava chamada Anna, suposta namorada de Benedito, confessar seu paradeiro. Era verdade, admitiu, Benedito tinha estado ali até o dia anterior. Mas, graças a seus vastos contatos, foi avisado da expedição e partiu imediatamente para o interior de Caravelas, no sul da Bahia, a fim de procurar proteção de sua mãe e de seus familiares.

Vasconcellos telegrafou imediatamente para a polícia de Caravelas para evitar que Benedito fugisse novamente. Passaram-se oito dias sem notícias, quando finalmente ele recebeu a informação de que Benedito fora visto atravessando um pântano e voltando para o sul, em direção ao sertão de São Mateus. Rapidamente o tenente organizou uma expedição considerável, de mais de sessenta homens, em direção ao pântano. Espantados com a vasta e proibitiva extensão de terras diante deles, considerou "admirável que o Benedito a tenha atravessado", contou mais tarde, "quando nenhum de nós era capaz de fazê-lo".[108] Mais duas semanas se passaram sem novidades, até que um trabalhador encontrou Benedito nas matas de São Mateus. Para não anunciar sua chegada, Vasconcellos retomou a busca com apenas oito homens. Logo se depararam com o mesmo pântano intransponível. Vasconcellos reconhece com sinceridade: "Percebi que só muita força de vontade poderia levar Benedito a atravessar aquele pântano, onde todos nós teríamos perdido a vida, afogados em suas profundezas". Depois de três dias inteiros de luta para atravessá-lo, os mantimentos e o moral já estavam baixos e a assistência, escassa. Os cinquenta soldados de infantaria que se juntaram a Vasconcellos, vindos da Barra, logo começaram a reclamar da falta de mantimentos, obrigando-o a pagar do próprio bolso a manutenção deles. A expedição vasculhou as matas do sertão de São Mateus sem sucesso e voltou de mãos vazias no dia 4 de outubro.[109]

Durante a exaustiva expedição, Vasconcellos adquiriu um conhecimento notável da extensa geografia insurgente de Benedito, que abrange as regiões fronteiriças da Bahia e do Espírito Santo. Ele pode ter sido um criminoso de alta periculosidade perante a lei, mas as redes de familiares, amigos e outros que se espalhavam por esses territórios interprovinciais forneciam-lhe proteção e recursos inestimáveis. Com uma notável capacidade para se deslocar em terrenos difíceis, fugia frequentemente para Caravelas, onde podia contar com a mãe e os parentes. Outra que o protegia era a escravizada Antonia Colota, que, assim como Anna, contou a Vasconcellos que Benedito havia fugido para Caravelas. O tenente, exasperado, concluiu: "Não creio que devamos dar todo o crédito a estas escravas. Esse criminoso é protegido por muitos". Mas não eram só as mulheres que o protegiam. Havia também escravos homens e um fazendeiro que às vezes empregava Benedito. O mais ameaçador para os senhores de escravos era que ele também estava em contato com o advogado abolicionista Olavo Henrique Batista, que havia tentado processar os Faria pelo assassinato de Seraphim. Vasconcellos concluiu secamente: "Acho que ele não será encontrado em nenhum desses lugares".[110] Enquanto isso, a campanha contra Benedito se alastrava na Barra, onde o tenente da Polícia havia declarado dramaticamente que "Benedito é hoje o terror de vários habitantes deste distrito, e sua prisão [garantirá] o bem público e a segurança individual".[111] Até o início de novembro, o quilombola foi esporadicamente avistado nos arredores da Colônia Leopoldina, mas não foi preso. Ele sempre escapava, estava sempre fora de alcance.[112]

O que Benedito pensava? O que ele e os quilombolas queriam? Seus movimentos imprevisíveis confundem o historiador de hoje, como confundiram seus perseguidores em 1884. Nunca saberemos se eles estavam mesmo ligados ao boato da emancipação, embora, muito provavelmente, soubessem dele por seus informantes. Ainda assim, reduzir suas ações à violência aleatória apenas reproduz o discurso da polícia que, após disseminar o boato de que Benedito estava liderando uma insurreição, procurou encobrir seus fracassos reduzindo os quilombolas à condição de criminosos comuns. Essa tática de difamação ficou evidente quando, durante uma investigação policial, surgiram boatos, vindos da Barra, de que Benedito havia tomado uma menina de onze anos de seus pais e a estuprado "barbaramente", deixando-a em "estado horrível". A indignação e o pânico generalizado se instalaram.[113] O fato de a alegada vítima ser uma criança arrancada à proteção dos pais retratava Benedito como um violador da inocência e da honra, bem como da segurança da esfera doméstica, o que teria horrorizado não só os brancos e as pessoas livres, mas também os escravizados. O enredo do negro violador era uma tática comum utilizada pelos senhores de escravos para despolitizar a liberdade dos negros, equiparando-a à violação de mulheres brancas (e crianças, neste caso). À medida que um número maior de brasileiros começava a aderir à causa abolicionista, os interesses pró-escravistas em São Mateus tentavam fazer com que a opinião pública se voltasse contra a emancipação e a associação de Benedito a ela.[114]

Mas imaginar como os escravizados percebiam as ações dos quilombolas abre um mundo diferente de significados, que ajuda a desviar nosso foco de um discurso de crime para um mundo muito mais rico de política antiescravista. É certamente plausível que, tanto quanto os moradores livres, muitos escravos temessem as depredações e os rumores de estupro. Para aqueles que haviam antecipado com entusiasmo sua libertação na Festa de Santana, mas não a viram se concretizar, no entanto, saber que Benedito e os quilombolas frustraram repetidamente um grupo muito maior de senhores de escravos e policiais no rescaldo da festa deve ter mantido suas esperanças vivas. Afinal, o rumor original da emancipação expressava o que os próprios escravizados consideravam plausível e desejável na turbulência de 1884. Tais expectativas não seriam facilmente dissipadas só porque não se concretizavam numa determinada data.

Senso de oportunidade e ponderação marcaram os atos de violência aparentemente aleatórios dos quilombolas. Na verdade, eles estavam muito mais sintonizados com — e mais frequentemente carregavam — as notícias e os rumores circulantes do que a polícia. Benedito havia desaparecido em agosto de 1881, depois da fuga da expedição policial, seu paradeiro ficou desconhecido até julho de 1884. O mero acaso não pode explicar seu reaparecimento no radar da polícia, especificamente nos dias que antecederam a Festa de Santana. As ações dramáticas dos quilombolas nos dias que se seguiram à festa envolveram os escravocratas e a polícia num espetáculo de terror, ao mesmo tempo que continuavam a dar vida a uma luta emancipatória. A persistente capacidade de Benedito de escapar à prisão atesta as extraordinárias redes de proteção de que se beneficiava. Por que as pessoas o protegiam? É claro que muitas tinham medo dele, ou simplesmente queriam empregá-lo como trabalhador rural. Mas o medo e o oportunismo, por si só, não podem explicar sua presença na vida de tantos. Para concluir este capítulo, faremos uma breve reflexão sobre o que sabemos da sua curta vida.

À PROCURA DE BENEDITO

O homem que ficou conhecido como o "célebre criminoso" era um escravizado nascido no Brasil que, com cerca de dezesseis anos, foi vendido como trabalhador rural de Vila Viçosa, perto de Colônia Leopoldina, para sua falecida senhora Rita Maria da Conceição Cunha de São Mateus, em janeiro de 1872.[115] Em 1878, Benedito foi condenado a uma pena perpétua de trabalhos forçados por homicídio e, em julho de 1880, fez uma espetacular fuga da prisão de Barra de São Mateus enquanto seus guardas dormiam bêbados. Um ano depois, foi acusado da tentativa de assassinato de Marcolina; viveu com um grupo de quilombolas até que estes se desentenderam; enfrentou um caçador de escravizados fugidos; e voltou a desaparecer até três anos depois, em julho de 1884, quando ressurgiu junto com o boato da insurreição de Santana, antes de sumir novamente.

Benedito era onipresente. Várias pessoas na vasta extensão do território que vai do norte do Espírito Santo ao sul da Bahia atestaram tê-lo visto aqui ou ali; nesse sentido, ele era uma figura muito pública. Essa fama permitiu que ele escapasse de uma grande operação governamental contra ele por anos a fio, parece que sem nunca sair da região, cuja geografia ele conhecia como a palma da mão. Ser um fugitivo conhecido parece arriscado. No entanto, manteve-se escondido à vista de todos, precisamente devido à sua extensa e diversificada rede de colaboradores e protetores que o abrigavam, lhe forneciam armas e alimentos ou o avisavam da aproximação de uma expedição.

Como era Benedito, tantas vezes reconhecido? Nenhuma de suas inúmeras testemunhas jamais expressou qualquer dúvida sobre quem havia visto. Entre elas, pessoas que nem eram da região, como o segundo-tenente Manoel Souza, de Vitória, que quase foi baleado por Benedito numa mata escura e chuvosa. Mas como é que eles o reconheciam? Numa época em que a circulação de fotografias era limitada, os anúncios de escravos fugitivos recorriam a descrições verbais pitorescas que incluíam o nome, a idade (falta de dentes), a "nação" e os padrões de escarificação se fossem de origem africana, a textura do cabelo, os traços faciais, supostos traços de personalidade como "preguiçoso" ou "altivo", a cor da pele, o vestuário e, muitas vezes, especificavam habilidades, como cozinheiro ou carpinteiro, de que os escravos fugitivos teriam lançado mão para sobreviver. A descrição de Benedito que se segue é a única feita pela polícia que encontrei em meio ao vasto rastro documental que deixou: "Escravo de D. Rita Maria da Conceição Cunha, com cerca de 27 anos de idade, solteiro, nativo de Caravelas, altura regular, cor *fula* (amarelado; nem muito escuro nem muito claro)".[116] É surpreendentemente genérico. Vários jovens negros poderiam se encaixar nessa descrição, e sua utilidade numa caçada interprovincial é altamente duvidosa. A menos que se anunciasse sempre que aparecia, não se sabe como é que ele, mesmo com os acessórios habituais de um quilombola — o chapéu, a camisa e, acima de tudo, o armamento —, poderia ter sido reconhecido de forma inequívoca por tantas pessoas.

Certamente muitos o conheciam pessoalmente. Mas muitos outros provavelmente não. O ato de testemunhar a presença de Benedito e falar sobre isso tornou-se uma forma de participar do debate político sobre a antiescravidão e a emancipação. Circulando por vários lugares e, ao mesmo tempo, assumindo múltiplos significados para suas testemunhas, Benedito era um ser humano, em carne e osso, transformado num instrumento para as pessoas expressarem suas próprias posições no debate. Considerado como líder da insurreição, quilombola, bandido, trabalhador, amigo, estuprador, filho e protegido dos abolicionistas, Benedito foi uma figura notavelmente multiforme, encarnando os medos e as esperanças das pessoas nesse momento de instabilidade. O desmantelamento da escravidão, projetado através de Benedito, significava o colapso da ordem social para uns e promessas de liberdade para outros. E enquanto se deslocava — física e discursivamente — entre essas várias personagens e tantos locais da fronteira Atlântica, Benedito entrelaçou as demandas de liberdade de pessoas escravizadas com um emergente movimento abolicionista, criando uma nova geografia da política antiescravista.

Benedito faria uma última aparição. Depois de liderar alguns tumultos em Alcobaça, em junho de 1885, e de quase atirar e matar um morador da Colônia Leopoldina, em outubro, ele sumiu novamente.[117] Nos primeiros dias de janeiro de 1886, chegou um breve telegrama da Colônia Leopoldina para o chefe de polícia do Espírito Santo, que tinha pedido ajuda a seu colega baiano para capturar o fugitivo. O telegrama dizia: "Quando prisão anunciada, ofereceu resistência tenaz e armada, travou luta feroz resultando na morte do criminoso".[118] Ele foi descoberto e morto na Colônia Leopoldina, próximo de onde nasceu e perto de sua mãe e parentes. Quando a polícia finalmente o alcançou, no início de 1886, ele provavelmente sabia, como outros na região, que a emancipação não tardaria a chegar. Assim, escolheu não se entregar e esperar por esse dia, que viria dali a dois anos. Decidiu dar luta e morreu entre seus parentes, na terra onde nasceu.

Os quilombos ocupam um lugar central na historiografia brasileira desde Palmares, mas em grande parte sob a ótica da resistência escrava.[119] Os quilombolas de São Mateus certamente desafiaram sua escravidão, mas isso não foi tudo. Eles usaram o quilombo não para fugir da sociedade escravista, mas para desafiá-la por dentro, vivendo como pessoas livres no meio dela. Com isso, expressaram em que termos queriam viver na sociedade brasileira. Excluídos da cidadania pela Constituição de 1824 por estarem "fora do pacto social", naquele momento em que a nação enfrentava a realidade da abolição, os escravizados continuavam a se confrontar com um horizonte de liberdade limitado. A inclusão no povo brasileiro tinha como premissa sua contínua subjugação. As discussões predominantes sobre capacidade do escravizado para a liberdade centraram-se em sua comparativa inferioridade — como cidadãos e trabalhadores — em relação aos imigrantes brancos e aos indígenas, tema que será discutido no capítulo 6. Em meio a essas definições muito estreitas de liberdade negra impostas pelo Estado e por seus próprios senhores, a afirmação dos quilombolas de seus próprios termos de pertencimento nacional foi um poderoso grito de alerta.

À medida que os colonos e as novas plantações se espalhavam pelo sertão, tomando as últimas terras dos botocudos e perseguindo os que restaram, os quilombolas de São Mateus viam poucas oportunidades de liberdade por meio da alforria ou da fuga de longa distância. Em vez disso, eles colaboraram com uma rede de escravizados, senhores de escravos e pessoas livres para fugir para São Mateus e forjar suas próprias geografias insurgentes. Mais do que terem surgido como uma comunidade de indivíduos unidos por um objetivo político comum, sua oposição à escravidão e suas reivindicações políticas de liberdade evoluíram com o tempo. Enfrentaram tensões decorrentes de diferentes motivações para a fuga e passaram por constantes reconfigurações em sua tentativa de estabelecer uma comunidade. A liberdade, por sua vez, não era um conceito vago, mas enraizado em experiências reais sob a escravidão, o que permitiu aos quilombolas elucidar como viveriam como pessoas livres. Para isso, controlavam e negociavam a própria mão de obra com os moradores livres, permaneciam em São Mateus para se manter seguros e próximos da comunidade, e reivindicavam o direito à maternidade e à família. Aqui estava a base de uma outra visão de cidadania, nascida da experiência e das aspirações, muito mais rica e urgente do que as vagas noções de "grande família brasileira" propostas pelos autores da Constituição.

Quando três anos haviam passado, suas geografias insurgentes tinham evoluído ainda mais e adquirido uma nova dimensão. Os quilombolas e escravizados afirmaram sua reivindicação de emancipação colocando-a no centro do debate político. Sua voz política surgiu em meio a um crescente movimento abolicionista em escala nacional e âmbito popular. As demandas dos escravos por emancipação, a atividade quilombola, o abolicionismo local e a opinião pública convergiram para forjar uma nova geografia insurgente de antiescravidão. A disputa sobre o significado da liberdade dos negros — como subservientes, quase cidadãos ou como mulheres e homens capazes de definir a cidadania em seus próprios termos — só se intensificaria. Com o futuro da escravidão em jogo, os quilombolas e os escravizados reivindicaram seu lugar no centro do debate político como nunca antes.

6. Emancipações incompletas: Trabalho e abolição

A crescente onda abolicionista em todo o Brasil nas décadas de 1870 e 1880 trouxe à tona visões concorrentes de cidadania negra e indígena. O iminente fim da escravidão e o medo da escassez de mão de obra reacenderam antigas tensões e geraram novas e improváveis afinidades na fronteira Atlântica. Um dos conflitos se deu em torno da missão de Itambacuri, fundada em 1873 no norte de Minas Gerais sob a liderança dos missionários capuchinhos italianos Serafim de Gorizia e Ângelo Sassoferato. O principal objetivo de Itambacuri era o aldeamento e a catequização de um dos últimos redutos de botocudos autônomos da região. No final de 1882, no entanto, o senador Cristiano Ottoni acusou os frades de trazerem os "índios para as aldeias para lucrar com o seu trabalho", o que, na sua opinião, "não era catequese, era escravidão". O senador denunciou os frades como "dois padres inúteis" que, em vez de pacificar os "índios hostis" para ajudar os moradores da região, estavam transferindo os já "domesticados" para a missão em proveito próprio. As tensões seculares entre missionários e leigos sobre o acesso à mão de obra indígena ressurgiram, agora agravadas pelo iminente fim da escravidão.[1]

Igualmente abalados pela abolição estavam os proprietários de escravos de São Mateus e da Colônia Leopoldina. Sua autoridade, já corroída pelas leis, pela opinião pública e pela atividade quilombola, logo teve que enfrentar uma nova ameaça: o abolicionismo popular. Em novembro de 1884, com Benedito ainda foragido após a Festa de Santana, dezenove proeminentes fazendeiros de São Mateus decidiram tomar medidas preventivas, acusando um fazendeiro local chamado Cosme Francisco da Motta de enganar os escravos, fazendo-os acreditar que eram livres e fomentando uma revolta violenta contra seus senhores.[2] Sem aceitar a acusação em silêncio, Motta saiu em sua defesa. Ele disse às autoridades que não era um instigador mas um "protetor dos africanos" e descreveu suas lutas para estabelecer um movimento abolicionista em São Mateus. Motta logo encontraria apoio, no sul da Bahia, no vigário padre Geraldo, que exasperava os fazendeiros da Colônia Leopoldina com seu abolicionismo contundente e, às vezes, questionável. Se a perspectiva de liberdade dos negros era a essência do conflito entre fazendeiros e abolicionistas, significava também, como no caso dos missionários de Itambacuri, uma luta pelo controle do trabalho deles após a escravidão.

O fim da escravidão indicava novas possibilidades e profundas ansiedades para os escravizados, os livres e os que estavam entre eles. A abolição finalmente "libertaria a nação", permitindo que o Brasil se orgulhasse diante de seus pares americanos e europeus. Alguns até esperavam que "após um século [da abolição] [...] a mancha negra no seio da sociedade brasileira [seria] apagada".[3] No entanto, por trás do otimismo em relação à libertação da escravidão, havia uma grande incerteza em duas frentes: quem iria substituir a mão de obra escravizada? E em que termos é que *essas* mulheres e homens recém-emancipados se integrariam à sociedade? Este capítulo defende que tanto as histórias negras quanto as indígenas são essenciais para abordar essas questões centrais da história da abolição no Brasil e no mundo Atlântico. O capítulo 1 demonstrou como uma escravidão indígena revigorada e uma escravidão africana em expansão convergiram na fronteira Atlântica nas décadas após a Independência, criando pessoas que existiam "fora da sociedade", mesmo com a Constituição de 1824 estendendo a cidadania a muitos indivíduos. Este capítulo examina como o processo de abolição criou novas formas de desigualdade para os negros e os indígenas. Os acadêmicos têm observado como a lei eleitoral de 1881 reduziu drasticamente o eleitorado quando aumentou o requisito de rendimento mínimo e tornou a alfabetização obrigatória, afetando desproporcionalmente os pobres e os descendentes de africanos e indígenas.[4] Entretanto, os novos regimes de trabalho servil tornaram-se mais um meio de excluir os negros e os indígenas da cidadania. Essas semelhanças só ficam visíveis quando compreendemos a luta pela liberdade dos negros que se desenrolava no rescaldo ambíguo da emancipação indígena em 1831.

A fronteira Atlântica tornou-se palco de virulento antiabolicionismo e de disputas por trabalho na década de 1880. Em meados do século, a política indigenista e a Lei de Terras tinham acelerado a tomada do território indígena, que havia muito vinha ocorrendo por meio da expansão da escravidão e da violência anti-indígena, em paralelo com a desapropriação de terras de populações vulneráveis em toda a América Latina, da Argentina e Chile a Bolívia, Colômbia e México.[5] Então, com a perspectiva da liberdade negra e da autonomia indígena tornando-se indissociável da questão da escassez de terras, as batalhas pelo controle da mão de obra e da terra negras e indígenas convergiram, o direito ao território sobrepôs-se ao direito à cidadania. Os abolicionistas e os missionários tornaram-se para-raios desses conflitos, entrando em confronto com os proprietários de escravos e os colonos sobre o futuro dos libertos e dos indígenas da nação. Apesar de suas divergências, esses grupos revelaram compartilhar uma visão racializada do trabalho servil, por meio da qual tentaram reinscrever uma concepção severamente limitada da cidadania negra e indígena. As interpretações dos próprios negros e indígenas sobre liberdade, cidadania e "civilização" refutaram radicalmente essas ideias racializadas e excludentes de nacionalidade, com repercussões que perduraram até a República.

O FIM DA ESCRAVIDÃO E O TRABALHO DOS INDÍGENAS

O trabalho indígena e a abolição da escravidão estiveram profundamente interligados desde o início do século XIX. O tráfico transatlântico de escravizados e a escravidão indígena partilharam a ignomínia de continuar descaradamente após suas respectivas abolições em 1831. A abolição efetiva do comércio transatlântico se aproximava e o receio de uma escassez de mão de obra ajudou a impulsionar o tráfico e a escravidão de indígenas, que atingiu seu auge na década de 1840. Também estimulou a promulgação do Regulamento das Missões, de 1845, cujo plano de civilização indígena se concentrava fortemente na transformação destes em mão de obra estável, treinando-os em ofícios, agricultura e serviço militar. O clamor pela mão de obra indígena voltou a crescer nas décadas de 1870 e 1880, com a promulgação da Lei do Ventre Livre, em 1871, e as sucessivas leis abolicionistas. Poucos pareciam reconhecer as contradições dessa última fase, que coincidiu com a consolidação do discurso da extinção indígena.

Desde as vésperas da Independência do Brasil, algumas pessoas já percebiam a relação entre abolição e trabalho indígena. Maciel da Costa, um crítico do tráfico transatlântico de escravos, afirmou em 1821 que a inundação de "bárbaros escravos africanos" e seu trabalho levou os brasileiros a negligenciar a civilização indígena e a considerá-los uma força de trabalho agrícola em processo de formação.[6] Em 1839, as opiniões de Costa foram seguidas pelo cofundador do Instituto Histórico e Geográfico Brasileiro (IHGB), Januário Barbosa, que publicou um ensaio na revista do instituto com o longo título de "Se a introdução dos escravos africanos no Brasil embaraça a civilização dos nossos indígenas, dispensando-se-lhes o trabalho, que todo foi confiado a escravos negros. Neste caso qual é o prejuízo que sofre a lavoura Brasileira". Barbosa provavelmente estava atento à ineficácia das abolições de 1831 e argumentou de forma semelhante que a escravidão africana obstruía a civilização indígena, fazendo da "liberdade" uma farsa e comprometendo o Brasil como um todo. Bem tratados, os indígenas seriam uma boa "classe trabalhadora", o que tornaria os escravos africanos desnecessários.[7] Embora Barbosa tenha destacado temas que os autores posteriores da revista em grande medida evitariam — a escravidão e o tráfico de escravos —, ele não foi o único a vincular a abolição às possibilidades da mão de obra indígena brasileira. José Bonifácio também havia tratado desses temas inter-relacionados como fundamentais para a "futura prosperidade deste Império". Civilizar os índios para que se tornassem trabalhadores produtivos eliminaria a necessidade de escravos africanos, uma condição sem a qual "o Brasil nunca afirmará sua independência nacional". Juntos, esses temas tocavam em problemas tanto práticos — a autossuficiência do trabalho — quanto epistemológicos — a nacionalidade brasileira e o povo brasileiro, liberto da mancha da escravidão.[8]

A bajulação de Guido Pokrane pela elite nacional, na década de 1840, foi igualmente moldada por ansiedades sobre o iminente fim do comércio transatlântico de escravos. A bem-sucedida adoção da agricultura pelo botocudo parecia encarnar a promessa da mão de obra indígena e ajudou a acalmar os receios de uma crise. Depois de ter ajudado diligentemente seu benfeitor Guido

Marlière a "[difundir] entre os índios o amor pelo trabalho, a fim de deixarem sua vida errante", Pokrane passou a cultivar uma grande variedade de produtos — arroz, mandioca, milho — em sua própria aldeia. Um entusiasta de Pokrane exortou o governo imperial a lhe dar todos os apetrechos da civilização que ele pedia, uma vez que "a necessidade de trabalho livre é tão profundamente sentida".[9]

A década de 1870 foi um período particularmente incerto quanto ao futuro do trabalho no Brasil. O país havia saído recentemente da Guerra do Paraguai (1864-70), que havia afetado a população masculina livre e escravizada. A Lei do Ventre Livre ou Lei Rio Branco, de setembro de 1871, acabou com a ilimitada reprodução biológica da força de trabalho servil do Brasil, afirmando ainda mais o fim da escravidão e abrindo caminhos para que os escravos alcançassem a liberdade, além de reconhecer legalmente seu direito ao pecúlio. Enquanto isso, o tráfico interno levava grandes quantidades de africanos e crioulos escravizados do Nordeste para as plantações de café do Centro-Sul. A elite dos fazendeiros estava em polvorosa quanto às relativas vantagens do "nacional livre" e dos libertos em relação aos imigrantes europeus, e muitos eram mesmo céticos de que os primeiros possuíssem a disciplina e a capacidade de trabalho dos europeus, mais "avançados".[10] Circulavam discursos sobre a vagabundagem dos escravos e dos libertos; por exemplo, pensava-se que o escravo típico era "preguiçoso, e se deseja a liberdade [...] é porque não gostaria de fazer nada", e que "todos os libertos são ociosos e vadios [...] porque cansados do trabalho forçado e acostumados a frugalidade do passadio, com uma hora por semana ganham um pouco de aipim, de batata-doce ou outro qualquer alimento, que os dispensa de trabalhar mais tempo".[11] O Nordeste, por outro lado, viveu um processo de abolição relativamente tranquilo devido à abundância de mão de obra livre e barata, o que, por sua vez, diminuiu o entusiasmo dos fazendeiros em relação à imigração.[12] Nenhum desses exemplos refletia a situação de regiões que não tinham sido bem-sucedidas em atrair e sustentar imigrantes e que não desfrutavam nem do influxo de escravizados nem da abundância de mão de obra livre barata.[13] Em meio a essa escassez de mão de obra, os indígenas, apesar de sua antiga reputação de preguiça e violência, pareciam uma opção mais atraente do que nunca. Assim, sua população ressurgiu da extinção quando seus serviços foram necessários.

Apenas um ano após a Lei do Ventre Livre, o diretor baiano dos Índios, Visconde de Sergimirim, tratou da crise de mão de obra que assolava a nação: "[Se] a chave de todos os grandes problemas a serem resolvidos no Brasil, especialmente em suas províncias agrícolas, é a população — porque se ela existe em abundância, há trabalho, riqueza e bem-estar", ele começou, "é notável como permitimos que milhares de índios sejam perdidos para a brutalidade e a barbárie, quando eles são os trabalhadores livres do país". Os trabalhadores indígenas estavam "habituados ao clima, mas despreparados para as exigências dos colonos e o perigo dos escravos, num momento em que os salários aumentam à medida que o trabalho escravo diminui e os colonos não aparecem".[14] Não por acaso o homem que fez essas observações era também descendente de uma importante família de fazendeiros do Recôncavo baiano e presidente do Imperial Instituto Bahiano de Agricultura. Em 1880, Sergimirim fundaria a primeira usina de açúcar mecanizada em Santo Amaro (o Engenho Central do Bom Jardim), mas a veria fracassar, em grande parte por causa do declínio da mão de obra escrava e da incapacidade de atrair imigrantes.[15]

Sergimirim explicitamente considerava os índios de forma favorável em comparação com colonos e escravos e argumentava que uma aldeia era semelhante a uma "fazenda trabalhada por índios que, mansos e pacíficos, não deveriam produzir muito menos do que os escravos, desde que lhes fosse dada boa direção e permanência".[16] Um jornal do Espírito Santo compartilhava seu entusiasmo, argumentando que "é um erro crasso considerar o Botocudo resistente à domesticação; um preconceito supô-lo tão orgulhoso de sua Independência que não se acostumaria à direção de outrem". O autor acreditava que os "milhares de indivíduos preguiçosos que perambulam pelos sertões de São Mateus e do rio Doce poderiam, com paciência, ser transformados em homens trabalhadores para substituir os escravos". Também ele se mostrou preocupado com a escassez que se avizinhava, "uma vez que a aquisição de mão de obra estrangeira é duvidosa ou demorada".[17]

Essas opiniões refletiam o fato de que os preços dos escravos haviam aumentado muito desde o fim do tráfico transatlântico, e os imigrantes não tinham correspondido às expectativas. Na década de 1850, os imigrantes da Colônia Leopoldina tinham perdido o encanto, dependiam da escravidão e fracassaram em estimular mais imigração, e na década seguinte a colônia europeia de Ottoni estava praticamente abandonada.[18] A Companhia Leão e Moniz, responsável por um empreendimento público-privado com vistas a estabelecer algumas colônias de imigrantes alemães e polacos no sul da Bahia, no início da década de 1870, malogrou em apenas cinco anos.[19] A carência de mão de obra e a crescente rebeldia dos trabalhadores deram urgência à questão do trabalho indígena. Escravizados, em todo o Brasil, aproveitaram as novas possibilidades abertas pela Lei Rio Branco para exigir de seus senhores concessões e até mesmo a alforria.[20] No momento da promulgação da lei, em 1871, só o Espírito Santo foi palco de quatro rumores de insurreição. Moradores de São Mateus temiam que os escravizados, inspirados pela notícia da lei, estivessem alojados em várias propriedades da cidade para armar um levante.[21] A impaciência deles parece ter crescido nos anos seguintes. Em fevereiro de 1875, Ignacio matou seu senhor que se recusava a colocá-lo à venda.[22] No ano seguinte, após nove meses fugido, o escravizado de um fazendeiro suíço da Colônia Leopoldina retornou com dinheiro em mãos para comprar sua liberdade, um direito legal desde 1871. Embora o juiz municipal local tenha considerado os recursos insuficientes, abriu o processo de alforria do escravo, deixando seu senhor em pânico. O representante do fazendeiro suíço acusou o juiz de ser "partidário da emancipação" e procurou impedi-lo de se intrometer em direitos de propriedade privada.[23] Alguns meses mais tarde, um escravizado de São Mateus chamado Victor, eletricista, esfaqueou seu vizinho por este o ter desonrado em público. Significativamente, o que desencadeou o ataque de Victor foi a provocação do vizinho com um chicote, lembrando a Victor de seu cativeiro.[24]

Essas notícias sobre a rebeldia generalizada dos escravizados produziram um novo discurso sobre a docilidade indígena, que se sobrepunha às imagens de selvageria e os colocava em nítida vantagem sobre os escravos, e até mesmo sobre os imigrantes. Teria a brandura sido bem-sucedida? O treinamento para o trabalho foi promovido com entusiasmo por meio da linguagem da cidadania. Sergimirim argumentou que os índios residiam na terra com outros brasileiros, mas não "compartilhavam conosco os deveres e direitos de cidadãos, porque a barbárie em que vivem não o permite".[25] A disciplina do trabalho colocaria os indígenas no caminho de se tornarem "cidadãos úteis" e, assim, alcançar a inclusão nacional; sem ela, tais objetivos seriam impossíveis, já que eles eram considerados, como os libertos e os negros livres, "naturalmente indolentes, resistentes ao trabalho, sem outra necessidade que a liberdade das matas e da caça".[26] Uma vez disciplinados para a produção, os indígenas seriam "distribuídos entre os estabelecimentos rurais como trabalhadores livres, preparados para trabalhar nos campos através de instrução prática no manejo do arado e de outros implementos agrícolas".[27] Sergimirim acreditava que uma aldeia bem administrada poderia se tornar um "viveiro", ou criatório de animais, de trabalhadores agrícolas.[28]

Já outros argumentavam que as aldeias eram muito afastadas da realidade e que os indígenas receberiam uma formação profissional mais prática se trabalhassem em obras públicas ou diretamente para indivíduos sob a supervisão do governo. Nessa perspectiva, o contato direto com os moradores ajudaria a atenuar seu "instinto de liberdade selvagem e a paixão pelas florestas".[29] Os defensores do trabalho indígena nunca discutiram a possibilidade de eles alcançarem outras condições da cidadania, como o voto, o direito de ocupar cargos públicos ou mesmo o direito à propriedade. O objetivo também não era criar um campesinato independente. O que os defensores do trabalho indígena queriam era produzir uma classe subserviente de mão de obra livre para preencher o vazio deixado pelos escravizados. Os regimes de trabalho dos indígenas tornaram-se, assim, um meio de reafirmar sua limitada cidadania, cujos termos seriam reproduzidos nas discussões sobre libertos.

A MISSÃO ITAMBACURI

Enquanto os presidentes das províncias e os diretores dos Índios debatiam as possibilidades de mão de obra indígena, os missionários capuchinhos permaneciam na linha da frente dedicando-se à tarefa concreta. Como vimos, na década de 1840 o missionário Caetano de Troina foi enviado ao Vale do Rio Mucuri para catequizar os botocudos. Rapidamente desiludido, juntou-se aos colonos para defender a violência anti-indígena. O posterior trabalho missionário indígena fracassou na região e muitas aldeias foram declaradas extintas, permitindo que uma população de botocudos numerosa e autônoma mantivesse o controle das florestas verdejantes e fontes de água próximas à nascente do rio São Mateus. Entre os mais numerosos estavam os cerca de oitocentos indígenas mucuris e nhãnhãns, sob a chefia do capitão Pohóc, que defendiam suas áreas de caça e coleta por meio de alianças com outros grupos indígenas. Tais alianças eram firmadas em épocas de fartura, especialmente de milho verde, quando Pohóc organizava festas para cultuar os antepassados.[30]

O interesse dos colonos pelas terras da região deu início a uma reconfiguração em larga escala do controle territorial. O diretor de Índios local e Leonardo Ottoni, poderoso colono havia muito na região e irmão de Teófilo, começaram a se aproximar do povo do capitão Pohóc, em 1871, com a ajuda do intérprete indígena Felix Ramos, que havia se casado com a filha do capitão Pohóc. Provavelmente em consequência desse contato, que levou à perda de importantes áreas de caça e coleta, os indígenas se mudaram para a proximidade de um riacho. Enquanto isso, o governo de Minas ordenava a criação de cinco aldeias nas regiões da província onde ainda havia indígenas autônomos, principalmente no norte. Dois missionários capuchinhos italianos, frei Serafim de Gorizia e frei Ângelo Sassoferato, foram encarregados de estabelecer a que viria a ser a mais importante dessas novas aldeias. Os frades começaram a pesquisar as terras ao longo do rio São Mateus. No entanto, um outro grupo indígena chamado poton, com suas próprias reivindicações territoriais ao longo do rio, desviou os frades, incitando-os a explorar o território controlado pelo capitão Pohóc, seduzindo-os com imagens de rios e terras abundantes que produziriam infinitos suprimentos de peixes e grãos.

Talvez tenha sido o reconhecimento da perda territorial e a necessidade de assegurar a sobrevivência de seu numeroso grupo que levaram Pohóc a colaborar com os frades. Em 1873, Serafim e Ângelo inauguraram a aldeia de Itambacuri no território de Pohóc, 38 quilômetros a sudoeste de Filadélfia, próximo às cabeceiras dos rios Mucuri e São Mateus. O grupo de Pohóc foi o primeiro a se estabelecer na aldeia, logo seguido por seus aliados que viviam nas margens da aldeia. Os frades empenharam-se diligentemente na catequização e civilização, colocaram as crianças na escola; incentivaram a mestiçagem pelo casamento com a população em volta; ensinaram-lhes a agricultura através do cultivo das terras das aldeias; e abriram estradas ao redor de Itambacuri, que chegou a ocupar um vasto território equivalente ao moderno estado de Sergipe (15 190 km^2). Enquanto alguns índios permaneciam na aldeia entre seus parentes, outros iam e vinham. Segundo a contagem oficial, 570 índios estavam instalados em Itambacuri até 1878.[31]

Parceiros, em teoria, na abertura de uma das últimas áreas remanescentes da Mata Atlântica, missionários e colonos logo se viram presos numa luta acirrada pela mão de obra e pela terra dos indígenas. "Haveria muito mais [índios] estabelecidos [em Itambacuri]", observou o ministro da Agricultura, que supervisionava a catequese indígena e o desenvolvimento da infraestrutura, "se não fossem os esforços dos moradores e fazendeiros vizinhos para empregar índios em seu próprio serviço".[32] Muitos colonos continuaram a escravizar indígenas e fazer outros acordos informais de trabalho, ilegais, muitas vezes abusivos, como pagar o serviço com cachaça. Entre eles estavam fazendeiros confiantes em sua capacidade de resistir ao fim da escravidão, subjugando os índios em seu lugar. Eles suspeitavam que os frades roubavam os indígenas e até os acusavam de escravidão — alegações a que o senador Cristiano Ottoni (outro irmão de Teófilo) claramente fez. Ottoni afirmou sarcasticamente que os frades estavam "atraindo apenas os mais mansos, para fazê-los trabalhar em seus campos, cujos produtos eles vendem para a maior glória de Deus". Os frades responderam com uma contra-acusação de escravidão ilegal.[33]

A escravidão indígena não era um artifício meramente retórico. Ainda em 1875, o diretor dos Índios de Minas Gerais denunciava sua persistência. Os indígenas eram "incitados a roubar os filhos de seus companheiros e vendê-los aos colonos em troca de qualquer objeto de pouco valor, para que fossem criados em sujeição, e mais tarde servissem como escravos". Ele mencionou, mas não especificou, medidas que tinha tomado "para pôr fim a este tráfico ignominioso da carne dos nossos índios ao serviço da agricultura".[34] No entanto, as práticas ilegais continuaram, inclusive com a apreensão de vários kurukas no massacre dos nok-noks em 1881. E expuseram as graves falhas dos argumentos otimistas sobre a complementaridade entre abolição da escravidão e civilização indígena. Embora os destinos dos afrodescendentes escravizados e dos índios estivessem claramente ligados, a perspectiva de liberdade dos negros estava encorajando a exploração dos outros.

No início da década de 1880, durante a perseguição de gato e rato entre a polícia de São Mateus e os quilombolas, estima-se que 2 mil botocudos autônomos (pojixás, jiporoks, krenhés, urucus, pampans) ainda permaneciam no interior, nas proximidades de Itambacuri. Embora alguns tenham se estabelecido na aldeia, sua resistência tenaz à nova onda de incursões mergulhou o norte de Minas numa revigorada batalha territorial.[35] Os botocudos atacaram os engenheiros e trabalhadores da construção da estrada de ferro Bahia-Minas que cortava seu território. Os pojixás quase mataram um rapaz de Filadélfia a caminho da cerimônia de inauguração da ferrovia em 1882. Por vezes, infligiram danos econômicos aos colonos que podem também ter sido ataques simbólicos contra a agricultura, como quando incendiaram as reservas de cereais dos colonos, mataram gado e escravizados e assaltaram as fazendas.[36] Seus alvos não eram só os colonos. Os botocudos também atacaram indígenas estabelecidos, como em março de 1884, quando mataram dois deles e seu gado. Seguindo para Itambacuri, atacaram os moradores da aldeia e mataram oito pessoas, incluindo duas crianças, uma pojixá "civilizada" e dois línguas.[37] Domingos Pacó, mestiço, ex-professor e língua de Itambacuri, descreveu um incidente semelhante envolvendo um grupo pojixá que estava em Itambacuri por alguns meses. Durante a estadia, os pojixás casaram-se com indígenas da missão, cujos parentes eles convidaram para caçar e passar um tempo em seu território. No entanto, assim que o grupo ultrapassou o limiar da missão, "cercaram os índios civilizados e mataram a todos, levando as mulheres e permitindo apenas que um índio [...] escapasse".[38]

Em meio ao agravamento das relações entre colonos, missão e índios autônomos, em março de 1885, frei Serafim e frei Ângelo souberam que alguns moradores de São Mateus estavam planejando atacar os pojixás, que os colonos particularmente temiam e insultavam. Os frádes convenceram os pojixás que moravam perto de São Mateus a se mudar para Itambacuri por segurança. No entanto, durante a mudança eles foram emboscados por um grupo de rapazes, o que os fez acreditar que os frades lhes haviam enganado. Em represália, assassinaram oito línguas e quase mataram os frades. Serafim e Ângelo acreditavam que esse ato de sabotagem havia arruinado o "momento decisivo" da mudança dos pojixás para Itambacuri. Alegavam ainda que esse incidente (como mencionado no capítulo 5) havia levado os índios a se aliar a escravos fugitivos.[39] Em outubro as hostilidades continuavam, foi quando os pojixás sequestraram um escravizado de Leonardo Ottoni. O escravo fugiu para a cidade em busca de ajuda das autoridades. Os rumores de um ataque pojixá levaram mais de cem pessoas a se juntar a Ottoni para proteger sua propriedade. Os pojixás, pintados de vermelho para a guerra, raptaram duas filhas de Ottoni e cercaram sua propriedade. Mas os colonos acabaram levando a melhor, o que resultou no massacre de quarenta indígenas. O incidente levou os imigrantes alemães, assustados, a fugir da região.[40]

Os frades tinham plena consciência de que a iminente abolição da escravidão estava provocando uma nova escalada de violência anti-indígena. Em carta ao ministro da Agricultura, eles defenderam que os indígenas eram vítimas, e não autores, e solicitaram mais apoio do Estado a seu trabalho missionário. O apoio do governo imperial era essencial, principalmente depois que o governo provincial mineiro e Cristiano Ottoni em particular, representando os defensores locais da liberação das terras missionárias, pararam de financiar todas as aldeias. Os frades tiveram o cuidado especial de apresentar seu trabalho como solução para a crise de mão de obra e como ato patriótico. Desafiaram os governantes brasileiros a viver segundo seus próprios ideais de civilização e progresso. "Se a nobre e grande nação brasileira se declara hoje a favor da liberdade dos cativos e favorece a colonização estrangeira", insistiam, "com mais razão deveria interessar-se pela causa civilizadora, útil e benéfica de milhares de brasileiros ainda selvagens." E enfatizaram como os índios, "uma vez transformados em homens morais e trabalhadores por bons missionários", poderiam servir aos objetivos do estado de conquista territorial e desenvolvimento econômico, "abrindo florestas desconhecidas para o florescimento da agricultura, indústria e comércio do país".[41] Mais uma vez, a civilização indígena foi considerada em função da utilidade de seu trabalho para o Estado, sugerindo que só nesses termos sua cidadania e sua inclusão nacional eram desejáveis e viáveis.

Os frades reconfiguraram o uso e a ocupação do solo no norte de Minas. Em 1884, o território botocudo estava restrito à área delimitada pelos rios Doce, Mucuri, Saçuí Grande e São Mateus.[42] Em dois anos, mais de mil botocudos de vários subgrupos, incluindo pojixá, naknenuk, puruntum, jiporok, poton, catolé, krenhé e aranã, vieram para Itambacuri. O café e o milho se tornaram as principais culturas da missão, e os indígenas aprenderam a praticar a agricultura de subsistência em vez da caça e da coleta de alimentos.[43] Esse deslocamento maciço dos botocudos para Itambacuri abriu os territórios indígenas ao redor da missão para os colonos, atraindo centenas de pequenos agricultores para as novas terras disponíveis entre Filadélfia, Urucú (também no norte de Minas) e São Mateus. Mais de oitocentos brasileiros pobres, que os frades chamavam de "colonos caboclos" e que eram provavelmente pessoas de ascendência mestiça de brancos, africanos e indígenas, tinham vindo residir nas terras da missão no mesmo ano, em 1886. Os frades incentivaram esses colonos a casar com os indígenas como forma de "civilizá-los" por meio da miscigenação e da aculturação — ambas práticas, como vimos, destinadas a produzir sua extinção.[44]

Os anos de trabalho dos frades finalmente pareciam dar frutos em 1888, quando os pojixás chegaram em massa a Itambacuri. Os frades ficaram emocionados de presenciar a formidável entrada dos quase duzentos homens pojixás portando seus arcos e flechas. Seus corpos estavam pintados de vermelho-vivo com urucum "cor de sangue", como quando atacaram Leonardo Ottoni.[45] Os frades colocaram os recém-chegados, que eram cerca de 2500, numa povoação separada trinta quilômetros ao sul de Itambacuri, num local chamado Santo Antônio, para proteger os moradores "civilizados" da aldeia dos recém-chegados ainda "incivilizados".[46]

O aparente sucesso de Itambacuri, no entanto, agravou as relações já conturbadas com os moradores da região, que criticavam a aldeia por bloquear o acesso à mão de obra e às terras indígenas. Com a chegada de mais botocudos, os adversários de Itambacuri viram em seu crescimento a semente da caducidade. No mesmo ano da chegada em massa dos pojixás, menos de um mês antes da abolição da escravidão em maio de 1888, homens poderosos locais ligados aos Ottoni fizeram pressão para abrir as terras da missão para a colonização geral. Os esforços missionários, argumentavam eles, deveriam ser redirecionados para áreas com "índios hostis". Isso fazia parte de uma ampla e agressiva ocupação de terras que estava ocorrendo na região.[47] Mesmo diante de tanta oposição dos colonos, frei Ângelo manteve o otimismo, acreditando que, com a morte dos mais idosos, a distinção entre índios e não índios logo desapareceria. Ele alimentava a ideia de cultivar uma área cada vez maior ao redor da missão com o trabalho doméstico e de imigrantes. Por algum tempo, tudo parecia bem em Itambacuri.[48]

O ABOLICIONISMO NA FRONTEIRA

Mais perto do Atlântico, outro conflito por questões de trabalho colocou os senhores de escravos de São Mateus e da Colônia Leopoldina contra seu temido inimigo: o abolicionismo. No início de novembro de 1884, dezenove proeminentes senhores de escravos de São Mateus acusaram estrategicamente Cosme Francisco da Motta, um fazendeiro e comerciante de 43 anos, de fomentar uma revolta violenta ao enganar os escravizados fazendo-os acreditar que eram livres.[49] Em sua defesa, Motta identificou-se como "protetor dos africanos" chamando atenção para sua liderança no florescente movimento abolicionista de São Mateus. Mas, em vez de receber elogios ou conquistar apoiadores, foi mandado para a prisão. Então, um ano depois de Motta sair da prisão em abril de 1886, os senhores de escravos do outro lado da fronteira provincial, na Colônia Leopoldina, ficaram alarmados com os inflamados sermões do vigário local, padre Geraldo, que incitava os escravos a se revoltarem contra eles. A intensa mistura de doutrina religiosa, fervor abolicionista e boataria do padre Geraldo colocou a questão da abolição na mesa, mas também lançou dúvidas sobre suas intenções.

A batalha pelo trabalho de negros e indígenas na fronteira Atlântica uniu sertão e litoral. Enquanto o acesso à mão de obra colocava os missionários contra os colonos, o iminente fim da escravidão alimentava uma batalha surpreendentemente amarga entre abolicionistas e senhores de escravos nas fronteiras do movimento. No entanto, apesar da virulenta oposição desses senhores aos movimentos antiescravistas, uma análise mais atenta dos programas políticos dos abolicionistas revela que eles e seus inimigos não divergiam radicalmente nas ideias sobre a melhor forma de manter os libertos sob controle quando a escravidão acabasse. Essas visões limitadas da liberdade e da cidadania negras entravam em conflito e, por vezes, ressoavam de forma inquietante as aspirações das próprias pessoas libertadas para a vida depois da escravidão.

"Protetor de africanos": O abolicionismo popular de Cosme Motta

As sementes das queixas contra Motta já haviam sido plantadas em janeiro, quando ele, então subtenente da polícia, irritou os senhores de escravos de São Mateus tentando fazer um censo da população livre e escravizada local. Assim como no caso dos indígenas, a questão era a escravização ilegal. Motta suspeitava que os moradores escravizavam ilegalmente adultos e crianças não registradas e nascidas após a Lei do Ventre Livre.[50] Foi demitido em julho depois de ter posto em questão a autoridade e a competência do seu superior.[51] Numa cidade onde as famílias proprietárias de escravos se casavam entre si e onde os laços de clientelismo eram profundos, Motta, que vinha de um meio modesto, destacou-se pela incapacidade — ou desinteresse — para navegar na política de clientelismo. A acusação de insurreição veio em novembro. Os mais importantes senhores de escravos da cidade alegaram que Motta tinha incitado os escravizados a abandonar os senhores e a recorrer ao roubo e ao assassinato, se necessário, e que sua verdadeira intenção não era outra, senão "ganhar o favor dos escravos, para os tê-los como trabalhadores em sua propriedade 'Três Ilhas'". Estavam praticamente lhe chamando de coiteiro de escravos. Em particular, o juiz de direito Miguel Amorim e o chefe de polícia Pitanga estavam reticentes; Pitanga estava mais preocupado com a captura de Benedito. Ainda assim, poderosos interesses escravistas não podiam ser facilmente ignorados.[52]

Foi em resposta a essas queixas que Motta escreveu uma carta exaltada em que se identificava como "Cosme Motta, Protetor dos Africanos neste Distrito". O documento está repleto de erros ortográficos e de frases soltas que, por vezes, se estendem por quase duas páginas, sugerindo vividamente um homem em cuja cabeça giravam pensamentos que mal conseguia controlar.[53] O abolicionismo de Motta tinha uma causa específica: a emancipação dos africanos importados ilegalmente em violação da Lei de 7 de novembro de 1831, a legislação flagrantemente ignorada que proibia o comércio transatlântico de escravizados. Cerca de 760 mil africanos foram contrabandeados para o Brasil entre 1830 e 1856, e apenas alguns oficialmente reconhecidos como escravizados ilegalmente foram classificados como emancipados.[54] Advogava por aqueles que não tinham esse reconhecimento oficial e que ele suspeitava tivessem sido escondidos pelos senhores durante o recenseamento. Defender os africanos escravizados em violação da lei de 1831 — em vez de pressionar pela emancipação total — era uma estratégia específica de muitos movimentos abolicionistas e que ganhou força na década de 1880.[55]

Os interesses políticos escravistas insubordinaram-se à lei de 1831 por décadas. Ainda em 1874, o Conselho de Estado desencorajava sua aplicação, alegando que iria perturbar o ritmo de emancipação gradual estabelecido pela Lei do Ventre Livre de 1871 e que seria equivalente à "propaganda insurrecional". Na década de 1880, sociedades e jornais abolicionistas, incluindo os liderados por Joaquim Nabuco, Rui Barbosa e Luiz Gama, começaram a criticar abertamente a declaração de 1874.[56] A exigência de emancipação para todos os africanos importados ilegalmente após 1831 criou pânico entre os senhores de escravos, visto que na década de 1880 a maioria da população escravizada do Brasil era composta daqueles que entraram após 1831 ou seus descendentes.[57]

Motta criticou duramente a reação ao abolicionismo em São Mateus. Enquanto "todos os cantos do Império levantam um grito quase unânime" a seu favor, afirmou, São Mateus "errou ao se tornar cada vez mais escravocrata, travando uma guerra cruel contra todos aqueles que ousaram apoiar esse grande movimento da época: o abolicionismo".[58] De fato, no final da década de 1860, pelo menos duas dúzias de novas associações abolicionistas haviam surgido em todo o Brasil.[59] Motta inspirou-se numa sociedade abolicionista criada em 1883 em Vitória, capital da província do Espírito Santo, onde o juiz de direito havia recentemente libertado todos os africanos importados ilegalmente e seus descendentes. Com o nome de "Domingos Martins", em homenagem a um herói capixaba da revolução pernambucana de 1817, essa sociedade contava entre seus fundadores com alguns dos mais proeminentes liberais da província, incluindo Affonso Cláudio, que viria a ser o primeiro governador do Espírito Santo na Primeira República (1889).[60] A sociedade designou representantes em toda a província para promover a causa. O advogado Olavo Henrique Batista, que atuou no caso do assassinato de Seraphim e um dos presumíveis protetores de Benedito, foi indicado para São Mateus. Mas ali a sociedade não recebeu reconhecimento oficial e Batista ficou impedido de defender seu projeto, e recebeu até ameaças de morte.

Essas obstruções à Sociedade Domingos Martins, em São Mateus, motivaram Motta a fundar sua própria sociedade. No final de setembro de 1884, um mês e meio antes da acusação de insurreição e durante as caóticas expedições de caça a Benedito, Motta começou a recrutar vários indivíduos para sua causa, incluindo, significativamente, dois dos policiais que haviam inicialmente relatado os rumores de emancipação durante a Festa de Santana. Também estava presente o advogado Batista, que poucos dias antes havia defendido no tribunal o quilombola Júlio (julgado como cúmplice de Benedito na tentativa de assassinato de Marcolina).[61] O grupo redigiu um documento delineando sua agenda e o plano era coletar assinaturas de apoio. No entanto, na última hora, os companheiros de Motta foram vencidos pelo medo de retaliação dos escravistas e desistiram, enquanto Motta, tal como Batista, recebeu ameaças de morte. Assim, Motta assumiu sozinho a tarefa de provar a liberdade de dois "clientes", os africanos Laurino e Francisco. Esses dois homens pertenciam a um poderoso fazendeiro com cerca de cem escravos chamado João Gomes dos Santos. Quando este descobriu que Motta tinha conseguido com o vigário local seus documentos de registro de escravos e a prova das suas idades, Santos castigou os dois africanos impiedosamente, espancando, estrangulando, algemando e fechando-os num barracão escuro como breu, onde quase morreram de fome.[62]

Motta relatou o incidente às autoridades locais e, a partir daí, a situação foi ficando cada vez mais grave. Com uma enxurrada de acusações, os senhores de escravos forjaram para Motta o papel de mentor de insurreição. Disseram que ele estava abrigando em sua propriedade mais de cem escravos, armados e treinados para atacar, roubar e assassinar.[63] Também alegaram que Motta estava incitando os escravos "rudes" a cometer crimes violentos e conspirando para roubar Santos e assim obter os recursos para suas cartas de alforria.[64] Vendo seus esforços em prol dos africanos ilegalmente escravizados serem distorcidos e transformados em incitação a uma sangrenta revolta, Motta respondeu que suas únicas armas eram as leis de 1831 e 1871 e a Constituição. Enfatizou a docilidade dos africanos, chamando-lhes seres indefesos que se resignavam às "torturas do cativeiro" enquanto aguardavam pacientemente o dia de sua redenção.[65] Suas palavras caíram em ouvidos moucos. Seus detratores afirmaram sob juramento que ele ameaçava a ordem social "incitando a uma insurreição contra os senhores [dos escravos] para obter a liberdade" e que, se os escravos não tivessem coragem de levar o projeto a cabo, "ele viria em pessoa para os ajudar", aconselhando o assassinato como o meio mais fácil de alcançar o seu "desideratum" (ameaçadoramente sublinhado no documento).[66] O tema do negro violador surgia mais uma vez. Os senhores de escravos afirmavam que, uma vez desencadeada a revolta a 2 de dezembro, os escravos invadiriam o seu "espaço doméstico e desonrá-los-iam, porque 'todos são iguais e as mulheres nasceram para isso'". Incluída como citação na fonte original, não é claro se esta última frase foi imputada a um indivíduo em particular ou se era a ideia que os senhores faziam do que os escravos alimentavam em suas mentes. Seja como for, imaginavam a liberdade dos negros em termos de violência sexual contra as mulheres brancas; por outro lado os escravizados figuravam nessas alegações apenas como marionetes de Motta, sendo as suas próprias exigências de emancipação irrelevantes.[67]

Enquanto isso, Batista foi preso depois de a polícia ter descoberto que ele escondia cinco presumíveis escravos em sua residência. Motta foi preso em 20 de novembro acusado de ser o idealizador de uma conspiração de escravizados.[68] Em sua petição de habeas corpus febrilmente escrita na cela da prisão, Motta enfatizou que os seus esforços para libertar africanos ilegalmente escravizados estavam "autorizados pela Lei que dá aos cidadãos o direito" de o fazer. Nunca aconselhou os escravos a desobedecerem a seus senhores nem defendeu atividades criminosas, afirmou, e descreveu seu trabalho abolicionista e a resistência que enfrentou. A Maçonaria tinha lhe inspirado. Um príncipe dentro de sua ordem, Motta sentiu-se obrigado a advogar para os africanos para defender "a Liberdade, a Igualdade e a Fraternidade", uma vez que "a consciência de um homem é tudo". Considerando a presença de maçons entre os abolicionistas brasileiros, incluindo Rui Barbosa e Luiz Gama, é provável que Batista e outros membros da Sociedade Domingos Martins também o fossem.[69]

O plano de Motta era logisticamente simples. Seu processo, em duas etapas, baseava-se numa amálgama de direitos costumeiros dos escravizados. O primeiro passo era fazer com que os africanos ganhassem os recursos necessários ($5,000 réis) para ter a documentação que provava a ilegalidade de seu cativeiro. Para isso, trabalhariam para outra pessoa, que não seus senhores, nos dias de folga, tendo o direito de ficar com uma parte do ganho (pecúlio) garantido pela lei de 1871. Como em muitas regiões das Américas, em São Mateus "era costume os fazendeiros darem [os sábados] aos escravos para que pudessem voltar às fazendas no domingo". Motta instruía os africanos a não levantar suspeitas de seus senhores, evitar o roubo e a falta ao trabalho.[70] Assim, ele acreditava, os africanos escravizados ilegalmente, trazidos depois de 1831, poderiam acumular legalmente a quantia necessária para adquirir seus documentos, com os quais poderiam pedir sua liberdade legal. Os africanos ganhariam esse dinheiro com o trabalho efetuado em seu tempo livre. Não se tratava de uma visão insurrecional.[71]

Contudo, a segunda parte do plano de Motta, que ele chamou de "plano de trabalho", expunha uma visão contraditória e limitada da liberdade negra, comum até mesmo entre seus proponentes. No fim de contas, a queixa dos senhores — de que Motta planejava incitar seus escravos com o objetivo final de os empregar em sua propriedade — não era totalmente infundada. Motta admitiu abertamente ter dito aos africanos que, uma vez libertos, celebraria um contrato com eles para prestarem serviços em sua fazenda Três Ilhas. Em sua opinião, isso evitaria que caíssem na vadiagem.[72] Ele tinha fé em que o trabalho orientado era o meio mais eficaz de preparar os africanos para a liberdade, se não mesmo para a cidadania plena.[73] Apesar de se opor claramente aos escravistas sobre o futuro da instituição, ele reiterou o discurso racializado compartilhado por defensores do trabalho indígena, abolicionistas e até mesmo defensores da escravidão. Estavam todos convencidos de que os libertos (africanos ou brasileiros) e os indígenas eram naturalmente suscetíveis à vadiagem e precisavam de regimes disciplinares de trabalho que os preparasse para a liberdade e garantisse seu lugar na sociedade brasileira.

Entretanto, apesar dos apelos engenhosos e pacíficos de Motta, seu pedido de habeas corpus foi negado. Foi acusado de incitar uma insurreição de escravos e de tramar para a utilização de seu trabalho. Foi finalmente absolvido por um júri em junho de 1885.[74]

"MAL DE TODOS OS MALES": O ABOLICIONISMO DESORDEIRO DO PADRE GERALDO

A sutileza não era uma das qualidades do padre Geraldo, vigário de Nossa Senhora da Conceição da Villa Viçosa e que também servia na Colônia Leopoldina. Em abril de 1886, poucos meses depois da morte de Benedito, na colônia, o padre se apresentou diante de uma congregação majoritariamente escravizada e começou a fazer alguns comentários sobre a escravidão, que logo chegaram à dramática declaração de que já não havia mais escravos. O juiz de Órfãos — que era responsável também pelas alforrias — estava na igreja e ficou horrorizado quando o padre o admoestou, diante de uma sala cheia de escravizados, a declarar que eles estavam livres. Então, o padre Geraldo acusou o juiz de ser contra a emancipação, porque não tinha reconhecido a manumissão de 180 escravos sexagenários da colônia que a lei tinha libertado em 1885. Seguiu-se uma saraivada de insultos contra os senhores de escravos, as autoridades locais e até o monarca, terminando com um aviso de que Deus iria castigar Viçosa.[75]

A abolição só viria daí a dois anos, mas as declarações do padre Geraldo potencialmente sinalizavam o surgimento de um abolicionismo radical em uma região onde os interesses escravistas permaneciam firmes. Estaria a Igreja católica brasileira, historicamente indiferente à escravidão, finalmente mudando de rumo? De declarações chocantes a manobras políticas duvidosas, o abolicionismo inconstante e até mesmo confuso do padre Geraldo carecia da clareza de uma narrativa retrospectiva de abolicionistas de elite como Joaquim Nabuco. Embora seus vibrantes sermões tenham empurrado senhores de escravos a reconhecer a viabilidade da abolição, seus planos para os libertos eram semelhantes aos de Motta, expressavam ideias racializadas sobre a vagabundagem negra que, mais uma vez, refletiam a linguagem dos regimes de trabalho indígenas e ignoravam as aspirações de vida dos libertos. Como veremos, a visão abolicionista do padre Geraldo também estava explicitamente ligada à batalha pela posse da terra.[76]

A abolição não era um bom presságio para os fazendeiros da Colônia Leopoldina. O café da colônia, mesmo ameaçado por competidores, tinha a reputação de ser o melhor de toda a Bahia. Embora sua dependência da safra a tornasse vulnerável às flutuações de preço, a colônia permaneceu o único motor econômico do sul da província, enquanto Caravelas e Viçosa estagnavam, e a inauguração da estrada de ferro Bahia-Minas, em 1882, gerava lucros insignificantes.[77] Em 1884, os distritos de Caravelas, Viçosa e São José de Porto Alegre tinham 2217 escravos (além de 713 ingênuos), sendo 786 em Caravelas e 1131 em Viçosa e São José, a maioria provavelmente na Colônia Leopoldina.[78] Em comparação com o resto da região, a colônia tinha conseguido manter sua mão de obra após a cessação do tráfico de escravos em 1850, o que foi conseguido por meio do incentivo a elevadas taxas de reprodução entre os escravizados. Muitas crianças continuaram a nascer depois de 1871, um número considerável das quais os fazendeiros mantiveram ilegalmente escravizadas, falsificando as datas de nascimento ou deixando de registrá-las, o que Motta suspeitava que os senhores de escravos estavam fazendo em São Mateus.[79] Devido a essa dependência do trabalho escravizado e ao contínuo fracasso em atrair imigrantes, os fazendeiros testemunhariam sua produção de café ser "extraordinariamente reduzida" com a abolição.[80] Alguns dos escravizados da colônia que não estavam dispostos a esperar pela emancipação tomaram medidas drásticas. Laurindo, um escravo de Luiz Bornaud (que mais tarde alforriaria seus escravos sexagenários), foi levado pelo desespero a matar seus próprios filhos, Pamphilio e Gregorio, em 1883, depois que a mãe, Firmina, foi chicoteada por faltar ao trabalho para cuidar deles. Laurindo declarou que tinha agido para "acabar com o grande sofrimento de Firmina, e evitar que os dois vissem seus filhos sofrer mais tarde".[81] No ano seguinte, sete escravizados mataram a pauladas seu senhor José Venerote. Depois, no início de 1886, Benedito preferiu a morte à captura nas terras da colônia.

A queda do gabinete conservador do Barão de Cotegipe (agosto de 1885 a março de 1888), cujas táticas repressivas tinham ajudado a radicalizar o movimento abolicionista, e a ascensão de João Alfredo de Correia a primeiro-ministro marcaram a chegada da abolição.[82] Sambas, desfiles e fogos de artifício comemoraram a Lei Áurea, que aboliu a escravidão em 13 de maio de

1888. Em São Mateus, as autoridades policiais assistiram aliviadas à abolição, os dias que se seguiram passaram sem tumultos e a Sociedade Domingos Martins anunciou o fim da escravidão a seus associados em toda a província.[83] No sul da Bahia, porém, as festividades foram bem menos pacíficas. A partir da noite do dia 12, as ruas de Caravelas se transformaram num campo de batalha entre as facções conservadora e liberal da cidade, suas comemorações foram recheadas de insultos mútuos para convencer os libertos de que a outra facção havia se oposto à abolição.[84] Se os detratores do padre Geraldo acreditavam que ele havia se acalmado com a abolição, estavam enganados. Em primeiro lugar, o padre tinha mostrado que não estava acima da política mundana e foi eleito deputado provincial pelo Partido Liberal. Também não estava imune às festas. Nos dias 19 e 20, ele esteve na vanguarda dos festejos liderando um grupo de libertos e outros que, pela cidade, davam vivas a ele, ao partido liberal e à República. O grupo dirigiu-se à casa de uma prostituta e designou-a como a sua "república", depois deambularam pelas ruas armados com facas e porretes, disparando espingardas e pistolas e cantando canções maledicentes ao ritmo cacofônico de um improvisado tambor. "Deixe o samba rolar, tudo acabou!", gritavam. "Viva o padre Geraldo, vivam os liberais! Morram, conservadores!" Um policial que observava aquele comportamento extravagante chamou o padre de o "mal de todos os males".[85]

Com o tempo, os motivos de padre Geraldo para cortejar os libertos ficariam evidentes. No dia 15 de maio, o novo político-sacerdote invadiu os campos de várias fazendas da Colônia Leopoldina. Diante de quase quinhentas mulheres e homens recém-emancipados, ele ergueu uma imagem de São Benedito, um santo católico preto venerado pelos negros brasileiros. Os libertos levantaram-se e o padre os incitou a destruir as correntes do cativeiro e a abandonar o trabalho. Lembrando-lhes os castigos que

tinham sofrido durante a escravidão, suplicou-lhes que abando-
nassem seus senhores, gritando: "Chegou a hora da vingança! A
vingança é a prova de seu sentimento!". Se voltassem para as fazendas dos ex-senhores, advertiu ele, seriam novamente escravizados. O agente da polícia que assistiu ao sermão, e cuja hostilidade em relação ao padre moldou claramente seu relatório,
queixou-se de que o padre Geraldo se vestia como um servo de
Deus, mas as palavras que dizia eram de Satanás. Tal como acontecia com os escravizados supostamente sob o domínio de Motta,
o oficial temia que os libertos, que ele considerava atolados na
ignorância e facilmente manipuláveis, recorressem à violência
contra seus antigos senhores. Mas enquanto Motta refutava sole-
nemente esses receios (ainda que em vão), falando de seus métodos legais, o padre Geraldo atiçava as chamas encorajando os antigos escravizados do fazendeiro Ludovico Avellar a derrubar as
senzalas restantes e a esbofeteá-lo caso ele tentasse impedir. Os
fazendeiros de Leopoldina ficaram extremamente irritados com a
intromissão do padre. Esperavam que as relações senhor-escravo,
de longa data, permanecessem inalteradas após a abolição e acusaram o padre Geraldo de persuadir seus ex-escravos, que supostamente haviam concordado em continuar trabalhando para eles,
a exigir salário e comida. Queixavam-se também de que alguns libertos tinham abandonado as fazendas e andavam por aí como
vagabundos, tornando-se incômodos.[86]

Muitos aspectos do abolicionismo do padre Geraldo levantam suspeitas. Por exemplo, ele dizia aos libertos que os havia libertado pessoalmente, pois o governo os havia esquecido em seu
canto remoto da província. Disse-lhes que tinha se martirizado
pela causa deles, enfrentado seus desprezíveis senhores, e que só
suas batalhas tinham sido capazes de libertá-los. E ainda exigia
que os homens e as mulheres emancipados lhe pagassem, cada
um, mil-réis e quinhentos réis, respectivamente, por seu trabalho
em favor deles. O policial indignado criticou o padre Geraldo por

"se dizer abolicionista, quando a abolição já está feita".[87] No entanto, se ele era, de fato e no fim das contas, um abolicionista oportunista, não estava sozinho. Liberais e conservadores, padres e senhores de escravos, todos se esforçaram por tomar o partido do abolicionismo quando era já um fato consumado. Até mesmo os europeus proprietários de terras na colônia aderiram ao movimento, escrevendo para o *Diário da Bahia* que o "grande fato da emancipação geral do país nos liga cada vez mais intimamente à família brasileira". Omitindo o passado infame da Leopoldina como uma colônia de imigrantes que se tornou uma fazenda de escravizados, os fazendeiros acrescentaram: "[n]ós alimentamos a esperança de que, com a proteção do governo, nossa colônia possa servir para atrair imigrantes, que, como nós, sem dúvida apreciarão a hospitalidade das terras brasileiras".[88]

As afiliações de padre Geraldo a organizações abolicionistas permanecem desconhecidas. Ele não era só de conversa; conseguiu, por exemplo, forçar o juiz de Órfãos a alforriar 180 escravos sexagenários. Mas seu oportunismo não pode ser descartado. O novo deputado do Partido Liberal provavelmente estava de olho no dinheiro dos libertos e, possivelmente, em seus votos, embora as novas exigências de renda tenham tirado o direito ao voto de muitas pessoas libertas.[89] De outra perspectiva, padre Geraldo pode ter representado um fim havia muito esperado para a indiferença histórica da Igreja católica em relação ao problema da escravidão, na Bahia e no Brasil em geral. Muitos abolicionistas brasileiros haviam denunciado a Igreja por sua deferência aos grandes proprietários de terra e de escravizados, e porque a própria Igreja tinha escravos. Foi somente na última hora, quando a abolição se tornava uma realidade inexorável, que a Igreja brasileira finalmente abraçou a causa da abolição.[90] À luz dessa história, não podemos dizer que o padre Geraldo tenha sido exatamente um precursor, mas ele estava — à sua maneira — denunciando a escravidão.

CIVILIZAÇÃO DOS VAGABUNDOS

Cosme Motta e padre Geraldo se opunham à escravidão, isso é claro. No entanto, um olhar mais atento a suas ideias de liberdade negra nos obriga a uma reavaliação mais crítica de seus projetos abolicionistas. Ambos ecoavam o discurso dos administradores de Índios que instituíram regimes disciplinares de trabalho em nome da salvação dos indígenas da vadiagem e da selvageria. Esses regimes de trabalho, embora fossem apresentados como uma preparação para a inclusão nacional, de que, como escravos e "selvagens", muitos negros e indígenas ainda não gozavam, vislumbravam uma cidadania fundamentalmente servil. Essas ideias tornaram-se particularmente claras quando negaram aos negros e aos indígenas o acesso à terra, o que revelou como a desigualdade de acesso à cidadania se refletia no direito ao território. No entanto, essa não era a palavra final. Os libertos negociaram os termos desses regimes de trabalho para forjar espaços de liberdade mesmo dentro de parâmetros altamente restritivos. Nesse sentido, fizeram como os indígenas que optaram pela negociação com missionários e colonos. Noutros casos, os negros e os indígenas contestaram a natureza coercitiva da "civilização" e da inclusão nacional, por vezes com consequências catastróficas.

Em São Mateus, o infatigável Cosme Motta começou a realizar o seu "plano de trabalho" assim que saiu da prisão. Entre os participantes estava um escravo de 51 anos chamado Ludgero, que encarnava as ambiguidades da liberdade vividas por pessoas escravizadas nesses novos regimes de trabalho. Ludgero já era um homem de cabelos grisalhos e tinha nascido escravo em São Mateus. Em maio de 1887, depois de meio século de cativeiro, foi-se embora de lá.[91] Assim como os quilombolas, que forjaram seus próprios significados de liberdade e cidadania quando fugiram para a geografia da escravidão de São Mateus, Ludgero definiu sua liberdade em termos de lugar e comunidade. Ele escolheu fugir para a propriedade vizinha de Motta e conservava viva na memória a amizade dos outros escravos, com quem estava ensaiando para se apresentar na próxima Festa de Santana, numa fazenda ali perto.[92] Seu senhor era o importante capitão Raulino Francisco de Oliveira, cujo filho médico também chamado Raulino tinha sido recentemente eleito presidente do Conselho Municipal. O jovem Raulino era aliado dos dezenove proprietários de escravos que haviam acusado Motta de fomentar uma insurreição.[93] Dois meses depois de ter se mudado para a propriedade de Motta, Ludgero estava trabalhando no campo quando foi abordado por um homem que tinha vindo apanhá-lo para devolver a seu senhor. Sua resposta foi rápida. "Não vou lhe dar o gosto de me levar", disse ele se golpeando com uma faca. Murmurando "me matei", tombou no chão.

A morte lhe escapou, assim como a certeza da liberdade. Num interrogatório policial no dia seguinte, contradições pungentes se entrelaçam com suas afirmações de liberdade. Quando lhe perguntaram por que razão escolhera o suicídio em vez de voltar para o senhor, respondeu que foi porque "se considerava livre, como lhe dissera o sr. Cosme Motta". Expressou repetidamente seu "medo de voltar às correntes". Três africanos libertos, sexagenários e residentes na propriedade de Motta que tinham transportado Ludgero após a tentativa de suicídio, recordaram que ele tinha declarado ser forro ou simplesmente livre. Mas, ao contrário dos africanos que provavelmente se beneficiaram do projeto abolicionista de Motta e cuja liberdade estava agora praticamente garantida pela Lei dos Sexagenários de 1885, Ludgero não tinha essas garantias.[94] A precariedade da liberdade era então confrontada por um homem que se dizia livre, mas que, legalmente, era um fugitivo que podia ser reescravizado de uma hora para outra. O que ele temia aconteceu.

Teria Motta enganado Ludgero dizendo-lhe que estava livre? Ele não foi interrogado nesse incidente. A ideia de logro reflete as palavras dos acusadores de Motta, e desvaloriza as próprias ideias de Ludgero.[95] Ludgero provavelmente chegou à propriedade de Motta ciente dos africanos emancipados que lá trabalhavam ao abrigo de um contrato e fez um acordo semelhante. Embora o "plano de trabalho" de Motta não representasse uma clara ruptura com a escravidão, para Ludgero significava uma vida muito melhor do que ficar com seu temido senhor. Motta provavelmente acreditava que estava salvando Ludgero de uma vida de vagabundagem, além de ganhar outro trabalhador. No entanto, o interesse próprio, por si só, não pode explicar por que ele se arriscaria novamente à virulência e à prisão dos escravistas. A Lei Saraiva de 1885 tornou o abrigo de escravos fugitivos um crime a ser severamente punido. Quando disse a Ludgero que ele era livre e lhe ofereceu abrigo, Motta provavelmente sabia que estava violando a lei e correndo um grande risco pessoal.[96]

Se Motta e Ludgero erraram foi por otimismo. Ambos presumiram que, em julho de 1887, os senhores de escravos de São Mateus estariam finalmente prontos para ceder às forças da abolição, uma expectativa razoável dado que mesmo no Rio de Janeiro as forças conservadoras estavam perdendo terreno para um movimento abolicionista cada vez mais radical, fazendo da abolição apenas uma questão de tempo.[97] Por mais quilombolas que os senhores de escravos de São Mateus perseguissem ou abolicionistas que prendessem, a escravidão seria abolida no Brasil em menos de dez meses. Com a liberdade cautelosamente abraçada, e desfeita quando seu senhor o veio reclamar, Ludgero viu que o suicídio era a única forma de lhe negar o perverso "gosto", como ele chamava, da posse de pessoas.

Dois anos depois, eclodiu outro conflito sobre a definição de liberdade. Em 5 de julho de 1889, mais de 2 mil libertos se revoltaram na Colônia Leopoldina. O aumento de quase 77% na população de libertos, desde 1884, sugere que a grande maioria deles permaneceu na colônia após a abolição, enquanto um número significativo chegou lá vindo de Caravelas e Alcobaça, ficando perto do local de seu cativeiro.[98] Essas escolhas tinham um sentido especial na Colônia Leopoldina, onde gerações de parentes residiram juntos ajudando-se mutuamente a se libertar da escravidão e ganhar de seus senhores concessões importantes, incluindo pequenas extensões de terra. Os libertos que permaneceram em seu antigo local de cativeiro nos anos pós-emancipação gozaram, em geral, de mais estabilidade e prosperidade, em comparação com outros que, por serem itinerantes, não puderam acumular riqueza. Um africano chamado Anacleto Flach, por exemplo, que tinha sido liberto por seu meio-irmão, possuía uma fazenda de café de 7 mil pés e uma roça de mandioca na época de sua morte, em 1881, na colônia onde sua mãe e seu meio-irmão também tinham vivido (Figura 6.1).[99] Às vésperas da abolição, no entanto, a degradação do solo ao longo do rio Peruípe já havia levado alguns moradores mais ricos para terras férteis mais ao norte.[100] A revolta maciça sugeriu, portanto, que a escassez de terras férteis poderia colocar em risco a estabilidade familiar e econômica depois da emancipação, semeando um descontentamento explosivo entre os libertos que lá permaneceram.[101]

Foi nessa nova fase de conflitos fundiários que a ideia de padre Geraldo sobre os libertos se tornou mais explícita.[102] Duas semanas após a revolta, o vigário apresentou à Câmara Municipal de Viçosa um pedido de concessão de terras ao longo da margem norte do rio Pau Alto. O objetivo declarado do vigário era o estabelecimento de uma colônia agrícola, sob sua direção, composta de "ex-escravos libertos pela Lei de 13 de maio". O padre reconhecia que a falta de terras cultiváveis e de recursos para comprá-las estava na origem da agitação e defendeu que era necessário "ani-

FIGURA 6.1. *Os laços familiares e as amizades formadas durante a escravidão alimentariam as aspirações dos libertos no Brasil pós-emancipação. Muitos ex-escravizados da Colônia Leopoldina permaneceram no local após a abolição, o que os manteve próximos de seus parentes, mas também gerou escassez de terras.*

mar os libertos que, carentes de recursos no primeiro ano [após a emancipação], não têm meios de subsistência, medicamentos, instrumentos de lavoura etc.". Ele planejava instalar cerca de duzentas famílias livres em terras devolutas ao longo do rio.

No entanto, o principal objetivo do padre Geraldo não era ajudar os libertos a realizar suas aspirações, pós-emancipação, de propriedade autônoma da terra. Empregando a mesma linguagem de Motta e dos defensores do trabalho indígena, ele descreveu seu "plano de trabalho" como um mecanismo disciplinar para evitar que os "infelizes ex-escravos se lançassem no caminho da vagabundagem, do roubo e do crime" resultante da "falta de trabalho e de alguém para supervisioná-los". Seus partidários na Câmara concordavam, com entusiasmo, que os libertos sem instrução, "sumamente ignorantes e inclinados a toda sorte de vícios", precisariam da orientação do vigário para se manterem no rumo certo. A Câmara elogiava o padre Geraldo como um "perfeito missionário" que os libertos amavam, pois ele, como abolicionista, sempre fora seu "defensor e patrono". Por trás dessa linguagem paternalista, de salvar os negros de sua supostamente inata vagabundagem, estava o interesse em mantê-los ligados à colônia agrícola, negando-lhes a independência econômica. Confiná-los geograficamente impediria os libertos de competir por terras escassas e férteis, mantendo uma força de trabalho barata e dependente após a emancipação. Talvez os libertos não precisassem mais servir a seus senhores da Colônia Leopoldina, mas a batalha pelos direitos da cidadania negra estava apenas começando.[103]

CRISE EM ITAMBACURI

Poucos meses após a revolta na Colônia Leopoldina, um golpe militar obrigou d. Pedro II a abdicar do trono, em 15 de novembro de 1889, e mandou a família real para o exílio. Chegava ao fim o Império brasileiro e quase quatro séculos de regime monárquico, dando lugar à Primeira República (1889-1930). Entre as muitas mudanças anunciadas pela transformação política estava a recém-decretada separação entre Igreja e Estado, colocando em dúvida o futuro do trabalho missionário financiado pelo Estado. Acomodados em seu canto no norte de Minas, frei Serafim e frei Ângelo continuaram o trabalho entre os indígenas. Eles e seus sucessores permaneceriam à frente de Itambacuri até que o recém-criado Serviço de Proteção aos Índios (SPI), do governo republicano, assumisse o comando em 1911.[104]

Novos desafios tensionaram a vida na aldeia. Secas catastróficas no Nordeste no início da década de 1890 trouxeram multidões de migrantes desesperados do Ceará e do norte da Bahia para Itambacuri. Com a população da região subitamente triplicada, o suprimento de alimentos da aldeia, outrora abundante, foi severamente prejudicado.[105] Pessoas famintas devoravam cascas de árvores e plantas venenosas, abandonavam seus mortos à mercê de animais selvagens e abutres. Essas dificuldades foram agravadas por uma devastadora epidemia de varíola, em 1892 e 1893, que tirou a vida de quase quatrocentos indígenas.[106]

Ao cair da noite do dia 24 de maio de 1893, os frades faziam seu habitual passeio noturno pela aldeia quando foram emboscados. Uma saraivada de flechas trespassou a omoplata de frei Ângelo e o antebraço de frei Serafim. Frei Ângelo instintivamente disparou a espingarda contra os agressores, que ele reconheceu como indígenas da missão, pintados de vermelho com urucum. Eles eram liderados por Manoel Pequeno e Querino Grande, dois botocudos que viviam em Itambacuri desde a fundação da missão, vinte anos antes. Manoel Pequeno era o hábil carpinteiro que havia construído o magnífico altar lateral da igreja central, e os frades o consideravam um dos mais inteligentes da aldeia. Quando ouviram o som de pessoas se aproximando, os indígenas rapidamente soltaram as 23 crianças que estavam sendo mantidas pelos frades e, deixando alguns outros para vigiar, retiraram-se para o sul. Os frades suspeitaram que Manoel e Querino haviam atraído outros indígenas para se juntar a eles, mentindo que os frades haviam tentado envenenar suas crianças. Os frades agradeceram à Divina Providência por ter poupado suas vidas. Manoel Pequeno e Querino Grande, como os frades vieram a saber, lideravam um grupo de setecentos a oitocentos indígenas.[107]

No dia seguinte, chegou ajuda de Filadélfia, entre eles o diretor de Índios do Mucuri, Antônio Onofri, que prendeu dezesseis indígenas. Os frades acreditavam que graças a isso Itambacuri evitou um ataque em massa. Mas o alívio durou pouco. Os indígenas voltaram ao ataque logo após a partida dos reforços e levaram "um mês e sete dias" saqueando a aldeia. Outrora orgulho e glória dos frades, os símbolos da civilização de Itambacuri estavam em ruínas. Destruíram pontes, arrasaram 120 quilômetros de campos, queimaram propriedades de colonos e mataram animais domésticos, deixando para trás uma "cena verdadeiramente horrível". Os colonos fugiram. Uma ajuda adicional em 29 de junho finalmente pôs fim ao conflito. Mais de vinte indígenas morreram, incluindo Manoel Pequeno. "Devemos tudo a[os frades]", observou Onofri, "e é lamentável que, depois de vinte anos de dedicação, eles recebam em troca tão pérfida ingratidão." Os frades ficaram particularmente irritados com o que consideravam trapaça e ingratidão de Querino Grande, que, "apesar de estar na aldeia há mais de vinte anos, manteve sua falsa, indócil e má disposição". Decidiram perdoar os indígenas que optaram por retornar na esperança de que eles ajudassem a reconstituir a população devastada de Itambacuri (Figura 6.2).[108]

A leitura etnográfica de Izabel Mattos sobre as ações de Querino Grande antes do ataque fornece informações importantes sobre as motivações dos botocudos. Segundo ela, eles consideravam os missionários responsáveis pelas dificuldades gerais em Itambacuri, agravadas pelas catastróficas mortes por varíola. A liderança de Querino Grande é particularmente digna de nota. Como observou o antropólogo Curt Nimuendajú, os botocudos acreditavam que seus líderes possuíam *Yikégn*, ou poder sobrenatural. O fato de Querino, um líder botocudo, ser visto como um xamã com tais poderes é fortemente sugerido pela observação dos frades de que, nos dias anteriores ao ataque, ele estava atraindo outros indígenas para o tipo de "reuniões noturnas e danças selvagens que haviam cessado há muito tempo". Na cosmologia

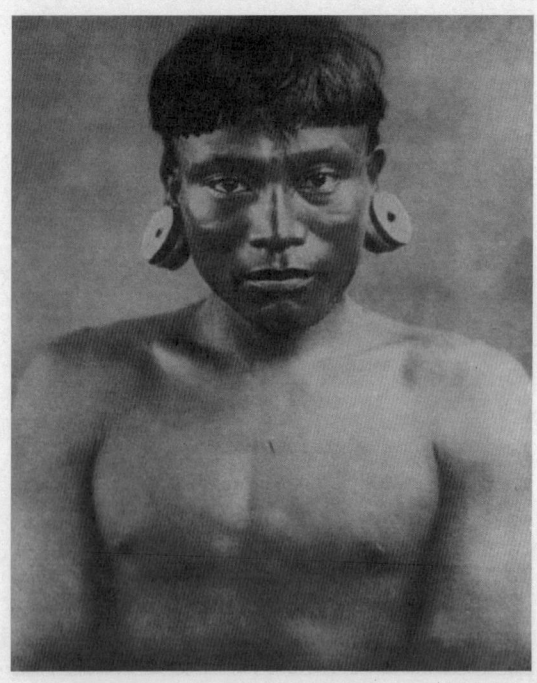

FIGURA 6.2. *Nos últimos anos do período imperial e no início da República, colonos e missionários consideraram "civilizar" os botocudos uma solução para a falta de mão de obra e de terras agravada pela abolição da escravatura. Os botocudos, no entanto, contestaram radicalmente essa visão subserviente de cidadania.*

dos botocudos, essas reuniões noturnas eram uma forma de vingar a morte de parentes, e as danças, uma preparação ritual para atacar a feitiçaria de um inimigo. De fato, os botocudos consideravam toda morte, dor física e doença obra de flechas mágicas invisíveis e "envenenadas" lançadas por inimigos. O papel de um líder era impedir esses ataques sobrenaturais ou vingar as mortes que eles causavam.[109] A vingança assumiu a forma de um ataque cuidadosamente orquestrado com uso de flechas reais. Isso talvez explique por que Querino e Manoel iniciaram a ofensiva atirando flechas quando, como Onofri testemunhou mais tarde, eles possuíam armas de fogo e sabiam manejá-las com maestria.[110]

Impressiona que dois grupos diferissem totalmente na percepção do acontecimento. Os frades consideraram uma revolta de indígenas ingratos. Estes, pintados de vermelho, estavam em guerra. Os frades Serafim e Ângelo culpavam a higiene dos índios pela morte em massa por varíola e argumentavam que eles haviam atacado Itambacuri para "vender e viver do suor dos nacionais, sem ter que trabalhar por dois ou três anos". Enfurecidos por serem caluniados como traficantes de escravos indígenas, os frades os depreciaram como vagabundos interessados apenas em explorar a mão de obra dos colonos.[111] Embora suas motivações mais profundas só possam ser presumidas, a destruição de símbolos do cristianismo e da agricultura — a igreja e os campos — sugere fortemente que os indígenas queriam provocar muito mais do que danos econômicos. Desde as centenas de mortes por varíola e a fome generalizada até as redes de parentesco desestabilizadas e a perda de território, esse sofrimento sem paralelo pode ter tido, na visão deles, origem na feitiçaria dos frades.

Revisitando os acontecimentos 22 anos depois, frei Ângelo acrescentou pormenores ao confronto final que tinham faltado em seu relato anterior. Recordou que ele e Serafim tinham enfrentado a "difícil necessidade de organizar uma expedição de homens bem armados e equipados para combater os índios". A expedição foi confiada a um língua "leal", "exemplar no manejo do arco e flecha e com perfeito conhecimento de todos os locais visitados pelos selvagens". O língua viajou à frente da expedição e inspecionou secretamente as matas. Uma manhã, as tropas tomaram suas posições e começou o tiroteio. Frei Ângelo contou que "os selvagens, apesar de toda a sua rapidez e capacidade, não conseguiram organizar uma resistência; muitos sucumbiram e outros fugiram. Este combate pôs fim à revolta dos índios". Os frades deram então um generoso perdão aos indígenas restantes.[112]

O leitor já deve estar familiarizado com a narrativa de frei Ângelo: a "revolta" indígena de 1893 terminou com um matar uma aldeia conduzido por missionários. Vinte índios morreram. Essa conclusão dá maior significado à ambivalência de Onofri sobre os indígenas em sua carta de 1893 ao diretor dos Índios de Minas Gerais. Embora tenha sido sua denúncia da "incomparável ferocidade" e do aparente "regresso à antiga vida nômade" que deu luz verde para o apoio do Estado à expedição, Onofri também admitiu que os indígenas "já não podiam ser considerados selvagens, eles que já estão habituados à vida civilizada". Se a destruição dos símbolos da civilização pôs em dúvida o inexorável triunfo desta sobre a selvajaria, o fato de os missionários terem apoiado o massacre abalou o cerne do significado de civilização.[113]

OS TEMPOS DA PÓS-EMANCIPAÇÃO

Depois de 13 de maio de 1888, não havia mais escravos no Brasil. A longa luta para acabar com a escravidão no Brasil começou em 1831 e finalmente se concretizou em 1888, demolindo a última sociedade escravista das Américas.[114] No período pós-emancipação, os libertos esforçavam-se para realizar seus sonhos de propriedade de terras ou deslocavam-se para as cidades em busca de novas oportunidades, procurando definir seus próprios termos de cidadania à medida que enfrentavam o racismo e novas desigualdades.

Esta é uma narrativa familiar sobre abolição e pós-emancipação no Brasil e no mundo Atlântico em geral. É uma narrativa incompleta. A luta pela libertação dos negros no Brasil transcorreu no longo período que se seguiu a outra abolição, que já havia ocorrido em 1831. A pós-emancipação indígena, marcada pela escravidão ilegal e pela violência implacável, lançou uma grande sombra sobre as lutas dos negros pela libertação no século XIX, moldando debates racialmente matizados sobre sua capacidade de pertença nacional. Nas temporalidades sobrepostas da pós-emancipação indígena e da abolição gradual da escravidão africana existiram os espaços liminares entre cativeiro e liberdade, escravidão e cidadania, existência e extinção, inclusão e exclusão. Tratava-se de uma relação de simultaneidade que punha em perigo o próprio significado da abolição e a promessa de vida após a escravidão.

A perspectiva da abolição trouxe ansiedades sobre a viabilidade econômica da nação e uma violenta reação dos senhores de escravos. Também gerou esperanças de civilização indígena e de libertação do povo brasileiro da mancha da escravidão. No entanto, nas décadas de 1870 e 1880, o futuro do Brasil dependia cada vez mais da criação de uma força de trabalho subserviente, tanto negra quanto indígena. Os missionários, senhores de escravos, colonos e agentes do Estado confinaram os libertos e os indígenas geograficamente, restringindo seu acesso à terra, e discursivamente, por meio de entoações racializadas de vagabundagem e de capacidades limitadas de cidadania. Abolicionistas e missionários promoveram regimes de trabalho disciplinares que coexistiam desajeitadamente com a alegada inexorabilidade da extinção dos indígenas. Mesmo com a evolução dos regimes legais marcando as divergências entre o lugar dos escravizados e dos indígenas na nação, suas histórias paralelas foram expostas mais uma vez nas controvérsias sobre o trabalho e a terra no final do Império.

Na vida de libertos e indígenas a batalha pela cidadania e pela geografia convergiu. As aspirações dos libertos a terra, família e autossuficiência incitavam seus antigos senhores a confiná-los à falta de terra e ao trabalho supervisionado. Esses conflitos pelo direito ao território não surgiram no processo de emancipação dos escravizados. Começaram muito antes, quando d. João VI autorizou a conquista de territórios indígenas na fronteira Atlântica. No final do século xix, com suas terras reduzidas a um pequeno recanto do norte de Minas Gerais, os botocudos do Itambacuri declararam guerra aos agentes de sua destruição.

Indígenas e libertos condenaram fortemente a nacionalidade liberal brasileira e seus termos para inclusão de negros e indígenas. Marcado pela escravidão ilegal e pela cidadania ambígua, a pós-emancipação indígena no Brasil pós-colonial expôs a violência implacável da incorporação nacional forçada e a impossibilidade de manter o controle territorial em face da desigualdade de poder. A cidadania limitada e as exclusões racializadas que moldaram as vidas indígenas lançariam uma longa sombra sobre o futuro dos libertos, sobrepondo temporalidades negras e indígenas da abolição a uma pós-emancipação incerta na transição do Império para a República.

Epílogo

A viagem do sul da Bahia para o Rio de Janeiro hoje é feita por uma rodovia entre fileiras intermináveis de eucaliptos cuja monotonia pode ser tão desorientadora quanto a Mata Atlântica que oprimia o viajante do início do século XIX. Essa paisagem inerte conta pouco das histórias da fronteira Atlântica.

Meu interesse por essa região nasceu da união fortuita de duas circunstâncias. Meu projeto original sobre quilombos na Salvador do final do século XIX e arredores tinha chegado a um beco sem saída. Um novo caminho surgiu quando dois antropólogos cariocas me falaram de uma antiga colônia europeia transformada em fazenda com mão de obra escrava no extremo sul da Bahia.[1] A pesquisa sobre a história da Colônia Leopoldina revelou um mundo de resistência escrava extraordinariamente rico. O que descobri me apanhou completamente de surpresa, uma vez que a região mal tinha sido registrada entre os historiadores da escravidão, a maioria dos quais se concentrou nas grandes cidades e nas zonas de plantation. À medida que a minha pesquisa me levava mais para o sul de São Mateus, o meu interesse também foi despertado por curiosas coincidências e divergências entre o registro arquivístico e as vibrantes histórias orais da escravidão registradas por um historiador local nas décadas de 1960 e 1970. O quilombola Benedito, em meus achados nos arquivos, foi morto por volta dos trinta anos, mas na história oral teve um fim violento em idade avançada. Em vez de indicar a exatidão de um registro em detrimento de outro, esse foi um poderoso testemunho dos legados da escravidão na região e do duradouro significado de Benedito na memória popular.[2] Claramente, a região não foi um remanso calmo na história da escravidão brasileira.

Mas, noutro aspecto, minhas descobertas foram profundamente preocupantes. Os arquivos eram uma valiosa coleção de revoltas escravas, quilombos e rumores de insurreição. Mas também apareciam, num documento atrás do outro, as populações indígenas locais, muitas vezes com o nome de botocudos e quase sempre em violento conflito com os colonos. Além disso, esses escravizados e indígenas viviam na mesma região geográfica onde Bahia, Espírito Santo e Minas Gerais se encontravam, mas suas vidas raramente aparecem nos arquivos, como se habitassem mundos paralelos. Esse sentimento foi reforçado pelos poucos e importantes estudos sobre os botocudos, nos quais os afrodescendentes aparecem apenas fugazmente nas margens.

A profusão de indígenas nas fontes do século XIX constituiu um problema para um historiador que, como eu, tinha se aproximado da história do Brasil pelas lentes da escravidão e da diáspora africana. Essa abordagem convencional baseia-se na ideia amplamente estabelecida de que o legado da escravidão e o "desaparecimento" das populações indígenas fora da região amazônica engendraram a maior população afrodescendente da América Latina. As evidências arquivísticas sobre as populações indígenas pós-coloniais — no litoral atlântico, de todos os lugares — contradiziam fundamentalmente essa ideia e têm pouca ligação com a atenção acadêmica dedicada aos indígenas românticos. Para o historiador da escravidão, portanto, havia uma solução simples e reconhecidamente tentadora para esse enigma: deixar as evidências de lado. Nossa pesquisa arquivística pode continuar sem alterações, *selecionando* apenas as fontes que afirmam as narrativas raciais que moldaram nossa investigação original. No entanto, ver como os povos indígenas foram deliberadamente apagados da nação no século XIX levantou a perspectiva inquietante de que o fato de um historiador ignorar os indígenas era um ato paralelo de violência aos arquivos.[3]

Decidi, então, encarar esse enigma como uma oportunidade de entender a história pós-colonial do Brasil de uma nova forma, e saber como aqueles mundos aparentemente semelhantes, o negro e o indígena, eram, na verdade, um só e o mesmo. Isso significava entender as questões centrais da história pós-colonial brasileira e latino-americana — a escravidão e a abolição, o acesso desigual à cidadania e as construções de hierarquias racializadas e de identidade nacional — por meio das histórias inter-relacionadas dos povos negros e indígenas.

O que aprendi é que essa prática não é apenas possível, mas necessária. Pois só assim poderemos reconhecer a formação de desigualdades incorporadas na própria construção da cidadania inclusiva do Brasil. Essas descobertas enriquecem nossa compreensão das experiências da diáspora africana e dos indígenas nas Américas, uma vez que as novas nações também se debateram com os legados da escravidão e as limitações da nacionalidade liberal. Explorei as vias pelas quais a nação brasileira se formou simultaneamente na fronteira e no centro, sendo que a fronteira Atlântica foi o espaço em que a relação entre raça, nação e cidadania era diariamente testada e definida. A convergência da escravidão africana e indígena na fronteira Atlântica deu sentido concreto aos debates da Assembleia Constituinte que aconteciam no Rio de Janeiro, onde os redatores da nova Constituição estavam delineando os limites da comunidade nacional. A dependência econômica do trabalho escravo uniu-se a discursos raciais de selvageria para a criação de um povo "fora da sociedade". Em meados do século XIX, a implementação da política pós-colonial indígena na fronteira Atlântica revelou as consequências nefastas da mestiçagem como projeto racial nacional. Celebrada pelas elites como uma união das "três raças" que geraria um povo brasileiro, a mestiçagem fundiu perfeitamente a política indigenista com a Lei de Terras, as representações artísticas e os estudos antropológicos para fazer desaparecer os indígenas da nação. Nas décadas de 1870 e 1880, a perspectiva da abolição alimentou debates racializados em todo o país sobre a aptidão dos negros para a cidadania com base em sua suposta capacidade de trabalho. Na fronteira Atlântica, a visão de uma cidadania servil era partilhada por abolicionistas e missionários, que propunham regimes de trabalho muito semelhantes para negros e indígenas, negando-lhes autonomia. As batalhas pelo controle da mão de obra e da terra, negra e indígena, convergiram, o direito ao território se sobrepôs ao direito à cidadania. Esse conflito continua sendo uma preocupação central em todo o Brasil até os dias de hoje.

Ao mesmo tempo, a inter-relação das histórias negras e indígenas nos obriga a reconsiderar a relação que estabelecemos entre política popular e cidadania. As interpretações e respostas dos negros e dos indígenas aos projetos de construção da nação na fronteira Atlântica mostram que sua política nem sempre se expressou como uma exigência de cidadania. Se os escravizados, entre as décadas de 1820 e 1880, reivindicavam cada vez mais direitos, proteção e inclusão na nação brasileira em seus próprios termos, para os indígenas, a inclusão nacional foi um processo coercitivo cujo objetivo final era sua extinção. Certamente houve aqueles, como Guido Pokrane, que manipularam a política de clientelismo imperial, e os que se aliaram estrategicamente a colonos e missionários. Não alteraram, porém, os termos fundamentais da inclusão nacional indígena: a perda territorial e a impossibilidade de permanecer indígena. Os anos que antecederam a abolição revelaram novamente as críticas radicalmente diferentes de negros e indígenas à sua cidadania servil. No cerne da revolta dos libertos da Colônia Leopoldina estavam as aspirações pós-emancipação frustradas de uma cidadania plena a ser concretizada na propriedade da terra e na autossuficiência. Os botocudos de Itambacuri, por outro lado, guerrearam contra a missão e os frades, cujos métodos de civilização indígena, destinados a trazê-los para o seio da cidadania, destruíam sua própria existência.

Este livro também questiona a consagrada narrativa do século XIX como a "Era da Emancipação" no mundo atlântico, que começou com a Revolução Haitiana e terminou com a abolição da escravidão no Brasil em 1888. Reconhecer que a luta pela liberdade negra se desenrolou no ambíguo rescaldo da pós-emancipação indígena e da escravidão ilegal em vigor nos obriga a reconsiderar essa trajetória de liberdade. A era da antiescravidão engendrou muitas formas de escravização ilegal e legal e de trabalho coercitivo que lançariam uma sombra sobre as vidas de mulheres e homens no Brasil e em todo o mundo atlântico até e depois de 1888. A política de libertação negra deve ser examinada em relação às vidas indígenas. A fuga dos escravizados e as reivindicações geográficas na fronteira Atlântica geraram, por vezes, solidariedades com os indígenas, mas também ameaçaram seu precário controle territorial. As leis abolicionistas e o envolvimento dos negros com o sistema jurídico podem ser prova de uma cultura jurídica e política popular em expansão e de uma crescente preocupação nacional com a cidadania negra. No entanto, nossas conclusões são atenuadas pela ausência de tais leis e de recursos legais para os indígenas, que foram efetivamente colocados fora do corpo de leis da nação. As experiências indígenas exigem, portanto, que reconsideremos os contornos temporais, geográficos e raciais da Era da Emancipação.

A cidadania continua a ser vital para a cultura política brasileira de hoje. Como a cidadania legal no rescaldo da ditadura militar (1964-85) continua a legitimar as desigualdades, brasileiros de todos os estratos sociais têm afirmado suas próprias definições.[4] Também aqui, examinar em conjunto os contornos das experiências de negros e indígenas lança luz sobre as complexidades da cidadania brasileira e as diferentes iterações da pertença nacional. Cidadania e terra continuam intimamente ligadas. Sua relação assumiu um papel central nas reivindicações políticas das comunidades afrodescendentes, impulsionadas pelo Movimento Negro Unificado (MNU, fundado em 1978) e ganhando força com a Constituição de 1988. O artigo 68 da Constituição declarou que "aos remanescentes das comunidades dos quilombos que estejam ocupando suas terras é reconhecida a propriedade definitiva, devendo o Estado emitir-lhes os títulos respectivos". A Fundação Cultural Palmares, do governo federal, em 1994 expandiu a definição de quilombo para significar "qualquer comunidade rural negra composta de descendentes de escravos, que sobrevivem da agricultura de subsistência, com manifestações culturais fortemente ligadas ao passado". Mais tarde, essa definição foi novamente ampliada para incluir comunidades urbanas e outras reinterpretações dos legados culturais africanos.[5]

O que impulsionou a transformação em quilombo de uma comunidade histórica de escravos fugitivos foi a ação conjunta de afrodescendentes rurais, ativistas negros urbanos, organizações não governamentais, estudiosos e legisladores progressistas. Juntos, eles "transformaram a figura jurídica dos descendentes de quilombos numa forma de compensação pela escravidão, um ajuste pela dívida do Brasil com os afrodescendentes desde a

Abolição em 1888". O direito à propriedade da terra tornou-se, assim, um meio de reivindicar uma cidadania mais ampla, em sintonia com as reivindicações dos afro-brasileiros à terra, forjadas durante a escravidão e após a emancipação.[6] O quilombo tornou-se um direito garantido pelo Estado. Ilka Boaventura Leite mostrou como "de uma forma de oposição ao regime de escravidão, o quilombo passou a significar o gozo da cidadania plena por meio de sua inclusão nas políticas de regularização fundiária, habitação, saúde, educação e cultura". A histórica prática de resistência do quilombo agora "representa parte da base para o reconhecimento pelo Estado" e, nesse processo, a resistência passa a ser integrada ao "corpo da nação".[7]

Essas palavras familiares ao estadista liberal do século XIX, José Bonifácio, cuja visão era trazer os indígenas para um corpo nacional homogêneo por meio da assimilação e da miscigenação, são agora evocadas para compreender o reconhecimento do quilombo. Com o direito à terra puxando direitos mais amplos, o reconhecimento do quilombo é uma forma de reparação que promete maior inclusão de afrodescendentes na cidadania brasileira. No entanto, a compreensão de quilombo como um exercício e reivindicação de cidadania não é um fenômeno pós-1988. Ouvimos ecos dos quilombolas de São Mateus da década de 1880, cujas "geografias insurgentes" eram uma prática política de cidadania que expressava seus próprios termos de inclusão nacional, em vez de sinalizar seu isolamento. Nesse sentido, os quilombos não foram redefinidos a partir de 1988, mas vêm constantemente reinventando sua relação com a sociedade dominante e expressando as aspirações mais amplas das comunidades negras durante e após a escravidão.

O que dizer então dos indígenas? A Constituição de 1824 deixou a cidadania aberta aos escravos nascidos no Brasil, desde que libertos, mas manteve silêncio sobre a cidadania indígena. Essa cidadania ambígua, cujas consequências violentas e excludentes testemunhamos neste livro, continua a sombrear o presente. A condição de órfão conferida aos indígenas libertos da escravidão com o fim da guerra dos botocudos, em 1831, foi reafirmada no Código Civil da Primeira República de 1916, que manteve a incapacidade jurídica dos indígenas até que eles estivessem "adaptados à civilização do país". Em 1928, os indígenas foram transformados em tutelados pelo Estado, condição reafirmada pelo Estatuto do Índio de 1973.[8] A assimilação forçada e a perda de território, que serviram como precondições para a cidadania dos índios no século XIX, também ecoaram na ideia de "emancipação" — de liberar todos os indígenas da tutela e integrá-los à sociedade nacional como cidadãos plenos — que foi lançada pela ditadura militar em 1978. Como mostrou Alcida Ramos, embora o governo afirmasse que a emancipação abriria caminho para que "os índios se tornassem políticos, generais e até presidentes da República", sua verdadeira intenção era retirar a proteção estatal das terras indígenas, tornando-as disponíveis para privatização. A oposição veemente da população e de muitos grupos indígenas levou ao abandono da proposta.[9] Uma mudança dramática parecia chegar com a Constituição de 1988 que, pela primeira vez na história do Brasil, reconheceu as identidades indígenas como um estado permanente legítimo e não mais uma condição temporária no caminho para a assimilação total. A Constituição de 1988 também implicou o fim da tutela estatal dos indígenas reconhecendo sua capacidade de se representar em juízo. No entanto, como o Estatuto do Índio de 1973 nunca foi revogado e, portanto, continua em vigor, e a Fundação Nacional do Índio (Funai) continua a oferecer proteções especiais a eles, não se sabe ao certo se os indígenas brasileiros hoje continuam sob sua tutela.[10]

Ironicamente, foi também a ditadura militar que criou uma abertura para o direito à terra indígena. O Estatuto do Índio, de

1973, dizia em seu artigo 3º que "índio ou silvícola é todo indivíduo de origem e ascendência pré-colombiana que se identifica e é identificado como pertencente a um grupo étnico cujas características culturais o distinguem da sociedade nacional". Jan French mostrou como esta lei, cuja intenção original era facilitar a colonização da região amazônica pelo governo militar por meio da demarcação de territórios indígenas e do deslocamento dessas populações, foi reinterpretada no Nordeste. O artigo 3º representou uma oportunidade para que os assimilados se autoidentificassem como índios e obtivessem o reconhecimento do Estado e o direito ao usufruto da terra, já que, desde que sejam legalmente reconhecidos como tal, a lei protege a inalienabilidade de suas terras.[11] E se o fato de estarem "fora da sociedade" foi precisamente o que levou os membros da Assembleia Constituinte na década de 1820 a excluir os "selvagens" e autônomos, como os botocudos, da cidadania brasileira, nessa nova definição estatutária, a autodescrição e o reconhecimento oficial como indígenas distintos "da sociedade nacional" foi precisamente o que lhes garantiu o direito à terra patrocinado pelo Estado — em troca da renúncia à cidadania plena.[12] Talvez a consequência mais intrigante dessas novas "identidades legalizadas" tenha sido que, enquanto a política, a ciência e a violência indígenas do século XIX fizeram com que os indígenas "desaparecessem" de grande parte do território nacional, hoje o processo de assimilação reversa aberto por essas legislações está levando os índios a "reaparecer", pois "se algumas pessoas podem deixar de ser índios, não há impedimento para que outras se tornem índios".[13]

Explorar os significados e as formas da cidadania negra e indígena, hoje, nos desafia, portanto, mais uma vez, a resistir às tentações homogeneizadoras da cidadania e da nação liberal. O reconhecimento oficial de remanescentes de quilombos é uma via para a cidadania mais ampla para os afro-brasileiros, centrada no reconhecimento da terra, mas que se estende a direitos muito mais amplos, da habitação à educação. O reconhecimento como indígenas, por outro lado, baseia-se na renúncia aos direitos plenos de cidadania, mas oferece em troca direitos sobre a terra e outros benefícios. Tudo isso deve ocorrer dentro da alçada do Estado.[14] Se essas são soluções imperfeitas de uma nação relutante em acolher plenamente a diferença entre seus habitantes e em aceitar modos alternativos de cidadania, as histórias dos negros e dos indígenas da fronteira Atlântica do século XIX e de hoje falam de outras modalidades que continuam a desafiar esses termos de pertença nacional. Mostram-nos novas formas de pensar o nosso presente, passado e possíveis futuros, bem como as histórias que contamos sobre eles.

Agradecimentos

Quando uma nativa de Tóquio passa anos escrevendo um livro sobre a história dos negros e indígenas brasileiros, uma pergunta comum é: por quê? A isso só posso responder que é o resultado de muitos encontros com pessoas extraordinárias que conheci ao longo dos anos, e peço desculpa por quaisquer nomes que possam ter me escapado.

Tive a sorte de frequentar uma instituição de ensino superior com um corpo docente excepcional que incentivava os estudantes a testar seus limites e a perseguir seus interesses. Sou profundamente grata a Anthony Molho e Meera Viswanathan, na Brown, dois acadêmicos que dedicaram tempo extra para me orientar e inspirar com seu amor pelo conhecimento. Na Universidade de Nova York (NYU), o profundo envolvimento intelectual de meu orientador, Michael Gomez, com a diáspora africana é igualado pela dedicação a seus estudantes, e o meu apreço por ele só aumenta com o passar dos anos. Barbara Weinstein me mostrou a combinação mágica de puro brilhantismo, generosidade sem limites e humor irresistível; quanta sorte eu tive de ter estado na

303

NYU quando a cidade a recebeu. Sinclair Thomson foi um raio de luz sereno que desanuviou muitas tempestades intelectuais. Foi graças a ele que dei o salto para a história indígena. Ada Ferrer foi um modelo de clareza, rigor e imaginação. Suas aulas despertaram paixões e debates acalorados, uma experiência maravilhosa que inspira meu trabalho de ensino.

Danny Dawson é a história de origem de muitas pessoas, e eu não sou exceção. Ele me ensinou sobre os quilombos e as culturas incrivelmente ricas dos povos de ascendência africana nas Américas; abriu caminhos que levaram a descobertas incríveis. Sinto-me muito feliz e honrada por estar entre os seus muitos "filhos". Também expresso minha profunda gratidão ao mestre João Grande, que me apresentou a riqueza da história brasileira e me ensinou que há muitas formas de conhecimento. Billy Acree, Marcela Echeverri e Laurie Lambert merecem um agradecimento especial por serem amigos e colegas fantásticos que me mantiveram nos trilhos e garantiram que este livro visse a luz do dia.

A turma de colegas de pós-graduação na NYU me impregnou com uma energia intelectual incrível, e muitos continuam a enriquecer minha vida. Obrigado a Jennifer Adair, Lina Britto, Michelle Chase, Joaquín Chávez, Greg Childs, Anne Eller, Tanya Huelett, Ebony Jones, Natasha Lightfoot, Tyesha Maddox, Aldo Marchesi, Toja Okoh, Alison Okuda, Michelle Pinto, Gabriel Rocha, Hillina Seife, Ernesto Seman, Carmen Soliz, Cristina Soriano, Federico Sor, Jonathan Square, Franny Sullivan e Matt Vitz, entre outros. Minha gratidão vai também para Tamara Walker, Sarah Sarzynski e Zeb Tortorici, que, juntamente com outros membros do nosso grupo de escrita, leram e comentaram os primeiros rascunhos dos capítulos.

Este livro não teria sido possível sem a experiência e a dedicação dos funcionários dos arquivos e repositórios no Brasil, muitos dos quais acomodaram meu apertado calendário de pesquisa e me permitiram acessar acervos raros. No Rio de Janeiro, foram o Arquivo Nacional, a Biblioteca Nacional, o Instituto Histórico e Geográfico Brasileiro, o Museu do Índio, e José Bessa (do arquivo dos Capuchinhos); no Espírito Santo, o Arquivo Público Estadual, em Vitória, e o Primeiro Cartório Notarial em São Mateus; e na Bahia, o Arquivo Público do Estado, em Salvador, e a Diocese da Co-Catedral de Santo Antônio em Caravelas. Em Lisboa e Nova York, agradeço ao Arquivo Histórico Ultramarino e à Biblioteca Pública de Nova York. Além disso, meu muito obrigada às várias instituições cujo apoio permitiu minha pesquisa e escrita, são elas o Gabinete do Reitor da Universidade de Fordham, o Centro de Humanidades e o Gabinete do Reitor da Universidade de Washington em St. Louis, o Warren Dean Memorial Fund, a Fundação Tinker, o Gabinete do Reitor e o Henry M. MacCracken Fellowship da NYU.

Na Universidade de Washington, em St. Louis, encontrei um maravilhoso grupo de colegas, incluindo Sonia Lee, Paul Ramírez, Iver Bernstein, Shefali Chandra, Maggie Garb, Bret Gustafson, Carolina Hausmann-Stabile, Shino Hayashi, Peter Kastor, Sowande' Mustakeem, Kaori Nakata, Derek Pardue, Tim Parsons, Mark Pegg, Azusa Tanaka, Selma Vital, Lori Watt e a incomparável Jean Allman. Na Fordham University, Kirsten Swinth, Sal Acosta, Wes Alcenat, Doron Ben-Atar, Ed Bristow, Saul Cornell, Aimee Cox, Arnaldo Cruz-Malave, Chris Dietrich, Claire Gherini, Barry Goldberg, Richard Gyug, David Hamlin, Samantha Iyer, Maryanne Kowaleski, Hector Lindo-Fuentes, Chris Maginn, Eric Marmé, Durba Mitra, Fawzia Mustafa, David Myers, Silvana Patriarca, Nick Paul, Beth Penry, Carina Ray, Thierry Rigogne, Clara Rodríguez, Grace Shen, Asif Siddiqi, Daniel Soyer, Steven Stoll, Magda Teter, Ebru Turan, Susan Wabuda e Rosemay Wakeman criaram uma comunidade solidária e fraterna, que continua funcionando graças a Sandra Arnold, Natasha Obeng, Audra Furey-Croke e

Isaac Tercero. Agradeço também a meus muitos alunos nas duas instituições, que me desafiaram a considerar o âmbito mais alargado do meu trabalho, e ao meu antecessor, Christopher Schmidt Nowara (in memoriam), que gentilmente ajudou minha pesquisa quando eu ainda era estudante de pós-graduação.

João Reis, Hal Langfur e Steven Stoll leram e comentaram generosa e minuciosamente uma versão anterior deste livro, levando-me a fazer afirmações mais ousadas e descobertas surpreendentes em fontes conhecidas. O seminário de Stuart Schwartz foi uma introdução emocionante ao Brasil colonial; seu trabalho inovador inspirou este livro de muitas maneiras. Nos Estados Unidos, em vários momentos, recebi também comentários e apoio inestimáveis de George Reid Andrews, Ana Lúcia Araújo, Ikuko Asaka, Manuel Barcia, Herman Bennett, Judy Bieber, Jonathan Bogarín, Kim Butler, Celso Castilho, Amy Chazkel, Oscar de la Torre, Tracy Devine-Guzmán, Roquinaldo Ferreira, Brody Fischer, Jan French, Jim Greene, Marc Hertzman, Martine Jean, Mary Karasch, Gabi Kuenzli, Eric D. Langer, Kittiya Lee, Mary Ann Mahony, Florencia Mallon, Kirsten Schultz, Daryle Williams, James Woodard e Eric Zolov. Kamau Brathwaite, Robert Farris Thompson e Robin D. G. Kelley também serviram de inspiração inicial.

A maior vantagem de trabalhar no Brasil é, sem dúvida, a comunidade incrivelmente acolhedora que se pode encontrar, o que faz toda a diferença. Flávio Gomes e João Reis foram os mentores deste projeto desde a fase inicial. Agradeço também a Maciel de Aguiar, José Bessa, Adriana Campos, Olivia Gomes da Cunha, Walter Fraga, Henrique Espada Lima, Izabel Missagia de Mattos, John Monteiro (in memoriam), Marco Morel, Eliézer Nardoto, Álvaro Nascimento, Maria Hilda Paraiso, Sandro Silva, Carlos Eugênio Líbano Soares e Regina Xavier. Urano Cerqueira de Andrade é o melhor pesquisador, ponto. No Rio, Espírito Santo e

Bahia, sou grata à gentileza de Carlo Alexandre, Fabricio Archila, Dalivia Bento Bulhões e Flávio Tongo e seus familiares, padre Eurico, Jacó Galdino, Aki Katai, Carlos Benedito de Souza, mestres Paulinha, Janja e Poloca, mestre Zé Carlos, Izabel Zyro e Hugo Bellucco, e as historiadoras norte-americanas Patricia Acerbi, Teresa Cribelli e Okezi Otovo. Um agradecimento especial vai para Zeca Ligiéro, Giovanna Xavier, Mauricio Barros de Castro, Ruth Torralba, Martin Ossowicki e Alessandra Tosta e suas famílias pelo entusiasmo e amizade. Este livro é também em memória de Frede Abreu, um homem de incomparável charme e gentileza que ajudava pesquisadores e viajantes de todo o mundo desde seu escritório no Instituto Mauá. Espero que este livro encontre um lugar em sua biblioteca.

Em Cambridge, agradeço à minha editora, Debbie Gershenowitz, que defendeu este livro desde o início; aos editores da série Afro-Latin America, George Reid Andrews e Alejandro de la Fuente, que abraçaram um livro que é também sobre as Américas indígenas; a Kris Deutsch, Robert Judkins, Salam Mazumder e Terry Kornak; e aos dois pareceristas anônimos, cuja leitura atenta e comentários ponderados me permitiram vislumbrar o alcance mais vasto deste trabalho. Caroline Traugott me ensinou a ser melhor escritora; Bill Nelson é um excelente cartógrafo; e Erik Carter, um maravilhoso designer, responsável pela capa da edição original.

Uma versão anterior do capítulo 1 foi publicada em *Slavery & Abolition* (v. 35, n.1, 2014), e uma parte do capítulo 5 apareceu em *Americas* (v. 68, n. 4, 2012).

Com o passar dos anos, cada vez mais me dou conta de como a migração definiu minha vida. Em grande parte, meus laços com o meu país devem-se à minha amizade de décadas com Erika Hirokawa, Anna-Marie Farrier, Chikako Kobayashi, Kaoru Nishikawa, Yuki Moriuchi e Aika Yamazaki. Agradeço também a

Dagan Bayliss, Jeremy Harley, Tatsuya Imai, Danny Massey, Yuko Kitajima Miller, Nyneve Minnear, Chijioke Okeke, Gordon Walker e Chris Yoon pelos muitos anos de amizade e inspiração. Ben Moser me apresentou ao Brasil e à beleza da língua portuguesa quando estávamos na Brown. Gostaria de encontrá-los mais vezes.

Minha extensa família no Japão, especialmente os meus avós, Ikuko e Teiichi Yamada, e o falecido Kikuye Miki, perguntam-se o que eu tenho andado a fazer nos Estados Unidos desde que parti para a universidade aos dezoito anos. Sou profundamente grata a todos eles por terem me oferecido tantas oportunidades na vida. Expresso a minha mais profunda gratidão e amor a minha mãe, Masako Miki, que "deixou sua querida filha seguir seu curso", como diz o ditado japonês, e apoiou incondicionalmente minhas atividades decididamente fora da medicina (eu sou doutora, pelo menos). É a ela que dedico este livro. Nos Estados Unidos, agradeço a Marilyn Ontell, Elan Bogarín, Troy Herion e às famílias Abanor e Woolley por terem me acolhido em seu seio. Jonathan Bogarín tem sido um companheiro paciente e carinhoso em muitos momentos desde o nosso encontro em frente a uma casa do Brooklyn. Ele continuou sendo o meu maior amigo, defensor, apoio e voz do senso comum durante longas viagens de investigação ao Brasil, um casamento à distância e, agora, como pai de nossa filha. Ayumi entrou em nossas vidas há três anos, e o seu nome representa os oceanos que as nossas histórias familiares atravessam. Em não poucos momentos, duvidei da compatibilidade entre ser mãe e terminar este livro. Agora posso dizer que este livro existe apesar de e por causa dela. Obrigada, Jonathan e Ayumi, por todas estas dádivas e pelas viagens que nos esperam.

Notas

INTRODUÇÃO: UMA FRONTEIRA NO ATLÂNTICO [pp. 13-42]

1. Warren Dean, *With Broadax and Firebrand: The Destruction of the Brazilian Atlantic Coastal Forest.* Berkeley: University of California Press, 1995, pp. 80, 97-102, 115. [Ed. bras.: *A ferro e fogo: A história e a devastação da mata atlântica brasileira.* Trad. de Cid Knipel Moreira. São Paulo: Companhia das Letras, 1996.]

2. Maximilian Wied-Neuwied, *Viagem ao Brasil nos anos de 1815 a 1817.* São Paulo: Companhia Editora Nacional, 1958, pp. 184-5.

3. Ibid., pp. 174-5.

4. Kirsten Schultz, *Tropical Versailles: Empire, Monarchy, and the Portuguese Royal Court in Rio de Janeiro, 1808-1821.* Londres: Routledge, 2001. [Ed. bras.: *Versalhes tropical: Império, monarquia e a corte real portuguesa no Rio de Janeiro, 1808-1821.* Trad. de Renato Aguiar. Rio de Janeiro: Civilização Brasileira, 2008.]

5. James Holston, *Insurgent Citizenship: Disjunctions of Democracy and Modernity in Brazil.* Princeton, NJ: Princeton University Press, 2008, pp. 52-63. [Ed. bras.: *Cidadania insurgente: Disjunções da democracia e da modernidade no Brasil.* Trad. de Claudio Carina. São Paulo: Companhia das Letras, 2013.] Apesar da Décima Quarta Emenda, os índios só obtiveram a cidadania plena em 1924, e as leis Jim Crow continuaram a negá-la aos afro-americanos.

6. Karl Friedrich von Martius, "Como se deve escrever a História do Brasil", *Revista de História da América,* n. 42, 1956. O ensaio foi publicado originalmente em 1845.

7. Paulina L. Alberto, *Terms of Inclusion: Black Intellectuals in Twentieth-Century Brazil.* Chapel Hill: University of North Carolina Press, 2011 [ed. bras.: *Termos de inclusão: Intelectuais negros brasileiros no século XX.* Trad. de Elizabeth de Avelar Solano Martins. Campinas: Editora da Unicamp, 2017]; Thomas E. Skidmore, *Black Into White: Race and Nationality in Brazilian Thought.* Durham, NC: Duke University Press, 1993 [ed. bras.: *Preto no branco: Raça e nacionalidade no pensamento brasileiro.* Trad. de Donaldson M. Garschagen. São Paulo: Companhia das Letras, 2012]; Peter Wade, *Blackness and Race Mixture: The Dynamics of Racial Identity in Colombia.* Baltimore: Johns Hopkins University Press, 1993; Ada Ferrer, *Insurgent Cuba: Race, Nation, and Revolution, 1868-1898.* Chapel Hill: University of North Carolina Press, 1999; Marixa Lasso, *Myths of Harmony: Race and Republicanism during the Age of Revolution, Colombia 1795-1831.* Pittsburgh: University of Pittsburgh Press, 2007; Darío Euraque, *Conversaciones históricas con el mestizaje y su identidad nacional en Honduras.* San Pedro Sula, Honduras: Centro Editorial, 2004.

8. Um trabalho anterior sobre a criação de desigualdades na fronteira é o de Alida C. Metcalf, *Family and Frontier in Colonial Brazil: Santana de Parnaíba, 1580-1822.* Austin: University of Texas Press, 2005.

9. Por exemplo, Ricardo Donato Salvatore, *Wandering Paysanos: State Order and Subaltern Experience in Buenos Aires during the Rosas Era* (Durham, NC: Duke University Press, 2003); Walter Mario Delrio, *Memorias de expropiación: Sometimiento e incorporación indígena em la Patagonia, 1872-1943* (Bernal, Buenos Aires: Universidad Nacional de Quilmes, 2005); Erick D. Langer, *Expecting Pears from an Elm Tree: Franciscan Missions on the Chiriguano Frontier in the Heart of South America, 1830-1949* (Durham, NC: Duke University Press, 2009); Tamar Herzog, *Frontiers of Possession: Spain and Portugal in Europe and the Americas* (Cambridge, MA: Harvard University Press, 2015 [ed. bras.: *Fronteiras da posse: Espanha e Portugal na Europa e nas Américas.* Trad. de Thiago Hansen e Gustavo Cabral. Belo Horizonte: Arraes, 2019]); Evelyn Hu-DeHart, *Yaqui Resistance and Survival: The Struggle for Land and Autonomy, 1821-1910* (Madison: University of Wisconsin Press, 2016).

10. Frederick Jackson Turner, *The Frontier in American History.* Nova York: Henry Holt, 1921; Warren Dean, "The Frontier in Brazil". In: *Frontier in Comparative Perspectives: The United States and Brazil.* Washington, DC: Latin American Program, Wilson Center, 1990, pp. 15-27; Donna Guy e Thomas Sheridan (Orgs.), *Contested Ground: Comparative Frontiers on the Northern and Southern Edges of the Spanish Empire.* Tucson: University of Arizona Press, 1998, pp. 7-10; Ligia Osorio Silva, "Fronteira e identidade nacional". In: *Anais do V Congresso Brasileiro de História Econômica,* 2003; Hal Langfur, "Frontier/Fronteira: A

Transnational Reframing of Brazil's Inland Colonization", *History Compass*, v. 12, n. 11, pp. 845-6, 1 nov. 2014.

11. Entre os estudos clássicos estão Euclides da Cunha, *Rebellion in the Backlands (Os sertões)* (Chicago: University of Chicago Press, 1944); João Capistrano de Abreu, *Chapters of Brazil's Colonial History, 1500-1800* (Trad. de Arthur Brakel. Nova York: Oxford University Press, 1998 [ed. bras.: *Capítulos de história colonial*. Rio de Janeiro: M. Orosco, 1907]); Sérgio Buarque de Holanda, *Caminhos e fronteiras* (São Paulo: Companhia das Letras, 1995). Sobre a contribuição dos exploradores, os bandeirantes, para a história e a identidade paulistas modernas, ver Barbara Weinstein, *The Color of Modernity: São Paulo and the Making of Race and Nation in Brazil* (Durham, NC: Duke University Press, 2015 [ed. bras.: *A cor da modernidade: A branquitude e a formação da identidade paulista*. Trad. de Ana Maria Fiorini. São Paulo: Edusp, 2022]).

12. Citação de Fabricio Prado, "The Fringes of Empires: Recent Scholarship on Colonial Frontiers and Borderlands in Latin America", *History Compass*, v. 10, n. 4., p. 319, 2012; José de Souza Martins, *Fronteira: A degradação do outro nos confins do humano*. São Paulo: Hucitec, 1997; Cynthia Radding, *Landscapes of Power and Identity: Comparative Histories in the Sonoran Desert and the Forests of Amazonia from Colony to Republic*. Durham, NC: Duke University Press, 2005; Juliana Barr, *Peace Came in the Form of a Woman: Indians and Spaniards in the Texas Borderlands*. Chapel Hill: University of North Carolina Press, 2007; Hal Langfur, *The Forbidden Lands: Colonial Identity, Frontier Violence, and the Persistence of Brazil's Eastern Indians, 1750-1830*. Stanford, CA: Stanford University Press, 2006; Hal Langfur, "Frontier/Fronteira", op. cit.; Richard W. Slatta, "Comparing and Exploring Frontier Myth and Reality in Latin America". *History Compass*, v. 10, n. 5, pp. 375-85, 2012; Tamar Herzog, op. cit.

13. Hal Langfur, *The Forbidden Lands*, op. cit.

14. Em 1817-1818 a população estimada era de pessoas de cor livres — 585 mil; escravos — 1,93 milhão; brancos — 1,043 milhão. De acordo com as estatísticas de Perdigão Malheiro, citadas por Conrad, havia 259 400 indígenas "livres", mas a informação não especifica se eram ou não assentados em aldeias indígenas, por isso optei por citar os números de Oliveira. Para estatísticas sobre escravizados africanos e a população escrava, ver Robert Edgar Conrad, *The Destruction of Brazilian Slavery, 1850-1888* (Berkeley: University of California Press, 1972, p. 283); Dale Torston Graden, *From Slavery to Freedom in Brazil: Bahia, 1835-1900* (Albuquerque: University of New Mexico Press, 2006, pp. 17-21). Para população indígena, ver Mércio Pereira Gomes, *The Indians and Brazil* (Gainesville: University Press of Florida, 2000, p. 249 [ed. bras.: *Os índios e o Brasil*. Petrópolis: Vozes, 1988]); João Pacheco de Oliveira, "'Wild Indians', Tutelary Roles, and Moving Frontier in Amazonia: Images of Indians in the Birth of

Brazil". In: David Maybury-Lewis, Theodore Macdonald e Biorn Maybury-
-Lewis (Orgs.), *Manifest Destinies and Indigenous Peoples* (Cambridge, MA: Harvard University Press, 2009, p. 98).

15. Peter Wade, *Race and Ethnicity in Latin America*. Londres; Nova York:
Pluto Press, 2010, cap. 2; George Reid Andrews, *Afro-Latin America, 1800-2000*.
Oxford: Oxford University Press, 2004 [ed. bras.: *América afro-latina: 1800-2000*.
São Carlos: Edufscar, 2021]; Barbara Weinstein, "Erecting and Erasing Boundaries: Can We Combine The 'Indo' And The 'Afro' in Latin American Studies?",
Estudios Interdisciplinarios de América Latina y el Caribe, v.19, n. 1, 2007. Entre
os trabalhos recentes sobre história do negro e do indígena estão os diversos es-
tudos in Matthew Restall (Org.), *Beyond Black and Red: African-Native Rela-
tions in Colonial Latin America* (University of New Mexico Press, 2005); Matthew Restall, *Black Middle: Africans, Mayas, and Spaniards in Colonial Yucatan*
(Stanford, CA: Stanford University Press, 2013); Rachel Sarah O'Toole, *Bound
Lives: Africans, Indians and the Making of Race in Colonial Peru* (Pittsburgh:
University of Pittsburgh Press, 2012).

16. Essa questão foi especialmente abordada por Vânia Moreira, que argumenta que a ideia de mestiçagem como identidade nacional brasileira foi a principal responsável pelo apagamento dos índios como sujeitos históricos, desde o
ensaio de Von Martius até a obra de Caio Prado Jr., *Formação do Brasil contem-
porâneo* (1942). Vânia Moreira, "História, etnia e nação: O índio e a formação
nacional sob a ótica de Caio Prado Júnior", *Memória Americana*, n. 16-1, pp. 63-
-84, jun. 2008.

17. Há uma extensa lista que inclui George Reid Andrews, *Blacks & Whites
in São Paulo, Brazil, 1888-1988* (Madison: University of Wisconsin Press, 1991
[ed. bras.: *Negros e brancos em São Paulo, 1888-1988*. Trad. de Magda Lopes.
Bauru: Edusc, 1998]); Hebe Maria Mattos de Castro, *Das cores do silêncio: Os
significados da liberdade no sudeste escravista, Brasil século XIX* (Rio de Janeiro:
Arquivo Nacional, 1995); Florencia E. Mallon, *Peasant and Nation: The Making
of Postcolonial Mexico and Peru* (Berkeley: University of California Press, 1995);
Charles Walker, *Smoldering Ashes: Cuzco and the Creation of Republican Peru,
1780-1840* (Durham, NC: Duke University Press, 1999); Mimi Sheller, *Democracy after Slavery: Black Publics and Peasant Radicalism in Haiti and Jamaica* (Gainesville: University Press of Florida, 2000); Laurent Dubois, *A Colony of Citizens: Revolution & Slave Emancipation in the French Caribbean, 1787-1804*
(Chapel Hill: University of North Carolina Press; Omohundro Institute, 2004);
James E. Sanders, *Contentious Republicans: Popular Politics, Race, and Class in
Nineteenth-Century Colombia* (Durham, NC: Duke University Press, 2004); Olivia Maria Gomes da Cunha e Flávio dos Santos Gomes, *Quase-cidadão: Histórias e antropologias da pós-emancipação no Brasil* (Rio de Janeiro: FGV, 2007);

Rebecca J. Scott, *Degrees of Freedom: Louisiana and Cuba after Slavery* (Cambridge, MA: Belknap Press of Harvard University Press, 2008); Peter F. Guardino, *Peasants, Politics, and the Formation of Mexico's National State: Guerrero, 1800--1857* (Stanford, CA: Stanford University Press, 1996); Brooke Larson, *Trials of Nation Making: Liberalism, Race, and Ethnicity in the Andes, 1810-1910* (Cambridge; Nova York: Cambridge University Press, 2008); Natasha Lightfoot, *Troubling Freedom: Antigua and the Aftermath of British Emancipation* (Durham, NC: Duke University Press, 2015).

18. James H. Sweet, *Domingos Álvares, African Healing, and the Intellectual History of the Atlantic World*. Chapel Hill: University of North Carolina Press, 2011; Marcela Echeverri, *Indian and Slave Royalists in the Age of Revolution: Reform, Revolution, and Royalism in the Northern Andes, 1780-1825*. Nova York: Cambridge University Press, 2016.

19. Carta de Pero Vaz de Caminha ao rei de Portugal, 10 maio 1500. In: Stuart B. Schwartz, *Early Brazil: A Documentary Collection to 1700*. Nova York: Cambridge University Press, 2010, pp. 1-9.

20. Stuart B. Schwartz, *Sugar Plantations in the Formation of Brazilian Society: Bahia, 1550-1835*. Cambridge; Nova York: Cambridge University Press, 1985, p. 17.

21. Ibid., pp. 17-9.

22. Gabriel Soares de Sousa, *Tratado Descritivo do Brasil em 1587*. Ed. de Francisco Adolpho de Varnhagen. Recife: Fundação Joaquim Nabuco Massangana, 2000, pp. 42-3; Engel Sluiter, "Report on the State of Brazil, 1612", *HAHR*, v. 29, n. 4, pp. 527-8, 1 nov. 1949; Fernão Cardim, *Tratados da terra e gente do Brasil*. Ed. de Ana Maria de Azevedo. Lisboa: Comissão Nacional para as Comemorações dos Descobrimentos Portugueses, 1997, pp. 197-8.

23. Vânia Moreira, "Índios no Brasil: Marginalização social e exclusão historiográfica", *Diálogos Latinoamericanos*, n. 3., pp. 93-4, 2001; Haruf Salmen Espindola, *Sertão do Rio Doce*. Governador Valadares: Editora Univale, 2005, p. 74.

24. Mariza de Carvalho Soares, "Descobrindo a Guiné no Brasil colonial", *RIHGB*, v. 161, n. 407, p. 82, 2000.

25. Hal Langfur, *The Forbidden Lands*, op. cit., p. 32.

26. Ibid., pp. 34-5.

27. Maria Hilda Baqueiro Paraiso, *O tempo da dor e do trabalho: A conquista dos territórios indígenas nos sertões do leste*. São Paulo: FFLH-USP, 1998. Tese (Doutorado em História Social); Hal Langfur, *The Forbidden Lands*, op. cit.; Espindola, op. cit.

28. Hal Langfur, *Forbidden Lands*, op. cit., p. 24. Para visões coloniais, ver John M. Monteiro, "The Heathen Castes of Sixteenth-Century Portuguese Amer-

ica: Unity, Diversity, and the Invention of the Brazilian Indians" (*HAHR*, v. 80, n. 4., pp. 697-719, 2000).

29. James Lockhart e Stuart B. Schwartz, *Early Latin America: A History of Colonial Spanish America and Brazil.* Cambridge; Nova York: Cambridge University Press, 1983, p. 31; Hal Langfur, *The Forbidden Lands*, op. cit., p. 30; Hal Langfur, "Introduction: Recovering Brazil's Indigenous Pasts". In: *Native Brazil: Beyond the Convert and the Cannibal, 1500-1900.* Albuquerque: University of New Mexico Press, 2014, p. 14. Sobre etnogênese no vasto mundo Atlântico, ver James Sidbury e Jorge Cañizares-Esguerra, "Mapping Ethnogenesis in the Early Modern Atlantic" (*The William and Mary Quarterly*, v. 68, n. 2, pp. 181-208, 1 abr. 2011).

30. Maria Hilda Paraiso, apud Judy Bieber, "Catechism and Capitalism: Imperial Indigenous Policy on a Brazilian Frontier, 1808-1845". In: Hal Langfur (Org.), *Native Brazil: Beyond the Convert and the Cannibal, 1500-1900*, op. cit., p. 168.

31. J. Bieber, op. cit., p. 168; Marco Morel, "Cinco imagens e múltiplos olhares: 'Descobertas' sobre os índios do Brasil e a fotografia do século XIX", *História, Ciências, Saúde*, n. 8., p. 1042, 2001, nota 4.

32. John M. Monteiro, "Heathen Castes", op. cit.

33. Ibid., p. 703; Hal Langfur, *The Forbidden Lands*, op. cit., p. 24. Barickman questionou a associação dos aimorés aos botocudos. Embora eu concorde que não podemos traçar uma conexão etnográfica clara, o que importa é que eles foram *percebidos* pelos colonizadores e, mais tarde, pelos brasileiros como parentes por causa de sua hostilidade. Ver B. J. Barickman, "'Tame Indians', 'Wild Heathens,' and Settlers in Southern Bahia in the Late Eighteenth and Early Nineteenth Centuries" (*The Americas*, v. 51, n. 3, p. 336, 1995, nota 29). No entanto, Teófilo Ottoni supôs que os botocudos fossem demasiado estúpidos para serem descendentes dos valentes aimorés. Teófilo Benedito Ottoni, *Notícia sobre os selvagens do Mucuri*. Belo Horizonte: Editora UFMG, 2002.

34. Os primeiros cronistas não se limitaram a identificar dois grupos indígenas. De fato, eles registraram uma grande variedade de grupos, mas em termos de como as relações coloniais entre colonos e indígenas e a política indígena tomaram forma, o binário tupi-tapuia continua sendo mais relevante.

35. Hal Langfur, *The Forbidden Lands*, op. cit.

36. "Aviso do secretário do Estado dos Negócios do Reino, Conde de Oeiras, Sebastião José de Carvalho e Melo, aos governadores do Estado do Brasil, referente à criação da Ouvidoria do Porto Seguro, nomeando para ela, o bacharel Thomé Couceiro de Abreu", 28 abr. 1763, AHU-ACL_CU_005 Cx. 150 Doc. 11523, AHU; "Decreto do Rei D. José ao Conselho Ultramarino nomeando o corregedor da comarca de tomar o bacharel Thomé Couceiro de Abreu para ouvidor da no-

va Ouvidoria da capitania de Porto Seguro", 2 abr. 1763, AHU-ACL_CU_005 Cx. 150 Doc. 11510, AHU.

37. Langfur argumenta que a própria razão para a nova colonização dessas terras foi o declínio acentuado da produção, que já era evidente em meados do século XVIII, muito antes da declaração oficial da Coroa sobre as guerras dos botocudos em 1808.

38. B. J. Barickman, op. cit., p. 337.

39. Ibid., p. 331.

40. Marquês de Pombal ao Ouvidor Thomé Couceiro de Abreu, 30 abr. 1763, Arquivo de Marinha Ultramar, Registro de Ordens Régias Livro 4 (1758-1765) Fls. 198 e seguintes, reeditado em Eliezer Nardoto e Herinéa Lima, *História de São Mateus*. São Mateus, ES: Atlântica, 2001, n. 7, pp. 33-5; Gabriel Augusto de Mello Bittencourt, *Café e modernização: O Espírito Santo no século 19*. Rio de Janeiro: Cátedra, 1987, pp. 22, 58-60. Sobre a produção de farinha e a escravidão de origem africana em Porto Seguro, ver B. J. Barickman, op. cit., p. 332.

41. A relação administrativa precisa de Porto Seguro com a Bahia durante o final do período colonial ainda não é clara. Capitania independente junto com Ilhéus desde o início do período colonial, Porto Seguro foi, em algum momento entre o final do século XVIII e o início do século XIX, integrada à Capitania-Geral da Bahia como comarca, mas diferentes fontes fornecem títulos diferentes. Por exemplo, um levantamento de 1759 da capitania da Bahia refere-se a Porto Seguro tanto como capitania quanto como comarca. Com a Independência, porém, passou a fazer parte definitivamente da nova província da Bahia. B. J. Barickman, op. cit., p. 334.

42. *Almanak Administrativo, Mercantil e Industrial da Bahia*, 1855, p. 124; *Almanak (ES)*, 1885, p. 158. A região de São Mateus abordada neste livro compreende, portanto, o território que vai da fronteira com a Bahia até o rio Doce. São Mateus foi elevada à categoria de cidade em 1848.

43. Maximilian Wied-Neuwied, op. cit., pp. 174, 196, 217; B. J. Barickman, op. cit. Os números da população de Alcobaça é de Maximilian. Barickman estima a população de Alcobaça em 1841 no ano de 1818.

44. Maximilian Wied-Neuwied, op. cit., pp. 170-2.

45. "Instruções para o governo dos índios da Capitania de Porto Seguro, que os meus Directores hão de praticar em tudo aquillo que se não encontrar com o Directorio dos Indios do Gram Pará", 27 jul. 1777, apêndix ao n. 9492, pp. 372-6, in *ABN*, n. 32. 1910; Registros de batismo e casamentos da freguesia de Santo Antônio de Caravelas, transcrito e anotado pelo padre Olavo Timmers na década de 1960, Co-Catedral do Santo Antônio de Caravelas.

46. Por uma preocupação com a clareza narrativa, este livro utiliza os termos "escravo", "escravizado" e "escravidão" para se referir a pessoas escravizadas

de ascendência africana. A exceção é o capítulo 1, onde são abordadas tanto a escravidão indígena quanto a africana. Além disso, a expressão "escravidão africana" é usada para designar a escravização de africanos e seus descendentes nascidos no Brasil.

1. FORA DA SOCIEDADE: ESCRAVIDÃO E CIDADANIA [pp. 43-80]

1. Roderick J. Barman, *Brazil: The Forging of a Nation, 1798-1852*. Stanford, CA: Stanford University Press, 1988, p. 99.

2. Segundo Holston, cerca de um terço da população em 1819 (excluindo os índios autônomos) era escravizada. James Holston, *Insurgent Citizenship: Disjunctions of Democracy and Modernity in Brazil*. Princeton, NJ: Princeton University Press, 2008, p. 67. [Ed. bras.: *Cidadania insurgente: Disjunções da democracia e da modernidade no Brasil*. Trad. de Claudio Carina. São Paulo: Companhia das Letras, 2013.]

3. *Annaes do Parlamento brazileiro, Assembléa constituinte, 1823*, v. 5. H. J. Pinto, 1880, pp. 211, 232.

4. Ibid., p. 211.

5. Ibid., pp. 228-9. Itálicos meus.

6. Ibid., p. 211.

7. Andréa Slemian, "Seriam todos cidadãos?: Os impasses na construção da cidadania nos primórdios do constitucionalismo no Brasil (1823-1824)". In: István Jancsó (Org.), *Independência: História e historiografia*. São Paulo: Hucitec, 2005, p. 846; Rafael de Bivar Marquese e Márcia Regina Berbel, "A ausência da raça: Escravidão, cidadania e ideologia pró-escravista nas Cortes de Lisboa e na Assembleia Constituinte do Rio". In: Cláudia Maria das Graças Chaves e Marco Antonio Silveira (Orgs.), *Território, conflito e identidade*. Belo Horizonte: Argumentum, 2007, pp. 63-88.

8. *Anais do Parlamento, 1823*, op. cit., pp. 234, 259.

9. Ibid., p. 262.

10. Ibid., p. 264; João Severiano Maciel da Costa, *Memória sobre a necessidade de abolir a introdução dos escravos africanos no Brasil: Sobre o modo e condições com que esta abolição se deve fazer; e sobre os meios de remediar a falta de braços que ela pode ocasionar*. Coimbra: Imprensa da Universidade, 1821, pp. 23-4; Andréa Slemian, op. cit., p. 844; R. Marquese e M. Berbel, op. cit.

11. Beatriz Perrone-Moisés, "Índios livres e índios escravos: Os princípios da legislação indigenista do período colonial (séculos XVI a XVIII)". In: Manuela Carneiro da Cunha (Org.), *História dos índios no Brasil*. São Paulo: Companhia das Letras, 1992, pp. 117-22.

12. Fernanda Sposito, *Nem cidadãos, nem brasileiros: Indígenas na formação do Estado nacional brasileiro e conflitos na província de São Paulo* (*1822-1845*). São Paulo: Alameda, 2012, pp. 36-7. Sob Pombal, os índios das aldeias perderam o estatuto de proteção especial e se tornaram iguais aos outros súditos após a abolição da Diretório dos Índios em 1798. Uma exceção foram os recém-instalados, a quem foi atribuído o estatuto de órfão.

13. *Annaes do parlamento, 1823*, op. cit., p. 236.

14. O texto completo da Constituição de 1824 está em: <http://pdba.georgetown.edu/Constitutions/Brazil/brazil1824.html#mozTocId158438>. Acesso em: 24 set. 2024.

15. A cidadania brasileira poderia ser comparada à da Colômbia, que inicialmente a concedia a todos os escravos e índios. No entanto, em 1843, a cidadania colombiana foi restringida por propriedade, renda e, em 1850, pela alfabetização, como em muitas outras repúblicas hispano-americanas. No Brasil, essas restrições seriam impostas em 1881. Brooke Larson, *Trials of Nation Making: Liberalism, Race, and Ethnicity in the Andes, 1810-1910*. Cambridge; Nova York: Cambridge University Press, 2008, pp. 81-2; James E. Sanders, *Contentious Republicans: Popular Politics, Race, and Class in Nineteenth-Century Colombia*. Durham, NC: Duke University Press, 2004, p. 20; Sidney Chalhoub, "The Precariousness of Freedom in a Slave Society (Brazil in the Nineteenth Century)", *International Review of Social History*, v. 56, n. 3, p. 415, 2011.

16. James Holston, op. cit., pp. 60, 87; Hebe Maria Mattos de Castro, *Das cores do silêncio: Os significados da liberdade no sudeste escravista, Brasil século XIX*. Rio de Janeiro: Arquivo Nacional, 1995.

17. Manuela Carneiro da Cunha, *Negros, estrangeiros: Os escravos libertos e sua volta à África*. São Paulo: Brasiliense, 1985, pp. 74-81; Barbara Weinstein, "Slavery, Citizenship, and National Identity in Brazil and the U.S. South". In: Don Harrison Doyle e Marco Antonio Villela Pamplona (Orgs.), *Nationalism in the New World*. Atenas: University of Georgia Press, 2006, p. 260. As pressões para a deportação voluntária aumentaram especialmente após a Revolta dos Malês em 1835. Liderada maioritariamente por escravos e libertos muçulmanos da África Ocidental, a Revolta dos Malês, ocorrida em janeiro em Salvador, Bahia, aterrorizou a sociedade escravista brasileira e levou a medidas rigorosas contra os africanos no Brasil, incluindo a deportação.

18. Durante o período colonial, os índios eram vassalos reais, enquanto os escravos de origem africana tecnicamente não. Russell-Wood e Schultz demonstraram, no entanto, que estes últimos puderam, por vezes, solicitar e receber proteção real. Após a chegada da Corte ao Rio de Janeiro, os escravos reivindicaram o estatuto de vassalos para receber intervenção real contra os abusos dos seus senhores. A. J. R. Russell-Wood, "Acts of Grace: Portuguese Monarchs and

Their Subjects of African Descent in Eighteenth-Century Brazil", *JLAS*, v. 32, n. 2, pp. 307-32, maio 2000; Kirsten Schultz, *Tropical Versailles: Empire, Monarchy, and the Portuguese Royal Court in Rio de Janeiro, 1808-1821*. Londres: Routledge, 2001, cap. 5. [Ed. bras.: *Versalhes tropical: Império, monarquia e a corte real portuguesa no Rio de Janeiro, 1808-1821*. Trad. de Renato Aguiar. Rio de Janeiro: Civilização Brasileira, 2008.]

19. Fernanda Sposito, "Liberdade para os índios no Império do Brasil: A revogação da guerra justa em 1831", *Almanack*, n. 1, pp. 61-2, 2011. Os documentos desse levantamento nacional aleatório (de Espírito Santo, Goiás, Paraíba, Ceará, Minas Gerais, São Paulo, Pernambuco e Piauí) estão disponíveis em Leda Maria Cardoso Naud, "Documentos sobre o índio brasileiro, 2ª parte" (*Revista de informação legislativa*, v. 8, n. 29, 1971) e analisados por John M. Monteiro, *Tupis, tapuias e historiadores: Estudos de história indígena e do indigenismo* (Campinas: IFCH-Unicamp, 2001.Tese. Livre-docência em Etnologia, cap. 7).

20. Fernanda Sposito, *Nem cidadãos*, op. cit., pp. 33, 93-4.

21. Carta de Guido Marlière ao Presidente de Minas Gerais, 25 jul. 1825, em Leda Maria Cardoso Naud, "Documentos sobre o índio brasileiro, 2ª parte", op. cit., p. 317. O jurista Perdigão Malheiro observou que a dualidade da proposta de José Bonifácio, em 1823, de abolir gradualmente a escravidão e instituir um plano nacional para a civilização indígena foi anulada pela dissolução da Assembleia Constituinte em novembro de 1823, resultando numa constituição que evitou ambas as questões. Agostinho Marques Perdigão Malheiro, *A escravidão no Brasil: Ensaio histórico jurídico-social*, v. 2. Rio de Janeiro: Typographia Nacional, 1866, pp. 134-5. A linguagem inclusiva, mas ambígua, da Constituição contribuiu para as controvérsias sobre a cidadania indígena. De um lado está James Holston, que argumentou que o princípio do *jus soli* estendia a cidadania a todos os índios (embora alguns fossem órfãos), enquanto Fernanda Sposito afirmou explicitamente que os índios, assim como as mulheres e os escravos, estavam excluídos.

22. James Holston, op. cit.

23. Hebe Maria Mattos de Castro, *Escravidão e cidadania no Brasil monárquico*. Rio de Janeiro: Jorge Zahar, 2000, pp. 20-1; Sidney Chalhoub, op. cit., pp. 413-6.

24. James Holston, op. cit., pp. 79, 90. Os homens tinham de cumprir o requisito de rendimento mínimo de 100 mil-réis para votar nas eleições primárias. A maioria dos empregados domésticos, todos os cidadãos menores de idade e todas as mulheres eram também cidadãos passivos. Como José Murilo de Carvalho observou, mesmo esse direito ao voto não era, na prática, entendido como participação política na nação, mas estava estritamente ligado às lutas locais e à

política dos patrões. José Murilo de Carvalho, *Cidadania no Brasil: O longo caminho*. Rio de Janeiro: Civilização Brasileira, 2001, p. 35.

25. As mulheres foram também permanentemente excluídas da cidadania ativa. O Brasil não foi o único país a silenciar sobre a habilitação política das mulheres; Holston constatou que as constituições dos Estados Unidos e da França também são silenciosas em relação às mulheres. James Holston, op. cit., pp. 87, 90.

26. Andréa Slemian, op. cit., p. 840.

27. Esse silêncio reflete a relutância de muitos funcionários do Estado em reconhecer o direito dos indígenas à liberdade após sua declaração entre 1755 e 1758. Hal Langfur e Maria Leônia Chaves de Resende, "Indian Autonomy and Slavery in Colonial Minas Gerais", em Hal Langfur (Org.), *Native Brazil: Beyond the Convert and the Cannibal, 1500-1900*. Albuquerque: University of New Mexico Press, 2014, pp. 151-9.

28. Rebecca Scott documenta a reivindicação de liberdade igualmente precária pela qual a liberta Adélaïde Métayer/Durand teve de lutar em sua viagem de São Domingos para Cuba e depois para a Louisiana. Rebecca J. Scott, "Paper Thin: Freedom and Re-Enslavement in the Diaspora of the Haitian Revolution", *Law and History Review*, n. 4, pp. 1061-88, 2011.

29. Essas cartas régias datam de 13 de maio, 5 de novembro e 12 de dezembro de 1808. Maria Hilda Baqueiro Paraiso, "Os Botocudos e sua trajetória histórica". In: Manuela Carneiro da Cunha (Org.), *História dos índios no Brasil*. São Paulo: Companhia das Letras, 1992, p. 416.

30. Carta Regia, Manuela Carneiro da Cunha (Org.), *Legislação indigenista no século XIX: Uma compilação, 1808-1889*. São Paulo: Comissão Pró-Índio de São Paulo, 1992, pp. 57-60; Judy Bieber, "Catechism and Capitalism: Imperial Indigenous Policy on a Brazilian Frontier, 1808-1845". In: Hal Langfur (Org.), *Native Brazil: Beyond the Convert and the Cannibal, 1500-1900*. Albuquerque: University of New Mexico Press, 2014, pp. 173-4. Segundo Bieber, a oitava divisão foi criada mais tarde, em 1820.

31. Manuela Carneiro da Cunha, *Legislação indigenista*, op. cit., pp. 73-6; J. Bieber, op. cit., p. 173.

32. Residentes a Colônia Leopoldina a Auguste Tavel, Cônsul de Comércio da Confederação Suíça, 12 jul. 1832, IA6-154, AN; Auguste Tavel a Francisco Carneiro de Campos, Ministro e Secretário de Relações Exteriores, 17 jul. 1832, IA6-154, AN.

33. Alane Fraga do Carmo, *Colonização e escravidão na Bahia: A Colônia Leopoldina (1850-1888)*. Salvador: FFCH-Ufba, 2010. Dissertação (Mestrado em História), p. 27.

34. Ibid., p. 14; Sílvia Cristina Lambert Siriani, "Os descaminhos da Imigração alemã para São Paulo no século XIX — aspectos políticos", *Almanack*, n. 2,

p. 92, 2005; M. Thereza Schorer Petrone, *O imigrante e a pequena propriedade, 1824-1930*. São Paulo: Brasiliense, 1982, pp. 7-37. Rio de Janeiro e São Paulo eram também os nomes das respectivas províncias após a independência. Schaeffer recebeu originalmente uma sesmaria para a sua própria colônia, Frankental (1822), que mais tarde foi absorvida pela Colônia Leopoldina. A região do rio Negro passou mais tarde a fazer parte do estado do Paraná.

35. Carlos H. Oberacker Jr., "A Colônia Leopoldina-Frankental na Bahia meridional", *RIHGB*, v. 142, n. 354, pp. 125-6, 1987.

36. Ibid., pp. 128-33.

37. B. J. Barickman, *A Bahian Counterpoint: Sugar, Tobacco, Cassava, and Slavery in the Recôncavo, 1780-1860*. Stanford, CA: Stanford University Press, 1998, pp. 27-8. [Ed. bras.: *Um contraponto baiano: Açúcar, fumo, mandioca e escravidão no Recôncavo, 1780-1860*. Rio de Janeiro: Civilização Brasileira, 2003.] Barickman observa que a produção de café se expandiu na Bahia como um todo na primeira metade do século XIX, mas que, na década de 1850, a província fornecia apenas 2% das exportações de café do Brasil.

38. Jan Martins Flach a Sua Majestade Imperial, 5 out. 1824, C-815,15, BN/MS. A teoria de Oberacker, de que a "xenofobia" dos brasileiros vizinhos dos imigrantes, que ridicularizavam o trabalho com as próprias mãos, os obrigou a usar mão de obra escrava parece questionável, dada a facilidade com que adotaram a cultura e a economia da escravidão. Tampouco é provável que a morte do cofundador da colônia, Freyreiss, tenha contribuído para que ela tomasse o rumo pró-escravidão, uma vez que Freyreiss elogiava os benefícios da escravidão e apoiava uma abolição apenas gradual, pois acreditava que os libertos eram incompatíveis com a liberdade. Carlos H. Oberacker, op. cit., p. 132; Georg W. Freyreiss, "Viagem ao interior do Brasil nos anos de 1814-1815", *Revista do Instituto Historico e Geographico de São Paulo*, v. XI, pp. 226-7, 1906.

39. B. J. Barickman, "'Tame Indians', 'Wild Heathens', and Settlers in Southern Bahia in the Late Eighteenth and Early Nineteenth Centuries", *The Americas*, v. 51, n. 3, pp. 332-3, 1 jan. 1995. Barickman estima o número total em 4835 para a região que se estendia até a cidade de Porto Seguro, mais ao norte.

40. São Mateus é objeto de uma análise mais aprofundada no capítulo 2.

41. Johann Jakob von Tschudi, *Reisen durch Südamerika*. Leipzig: F. A. Brockhaus, 1866, p. 366; Alane Fraga do Carmo, op. cit., pp. 32-3.

42. Sobre os quilombolas da região no início do século XIX, ver capítulo 2.

43. Residentes da Colônia Leopoldina a Tavel, Cônsul de comércio da Confederação Suíça, 12 jul. 1832; Tavel a Campos, Ministro e Secretário de Relações Exteriores, 17 jul. 1832. Em 1835 Schaeffer também foi atacado por um mameluco em sua própria casa.

44. Kirsten Schultz, op. cit., pp. 207-9. Os europeus eram estrangeiros que

poderiam se tornar brasileiros, enquanto os africanos enfrentavam enormes obstáculos.

45. João Severiano Maciel da Costa, op. cit., pp. 34-5, 60, 73.

46. João José Reis, *Rebelião escrava no Brasil: A história do levante dos malês em 1835*. São Paulo: Companhia das Letras, 2003.

47. Miguel Calmon du Pin e Almeida, *Memória sobre o estabelecimento d'uma companhia de colonisação nesta província*. Salvador: Typographia do Diário de G. J. Bezerra, 1835, pp. 9-10.

48. José Ignacio Borges, *Relatório da repartição dos negócios do Império apresentado à Assembléa Geral legislativa, 1835*. Rio de Janeiro: Typographia Nacional, 1836, p. 21, CRL.

49. Para debates sobre trabalho escravo versus trabalho de libertos e de imigrantes, ver, por exemplo, Celia Maria Marinho de Azevedo, *Onda negra, medo branco: O negro no imaginário das elites — século XIX* (Rio de Janeiro: Paz e Terra, 1987); George Reid Andrews, *Blacks & Whites in São Paulo, Brazil, 1888-1988* (Madison: University of Wisconsin Press, 1991 [ed. bras.: *Negros e brancos em São Paulo, 1888-1988*. Trad. de Magda Lopes. Bauru: Edusc, 1998]); Verena Stolcke, *Coffee Planters, Workers, and Wives: Class Conflict and Gender Relations on São Paulo Plantations, 1850-1980* (Nova York: St. Martin's, 1988). A literatura sobre imigração também se concentra predominantemente nas regiões Central e Sul do país. Sílvia Cristina Lambert Siriani, op. cit., é um bom exemplo dos primeiros esforços de imigração durante o reinado de d. João VI.

50. Kirsten Schultz, op. cit., p. 210.

51. Sílvia Cristina Lambert Siriani, op. cit., p. 93; M. Thereza Schorer Petrone, op. cit., pp. 25-37.

52. Sílvia Cristina Lambert Siriani, op. cit., p. 95. A Guerra da Cisplatina, travada entre o Brasil e a futura Argentina pelo controle do território fronteiriço, resultaria na fundação da República Oriental do Uruguai.

53. João Antonio de Sampaio Vianna a Manoel Ferreira Lagos, 31 ago. 1841; e "Breve notícia da primeira planta de café que houve na comarca de Caravelas, ao sul da província da Bahia", 20 jun. 1842, BN/MS.

54. M. Thereza Schorer Petrone, op. cit., p. 17.

55. "Aviso do Principe Regente para que se preste todo o auxílio aos colonos estabelecidos em Leopoldina, comarca de Porto Seguro" (Rio de Janeiro, 22 de agosto, 1821), Lata 8, Pasta 31, IHGB.

56. Hendrik Kraay, *Race, State, and Armed Forces in Independence-Era Brazil: Bahia, 1790s-1840s*. Stanford, CA: Stanford University Press, 2004. [Ed. bras.: *Política racial, estado e forças armadas na época da independência: Bahia, 1790-1850*. São Paulo: Hucitec, 2011.]

57. Joaquim José de Vasconcellos, Presidente da Bahia, "Falla (BA)", 1842, p. 10, CRL.

58. Ibid., p. 9.

59. J. L. V. Cansansão de Sinimbú, Presidente da Bahia, "Falla (BA)", 1857, p. 83, CRL.

60. Vasconcellos, Presidente da Bahia, "Falla (BA)", p. 9.

61. Antonio Ignacio de Azevedo, Presidente da Bahia, "Falla (BA)", 1847, p. 20, CRL.

62. Innocencio Velloso Pederneiras, *Commissão de exploração do Mucury e Gequitinhonha. Interesses materiaes das comarcas do sul da Bahia. Comarcas de Caravellas e Porto Seguro. Relatório do capitão do imperial corpo d'engenheiros, I.V. Pederneiras, chefe da mesma comissão.* Bahia: Typographia de João Alves Portella, 1851, p. 10.

63. Karl August Tölsner, *Die Colonie Leopoldina in Brasilien: Schilderung des Anbaus und der Gewinnung der wichtigsten, dort erzeugten Culturproducte, namentlich des Kaffees, sowie einiger anderen.* Göttingen: Gebrüder Hofer, 1860, p. 3.

64. De acordo com as avaliações dos inventários dos fazendeiros da Colônia Leopoldina realizadas por uma equipe de linguistas, a proporção de escravos africanos na colônia permaneceu em torno de 50% da população total de escravos adultos até o final da década de 1850. Dos dezessete inventários de colonos que localizaram, apenas quatro indicavam etnias, entre as quais: Angola, Monjolo, Nagô, Jeje, Cabinda, Moçambique, Benguela, Hauçá, Benin, Calabar, São Tomé e Rebolo. Entre 1847 e 1872, os centro-africanos de várias origens eram os mais numerosos, mas os nagôs eram os mais representados. Dante Lucchesi, Alan N. Baxter e Ilza Ribeiro, *O português afro-brasileiro.* Salvador: Ufba, 2009, pp. 89-90; Dante Lucchesi e Alan N. Baxter, "Un paso más hacia la definición del pasado criollo del dialecto afro-brasileño de Helvécia (Bahia)". In: Klaus Zimmermann (Org.), *Lenguas criollas de base lexical espanola y portuguesa.* Madri: Iberoamericana; Frankfurt: Vervuert, 1999, pp. 131-8. Sobre a reprodução e a elevada taxa de fertilidade dos escravos na colônia, ver Alane Fraga do Carmo, op. cit., pp. 106-7.

65. José Candido da Costa, *Comarca de Caravellas: Creação de uma nova província, sendo capital a cidade de Caravellas.* Bahia: Typographia de Camillo de Lellis Masson, 1857, p. 19; Alvaro Tiberio de Moncorvo Lima, Presidente da Bahia, "Falla (BA)", 1856, p. 79, CRL; Justiça Municipal de Caravelas a Herculano Ferreira Penna, Presidente da Bahia, 10 fev. 1860, Colonial/Justiça/Caravelas/Mc 2332, Apeb; Johann Jakob von Tschudi, op. cit., p. 366; Sílvia Cristina Lambert Siriani, op. cit., p. 93. Ver também Robert Avé-Lallemant, *Viagem pelo norte do Brasil no ano de 1859.* Rio de Janeiro: Instituto Nacional do Livro, Ministério da Educação e Cultura, 1961, pp. 151-2.

66. M. Thereza Schorer Petrone, op. cit., p. 26.

67. Entre as obras importantes que examinam a escravidão e a história indígena nas regiões fronteiriças do século XIX contam-se B. J. Barickman, op. cit.; Mary Karasch, "Slave Women on the Brazilian Frontier in the Nineteenth Century". In: David Barry Gaspar e Darlene Clark Hine (Orgs.), *More than Chattel: Black Women and Slavery in the Americas* (Bloomington: Indiana University Press, 1996, pp. 79-96). Maria Hilda Baqueiro Paraiso, *O tempo da dor e do trabalho: A conquista dos Territórios Indígenas nos Sertões do Leste*. São Paulo: FFLCH-USP, 1998. Tese (Doutorado em História Social); Izabel Missagia de Mattos, *Civilização e revolta: Os Botocudos e a catequese na província de Minas*. São Paulo: Edusc; Anpocs, 2004; Marcelo Sant'Ana Lemos, *O índio virou pó de café?: A resistência dos índios Coroados de Valença frente à expansão cafeeira no vale do Paraíba (1788-1836)*. Rio de Janeiro: IFCH-UERJ, 2004. Dissertação (Mestrado em História Social); Hal Langfur, *The Forbidden Lands: Colonial Identity, Frontier Violence, and the Persistence of Brazil's Eastern Indians, 1750-1830*. Stanford, CA: Stanford University Press, 2006; Mary Ann Mahony, "Creativity under Constraint: Enslaved Afro-Brazilian Families in Brazil's Cacao Area, 1870--1890", *Journal of Social History*, v. 41, n. 3, pp. 633-66, 2008.

68. Há pouquíssimos estudos dedicados à escravidão indígena pós-colonial no Brasil, por si só ou em relação à escravidão de origem africana. Estou muito grata às conversas com Izabel Mattos, Marco Morel, o falecido John Monteiro e José Bessa. Um trabalho fundamental é Maria Hilda Baqueiro Paraiso, "As crianças indígenas e a formação de agentes transculturais: O comércio de kurukas na Bahia, Espírito Santo e Minas Gerais". In: Luiz Savio de Almeida et al. *Resistência, memória, etnografia* (Maceió: Edufal, 2007). A obra mais importante sobre a escravidão indígena colonial continua a ser John M. Monteiro, *Negros da terra: Índios e bandeirantes nas origens de São Paulo* (São Paulo: Companhia das Letras, 1994). Ver também Barbara A. Sommer, "Colony of the Sertão: Amazonian Expeditions and the Indian Slave Trade", *The Americas* (v. 61, n. 3, pp. 401-28, 2005); Barbara A. Sommer, "Why Joanna Baptista Sold Herself into Slavery: Indian Women in Portuguese Amazonia, 1755-1798", *Slavery & Abolition* (v. 34, n. 1, pp. 77-97, 1 mar. 2013); Mary Karasch, "Catechism and Captivity: Indian Policy in Goiás, 1780-1889". In: Hal Langfur (Org.), *Native Brazil: Beyond the Convert and the Cannibal, 1500-1900* (Albuquerque: University of New Mexico Press, 2014, pp. 198-224).

69. Manuela Carneiro da Cunha, *Legislação indigenista*, op. cit., pp. 57-60. No caso das guerras justas contra os Kaingangs de São Paulo, Langfur demonstra que 1808 não foi o ponto crucial da política indigenista no sertão mineiro, mas sim o ponto culminante de uma violenta política anti-indígena que remontava à década de 1760, quando a colonização do leste de Minas Gerais começou

para valer. João VI já havia autorizado o governo de Minas a fazer guerra ofensiva em 1801, e o governo da Bahia em 1806. Ver Hal Langfur, *The Forbidden Lands*, op. cit. Sobre discussões sobre guerra justa, ver Beatriz Perrone-Moisés, op. cit., pp. 123-7. Para as guerras ofensivas no Brasil na altura da independência, ver John M. Monteiro, *Tupis, tapuias*, op. cit.

70. Patrícia Melo Sampaio, "Política indigenista no Brasil imperial". In: Keila Grinberg e Ricardo Salles (Orgs.), *O Brasil imperial*, v. 1, 1808-1831. Rio de Janeiro: Civilização Brasileira, 2009, p. 181; Karasch, "Indian Autonomy", pp. 205-6.

71. Sobre o decreto, ver Manuela Carneiro da Cunha, *Legislação indigenista*, op. cit., p. 62. Os índios são quase invisíveis nos vastos estudos sobre o café do Centro-Sul, mas importantes trabalhos recentes prometem ampliar nossa compreensão sobre os índios nessas regiões após a independência, incluindo Marcelo Sant'Ana Lemos, op. cit.; Fernanda Sposito, *Nem cidadãos*, op. cit.

72. Baltazar da Silva Lisboa ao Conde de Linhares, Ministro do Império e dos Negócios Estrangeiros, 31 jan. 1810, Lata 109 Doc. 14, IHGB.

73. Beatriz Perrone-Moisés, op. cit.; Mércio Pereira Gomes, *The Indians and Brazil*, 30. ed. Gainesville: University Press of Florida, 2000, pp. 60-4; Langfur e Resende, "Indian Autonomy", op. cit., p. 152.

74. A legislação de 1831 contra o comércio transatlântico, aprovada sob pressão britânica, foi em larga medida ineficaz. Portugal tinha concordado em abolir o comércio a norte do equador em 1815. O comércio transatlântico em geral foi finalmente abolido em 1850, embora o contrabando tenha continuado durante cerca de uma década. Para os estudos recentes sobre a lei de 1831, ver Beatriz Gallotti Mamigonian e Keila Grinberg (Orgs.), "Dossiê: 'Para inglês ver?': Revisitando a lei de 1831", *Estudos Afro-Asiáticos* (v. 1-3, 2007).

75. Maximilian Wied-Neuwied, *Viagem ao Brasil nos anos de 1815 a 1817*. São Paulo: Companhia Editora Nacional, 1958, p. 153.

76. Manuela Carneiro da Cunha, *Legislação indigenista*, op. cit., pp. 347-60. Itálicos meus.

77. Id., *Antropologia do Brasil: Mito, história, etnicidade*. São Paulo: Brasiliense, 1986, p. 170.

78. John Hemming, *Amazon Frontier: The Defeat of the Brazilian Indians*. Cambridge, MA: Harvard University Press, 1987, p. 173. [Ed. bras.: *Fronteira amazônica: A derrota dos índios brasileiros*. Trad. de Antonio de Pádua Danesi. São Paulo: Edusp, 2009.] Por exemplo, a decisão imperial de 23 de maio de 1823 e os decretos de 28 de janeiro de 1824 e de 18 de outubro de 1825 defendem a *brandura* e a civilização e repreendem os moradores locais por recorrerem à violência retaliatória contra os botocudos. Manuela Carneiro da Cunha, *Legislação indigenista*, op. cit., pp. 106, 111-4, 125.

79. Fernanda Sposito, "Liberdade para os índios", op. cit.; Maria Hilda Ba-

queiro Paraiso, "Crianças indígenas", op. cit., p. 74. Sposito alega que em 1831 a guerra justa foi revogada apenas em Minas Gerais e São Paulo; Paraíso, por outro lado, afirma que foi uma revogação geral. Eu estou aceitando a análise de Paraíso.

80. Manuela Carneiro da Cunha, *Legislação indigenista*, op. cit., pp. 24-5, 137-53. Os africanos que foram ilegalmente escravizados e apreendidos depois de 1831 eram considerados livres e entregues à Justiça de Órfãos, como os indígenas. Discordo de Holston quando diz que os índios autônomos foram incluídos como cidadãos-órfãos com a independência; ver James Holston, op. cit., p. 67. Sobre as ambiguidades e os limites da cidadania (incluindo a criação de cidadãos ativos e passivos) para emancipados e libertos, ver Manuela Carneiro da Cunha, *Negros, estrangeiros*, op. cit., pp. 68-85; Hebe Maria Mattos de Castro, *Escravidão e cidadania no Brasil monárquico*, op. cit.; Beatriz Gallotti Mamigonian, "O direito de ser Africano livre: Os escravos e as interpretações da Lei de 1831". In: Silvia Hunold Lara e Joseli Maria Nunes Mendonça (Orgs.), *Direitos e justiças no Brasil: Ensaios de história social* (Campinas: Editora da Unicamp, 2006).

81. Câmara Municipal de São Mateus a José Joaquim Machado de Oliveira, Presidente do Espírito Santo, 16 mar. 1841, Governadoria Ser. Accioly Liv. 351 Fl. 546, Apees.

82. Luiz Pedreira Couto Ferraz, "Relatório (es)", 1847, p. 32, CRL; Luiz Pedreira Couto Ferraz a Câmara Municipal de São Mateus, 13 abr. 1848, Governadoria Ser. 751 Liv. 181 Fl. 17-17v, Apees; Luiz Pedreira Couto Ferraz, Presidente do Espírito Santo a Manoel Alves Branco, Ministro do Império, 11 out. 1847, IJJ9-362-ES, AN.

83. Sobre o Regulamento, ver Manuela Carneiro da Cunha, *Legislação indigenista*, op. cit., pp. 191-9, especialmente item 28. O Regulamento será ainda discutido no capítulo 3. Sobre colonos pagando a índios com álcool, ver Vânia Moreira, "Índios no Brasil: Marginalização social e exclusão historiográfica", *Diálogos Latinoamericanos* (v. 3, pp. 103-5, 2001).

84. Manoel Joaquim de Sá e Mattos a Francisco Jorge Monteiro, 5 maio 1844, Polícia Ser. 2 Cx. 8 Mc 41 Fl. 302-303, Apees.

85. Carlos Henrique Gileno, "A legislação indígena: Ambiguidades na formação do Estado nação no Brasil", *Caderno CRH*, v. 20, n. 49, pp. 123-33, abr. 2007. Perdigão Malheiro denunciou o absurdo desta abordagem. Agostinho Marques Perdigão Malheiro, op. cit., pp. 136-7.

86. Maria Hilda Baqueiro Paraiso, "Crianças indígenas", op. cit., pp. 58-9. O mesmo modelo foi utilizado para os africanos emancipados.

87. Auguste de Saint-Hilaire, *Viagem pelas províncias de Rio de Janeiro e Minas Geraes*, v. 2. São Paulo: Companhia Editora Nacional, 1938, p. 127; Hercula-

no Ferreira Penna, Presidente do Espírito Santo a José Carlos Pereira de Almeida, Ministro do Império, 25 abr. 1846, IJJ9-362-ES, AN.

88. James Holston, op. cit., p. 74.

89. *Kuruka* era o termo indígena (*borum*) para criança. Embora soe similar ao termo Quechua *kuraka*, que significava um senhor andino, não estão relacionados.

90. Auguste de Saint-Hilaire, op. cit., pp. 127, 183.

91. Maria Hilda Baqueiro Paraiso, "Crianças indígenas", op. cit., pp. 62-7.

92. Marco Morel, "Independência, vida e morte: Os contatos com os Botocudos durante o primeiro reinado", *Dimensões*, n. 14, pp. 108-9, 2002. O documento original indica claramente o nome das crianças botocudos e os militares que as "deram" ou "ofereceram" ao Imperador. Ver Guido Marlière, Carta, 6 abr. 1825, *RAPM*, v. 10, pp. 593-4, 1910.

93. Saint-Hilaire, op. cit., pp. 145-6. Saint-Hilaire acabou por obter uma criança de outro cacique botocudo, primeiro uma menina pré-púbere que depois trocou por um rapaz a quem chamou "o meu botocudo", mas a criança desapareceu mais tarde.

94. J. Bieber, "Catechism and Capitalism", op. cit., p. 181.

95. Maria Hilda Baqueiro Paraiso, "Crianças indígenas", op. cit., pp. 62-78.

96. Holloway e Chalhoub demonstraram a relutância do Estado brasileiro, no século XIX, em interferir diretamente nas relações privadas entre senhores e escravos, uma atitude que pode explicar o fato de não perseguir (apesar de censurar) a escravidão indígena. Thomas H. Holloway, *Policing Rio de Janeiro: Repression and Resistance in a 19th-Century City*. Stanford, CA: Stanford University Press, 1993, pp. 115-22 [ed. bras.: *Polícia no Rio de Janeiro: Repressão e resistência numa cidade do século XIX*. Rio de Janeiro: FGV, 1997]; Sidney Chalhoub, op. cit., pp. 408-9.

97. Maria Hilda Baqueiro Paraiso, "Crianças indígenas", op. cit., pp. 64-9.

98. Thomas Ewbank, *Life in Brazil, Or, A Journal of a Visit to the Land of the Cocoa and the Palm with an Appendix, Containing Illustrations of Ancient South American Arts*. Nova York: Harper & Brothers, 1856, p. 323 [ed. bras.: *Vida no Brasil*. Belo Horizonte: Itatiaia, 1976]; Teófilo Benedito Ottoni, *Notícia sobre os selvagens do Mucuri*. Belo Horizonte: Editora UFMG, 2002, pp. 46-55. Ottoni mais tarde levou um menino kuruka para o Rio e o colocou no arsenal da marinha para educá-lo; o menino morreu.

99. Teófilo Ottoni, op. cit., p. 56; Charles Frederick Hartt, *Thayer Expedition: Scientific Results of a Journey in Brazil, by Louis Agassiz and His Travelling Companions: Geology and Physical Geography*. Boston: Fields, Osgood, 1870, pp. 601-2; João Corrado Bachmann-Eiske a Caetano Vicente de Almeida Jr., 29 jan. 1848, Colonial/Agricultura/Colônia e Colonos/Colônia Leopoldina/Mc

4603-3, Apeb. Márcio Lemos analisa registros de batismo para demonstrar que os coroados em Valença, RJ, também estabeleceram redes com moradores locais influentes, incluindo muitos proprietários de escravos, embora não discuta a doação de *kurukas*. Márcio Lemos, op. cit., pp. 143-5.

100. Vicar Antonio Miguel de Azevedo a Caetano Vicente de Almeida, Jr., 8 ago. 1844, Colonial/Justiça/Caravelas/Mc 2330, Apeb; Teófilo Ottoni, op. cit., p. 109.

101. Mais de 1 milhão de africanos escravizados ilegalmente entraram no Brasil entre 1825 e 1850.

102. Em 1845, a polícia da cidade do Rio de Janeiro contou 52 indígenas, homens e mulheres, de várias idades, que trabalhavam em residências particulares sem contrato, embora fossem nominalmente dependentes ou "educandos". A polícia os descreveu como estando "quase reduzidos à condição de escravos". Joaquim Marcellino de Brito, *Relatório da repartição dos negócios do Império apresentado à Assembléa Geral legislativa, 1845*. Rio de Janeiro: Typographia Nacional, 1846, p. 25, CRL.

103. Thomas Ewbank, op. cit., p. 323, apud Manuela Carneiro da Cunha, *História dos índios no Brasil*. São Paulo: Companhia das Letras, 1992, p. 146.

104. Manuela Carneiro da Cunha, *Legislação indigenista*, op. cit., pp. 199--200; *Diario do Rio de Janeiro*, 29 set. 1845.

105. Ferraz, Presidente do Espírito Santo a Branco, Ministro do Império, 11 out. 1847.

106. José Joaquim Machado de Oliveira, Registro da Correspondência do Governo com a Câmara [Autoridades Civis e Militares da Vila] de S. Mateus, 31 jan. 1841, Governadoria Ser. 751 Liv. 167 Fl. 21-21v, Apees.

107. José Joaquim Machado de Oliveira, Registro da Correspondência do Governo com a Câmara [Autoridades Civis e Militares da Vila] de S. Mateus, 31 jan. 1841, Governadoria Ser. 751 Liv. 167 Fl. 21-21v, Apees.

108. Em seu estudo sobre a escravidão indígena e africana na Curitiba colonial, Stuart Schwartz argumentou que os proprietários de escravos viam os dois grupos de forma diferente em termos religiosos e ideológicos. Os senhores apadrinhavam seus escravos indígenas, que consideravam estar sob sua tutela, ao contrário dos negros. Embora eu não tenha encontrado registros de batismo para corroborar esse argumento para a fronteira Bahia-Espírito Santo no século XIX, este capítulo enfatiza a importância da experiência real, em vez de percepções, da escravidão. Stuart B. Schwartz, *Slaves, Peasants, and Rebels: Reconsidering Brazilian Slavery*. Chicago: University of Illinois Press, 1996, pp. 143-7.

109. Manuela Carneiro da Cunha, *História dos índios no Brasil*, op. cit., p. 199.

110. Sidney Chalhoub, op. cit.; Rebeca J. Scott, op. cit.

111. Manoel de Assis Mascarenhas ao Chefe de Polícia do Espírito Santo, 2 abr. 1844, Polícia Ser. 2 Cx. 8 Mc 41 Fl. 151, Apees.

112. Johann Jakob von Tschudi, op. cit., p. 263.

2. REBELDES, REIS, SOLDADOS: POLÍTICA POPULAR [pp. 81-121]

1. Manoel José Pires da Silva Pontes a Aureliano de Sousa e Oliveira Coutinho, Ministro e Secretário de Justiça, 22 dez. 1833, IJ1-729-ES Fl. 64, AN.

2. Ibid.

3. Para 1820, ver B. J. Barickman, "'Tame Indians', 'Wild Heathens', and Settlers in Southern Bahia in the Late Eighteenth and Early Nineteenth Centuries", *The Americas*, v. 51, n. 3, p. 333, 1 jan. 1995. Para 1827, ver Ignacio Accioly de Vasconcellos, *Memoria Statistica da Provincia do Espírito Santo no Anno de 1828*. Vitória: Arquivo Público Estadual, 1978, p. 39.

4. Maximilian Wied-Neuwied, *Viagem ao Brasil nos anos de 1815 a 1817*. São Paulo: Companhia Editora Nacional, 1958, p. 170; Ignacio A. Vasconcellos, op. cit., p. 50. A estatística de 1826 é para toda a província; no entanto, Vasconcellos observa que toda a farinha vinha de São Mateus. Para 1852 ver José Bonifácio Nascentes d'Azambuja, "Relatório (ES)", 1852, mapa 4, CRL.

5. Brasil e Diretoria Geral de Estatística, *Recenseamento da população do Império do Brasil a que se procedeu no dia 1º de agosto de 1872* ([Rio de Janeiro: A Diretoria], 1873). Sobre a mudança para o café, ver Maria do Carmo de Oliveira Russo, *A escravidão em São Mateus, ES: Economia e demografia (1848-1888)*. São Paulo: FFLH-USP, 2011. Tese (Doutorado em História Social).

6. José dos Santos Porto a José Francisco d'Andrade e Almeida Monjardim, Vice-Presidente do Espírito Santo, 3 jan. 1833, IJ1-729-ES, AN.

7. Luiz Pedreira Couto Ferraz, "Relatório (ES)", 1848, pp. 7-8, CRL; Antonio Joaquim de Siqueira, "Relatório (ES)", 1849, p. 7, CRL.

8. Francisco José Alves Pereira a José Ignacio Accioly de Vasconcellos, 20 abr. 1849, Governadoria Ser. Accioly Liv. 58, Apees; Francisco José Alves Pereira a José Ignacio Accioly de Vasconcellos, 28 maio 1849, Governadoria Ser. Accioly Liv. 58 Fl. 192, Apees. Sobre a insurreição do Queimado, ver Affonso Claudio, *Insurreição do Queimado: Episódio da história da Província do Espírito Santo*. Vitória: Editora da Fundação Ceciliano Abel de Almeida, 1979.

9. 16 nov. 1822, Colonial/Insurreições escravas/Mc 322, Apeb; João José Reis, *Slave Rebellion in Brazil: The Muslim Uprising of 1835 in Bahia*. Baltimore: Johns Hopkins University Press, 1993, pp. 55-8. [Ed. bras.: *Rebelião escrava no Brasil: A história do levante dos malês em 1835*. São Paulo: Companhia das

Letras, 2003.] Muito obrigado a João Reis por ter gentilmente partilhado esta fonte.

10. Residentes de São Mateus à Câmara Municipal de São Mateus, 10 mar. 1827, Governadoria Ser. Accioly Liv. 351 Fl. 33-34, Apees; Residentes de São Mateus à Câmara Municipal de São Mateus, 23 mar. 1827, Governadoria Ser. Accioly Liv. 351 Fl. 31-32, Apees.

11. Residentes de São Mateus à Câmara Municipal de São Mateus, 27 jun. 1827, Governadoria Ser. Accioly Liv. 351 Fl. 36, Apees.

12. Manoel Feliciano Cajazeira a Manoel Ignacio da Cunha, Presidente da Bahia, 22 ago. 1828, Colonial/Justiça/Caravelas/Mc 2328, Apeb; José Eduardo Monteiro ao Presidente da Bahia, 22 nov. 1834, Colonial/Justiça/Caravelas/Mc 2328, Apeb.

13. Antonio Jacinto da Silva Guimarães a Joaquim José Vasconcellos, Presidente da Bahia, 16 fev. 1843, Colonial/Polícia/Delegados/Mc 3001-1, Apeb.

14. Para as origens dos escravos da Colônia, ver capítulo 1. Residentes de São Mateus à Câmara Municipal de São Mateus, 16 fev. 1833, Governadoria Ser. Accioly Liv. 66 Fl. 26-28, Apees. Mesmo o estudo demográfico mais detalhado sobre a escravidão em São Mateus fornece dados sobre a origem dos escravos (a grande maioria local) apenas a partir de 1863. Maria do Carmo Oliveria Russo, op. cit., pp. 126-9.

15. Até o momento, parece não haver informações completas sobre a origem dos escravizados na região, com exceção dos da Colônia Leopoldina, seja a origem africana ou o ponto de compra no Brasil. Entre as fontes de que disponho, há um registro de batismos entre 1772 e 1790 em Alcobaça, adjacente a Caravelas, que contém indícios de africanos da "Guiné". Guiné era frequentemente um termo genérico para designar a África Ocidental ou mesmo os africanos nos séculos XVI e XVII. Nos dois séculos seguintes, a maior parte dos africanos ocidentais foram trazidos da Baía do Benim, da Baía do Biafra e da Senegâmbia. Fontes: "Compendio do Primeiro Libro de Batizados da Freguezia de S. Bernardo da Nova Vila de Alcobaça", Coleção da Co-Catedral of Santo Antonio in Caravelas, Bahia. Sobre o debate geral acerca da análise das origens dos escravizados nas Américas e da formação de etnias, ver, por exemplo, Gwendolyn Midlo Hall, *Slavery and African Ethnicities in the Americas: Restoring the Links* (Chapel Hill: University of North Carolina Press, 2005 [ed. bras.: *Escravidão e etnias africanas nas Américas: Restaurando os elos*. Trad. de Fábio Ribeiro. Petrópolis: Vozes, 2017]); Michael A. Gomez, *Exchanging Our Country Marks: The Transformation of African Identities in the Colonial and Antebellum South* (10. ed. Chapel Hill: University of North Carolina Press, 1998); John K. Thornton, *Africa and Africans in the Making of the Atlantic World, 1400-1800* (Cambridge; Nova York: Cambridge University Press, 1998 [ed. bras.: *A África e os africanos na formação*

do mundo atlântico, 1400-1800. Trad. de Marisa Rocha. Rio de Janeiro: Campus; Elsevier, 2004.). Para o Brasil em particular, ver, por exemplo, os vários trabalhos de João Reis; Mieko Nishida, *Slavery and Identity: Ethnicity, Gender, and Race in Salvador, Brazil, 1808-1888* (Bloomington: Indiana University Press, 2003); James Lorand Matory, *Black Atlantic Religion: Tradition, Transnationalism, and Matriarchy in the Afro-Brazilian Candomblé* (Princeton, NJ: Princeton University Press, 2005); Juliana Barreto Farias et al., *No labirinto das nações: Africanos e identidades no Rio de Janeiro, século XIX* (Rio de Janeiro: Arquivo Nacional, 2005); Mariza de Carvalho Soares, *People of Faith: Slavery and African Catholics in Eighteenth-Century Rio de Janeiro* (Durham, NC: Duke University Press, 2011); James H. Sweet, *Domingos Álvares, African Healing, and the Intellectual History of the Atlantic World* (Chapel Hill: University of North Carolina Press, 2011).

16. B. J. Barickman, *A Bahian Counterpoint: Sugar, Tobacco, Cassava, and Slavery in the Recôncavo, 1780-1860*. Stanford, CA: Stanford University Press, 1998, p. 87. [Ed. bras.: *Um contraponto baiano: Açúcar, fumo, mandioca e escravidão no Recôncavo, 1780-1860*. Rio de Janeiro: Civilização Brasileira, 2003.] Segundo Barickman, no início do século esses distritos produziam cerca de 130 mil alqueires de farinha de mandioca que eram enviados a Salvador e outros mercados, mas na década de 1840 os embarques "mal ultrapassavam 76 mil alqueires". Ele não é conclusivo sobre a razão desse declínio, atribuindo-o à possível introdução do café, uma cultura de exportação, que resultou na queda da produção de farinha para o mercado interno.

17. Residentes de São Mateus à Câmara Municipal de São Mateus, 27 jun. 1827.

18. Joaquim Marcellino da Silva Lima, Vice-Presidente do Espírito Santo, "Falla (ES)", 1846, pp. 6-8, CRL; Filippe José Pereira Leal, Presidente do Espírito Santo, "Falla (ES)", 1850, pp. 9-11, CRL. Para uma discussão mais geral sobre os quilombos e as revoltas de escravos no Espírito Santo, ver Vilma Paraíso Ferreira de Almada, *Escravismo e transição: O Espírito Santo (1850-1888)* (Rio de Janeiro: Graal, 1984, pp. 154-74).

19. João Bento de Jesus Silvares a Wenceslau de Oliveira Bello, Presidente do Espírito Santo, 25 ago. 1843, Polícia Ser. 2 Cx. 7 Mc 38h Fl. 43, Apees; José Alvares da Cunha a Francisco Jorge Monteiro, 26 set. 1843, Polícia Ser. 2 Cx. 8 Mc 39 Fl. 150, Apees.

20. Esta é uma lista crescente. Além dos mencionados neste capítulo, ver, por exemplo, María Elena Díaz, *The Virgin, the King, and the Royal Slaves of El Cobre: Negotiating Freedom in Colonial Cuba, 1670-1780* (Stanford, CA: Stanford University Press, 2000); David A. Sartorius, *Ever Faithful: Race, Loyalty, and the Ends of Empire in Spanish Cuba* (Durham, NC: Duke University Press, 2014);

Sergio Serulnikov, *Subverting Colonial Authority: Challenges to Spanish Rule in Eighteenth-Century Southern Andes* (Durham, NC: Duke University Press, 2003); Marcela Echeverri, *Indian and Slave Royalists in the Age of Revolution: Reform, Revolution, and Royalism in the Northern Andes, 1780-1825* (Nova York: Cambridge University Press, 2016).

21. Elizabeth W. Kiddy, "Who Is the King of Congo?: A New Look at African and Afro-Brazilian Kings in Brazil". In: Linda M. Heywood (Org.), *Central Africans and Cultural Transformations in the American Diaspora*. Cambridge: Cambridge University Press, 2001, p. 156.

22. John K. Thornton, "'I Am the Subject of the King of Congo': African Political Ideology and the Haitian Revolution", *Journal of World History*, p. 191, 1993; A. J. R. Russell-Wood, "Acts of Grace: Portuguese Monarchs and Their Subjects of African Descent in Eighteenth-Century Brazil", *JLAS*, v. 32, n. 2, pp. 327-30, maio 2000.

23. Maria Regina Celestino de Almeida, "Reflexões sobre política indigenista e cultura política indígena no Rio de Janeiro oitocentista", *Revista USP*, v. 79, pp. 94-105, 2008; Keila Grinberg, "Freedom Suits and Civil Law in Brazil and the United States", *Slavery & Abolition*, v. 22, n. 3, p. 73, 2001.

24. Kirsten Schultz, *Tropical Versailles: Empire, Monarchy, and the Portuguese Royal Court in Rio de Janeiro, 1808-1821*. Londres: Routledge, 2001, p. 166. [Ed. bras.: *Versalhes tropical: Império, monarquia e a corte real portuguesa no Rio de Janeiro, 1808-1821*. Trad. de Renato Aguiar. Rio de Janeiro: Civilização Brasileira, 2008.]

25. Ibid., p. 173.

26. Sidney Chalhoub, *Visões da liberdade: Uma história das últimas décadas da escravidão na corte*. São Paulo: Companhia das Letras, 1990, p. 136; e "The Politics of Silence: Race and Citizenship in Nineteenth-Century Brazil", *Slavery & Abolition*, v. 27, n. 1, p. 76, abr. 2006. O pecúlio se tornou um direito legal em 1871.

27. Há um número crescente de estudos sobre as reinterpretações da lei de 1831, muitas das quais estão incluídas em Beatriz Gallotti Mamigonian e Keila Grinberg (Orgs.), "Dossiê: 'Para inglês ver?': Revisitando a lei de 1831" (*Estudos Afro-Asiáticos*, n. 1-3, 2007). Os usos dessa lei são analisados em detalhes no capítulo 6.

28. Hendrik Kraay, "Arming Slaves in Brazil from the Seventeenth Century to the Nineteenth Century". In: Christopher Leslie Brown e Philip D. Morgan (Orgs.), *Arming Slaves: From Classical Times to the Modern Age*. New Haven, CT: Yale University Press, 2006, pp. 163-5.

29. Vilma Paraíso Ferreira de Almada, op. cit., p. 171. Matt Childs também revelou provas de que escravos cubanos, na Rebelião de Aponte, faziam referên-

cia à emancipação decretada pelos monarcas ingleses. Matt D. Childs, *The 1812 Aponte Rebellion in Cuba and the Struggle Against Atlantic Slavery*. Chapel Hill: University of North Carolina Press, 2009, pp. 160-1.

30. Levy Rocha, *Viagem de Pedro II ao Espírito Santo*, 2. ed. Rio de Janeiro: Revista Continente Editorial, 1980, p. 8.

31. A "lei pra inglês ver" referia-se à primeira lei que aboliu o tráfico transatlântico de escravos, em 1831. A lei recebeu esse apelido porque se acreditava que existisse apenas para apaziguar as pressões abolicionistas britânicas, e era descaradamente ignorada. Assim, em 1850, foi aprovada uma nova lei que, dessa vez, se tornou efetiva, embora o comércio ilegal tenha continuado durante cerca de uma década.

32. Trata-se de uma longa lista que inclui obras clássicas como Stanley J. Stein, *Vassouras, a Brazilian Coffee County, 1850-1900: The Roles of Planter and Slave in a Plantation Society* (Princeton, NJ: Princeton University Press, 1985 [ed. bras.: *Vassouras: Um município brasileiro do café, 1850-1900*. Trad. de Vera Bloch Wrobel. Rio de Janeiro: Nova Fronteira, 1990]); Peter L. Eisenberg, *The Sugar Industry in Pernambuco: Modernization without Change, 1840-1910* (Berkeley: University of California Press, 1974 [ed. bras.: *Modernização sem mudança: A indústria açucareira em Pernambuco*. Rio de Janeiro: Paz e Terra, 1977]).

33. Para uma análise detalhada do tráfico interno escravizados, ver Robert W. Slenes, "The Brazilian Internal Slave Trade, 1850-1888: Regional Economics, Slave Experience, and the Politics of a Peculiar Market". In: Walter Johnson (Org.), *The Chattel Principle: Internal Slave Trades in the Americas* (New Haven, CT: Yale University Press, 2004, pp. 325-70). Richard Graham, no mesmo volume, observa que alguns escravos eram vendidos do Rio Grande do Sul, e que Minas Gerais também era um destino importante.

34. Pesquisas recentes mostraram que a maioria dos escravizados pernambucanos vendidos no comércio interno vinha do interior e não das plantações de açúcar do litoral, onde a identidade dos produtores de açúcar como senhores de escravos permaneceu forte. Celso Thomas Castilho, *Slave Emancipation and Transformations in Brazilian Political Citizenship*. Pittsburgh, PA: University of Pittsburgh Press, 2016, pp. 67-8.

35. A população total de escravos africanos em São Mateus permaneceu estável e pequena durante todo o século XIX, com 2654 escravizados em 1824, 2213 em 1856 e 2500 em 1876, com um máximo de 2813 em 1872. Vilma Paraíso Ferreira de Almada, op. cit., p. 118; Innocencio Velloso Pederneiras, *Comissão de exploração do Mucury e Gequitinhonha. Interesses materiaes das comarcas do sul da Bahia. Comarcas de Caravellas e Porto Seguro. Relatório do capitão do imperial corpo d'engenheiros, I.V. Pederneiras, chefe da mesma comissão*. Bahia: Typographia de João Alves Portella, 1851, pp. 6-11.

36. O vale do Paraíba, coração da região cafeeira do Rio de Janeiro, era território dos indígenas coroados e sofreu um processo de desgaste com a abertura de uma estrada principal entre o Rio de Janeiro e Minas Gerais na década de 1810, processo que se tornou definitivo com o cultivo do café na década de 1830. João VI, o príncipe regente que autorizou as guerras aos botocudos, também autorizou a estrada. Os coroados foram recrutados para a Marinha até a década de 1810, mas parece não terem sido utilizados como trabalhadores agrícolas. Marcelo Sant'Ana Lemos, *O índio virou pó de café?: A resistência dos indígenas Coroados de Valença frente à expansão cafeeira no vale do Paraíba (1788-1836)*. Rio de Janeiro: IFCH-UERJ, 2004. Dissertação (Mestrado em História Política).

37. O tenente de polícia, Reginaldo Santos, refere-se ao interrogatório dos suspeitos de insurreição de escravos, mas os registros, infelizmente, não estão disponíveis. O que temos são suas referências ao conteúdo, que estão incluídas nas fontes aqui citadas. Manoel dos Passos Ferreira a Reginaldo Gomes dos Santos, 15 dez. 1851, IJ1-434-ES, AN; Reginaldo Gomes dos Santos a Antonio Tomás Godoy, 26 jan. 1852, IJ1-434-ES, AN; Reginaldo Gomes dos Santos a José Bonifacio Nascentes d'Azambuja, Presidente do Espírito Santo, 15 dez. 1851, IJ1-434--ES, AN.

38. Bernardo José de Castro a Reginaldo Gomes dos Santos, 13 out. 1851, IJ1-732-ES, AN.

39. Ibid.; Santos a Godoy, 26 jan. 1852. A ideia de conceber um "mundo intelectual dos escravizados" no domínio do pensamento e do direito iluministas pode ser encontrada em Laurent Dubois, "An Enslaved Enlightenment: Rethinking the Intellectual History of the French Atlantic", *Social History* (v. 31, n. 1, pp. 1-14, 1 fev. 2006).

40. José Murilo de Carvalho, op. cit., p. 75.

41. Ver capítulo 4.

42. *Companhia do Mucury. História da empresa. Importância dos seus privilégios. Alcance de seus projetos*. Rio de Janeiro: Typographia Imperial e Constitucional de J. Villeneuve e Comp., 1856, pp. 17-8.

43. Hermenegildo Antonio Barbosa d'Almeida, "Viagem às vilas de Caravelas, Viçosa, Porto Alegre, de Mucury, e aos rios Mucury, e Peruípe", *RIHGB*, v. 8, n. 4, pp. 446-7, 1846; Câmara Municipal de São Mateus a José Joaquim Machado de Oliveira, Presidente do Espírito Santo, 16 mar. 1841, Governadoria Ser. Accioly Liv. 351 Fl. 546, Apees; Izabel Missagia de Mattos, *Civilização e revolta: Os botocudos e a catequese na província de Minas*. São Paulo: Edusc; Anpocs, 2004, pp. 167-9.

44. Judy Bieber, "Catechism and Capitalism: Imperial Indigenous Policy on a Brazilian Frontier, 1808-1845". In: Hal Langfur (Org.), *Native Brazil: Beyond*

the Convert and the Cannibal, 1500-1900. Albuquerque: University of New Mexico Press, 2014, p. 170.

45. Ibid., p. 184.

46. Auguste de Saint-Hilaire, *Viagem pelas provincias de Rio de Janeiro e Minas Geraes,* v. 2. São Paulo: Companhia Editora Nacional, 1938, pp. 173-7.

47. Maximilian Wied-Neuwied, op. cit., p. 313.

48. Luiz Pedreira Couto Ferraz, "Relatório (ES)", op. cit., p. 24.

49. Fr. Caetano de Troina ao Presidente da Bahia,24 set. 1846, Colonial/Justiça/Caravelas/Mc 2333, Apeb.

50. Judy Bieber, "Of Cannibals and Frenchmen: The Production of Ethnographic Knowledge in Early Nineteenth-Century Brazil", *Interletras: Revista Transdisciplinar de Letras, Educação e Cultura,* v. 1, n. 5, dez. 2006. Disponível em: https://www.unigran.br/dourados/revistas/interletras?trabalho=1488. Acesso em: 26 set. 2024.

51. J. Bieber, "Catechism and Capitalism", op. cit., pp. 178-9; Hal Langfur, *The Forbidden Lands: Colonial Identity, Frontier Violence, and the Persistence of Brazil's Eastern Indians, 1750-1830.* Stanford, CA: Stanford University Press, 2006; Auguste de Saint-Hilaire, op. cit., p. 137.

52. Troina ao Presidente da Bahia, 24 set. 1846.

53. Hal Langfur, *The Forbidden Lands,* op. cit., p. 229.

54. J. Bieber, "Catechism and Capitalism", op. cit., p. 185.

55. A crença dos botocudos na feitiçaria aparece mais adiante neste capítulo e novamente no capítulo 6.

56. J. Bieber, "Catechism and Capitalism", op. cit., pp. 186-7. O excelente estudo de Brett Rushforth sobre a escravidão indígena na Nova França colonial também discute como os captores humilhavam seus escravizados homens, obrigando-os a realizar trabalhos femininos, incluindo a agricultura. Brett Rushforth, *Bonds of Alliance: Indigenous and Atlantic Slaveries in New France.* Chapel Hill: University of North Carolina Press; Omohundro Institute, 2012, cap. 1.

57. José Lourenço da Costa a Leovigildo d'Amorim Felgueiras, 29 dez. 1844, Colonial/Justiça/Caravelas/Mc 2330, Apeb; Leovigildo d'Amorim Felgueiras a Caetano Vicente de Almeida, Jr., 30 dez. 1844, Colonial/Justiça/Caravelas/Mc 2330, Apeb.

58. Hal Langfur, *The Forbidden Lands,* op. cit., pp. 239-42.

59. Felgueiras a Almeida, Jr., 30 dez. 1844.

60. Francisco José Sousa Suares d'Andrea, Presidente da Bahia a Manoel Antonio Galvão, Ministro e Secretário de Estado, 27 maio 1845, IJ1-707-BA, AN.

61. J. Bieber, "Catechism and Capitalism", op. cit., pp. 180-1.

62. Troina ao Presidente da Bahia, 24 set. 1846.

63. Jiporok era também às vezes usado para designar um subgrupo botocudo.

64. Arcebispo da Bahia a Francisco José Sousa Suares d'Andrea, Presidente da Bahia, 26 mar. 1845, IJ1-707-BA, AN.

65. Teófilo Benedito Ottoni, *Notícia sobre os selvagens do Mucuri*. Belo Horizonte: Editora UFMG, 2002, pp. 200, 204.

66. Michael Taussig, "Culture of Terror — Space of Death: Roger Casement's Putumayo Report and the Explanation of Torture", *Comparative Studies in Society and History*, v. 26, n. 3, p. 152, 1 jul. 1984.

67. Hal Langfur, *The Forbidden Lands*, op. cit., pp. 243-6. Mattos, em *Civilização e revolta*, afirma que o canibalismo existia na cosmologia dos botocudos, mas não na prática. Esse mito perdurou até os pojixás se extinguirem no início do século XX.

68. Bernardo José do Rosario ao Presidente da Bahia, 12 fev. 1845, Colonial/Polícia/Delegados/Mc 3001-1, Apeb; Pedro Rodrigues Alcantara a Bernardo José do Rosario, 15 fev. 1845, Colonial/Polícia/Delegados/Mc 3001-1, Apeb.

69. Felgueiras a Almeida, Jr., 30 dez. 1844.

70. Caetano Vicente de Almeida Jr. ao Presidente da Bahia, 9 nov. 1846, Colonial/Justiça/Caravelas/Mc 2330, Apeb.

71. Caetano Vicente de Almeida, Jr. ao Presidente da Bahia, 31 maio 1844, Colonial/Justiça/Caravelas/Mc 2330, Apeb.

72. Michael Taussig, op. cit. A violência contra os indígenas é discutida no capítulo 5.

73. Para uma discussão rica sobre Pokrane e outros mediadores culturais ou "intermediários" no Leste de Minas Gerais, ver Judy Bieber, "Mediation through Militarization: Indigenous Soldiers and Transcultural Middlemen of the Rio Doce Divisions, Minas Gerais, Brazil, 1808-1850", *The Americas* (v. 71, n. 2, pp. 227-54, 2014).

74. Para saber mais sobre esta figura fascinante, ver J. Bieber, "Cannibals and Frenchmen", op. cit.

75. Guido Marlière, "6 de abril de 1825. S. Tenente General", *RAPM* , v. 10, p. 595, 1906.

76. Luiz Pedreira Couto Ferraz, "Apontamentos sobre a vida do Índio Guido Pokrane, e sobre o francez Guido Marlière (13 de setembro de 1855)", *RIHGB*, v. 18, n. 20, pp. 427-9, 1895; "O índio Guido Pocrane", *Diario do Rio de Janeiro*, 2 jul. 1840.

77. Filipe Joaquim da Cunha Castro, "Expedição ao Rio Doce, 9 nov. 1832", *RAPM*, v. 10, pp. 86-7, 1912; Luiz Pedreira Couto Ferraz, "Apontamentos", op. cit., pp. 430-1; *Diario do Rio de Janeiro*, 10 jul. 1840.

78. Vânia Moreira, "A guerra contra os indígenas botocudos e a formação de quilombos no Espírito Santo", *Afro-Ásia*, n. 41, pp. 74-5, 2010; e "De índio a guarda nacional: Cidadania e direitos indígenas no Império (Vila de Itaguaí,

1822-1836)", *Topoi*, v. 11, n. 21, pp. 127-42, 2010; J. Bieber, "Cannibals and Frenchmen", op. cit.

79. Luiz Pedreira Couto Ferraz, "Apontamentos", op. cit., p. 429; Maria Hilda Baqueiro Paraiso, "Guido Pokrane, o imperador do Rio Doce". In: *Anais do XXIII Simpósio Nacional de História — História: guerra e paz*. Londrina: Anpuh, 2005. CD-ROM; Guido Marlière, "February 17, 1825", *RAPM*, v. 10, p. 567, 1906.

80. Maria Hilda Baqueiro Paraiso, "Guido Pokrane", op. cit. Sobre a participação de nativos na Guerra do Paraguai, ver Tracy Devine Guzmán, *Native and National in Brazil: Indigeneity after Independence* (Chapel Hill: University of North Carolina Press, 2013, pp. 82-8).

81. Vânia Moreira, "De índio a guarda nacional", op. cit., p. 135; Hendrik Kraay, *Race, State, and Armed Forces in Independence-Era Brazil: Bahia, 1790s-1840s*. Stanford, CA: Stanford University Press, 2004, p. 225. [Ed. bras.: *Política racial, estado e forças armadas na época da independência: Bahia, 1790--1850*. São Paulo: Hucitec, 2011.] O valor de 100 mil-réis era a condição para as áreas rurais, para as zonas urbanas era de 200 mil-réis.

82. Maria Regina Celestino de Almeida, op. cit., p. 100.

83. Izabel Missagia de Mattos, op. cit., pp. 122-3.

84. Vânia Moreira, "De índio a guarda nacional", op. cit., pp. 137-8; Id., "Guerra contra os índios", op. cit., p. 75; J. Bieber, "Mediation through Militarization", op. cit., p. 233.

85. Luiz Pedreira Couto Ferraz, "Apontamentos", op. cit., p. 430; *Diario do Rio de Janeiro*, 15 jul. 1840; 10 jul. 1840; "O índio Guido Pocrane", op. cit.; J. Bieber, "Mediation through Militarization", op. cit., p. 247. Pokrane não foi o primeiro indígena a viajar à Corte e ter uma audiência pessoal com o Imperador, embora ele tenha despertado uma atenção incomum da imprensa. Judy Bieber discute a história, igualmente fascinante, de um maxacali chamado Inocêncio, que em 1825 viajou do sul da Bahia para a Corte de Pedro I e, tal como Pokrane, recebeu muitos presentes em troca, incluindo, significativamente, um retrato do imperador que mais tarde foi apanhado vendendo (!). Inocêncio desentendeu--se com o Estado, ao contrário de Pokrane, que se manteve como favorito.

86. Izabel Missagia de Mattos, *Civilização e revolta: Os Botocudos e a catequese na província de Minas*. São Paulo: Edusc; Anpocs, 2004, p. 169.

87. Izabel Missagia de Mattos, op. cit., p. 169.

88. João Malaquias dos Santos e Azevedo a José Manoel de Lima, 12 jul. 1844; 18 jul. 1841; 12 ago. 1844; 10 out. 1841, Lata 346 Doc. 27, *IHGB*; Mattos, *Civilização e revolta*, op. cit., p. 149.

89. Azevedo a Lima, 12 jul. 1841, *IHGB*; Azevedo a Lima, 12 ago. 1844.

90. Luiz Pedreira Couto Ferraz, "Apontamentos", op. cit., p. 430; "O índio Guido Pocrane", op. cit.; Filipe Joaquim da Cunha Castro, op. cit.

91. Patrick J. Carroll, "Black-Native Relations and the Historical Record". In: Matthew Restall (Org.), *Beyond Black and Red: African-Native Relations in Colonial Latin America*. Albuquerque: University of New Mexico Press, 2005, pp. 246-7. Os arquivos são tratados no epílogo.

92. Antonio Jacintho da Silva Guimarães a Joaquim José de Vasconcellos, Presidente da Bahia, 11 fev. 1843, Colonial/Justiça/Caravelas/Mc 3001-1, Apeb.

93. Neil Whitehead, apud Stuart B. Schwartz e Hal Langfur, "Tapanhuns, Negros da Terra, and Curibocas: Common Cause and Confrontation between Blacks and Natives in Colonial Brazil". In: Matthew Restall (Org.), op. cit, pp. 85--96. Para milícias de nativos e de negros, ver também as contribuições de Restall e Vinson no mesmo volume.

94. Maximilian Wied-Neuwied, op. cit., pp. 170-1.

95. Hendrik Kraay, "Arming Slaves in Brazil", op. cit., pp. 150-4.

96. Joaquim da Silva Caldas ao Presidente do Espírito Santo, 23 jun. 1835, Governadoria Ser. 383 Liv. 48 Fl. 46, Apees.

97. Auguste de Saint-Hilaire, *Segunda viagem ao interior do Brasil, Espirito Santo*. Trad. de Carlos Madeira. São Paulo: Companhia Editora Nacional, 1936, pp. 32-3.

98. Reginaldo Gomes dos Santos ao Chefe de polícia do Espírito Santo, 7 out. 1851, Polícia Ser. 2 Cx 14 Mc 59 Fl. 122, Apees.

99. Troina ao Presidente da Bahia, 24 set. 1846. Troina diz que os botocudos chamavam os escravizados de "macacri" para mostrar desdém, mas não há tradução disponível.

100. Alvaro Tiberio de Moncorvo Lima, Presidente da Bahia, "Falla (BA)", 1856, p. 39, CRL.

101. Auguste de Saint-Hilaire, *Segunda Viagem*, op. cit., pp. 42-3; Pedro Victor Reinault, "Relatório da exposição dos rios Mucury e Todos os Santos, feita por ordem do Exm. governo de Minas Geraes pelo engenheiro Pedro Victor Reinault, tendentes a procurar um ponto para degredo", *RIHGB*, v. 8, p. 361, 1846. Uma descrição contrária da antropofagia indígena em relação aos negros é encontrada na pesquisa etnográfica de um renomado antropólogo alemão que, em 1939, coletou narrativas dos botocudos sobreviventes dessa região. De acordo com uma dessas histórias, um chefe botocudo censurou seu povo por ter matado um homem de pele escura e estava se preparando para comê-lo, e perguntou: "'Por que o mataram? Ele é mulato!' Ele não queria que seu povo matasse mulatos, apenas brancos". Curt Nimuendajú, "Social Organization and Beliefs of the Botocudo of Eastern Brazil", *Southwestern Journal of Anthropology*, v. 2, n. 1, p. 115, 1946.

102. Auguste de Saint-Hilaire, *Rio de Janeiro e Minas Geraes*, op. cit., p. 135.

103. Câmara municipal de São Mateus a José Francisco d'Andrade e Almei-

da Monjardim, Vice-Presidente do Espírito Santo, Ofícios Recebidos pelo Presidente da Provincia da Câmara Municipal de São Mateus, 3 nov. 1832, Governadoria Ser. Accioly Liv. 351 Fl. 271, Apees.

104. José dos Santos Porto, Juiz de Paz de São Mateus a José Francisco d'Andrade e Almeida Monjardim, Vice-Presidente do Espírito Santo, 3 jan. 1833, ij1--729-es, an; José Francisco de Andrade e Almeida Monjardim, Vice-Presidente do Espírito Santo a Reginaldo Gomes dos Santos, Capitão da Guarda Nacional, Registro da Correspondência do Governo com a Câmara [Autoridades Civis e Militares da Vila] de São Mateus, 12 jan. 1833, Governadoria Ser. 751 Livro 165 Fls. 65v-66, Apees.

105. Ana Lucia Araújo, *Brazil through French Eyes: A Nineteenth-Century Artist in the Tropics*. Albuquerque: University of New Mexico Press, 2015, pp. 166-9.

106. "O homem põe e Deus dispõe", *Correio Mercantil*, 14 maio 1863.

107. Ibid.; Vânia Moreira, "Guerra contra os índios", op. cit., p. 66.

108. Agostinho Marques Perdigão Malheiro, *A escravidão no Brasil: Ensaio histórico jurídico-social*, v. 2. Rio de Janeiro: Typographia Nacional, 1866, p. 160.

3. NAÇÃO MESTIÇA: INDÍGENAS, RAÇA E IDENTIDADE NACIONAL [pp. 122-59]

1. *Gazeta da Bahia*, 6 dez. 1882; 23 dez. 1882; *A Folha da Victoria*, 10 jul. 1884.

2. Celia Maria Marinho de Azevedo, *Onda negra, medo branco: O negro no imaginário das elites — século XIX*. Rio de Janeiro: Paz e Terra, 1987, pp. 33-104; Jaime Rodrigues, *O infame comércio: Propostas e experiências no final do tráfico de africanos para o Brasil, 1800-1850*. Campinas: Editora da Unicamp, 2000, pp. 31-68; Giralda Seyferth, "Construindo a nação: Hierarquias raciais e o papel do racismo na política de imigração e colonização". In: Marcos Chor Maio e Ricardo Ventura Santos, *Raça, ciência e sociedade*. Rio de Janeiro: Fiocruz, 1996, pp. 41-58.

3. Louis Couty, *O Brasil em1884: Esboços sociológicos*. Brasília: Senado Federal; Rio de Janeiro: Casa Rui Barbosa, 1984. Curiosamente, Couty também acreditava firmemente na ausência de preconceitos raciais no Brasil e acreditava que a abolição imediata comprometeria a transição harmoniosa do trabalho escravo para o trabalho livre que, segundo ele, só ocorreria com a abolição gradual. Claudia Santos, "French Travelers and Journalists Debate the Lei do Ventre Livre of 1871". In: Dale W. Tomich (Org.), *New Frontiers of Slavery*. Albany: Suny, 2016, pp. 237-41.

4. A vasta bibliografia sobre esse tema inclui Nancy Stepan, *The Hour of Eu-

genics: Race, Gender, and Nation in Latin America (Ithaca, NY: Cornell University Press, 1991 [ed. bras.: *A hora da eugenia: Raça, gênero e nação na América Latina*. Rio de Janeiro: Fiocruz, 2005]); Doris Sommer, *Foundational Fictions: The National Romances of Latin America* (Berkeley: University of California Press, 1993 [ed. bras.: *Ficções de fundação: Os romances nacionais da América Latina*. Belo Horizonte: Editora UFMG, 2004]); Ada Ferrer, *Insurgent Cuba: Race, Nation, and Revolution, 1868-1898* (Chapel Hill: University of North Carolina Press, 1999); Marisol de la Cadena, *Indigenous Mestizos: The Politics of Race and Culture in Cuzco, Peru, 1919-1991* (Durham, NC: Duke University Press, 2000); Darío Euraque, *Conversaciones históricas con el mestizaje y su identidad nacional en Honduras* (San Pedro Sula, Honduras: Centro Editorial, 2004); Nancy P. Appelbaum, Anne S. Macpherson e Karin Alejandra Rosemblatt (Orgs.), *Race & Nation in Modern Latin America* (Chapel Hill: University of North Carolina Press, 2007); Marixa Lasso, *Myths of Harmony: Race and Republicanism during the Age of Revolution,.Colombia 1795-1831* (Pittsburgh: University of Pittsburgh Press, 2007); Rebecca Earle, *The Return of the Native: Indians and Myth-Making in Spanish America, 1810-1930* (Durham, NC: Duke University Press, 2007); Brooke Larson, *Trials of Nation Making: Liberalism, Race, and Ethnicity in the Andes, 1810-1910* (Cambridge: Cambridge University Press, 2008); Barbara Weinstein, "Slavery, Citizenship, and National Identity in Brazil and the U.S. South". In: Don Harrison Doyle e Marco Antonio Villela Pamplona (Orgs.), *Nationalism in the New World* (Athens: University of Georgia Press, 2006, pp. 248-71); e Id., *The Color of Modernity: São Paulo and the Making of Race and Nation in Brazil* (Durham, NC: Duke University Press Books, 2015).

5. Kaori Kodama, *Os índios no Império do Brasil: A etnografia do IHGB entre as décadas de 1840 e 1860*. Rio de Janeiro: Fiocruz; São Paulo: Edusp, 2009, pp. 98-108. De acordo com o autor, o termo nação, especialmente na forma plural, nações, era comumente utilizado no Brasil e na América Latina em geral, desde o período colonial, para se referir tanto a grupos africanos como a grupos indígenas, e muitas vezes de forma intercambiável com "raça". No século XIX, autores do Instituto Histórico e Geográfico Brasileiro (IHGB), etnólogos e naturalistas interessados em classificar os povos indígenas usavam expressões como "Nação Tupi" ou "Nação dos Botocudos", como se fossem organizações facilmente identificáveis, com subgrupos e ramificações.

6. Id., "Os debates pelo fim do tráfico no periódico *O Philantropo* (1849- -1852) e a formação do povo: doenças, raça e escravidão", *Revista Brasileira de História*, v. 28, n. 56, pp. 407-30, 2008.

7. Thomas E. Skidmore, *Black Into White: Race and Nationality in Brazilian Thought*. Durham, NC: Duke University Press, 1993 [ed. bras.: *Preto no branco: Raça e nacionalidade no pensamento brasileiro*. Trad. de Donaldson M. Garscha-

gen. São Paulo: Companhia das Letras, 2012]; Ronaldo Vainfas, "Colonização, miscigenação e questão racial: Notas sobre equívocos e tabus da historiografia brasileira", *Tempo: Revista do Departamento de História da UFF*, v. 8, pp. 7-22, 1999; Vânia Moreira, "História, etnia e nação: O índio e a formação nacional sob a ótica de Caio Prado Júnior", *Memória Americana*, n. 16-1, pp. 63-84, jun. 2008; Paulina L. Alberto, *Terms of Inclusion: Black Intellectuals in Twentieth-Century Brazil*. Chapel Hill: University of North Carolina Press, 2011 [ed. bras.: *Termos de inclusão: Intelectuais negros brasileiros no século XX*. Trad. de Elizabeth de Avelar Solano Martins. Campinas: Editora da Unicamp, 2017].

8. Patrick Brantlinger, *Dark Vanishings: Discourse on the Extinction of Primitive Races, 1800-1930*. Ithaca, NY: Cornell University Press, 2003, p. 1.

9. Ver, por exemplo, Patrick Brantlinger, op. cit.; D. W. Meinig, *The Shaping of America: A Geographical Perspective on 500 Years of History* (New Haven, CT: Yale University Press, 1986); Richard W. Slatta, *Gauchos and the Vanishing Frontier* (Lincoln: University of Nebraska Press, 1992); Walter Delrio e Claudia N. Briones, "The 'Conquest of the Desert' as a Trope and Enactment of Argentina's Manifest Destiny". In: David Maybury-Lewis, Theodore Macdonald e Biorn Maybury-Lewis (Orgs.), *Manifest Destinies and Indigenous Peoples* (Cambridge, MA: Harvard University Press, 2009, pp. 51-83); David L. Howell, *Geographies of Identity in Nineteenth-Century Japan* (Berkeley: University of California Press, 2005); Jason Ruiz, *Americans in the Treasure House: Travel to Porfirian Mexico and the Cultural Politics of Empire* (Austin: University of Texas Press, 2014).

10. Vânia Moreira, op. cit.

11. Paulina L. Alberto, op. cit.

12. Karl Friedrich von Martius, "Como se deve escrever a História do Brasil", *Revista de História da América*, v. 42, 1956; John M. Monteiro, *Tupis, tapuias e historiadores: Estudos de história indígena e do indigenismo* (Campinas: IFCH--Unicamp, 2001).Tese (Livre-docência em Etnologia), p. 130. O ensaio de Martius foi originalmente publicado na revista do Instituto em 1845.

13. José Bonifácio, *Projetos para o Brasil*. Org. de Miriam Dolhnikoff. São Paulo: Companhia das Letras, 1998, pp. 47-8, 119.

14. Francisco Adolfo de Varnhagen, "Memorial orgânico — Offerecido à nação", *Guanabara: Revista Mensal, Artística, Scientifica e Litteraria*, t. I, p. 357, 1851.

15. Ibid., p. 392.

16. Brooke Larson, op. cit., pp. 17, 63-8.

17. John M. Monteiro, op. cit., p. 130.

18. Vânia Moreira, "Índios no Brasil: Marginalização social e exclusão historiográfica", *Diálogos Latinoamericanos*, v. 3, p. 95, 2001; Patrícia Melo Sampaio, "Política indigenista no Brasil imperial". In: Keila Grinberg e Ricardo Salles

(Orgs.), *O Brasil imperial*, v. 1, 1808-1831. Rio de Janeiro: Civilização Brasileira, 2009, pp. 181-4.

19. Manuela Carneiro da Cunha, "Legislação indigenista no sec. XIX". In: Manuela Carneiro da Cunha (Org.), *História dos índios no Brasil*. São Paulo: Companhia das Letras, 1992, pp. 137-8; Mary Karasch, "Catechism and Captivity: Indian Policy in Goiás, 1780-1889". In: Hal Langfur (Org.), *Native Brazil: Beyond the Convert and the Cannibal, 1500-1900*. Albuquerque: University of New Mexico Press, 2014, pp. 204-10.

20. Henrique Lima e Joseli Mendonça argumentam que, no contexto da escravidão e da abolição no Brasil do século XIX, os contratos tendiam a proteger mais os interesses do senhor-empregador do que os do servo-empregado, e alguns empregados optavam por evitar contratos. Pode-se traçar paralelos entre as "práticas mais antigas de dependência não remunerada" dos trabalhadores domésticos que Lima documenta e a tutela dos indígenas sob os cuidados dos colonos, nenhuma das quais se traduzia facilmente em trabalho livre sujeito a contratos legais. No entanto, pelo menos no caso dos indígenas, os contratos foram concebidos como um meio de evitar a escravização ilegal, especialmente após a guerra dos botocudos. Henrique Espada Lima, "Wages of Intimacy: Domestic Workers Disputing Wages in the Higher Courts of Nineteenth-Century Brazil", *International Labor & Working-Class History*, v. 88, pp. 11-29, 2015; Joseli Maria Nunes Mendonça, "Sob cadeiras e coerção: Experiências de trabalho no Centro-Sul do Brasil do século XIX", *Revista Brasileira de História*, v. 32, n. 64, pp. 45-60, 2012.

21. John Hemming, *Amazon Frontier: The Defeat of the Brazilian Indians*. Cambridge, MA: Harvard University Press, 1987, pp. 177-9 [ed. bras.: *Fronteira amazônica: A derrota dos índios brasileiros*. Trad. de Antonio de Pádua Danesi. São Paulo: Edusp, 2009]; Manuela Carneiro da Cunha (Org.), *Legislação indigenista no século XIX: Uma compilação, 1808-1889*. São Paulo: Comissão Pró-Indio de São Paulo, 1992, pp. 191-9. Para uma análise aprofundada do Regulamento, ver Patrícia Melo Sampaio, op. cit. Sampaio contesta a ideia de que existiu um vazio na legislação indigenista entre a revogação do Diretório e o Regulamento, observando que as legislações locais continuaram em vigor e foram reforçadas pelo Ato Adicional de 1834.

22. Alguns estiveram presentes desde 1840, mas o acordo oficial teve lugar em 1843. Jacinto de Palazzolo, *Nas selvas dos vales do Mucuri e do Rio Doce, como surgiu a cidade de Itambacuri, fundada por Frei Serafim de Gorizia, missionario capuchino, 1873-1952*. São Paulo: Companhia Editora Nacional, 1954, p. 38. As missões franciscanas italianas (mas não as capuchinhas) exerceram um papel semelhante na colonização das fronteiras nos Andes na era pós-colonial. Erick D. Langer, *Expecting Pears from an Elm Tree: Franciscan Missions on the Chi-*

riguano Frontier in the Heart of South America, 1830-1949. Durham, NC: Duke University Press, 2009.

23. Antonio Luiz de Magalhães Musqueira, "Relatório do Diretor dos índios de Minas Gerais", 1876, p. 137, CRL.

24. Casimiro de Sena Madureira, Diretor de Índios da Bahia, "Relatório do diretor-geral dos índios da Bahia", 19 fev. 1852, p. 1, CRL.

25. Hermenegildo Antonio Barbosa d'Almeida, "Viagem às vilas de Caravelas, Viçosa, Porto Alegre, de Mucury, e aos rios Mucury e Peruípe", *RIHGB*, v. 8, n. 4, pp. 435, 442-5, 1846; Fr. Caetano de Troina ao Presidente da Bahia, 24 ago. 1845, Colonial/Justiça/Caravelas/Mc 2330, Apeb.

26. Fr. Caetano de Troina a Caetano Vicente de Almeida, Jr., 30 nov. 1845, Colonial/Justiça/Caravelas/Mc 2333, Apeb.

27. Fr. Caetano de Troina, 20 mar. 1846, Colonial/Justiça/Caravelas/Mc 2333, Apeb; Fr. Caetano de Troina o Presidente da Bahia, 24 set. 1846, Colonial/Justiça/Caravelas/Mc 2333, Apeb.

28. José Candido da Costa, *Comarca de Caravellas: Creação de uma nova província, sendo capital a cidade de Caravellas*. Bahia: Typographia de Camillo de Lellis Masson, 1857, p. 17.

29. Troina ao Presidente da Bahia, 24 set. 1846.

30. Ibid.

31. Para saber mais sobre a história da empresa, ver Teófilo Benedito Ottoni, *Condições para a encorporação de uma companhia de commercio e navegação do rio Mucury, precedidas de uma exposição das vantagens da empresa* (Rio de Janeiro: Typographia de J. Villeneuve, 1847); Teófilo Benedito Ottoni, *Notícia sobre os selvagens do Mucuri* (Belo Horizonte: Editora UFMG, 2002); *Companhia do Mucury. História da empresa. Importância dos seus privilégios. Alcance de seus projetos* (Rio de Janeiro: Typographia Imperial e Constitucional de J. Villeneuve e comp., 1856); Izabel Missagia de Mattos, *Civilização e revolta: Os Botocudos e a catequese na província de Minas* (São Paulo: Edusc; Anpocs, 2004, pp. 104-9).

32. Judy Bieber, "'Philadelphia' in Minas Gerais: Teófilo Otoni's North American Vision for Indigenous Brazil", artigo apresentado em Linguistic and Other Cultural Exchanges across Brazilian History: The Indigenous Role, University of Chicago, Chicago, IL, out. 2016.

33. Teófilo Ottoni, *Notícia*, op. cit., p. 51. O projeto da colônia de imigrantes foi um desastre e objeto de uma diatribe do alemão Robert Avé-Lallemant, um ávido opositor da emigração europeia para o Brasil. Robert Avé-Lallemant, *Viagem pelo norte do Brasil no ano de 1859*. Rio de Janeiro: Instituto Nacional do Livro, Ministério da Educação e Cultura, 1961, pp. 157-267; ver também Claudia Santos, op. cit., pp. 228-9.

34. Teófilo Ottoni, *Notícia*, op. cit., pp. 62-3.

35. Ibid., pp. 64-5.

36. Ibid., p. 84.

37. Ibid., pp. 62-9.

38. José Candido da Costa, op. cit., pp. 26-8; Robert Avé-Lallemant, op. cit., pp. 152-3.

39. Anna Lucia Côgo, *História agrária do Espírito Santo no século XIX: A região de São Mateus*. São Paulo: FFLCH-USP, 2007. Tese (Doutorado em História Econômica), pp. 165-89. Algumas dessas figuras, como o major Antônio Rodrigues da Cunha e o barão de Timbuhy, também ocuparam altos cargos na Guarda Nacional.

40. José Fernandes da Costa Pereira Junior, "Relatório do Ministério da Agricultura", 1873, 200-201, CRL. Itálicos meus.

41. Manoel Vieira de Albuquerque Tovar, "Informação de Manoel Vieira de Albuquerque Tovar sobre a navegação importantíssima do Rio Doce, copiada de un manuscrito oferecido ao Instituto pelo socio correspondente o Sr. José Domingues de Athaide de Moncorvo", *RIHGB*, v. 1, pp. 134-8, 1839. Este artigo, que defende o extermínio dos índios em Minas e no Espírito Santo, foi originalmente escrito durante os primeiros anos da guerra dos botocudos, em 1810. O fato de ter sido reimpresso oito anos após o término oficial das guerras revela a popularidade duradoura da ideia.

42. Francisco Adolfo de Varnhagen, *Os Indios bravos e o sr. Lisboa, Timon 3: Pelo autor da "História geral do Brazil". Apostilla e nota G aos nos. 11 e 12 do "Jornal de Timon"; contendo 26 cartas inéditas do jornalista, e um extracto do folheto "Diatribe contra a Timonice", etc.* Lima: Imprensa Liberal, 1867, pp. 38, 43-56. Varnhagen também criticou os jesuítas por protegerem os indígenas durante o período colonial em *História Geral*.

43. Id., "Memorial orgânico", op. cit., pp. 396-7.

44. Entre os acadêmicos que defenderam a relação explícita entre a administração indígena e a colonização territorial estão Patrícia Melo Sampaio, op. cit.; Kaori Kodama, op. cit.; Manuela Carneiro da Cunha, op. cit.

45. Erick D. Langer, "The Eastern Andean Frontier (Bolivia and Argentina) and Latin American Frontiers: Comparative Contexts (19th and 20th Centuries)", *The Americas*, v. 59, n. 1, p. 53, 2002. Ver, por exemplo, John Womack, *Zapata and the Mexican Revolution* (Nova York: Vintage Books, 1970); Richard W. Slatta, *Gauchos and the Vanishing Frontier*, op. cit.; Ligia Osorio Silva e María Verónica Secreto, "Terras públicas, ocupação privada: Elementos para a história comparada da apropriação territorial na Argentina e no Brasil", *Economia e Sociedade* (v. 8, n. 1, pp. 109-41, 1999); Walter Mario Delrio, *Memorias de expropiación: Sometimiento e incorporación indígena en la Patagonia, 1872-1943* (Bernal, Buenos Aires: Universidad Nacional de Quilmes, 2005).

46. Manuela Carneiro da Cunha, *Legislação indigenista*, op. cit., pp. 19-20; Maria Regina Celestino de Almeida, "Reflexões sobre política indigenista e cultura política indígena no Rio de Janeiro oitocentista", *Revista USP*, v. 79, pp. 94-105, 2008.

47. José Bonifácio, op. cit., p. 102; Leda Maria Cardoso Naud, "Documentos sobre o índio brasileiro, 2ª parte", *Revista de informação legislativa*, v. 8, n. 29, p. 312, 1971. Marlière parece ter diferenciado os índios dos sesmeiros não índios. Manuela Carneiro da Cunha e Carlos Gileno defendem que as leis reconheciam explicitamente seu direito à propriedade da terra, enquanto James Holston argumenta que era ambíguo, com a Coroa a afirmar a "posse original" de todas as terras. Sobre a relação entre a política indigenista do final do século XIX e José Bonifácio, ver João Pacheco de Oliveira, "'Wild Indians,' Tutelary Roles, and Moving Frontier in Amazonia: Images of Indians in the Birth of Brazil". In: David Maybury-Lewis, Theodore Macdonald e Biorn Maybury-Lewis (Orgs.), *Manifest Destinies and Indigenous Peoples* (Cambridge, MA: Harvard University Press, 2009, pp. 90-100); Manuela Carneiro da Cunha, *Antropologia do Brasil: Mito, história, etnicidade* (São Paulo: Brasiliense, 1986, pp. 165-73).

48. "S. Matheus", *O Estandarte*, 30 jul. 1871, itálicos meus; Francisco Adolfo de Varnhagen, "Memorial orgânico", op. cit., p. 393.

49. James Holston, *Insurgent Citizenship: Disjunctions of Democracy and Modernity in Brazil*. Princeton, NJ: Princeton University Press, 2008, pp. 148, 337-8, nota 43 [ed. bras.: *Cidadania insurgente: Disjunções da democracia e da modernidade no Brasil*. Trad. de Claudio Carina. São Paulo: Companhia das Letras, 2013]; Ligia Osorio Silva, *Terras devolutas e latifúndio: Efeitos da lei de 1850*. Campinas: Editora da Unicamp, 1996, pp. 173-4; Vânia Moreira, "Terras Indígenas do Espírito Santo sob o Regime Territorial de 1850", *Revista Brasileira de História*, v. 22, n. 43, pp. 158-9, 2002.

50. Manuela Carneiro da Cunha, *Legislação indigenista*, op. cit., p. 16; José Mauro Gagliardi, apud Ligia Osorio Silva, op. cit., p. 186.

51. Vânia Moreira, "Terras Indígenas do Espírito Santo sob o Regime Territorial de 1850", op. cit., p. 161.

52. Manuela Carneiro da Cunha, *Legislação indigenista*, op. cit., pp. 18-22.

53. André Augusto de Pádua Fleury, "Relatório (ES)", 1863, p. 25, CRL.

54. Paschoal Pereira de Mattos ao Visconde de Sergimirim, Diretor dos Índios da Bahia, 20 out. 1870, Colonial/Agricultura/Índios/Mc 4614, Apeb; Visconde de Sergimirim, Diretor de Índios da Bahia ao Presidente da Bahia, 22 mar. 1879, Colonial/Agricultura/Índios/Mc 4614, Apeb.

55. Antonio Dias Paes Leme, "Relatório (ES)", 1870, p. 20, CRL; Thomaz José Coelho de Almeida, "Relatório do Ministério da Agricultura", 1876, pp. 178-9, CRL.

56. Paço da Câmara Municipal de São Mateus (São Mateus, 8 de novembro de 1878), Governadoria Ser. Accioly. Liv. 353, Fl. 373, Apees.

57. Pereira Junior, "Relatório do Ministério da Agricultura", p. 210; Ministério dos Negócios da Justiça ao Presidente do Espírito Santo, 12 set. 1881, Polícia Ser. 2 Cx. 72 Maço 265 Fl. 134, Apees; Antonio Ignacio de Azevedo, Presidente da Bahia, "Falla (BA)", 1847, p. 14, CRL. Para exemplos de extinção de aldeias, ver Decisão 272 — 8 de julho de 1875; Decreto 2672 — 20 de outubro de 1875; Decisão 127 de 8 de março de 1878. Para esta e outras legislações, ver Manuela Carneiro da Cunha, *Legislação indigenista*, op. cit.

58. Vânia Moreira, "História, etnia e nação", op. cit., pp. 70-1.

59. Manuela Carneiro da Cunha, "Legislação indigenista no séc. XIX", op. cit., pp. 141, 145.

60. Pereira Junior, "Relatório do Ministério da Agricultura", op. cit., pp. 200-1, itálicos meus.

61. Izabel Missagia de Mattos, op. cit., p. 347.

62. Ilka Boaventura Leite, "The Transhistorical, Juridical-Formal, and Post-Utopian Quilombo". In: John Gledhill e Patience A. Schell (Orgs.), *New Approaches to Resistance in Brazil and Mexico*. Durham, NC: Duke University Press, 2012, pp. 257-8.

63. A terminologia racial brasileira e, por extensão, latino-americana é um tema tremendamente complexo e até bizantino, com a qual muitos estudiosos continuam a se debater. Embora o significado desses termos varie um pouco dependendo do local e do período, em geral os mestiços eram pessoas de raça mista, frequentemente, mas nem sempre, indígenas e brancos. Os mamelucos eram filhos de indígena e branco, e geralmente associados à primeira geração de brasileiros mestiços nascidos nos primeiros anos da colonização. Por mais que o Estado brasileiro promovesse a miscigenação, havia suspeitas generalizadas de que os mestiços eram moralmente ambíguos, se não degenerados.

64. Padre Manoel Ferreira Santos Cunha, Diretor de Índios, "Relatório sobre a Antiga Aldeia Chamada Missão do Aricobé na Antiga Freguesia de Sant'Anna, Termo da Vila de Campo Largo Campo Largo, Província da Bahia", 16 ago. 1869, Colonial/Agricultura/Índios/Mc 4614, Apeb.

65. A comparação entre o cadastro dos índios da missão de Aricobé e o recenseamento da freguesia indica que, em 1872, a maioria dos moradores era de fato afrodescendente — qualidade "não assinalada" no relatório do diretor de Índios —, o que provavelmente tornava os dois grupos fisicamente indistinguíveis. Assim, para diferenciar os índios negros miscigenados da missão dos outros residentes, descritos como gente "honesta" que necessitava seriamente das terras da missão para cultivo, o diretor recorreu à degeneração moral como prova de que se tratava de índios não genuínos. Assim, os conceitos coloniais de ra-

ça como "qualidade" permaneceram eficazes mesmo quando o racismo científico estava supostamente passando a predominar no pensamento racial brasileiro.

66. Ivana Stolze Lima, *Cores, marcas e falas: Sentidos da mestiçagem no Império do Brasil*. Rio de Janeiro: Arquivo Nacional, 2003, p. 120.

67. Ver, por exemplo, Doris Sommer, op. cit.; Charles Walker, *Smoldering Ashes: Cuzco and the Creation of Republican Peru, 1780-1840* (Durham, NC: Duke University Press, 1999); Marisol de la Cadena, op. cit.; Lilia Moritz Schwarcz, *The Emperor's Beard: Dom Pedro II and His Tropical Monarchy in Brazil*. Trad. de John Gledson (Nova York: Hill e Wang, 2003 [ed. bras.: *As barbas do Imperador*. São Paulo: Companhia das Letras, 1998]); Mark Thurner, "Peruvian Genealogies of History and Nation". In: Andrés Guerrero e Mark Thurner (Orgs.), *After Spanish Rule: Postcolonial Predicaments of the Americas* (Durham, NC: Duke University Press, 2003); Rebecca Earle, op. cit.; Darlene J. Sadlier, *Brazil Imagined: 1500 to the Present* (Austin: University of Texas Press, 2008 [ed. bras.: *Brasil imaginado: De 1500 até o presente*. Trad. de Flávia Banher. São Paulo: Edusp, 2016]); Laura Gotkowitz, *Histories of Race and Racism: The Andes and Mesoamerica from Colonial Times to the Present* (Durham, NC: Duke University Press, 2012); Tracy Devine Guzmán, *Native and National in Brazil: Indigeneity after Independence* (Chapel Hill: University of North Carolina Press, 2013).

68. John M. Monteiro, "As 'raças' indígenas no pensamento brasileiro do império". In: Marcos Chor Maio e Ricardo Ventura Santos (Orgs.), *Raça, ciência e sociedade*. Rio de Janeiro: Fiocruz, 1996, pp. 16-7; Manuela Carneiro da Cunha, "Introdução a uma história indígena", op. cit., p. 136.

69. Lilia Moritz Schwarcz, op. cit., pp. 108-13; João Pacheco de Oliveira, op. cit., pp. 100-2; John M. Monteiro, "As 'raças' indígenas", op. cit., p. 16.

70. Lilia Moritz Schwarcz, op. cit., pp. 108-17; Kaori Kodama, op. cit., pp. 108-18; John M. Monteiro, *Tupis, tapuias*, op. cit., pp. 147-8.

71. Existe uma rica bibliografia sobre o indianismo romântico brasileiro. Para uma boa introdução e uma visão geral de *Iracema* e de outras obras indianistas de Alencar, ver a introdução de Naomi Lindstrom em José Martiniano de Alencar, *Iracema: A Novel*. Trad. de Clifford E. Landers (Nova York: Oxford University Press, 2000). Sobre a relação entre indianismo literário e nacionalismo, ver Ivana Stolze Lima, op. cit., cap. 3; David T. Haberly, *Three Sad Races: Racial Identity and National Consciousness in Brazilian Literature* (Cambridge: Cambridge University Press, 1983); Darlene J. Sadlier, op. cit., pp. 132-49; Dave Treece, *Exiles, Allies, Rebels: Brazil's Indianist Movement, Indigenist Politics, and the Imperial Nation-State* (Westport, CT: Greenwood Publishing Group, 2000 [ed. bras.: *Exilados, aliados, rebeldes: O movimento indianista, a política indigenista e o estado-nação imperial*. Trad. de Fábio Fonseca de Melo. São Paulo: Edusp, 2008]); Lilia Moritz Schwarcz, op. cit., cap. 7. Doris Sommer oferece uma análi-

se de *O guarani* e *Iracema*, de Alencar, no contexto de uma literatura nacionalista latino-americana mais ampla em *Foundational Fictions*, op. cit., cap. 5.

72. Francisco Adolfo de Varnhagen, *Os índios bravos*, op. cit., p. 57.

73. Lilia Moritz Schwarcz, op. cit., cap. 7.

74. Kaori Kodama, op. cit., pp. 108-18; John M. Monteiro, *Tupis, tapuias*, op. cit., pp. 147-8.

75. José Bonifácio, op. cit.

76. Sobre a estrada de ferro, ver, por exemplo, o Relatório da Presidência da Província da Bahia para 1882, entregue em 3 de abril de 1883, Pedro Luiz Pereira de Souza, "Falla (BA)", 1883, p. 118, CRL.

77. "Dois progressos". *O Precursor*, 23 jan. 1881; *O Precursor*, 22 maio 1881, apud M. de Teive e Argollo, *Memoria descriptiva sobre a estrada de ferro Bahia e Minas*. Rio de Janeiro: H. Laemmert, 1883, p. 44.

78. Ibid., p. 31. Sobre o Destino Manifesto nas Américas, ver o artigo in David Maybury-Lewis, Theodore Macdonald e Biorn Maybury-Lewis (Orgs.), *Manifest Destinies and Indigenous Peoples* (Cambridge, MA: Harvard University Press, 2009).

79. Wm. John Steains, "An Exploration of the Rio Dôce and Its Northern Tributaries (Brazil)", *Proceedings of the Royal Geographical Society and Monthly Record of Geography*, v. 10, n. 2, p. 83, 1 fev. 1888. Comentário de Colin Mackenzie.

80. Jean-Baptiste Debret, *Viagem pitoresca e histórica ao Brasil*, t.1. São Paulo: Martins, 1954, p. 6.

81. Ibid., p. 7.

82. Maria Regina Celestino de Almeida, "Índios mestiços e selvagens civilizados de Debret", *Vária História*, v. 25, n. 41, pp. 95-9, jun. 2009. Sobre o argumento dos índios e do progresso, ver Valéria Lima, *J.-B. Debret, historiador e pintor: A viagem pitoresca e histórica ao Brasil (1816-1839)* (São Paulo: Editora da Unicamp, 2007, pp. 251-63). Ana Lucia Araújo observou que, apesar de suas alegações de ter visitado índios nas "florestas virgens", Debret não baseou suas pinturas em observação direta, mas nas coleções do Museu Real de História Natural do Palácio de São Cristóvão, no Rio de Janeiro, e em diários de viagem de europeus. Ana Lucia Araujo, *Brazil through French Eyes: A Nineteenth-Century Artist in the Tropics*. Albuquerque: University of New Mexico Press, 2015, p. 142.

83. Ana Lucia Araújo, op. cit., XIX-XX, pp. 162-4.

84. Marco Morel, "Cinco imagens e múltiplos olhares: 'Descobertas' sobre os índios do Brasil e a fotografia do século XIX", *História, Ciências, Saúde*, v. 8, pp. 1039-58, 2001.

85. Charles Frederick Hartt, *Thayer Expedition: Scientific Results of a Journey in Brazil, by Louis Agassiz and His Travelling Companions: Geology and Physical Geography*. Boston: Fields, Osgood, 1870, p. 602.

86. Wm. John Steains, op. cit., p. 80. Citação de Mackenzie.

87. João Batista Lacerda e José Rodrigues Peixoto, "Contribuição para o estudo anthropologico das raças indígenas do Brasil", *Arquivos do Museu Nacional*, v. 1, pp. 47-75, 1876.

88. John M. Monteiro, "As 'raças' indígenas", op. cit., p. 15.

89. Lacerda e Peixoto, op. cit., p. 52.

90. Angelo Agostini, *Revista Ilustrada*, n. 310, 1882.

91. Lilia Moritz Schwarcz, *The Spectacle of the Races: Scientists, Institutions, and the Race Question in Brazil, 1870-1930*. Nova York: Farrar, Straus and Giroux, 1999. [Ed. bras.: *O espetáculo das raças*. São Paulo: Companhia das Letras, 1993.]

92. João Batista Lacerda, "A força muscular e a delicadeza dos sentidos dos nossos indígenas", *Revista da Exposição Antropologica Brasileira*, 1882, pp. 6-7; John M. Monteiro, "As 'raças' indígenas", op. cit., p. 20.

93. Ibid., p. 7.

94. Lacerda e Peixoto, "Contribuição para o estudo", p. 75. Sobre poligenismo e teorias darwinistas sociais no Brasil, ver Lilia Moritz Schwarcz, *The Spectacle of the Races*, op. cit., pp. 49-63. Agassiz menosprezou virulentamente os efeitos da mistura de raças ou "amalgamação" no Brasil. Louis Agassiz e Elizabeth Cabot Cary Agassiz, *A Journey in Brazil*. Boston: Ticknor and Fields, 1868, p. 293.

95. Thomas E. Skidmore, op. cit., pp. 65-6.

96. Manuela Carneiro da Cunha, "Legislação indigenista no séc. XIX", op. cit., pp. 141, 145.

97. Fabian, apud Patrick Brantlinger, op. cit., p. 2.

98. José do Patrocínio, "O grande projeto (5 maio 1887)". In: Afonso Celso, *Oito anos de parlamento*. Brasília: Senado Federal, 1998, pp. 116-7, apud Paulina L. Alberto, *Terms of Inclusion*, op. cit., p. 9; Thomas E. Skidmore, op. cit., pp. 22-4; Celia Maria Marinho de Azevedo, op. cit., pp. 76-7.

99. Thomas E. Skidmore, op. cit., pp. 34-7, 69.

100. José Vieira Couto de Magalhães, *Anchieta, as raças e línguas indígenas*. São Paulo: C. Gerke, 1897, p. 20.

4. TERRITÓRIOS VIOLENTOS: REGIMES JURÍDICOS [pp. 160-200]

1. Os nok-noks, também conhecidos como nek-nek, eram um grupo pojixá botocudo que entrou em contato com Teófilo Ottoni em 1845. Nas fontes aqui consultadas estão registrados como nocq-nocq, mas eu modernizei a ortografia. Sua localização em 1881 sugere que, com mais perdas territoriais desde a déca-

da de 1840, eles foram forçados a ir para o norte, para o Vale do Rio Pardo, a incríveis trezentos quilômetros ao norte do Vale do Mucuri. Maria Hilda Baqueiro Paraiso, "Guerra do Mucuri: Conquista e dominação dos povos indígenas em nome do progresso e da civilização". In: Marcos Galindo, Luiz Sávio de Almeida, e Juliana Lopes Elias (Orgs.), *Indígenas do Nordeste: temas e problemas: 500 anos.* Maceió: Edufal, 2000, pp. 139-40. Os kamakãs também pertencem ao grupo linguístico macro-jê.

2. Manoel do Bomfim Pereira Neto, "Nok-Nok Massacre Police Investigation". Rio Pardo, 15 set. 1881, Colonial/Polícia/Mc 6218, Apeb.

3. Michael Taussig, "Culure of Terror — Space of Death: Roger Casement's Putumayo Report and the Explanation of Torture". In: Nicholas B. Dirks (Org.), *Colonialism and Culture.* Ann Arbor: University of Michigan Press, 1992, p. 164.

4. Maria Hilda Baqueiro Paraiso, op cit.

5. Durval Vieira de Aguiar, *Descripções praticas da provincia da Bahia com declaração de todas a distancias intermediarias das cidades, villas e povoações.* Bahia: Typographia do *Diario da Bahia*, 1888, pp. 273-4.

6. Augusto Federico de Vasconcellos de Souza Bahiana ao Presidente da Bahia, 3 maio 1880, Colonial/Polícia/Mc 2971, Apeb; Chefe de Polícia da Bahia ao Presidente da Bahia, 2 mar. 1881, Colonial/Polícia/Mc 2971, Apeb; Manoel Innocencio da Luis (Rio Pardo, 8 fev. 1881), Colonial/Polícia/Mc 2971, Apeb.

7. Francisco Vicente Vianna e José Carlos Ferreira, *Memoria sobre o estado da Bahia.* Bahia: Typographia e encadernação do *Diario da Bahia*, 1893, pp. 195--6; 209-10. Hoje, existe uma pequena rua com o nome de Stolze na cidade de Vitória da Conquista, no sudoeste da Bahia.

8. Manoel do Bomfim Pereira Neto, 15 set. 1881.

9. Carlos José Warnaux, "Investigação policial do massacre dos Nok-Nok". Rio Pardo, 24 set. 1881, Colonial/Polícia/Mc 6218, Apeb.

10. Augusto Frederico de Vasconcellos de Souza Bahiana Jr., "Nok-Nok Massacre Police Investigation". Rio Pardo, 15 set. 1881, Colonial/Polícia/Mc 6218, Apeb; Manoel Ramão Mendes, "Nok-nok Massacre Police Investigation". Rio Pardo, 15 set. 1881, Colonial/Polícia/Mc 6218, Apeb.

11. Carlos José Warnaux, 24 set. 1881, op. cit. Parece que aqui o termo "cabocla" foi usado para se referir aos nok-noks em vez de se referir a pessoas de ascendência indígena mista ou à sua "aculturação". Talvez isso indique uma mudança lexical de índio para caboclo.

12. Ibid.

13. Augusto Frederico de Vasconcellos de Souza Bahiana Jr., op. cit., 15 set. 1881.

14. Felix Marques do Espírito Santo, "Investigação policial do massacre dos Nok-Nok". Rio Pardo, 16 set. 1881, Colonial/Polícia/Mc 6218, Apeb.

15. Manoel Ramão Mendes, 15 set. 1881, op cit.

16. Neil L. Whitehead, "Introduction". In: *Violence*. Santa Fe: School of American Research, 2004, pp. 5, 8-10.

17. Eu acompanho Stephen Ellis, segundo quem a violência "se baseia numa série de símbolos relativos ao poder que são amplamente compreendidos e historicamente enraizados". Stephen Ellis, "Interpreting Violence: Reflection on the West African Wars". In: Neil L. Whitehead (Org.), op. cit., pp. 108-13.

18. O príncipe Maximilian também se refere um exemplo anterior, da década de 1810, durante as guerras dos botocudos. Maximilian Wied-Neuwied, *Viagem ao Brasil nos anos de 1815 a 1817*. São Paulo: Companhia Editora Nacional, 1958, p. 312.

19. Teófilo Benedito Ottoni, *Notícia sobre os selvagens do Mucuri*. Belo Horizonte: Editora UFMG, 2002, pp. 46-7.

20. Ibid., pp. 45-8.

21. "Mucury Company Inventory" (Filadélfia, MG, 20 jun. 1861), IA6-141, AN; Teófilo Benedito Ottoni, *Breve resposta que ao relatório da liquidação da companhia do Mucury por parte do governo*. Rio de Janeiro: Typographia de M. Barreto, 1862. Robert Avé-Lallemant, *Viagem pelo norte do Brasil no ano de 1859* (Rio de Janeiro: Instituto Nacional do Livro, Ministério da Educação e Cultura, 1961, pp. 157-67), faz uma crítica a Ottoni e a seus empreendimentos fracassados.

22. Teófilo Benedito Ottoni, "Mucury", *Correio Mercantil*, 12 nov. 1862.

23. Carta de Augusto Ottoni ao Diretor de Indígenas de Minas Gerais, 15 set. 1862, incluída em ibid.

24. "Notícias do interior", *Correio Mercantil*, 30 jan. 1863.

25. Judy Bieber traça várias biografias fascinantes desses nativos "transculturados" na primeira metade do século XIX, que serviram aos militares brasileiros, mas também mantiveram lealdades ambíguas. Judy Bieber, "Mediation through Militarization: Indigenous Soldiers and Transcultural Middlemen of the Rio Doce Divisions, Minas Gerais, Brazil, 1808-1850", *The Americas*, v. 71, n. 2, pp. 227-54, 2014.

26. Neil Whitehead, "Introduction", op. cit., p. 5.

27. Eles se assemelham aos muchachos na análise que Taussig fez do relatório Putumayo, que ele descreve como "mediadores como indígenas civilizados ou racionais entre os selvagens da floresta e os brancos dos campos de borracha". Os muchachos "forjaram à perfeição tudo o que era horrível na mitologia colonial da selvajaria [...]. Não só criavam ficções que alimentavam o fogo da paranoia branca, como encarnavam a brutalidade que os brancos temiam, criavam e tentavam aproveitar para os seus próprios fins". Michael Taussig, op. cit., p. 162.

28. Teófilo Ottoni, "Mucury", op. cit.

29. Augusto V. F. S. Bahiana Jr., 15 set. 1881; Manoel R. Mendes, 15 set. 1881.

30. Teófilo Ottoni, "Mucury", op. cit.

31. Firmino Ribeiro de Souza, tenente de Polícia, "Nok-Nok Massacre Police Investigation". Rio Pardo, 27 set. 1881, Colonial/Polícia/Mc 6218, Apeb.

32. Manoel do Bonfim Pereira Neto, 15 set. 1881.

33. Carlos José Warnaux, 2º Testemunho, 7 set. 1881, 29v, Processo Crime 21/853/05, Apeb.

34. Luiz Federico Warnaux, 2º Testemunho, 7 nov. 1881, Processo Crime 21/853/05, Apeb; Ivo Rodrigues do Espírito Santo, 2º Testemunho. Rio Pardo, 21 nov. 1881, Processo Crime 21/853/05, Apeb.

35. Manoel Cândido Moreira, 1º Testemunho, 16 nov. 1881, Fl. 65v-66v, Processo Crime 21/853/05, Apeb; Manoel Cândido Moreira, 2º Testemunho, 5 jun. 1882, Fl. 90, Processo Crime 21/853/05, Apeb.

36. Manoel do Bomfim Pereira Neto, 2º Testemunho, 7 nov. 1881, Fl. 32v, Processo Crime 21/853/05, Apeb.

37. Declaração de Antônio Carvalho e Antônio Guimarães, 22 nov. 1881, 63v, Processo Crime 21/853/05, Apeb.

38. Warnaux, 2º Testemunho, 7 nov. 1881, Fl. 26v.

39. Mais tarde Theodorico foi absolvido, mas não há vestígios de um interrogatório. Depois de absolver os dois comerciantes, o juiz de direito manteve a acusação de homicídio contra os demais. No entanto, um a um, eles também foram absolvidos, incluindo Moreira, Carlos Themer, Theodorico e Antonio José dos Santos. Ninguém, nem uma vez, se preocupou em ir à aldeia ou interrogar os kamakãs.

40. Por exemplo, Augusto Bahiana Jr. afirmou que Moreira havia dito que fora Stolze quem ordenou a entrada, e mais tarde, no mesmo depoimento, afirmou que nunca ouviu falar de alguém que tivesse ordenado uma entrada.

41. Manoel Soares da Silva Gomes à Justiça Municipal de Alcobaça, 10 jun. 1881; e Justiça Municipal de Alcobaça a destinatário desconhecido, 26 jun. 1881, Colonial/Justiça/Alcobaça/Mc 2230, Apeb.

42. Justiça Municipal de Alcobaça ao Presidente, 19 jun. 1885, Colonial/ Justiça/Alcobaça/Mc 2230, Apeb.

43. Mark Danner, *The Massacre at El Mozote: A Parable of the Cold War*. Nova York: Vintage Books, 1994, p. 10.

44. Giorgio Agamben, *Homo Sacer: Sovereign Power and Bare Life*. Stanford, CA: Stanford University Press, 1998, p. 12 [ed. bras.: *Homo sacer: O poder soberano e a vida nua*. Trad. de Henrique Burigo. Belo Horizonte: Editora UFMG, 2010]; discutido em Veena Das e Deborah Poole (Orgs.), *Anthropology in the Margins of the State* (Santa Fe: School of American Research Press; Oxford: James Curry, 2004, pp. 11-3).

45. Manuela Carneiro da Cunha (Org.), *Legislação indigenista no século XIX: Uma compilação (1808-1889)*. São Paulo: Comissão Pró-Índio de São Paulo, 1992, pp. 57-60, itálicos meus. A Constituição brasileira de 1824 também descreve o estado de emergência em que as liberdades individuais podem ser suspensas: "xxxv. Nos casos de rebelião, ou invasão de inimigos, *pedindo a segurança do Estado, que se dispensem por tempo determinado algumas das formalidades, que garantem a liberdade individual*, poder-se-ha fazer por acto especial do Poder Legislativo. Não se achando porém a esse tempo reunida a Assembléa, e correndo a Patria perigo iminente, poderá o Governo exercer esta mesma providencia, como medida provisoria, e indispensavel, *suspendendo-a imediatamente que cesse a necessidade urgente*, que a motivou; devendo num, e outro caso remetterá Assembléa, logo que reunida fôr, uma relação motivada das prisões, e d'outras medidas de prevenção tomadas; e quaesquer Autoridades, que tiverem mandado proceder a elas, serão responsaveis pelos abusos, que tiverem praticado a esse respeito".

46. João Lustosa da Cunha Paranaguá, "Relatório (BA)", 1882, p. 24, CRL.

47. Deborah Poole, "Between Threat and Guarantee: Justice and Community in the Margins of the Peruvian State". In: Deborah Poole e Veena Das (Orgs.), *Anthropology in the Margins of the State*. Santa Fe: School of American Research Press; Oxford: James Curry, 2004, pp. 14, 42-51.

48. *Almanak* (Espírito Santo), 1884, CRL.

49. Traslado do inquérito policial sobre o assassinato do escravo Seraphim de propriedade de José Vicente de Faria (1884). Auto de perguntas feitas a Olympio Leite de Amorim, 10 mar. 1884, Polícia/Delegacias/22: Inquéritos/Cx 706/Processo 815, Apees. O arquivo é doravante designado por Inquérito de Seraphim.

50. Luiz Antonio dos Santos, Tenente de Polícia de São Mateus ao Chefe de Polícia, 17 fev. 1884, Polícia Ser. 2 Mc 287 Fl. 176-77, Apees.

51. A identidade racial de Seraphim baseia-se em seu registro de venda, segundo o qual, em 25 de maio de 1880, foi vendido a José Vicente de Faria um "escravo de nome Seraphim, preto". Tabelionato Liv. 11, Fl. 168v, CPSM. Quanto à Rita, é pouco provável que o seu irmão tivesse ocupado o cargo de vereador se não fosse branco, pelo que deduzi que também ela era branca.

52. Ver capítulo 6 para mais informações sobre a sociedade. Uma figura de destaque foi Affonso Claudio, autor de um estudo altamente conceituado sobre a insurreição de escravos de Queimado em 1849 e que em breve seria o primeiro presidente do Espírito Santo no Brasil republicano.

53. Elas são citadas neste capítulo.

54. Anna Lucia Côgo, *História agrária do Espírito Santo no século XIX: A re-*

gião de São Mateus. São Paulo: FFLCH-USP, 2007. Tese (Doutorado em História Econômica), pp. 116-25.

55. Domingos Monteiro Peixoto, "Falla (ES)", 1875, p. 60, CRL; Antonio Joaquim Rodrigues, "Relatório 9 (ES)", 1885, p. 7, CRL.

56. Maria do Carmo de Oliveira Russo, *A escravidão em São Mateus, ES: Economia e demografia (1848-1888)*. São Paulo: FFLCH-USP, 2011. Tese (Doutorado em História Social), pp. 27-36, 108-13.

57. Para as estatísticas de 1872: Brazil e Directoria Geral de Estatística, *Recenseamento da população do Imperio do Brazil a que se procedeu no dia 1º de agosto de 1872* ([Rio de Janeiro: A Diretoria], 1873). Para 1876, ver Vilma Paraíso Ferreira de Almada, *Escravismo e transição: O Espírito Santo (1850-1888)* (Rio de Janeiro: Graal, 1984, p. 118). Não se dispõe de uma contagem precisa da população de São Mateus na década de 1880; a população total de escravos do Espírito Santo em 1884 era de 20 216, a maior concentração nas áreas produtoras de açúcar do sul da província. Fonte: Robert Edgar Conrad, *The Destruction of Brazilian Slavery, 1850-1888*. Berkeley: University of California Press, 1972, p. 291.

58. Eduardo Pindahiba de Mattos a José Joaquim do Carmo, Presidente do Espírito Santo, 22 fev. 1865, IJ1-437-ES, AN; Manoel da Silva Rego a Carlos da Cerqueira Pinto, 12 jan. 1866, Governadoria Ser. 383 Liv. 276 Fl. 423, Apees.

59. Francisco Ferreira Corrêa, 1 set. 1871, IJ1-440-ES, AN.

60. Auto de perguntas feitas a Rita Rosa dos Santos (Faria), 6 mar. 1884, Inquérito de Seraphim.

61. Ver, por exemplo, Sandra Lauderdale Graham, *House and Street: The Domestic World of Servants and Masters in Nineteenth-Century Rio de Janeiro* (Cambridge: Cambridge University Press, 1988 [ed. bras.: *Proteção e obediência: Criadas e seus patrões no Rio de Janeiro, 1860-1910*. Trad. de Viviana Bosi. São Paulo: Companhia das Letras, 1992]). No Sul dos Estados Unidos, essa proximidade entre mulheres brancas e escravizadas veio à tona pela primeira vez em Harriet Jacobs, "Incidents in the Life of a Slave Girl". In: Henry Louis Gates (Org.), *The Classic Slave Narratives* (Nova York: New American Library, 1987, pp. 437-668).

62. Auto de perguntas feitas a Magdalena liberta, 20 fev. 1884, Inquérito de Seraphim.

63. Auto de perguntas feitas a Vicente de Faria Jr., 13 mar. 1884, Inquérito de Seraphim.

64. Sobre a violação de brancos contra negros após a reconstrução no Sul dos Estados Unidos, ver Hannah Rosen, *Terror in the Heart of Freedom: Citizenship, Sexual Violence, and the Meaning of Race in the Postemancipation South* (Chapel Hill: University of North Carolina Press, 2009). Durante o período escravista nos Estados Unidos, ver Saidiya V. Hartman, *Scenes of Subjection: Ter-*

ror, Slavery, and Self-Making in Nineteenth-Century America (Nova York: Oxford University Press, 1997, cap. 3). Como é bem conhecido, Gilberto Freyre reinterpretou essa relação violenta como a celebração da propensão dos brasileiros à mistura de raças em seu *Casa-grande e senzala*. Embora o Brasil possa ter sido mais tolerante com as uniões inter-raciais do que os Estados Unidos, como sugeriu Peter Beattie, eu defendo que o "policiamento da linha de cor" era aplicável às uniões de homens negros e mulheres brancas. Peter M. Beattie, "'Born Under the Cruel Rigor of Captivity, the Supplicant Left It Unexpectedly by Committing a Crime': Categorizing and Punishing Slave Convicts in Brazil, 1830-1897", *The Americas*, v. 66, n. 1, p. 52, 2009.

65. A seção do Código Penal Imperial Brasileiro relativa aos crimes contra a honra das mulheres — violação e rapto — pode ser consultada na Parte 3, Título II, cap. 2, artigos 219 a 228. Sobre a relação entre defloramento e honra feminina no Rio, ainda no início do período republicano, ver Martha de Abreu Esteves, *Meninas perdidas: Os populares e o cotidiano do amor no Rio de Janeiro da belle époque* (Rio de Janeiro: Paz e Terra, 1989); Sueann Caulfield, *In Defense of Honor: Sexual Morality, Modernity, and Nation in Early-Twentieth Century Brazil* (Durham, NC: Duke University Press, 2000 [ed. bras.: *Em defesa da honra: Moralidade, modernidade e nação no Rio de Janeiro (1918-1940)*. Campinas: Editora da Unicamp, 2000]).

66. Magdalena; Olimpio Leite de Amorim, Inquérito de Seraphim.

67. Carlos Augusto Taunay, *Manual do agricultor brasileiro*. Org. de Rafael de Bivar Marquese. São Paulo: Companhia das Letras, 2001, pp. 55-6; Rafael de Bivar Marquese, *Feitores do corpo, missionários da mente: Senhores, letrados e o controle dos escravos nas Américas, 1660-1860*. São Paulo: Companhia das Letras, 2004, pp. 270-1.

68. Ver título II (sobre punições), cap. 1, Artigo 60 do Código Criminal. Sobre punição de escravos, ver Leila Mezan Algranti, *O feitor ausente: Estudo sobre a escravidão urbana no Rio de Janeiro* (Petrópolis: Vozes, 1988); Emília Viotti da Costa, *The Brazilian Empire: Myths&Histories* (Chapel Hill: University of North Carolina Press, 2000, p. 138); Peter M. Beattie, "Slaves, Crime, and Punishment in Imperial Brazil", *Luso-Brazilian Review* (v. 45, n. 2, pp. 191-3, 2009); Peter M. Beattie, "'Born Under'", op. cit.

69. Leila Mezan Algranti, op. cit., p. 195; Carlos Augusto Taunay, op. cit., pp. 66-7.

70. Vincent Brown, *The Reaper's Garden: Death and Power in the World of Atlantic Slavery*. Cambridge, MA: Harvard University Press, 2008, pp. 129-31.

71. Diana Paton, "Punishment, Crime, and the Bodies of Slaves in Eighteenth--Century Jamaica", *Journal of Social History*, v. 34, n. 4, p. 940, 2001.

72. Beattie, "'Born Under'", op. cit., p. 47.

73. Além das outras obras mencionadas anteriormente, ver João José Reis, *Slave Rebellion in Brazil: The Muslim Uprising of 1835 in Bahia* (Baltimore: Johns Hopkins University Press, 1993 [ed. bras.: *Rebelião escrava no Brasil: A história do levante dos malês em 1835*. São Paulo: Companhia das Letras, 2003]). É significativo que, apesar de alguns dos envolvidos na Revolta dos Malês terem sido condenados à morte na forca, Reis observa (p. 217) que isso não aconteceu porque ninguém se dispôs a ser o carrasco, o que reforça o fato de as execuções só serem eficazes quando havia participação pública no espetáculo.

74. Dulce Maria da Conceição, 11 mar. 1884, Inquérito de Seraphim.

75. Rafael de Bivar Marquese, op. cit., pp. 189-90. Há certamente variações nessa relação. No caso da Jamaica, a união entre o Estado e os proprietários de escravos parece ter sido clara. Em contrapartida, em São Domingos, Laurent Dubois argumenta que os senhores recorreram a atos de violência privados e ilegais contra os seus escravos, desafiando o Estado, uma vez que a intervenção do Estado nas relações entre escravos e senhores destruiria todo o sistema de *plantation*. Para a Jamaica e o Brasil, ver os textos citados na presente seção; para São Domingos, ver Laurent Dubois, "Avenging America: The Politics of Violence in the Haitian Revolution". In: David Patrick Geggus e Norman Fiering (Orgs.), *The World of the Haitian Revolution* (Bloomington: Indiana University Press, 2009).

76. Sobre a prática dos senhores de escravos que invocam essa lei para limitar a intervenção do Estado, ver Ricardo Alexandre Ferreira, *Senhores de poucos escravos: Cativeiro e criminalidade num ambiente rural, 1830-1888* (São Paulo: Editora Unesp, 2005, pp. 91-2).

77. Thomas H. Holloway, *Policing Rio de Janeiro: Repression and Resistance in a 19th-Century City*. Stanford, CA: Stanford University Press, 1993, p. 55. [Ed. bras.: *Polícia no Rio de Janeiro: Repressão e resistência numa cidade do século XIX*. Rio de Janeiro: FGV, 1997.] Os proprietários também tinham de pagar pela detenção e pelo chicoteamento de seus escravos, o que por vezes os levava a abandoná-los quando os custos eram muito altos.

78. Miguel Calmon du Pin e Almeida Abrantes, *Ensaio sobre o fabrico do açúcar*. Org. de José de F Mascarenhas, Waldir Freitas Oliveira e José Honório Rodrigues. Salvador: Federação das Indústrias do Estado da Bahia, 2002, pp. 63-4; Carlos Augusto Taunay, op. cit.; Rafael de Bivar Marquese, op. cit., pp. 268-98.

79. Alexandra K. Brown, "'A Black Mark on Our Legislation': Slavery, Punishment, and the Politics of Death in Nineteenth-Century Brazil", *Luso-Brazilian Review*, v. 37, n. 2, pp. 95-121, 1 dez. 2000. Um estudo completo sobre esta lei encontra-se em Ricardo Figueiredo Pirola, *A lei de 10 de junho de 1835: Justiça, escravidão e pena de morte*. Campinas: IFCH-Unicamp, 2012. Tese (Doutorado em História).

80. Carlos Augusto Taunay, op. cit., pp. 67-8. Marquese afirma que o que tornava únicas as ideias de Taunay, e do Brasil, sobre a administração de escravos era a ênfase na união de disciplina e paternalismo. Rafael Bivar de Marquese, op. cit., pp. 279-97. Falando do Rio de Janeiro urbano da era pré-independência, no coração da Corte e das instituições do Estado, Algranti argumenta que os direitos do Estado claramente se sobrepunham aos direitos dos senhores sobre seus escravos. No entanto, como ela reconhece, nas regiões mais rurais, os proprietários de terras tinham provavelmente mais controle sobre o sistema judicial. Leila Mezan Algranti, op. cit., pp. 196-8.

81. Peter M. Beattie, *Punishment in Paradise: Race, Slavery, Human Rights, and a Nineteenth-Century Brazilian Penal Colony.* Durham, NC: Duke University Press, 2015, p. 208.

82. Thomas H, Holloway, op. cit., pp. 229-30.

83. Peter M. Beattie, *Punishment in Paradise*, op. cit., p. 201; Alexandra K. Brown, op. cit., p. 111.

84. Isso apesar de, de acordo com a Lei 4 de 10 de junho de 1835, Seraphim poder provavelmente ter sido considerado culpado de "ferir gravemente ou cometer qualquer outra ofensa física a seu senhor, a sua mulher ou a seus descendentes ou antepassados", uma ofensa passível de punição com chicote. Para consultar o texto integral da legislação, promulgada na sequência da Revolta dos Malês, de 1835, ver: <http://presrepublica.jusbrasil.com.br/legislacao/104059/lei-4–35>. Acesso em: 30 set. 2024. Sobre a repressão e as repercussões da Revolta dos Malês, ver João José Reis, op. cit., pp. 189-230. Mais recentemente, Peter Beattie afirmou, em sua análise da obra de João Luiz Ribeiro sobre a punição de escravos e o sistema jurídico brasileiro, que essa lei já vinha sendo debatida no Parlamento muito antes dessa data, inspirada na menos famosa Revolta de Carrancas, de 1832, em Minas Gerais, mas foi acelerada pela Revolta dos Malês. Peter M. Beattie, "Slaves, Crime, and Punishment in Imperial Brazil", op. cit., p. 193.

85. Luis Antonio dos Santos, Tenente de Polícia ao Chefe de Polícia, 18 mar. 1884, Polícia Ser. 2 Mc 287 Fl. 176-77, Apees; Emília Viotti da Costa, *Da senzala à colônia*. São Paulo: Editora Unesp, 1997, pp. 344-54. Essas atitudes contrastavam fortemente com o apoio público generalizado à vigilância dos libertos praticado pelos *night riders* no Sul dos Estados Unidos durante a Reconstrução. Hannah Rosen, op. cit., pp. 182-3.

86. Esse conflito é discutido no capítulo 6.

87. Secretaria de Polícia do Espírito Santo ao Chefe de Polícia de Minas Gerais, 19 mar. 1884, Polícia Ser. 2 Liv. 257, Apees; *A Província do Espírito Santo*, 2 jul. 1884.

88. Francisco Prisco de Souza Paraízo, "Relatório do Ministério da Justiça",

1883, pp. 39-40, CRL. O relatório atual foi entregue a 13 de maio de 1884, mais de três meses após a morte de Seraphim, no início de fevereiro de 1884.

89. Sobre o processo pelo qual a condição da escravatura se tornou biologizada por meio dos corpos das mulheres negras escravizadas, ver o livro clássico de Kathleen M. Brown, *Good Wives, Nasty Wenches, and Anxious Patriarchs: Gender, Race, and Power in Colonial Virginia* (Chapel Hill: University of North Carolina Press, 1996); Jennifer L. Morgan, *Laboring Women: Reproduction and Gender in New World Slavery* (Philadelphia: University of Pennsylvania Press, 2004). Para as implicações da lei no Brasil, ver Martha Abreu, "Slave Mothers and Freed Children: Emancipation and Female Space in Debates on the 'Free Womb' Law, Rio de Janeiro, 1871", *JLAS*, v. 28, n. 3, p. 567, 1996.

90. Antônio Pitanga, 14 mar. 1884, Inquérito de Seraphim.

91. Henrique Hertzsch ao Chefe de Polícia da Bahia, 2 maio 1884, Colonial/ polícia/ Delegados/Mc 6221, Apeb.

92. "Investigação do assassinato de José Venerote", 1890, Processo Crime 17/1604/10, Apeb.

93. José Antonio Venerote (Colônia Leopoldina, 4 set. 1882), Colonial/Polícia/Delegados/Mc 6219, Apeb; Firmino Bernardo da Motta (Vila Viçosa, 20 set. 1882), Colonial/Justiça/Viçosa/Mc 2638, Apeb; Pedro Luiz Pereira de Souza, "Falla (BA)," 1883, p. 63, CRL.

94. Teodora Flores Venerote, "Inventory of José Venerote" (Colônia Leopoldina, 8 jul. 1884), 9v-19v; 20v-21v; pp. 104-5, Inventários 5/2135/2604/01, Apeb. Algumas estatísticas comparativas do centro de produção de café em Campinas, São Paulo: em 1872, Robert Slenes encontrou plantações com 50-99 ou mais de cem escravos como sendo relativamente poucas, contando apenas cinco ou seis entre um total de 103. Robert W. Slenes, *Na senzala, uma flor: Esperanças e recordações na formação da família escrava, Brasil Sudeste, século XIX*. Rio de Janeiro: Nova Fronteira, 1999. No Recôncavo baiano, Walter Fraga mostrou uma diminuição constante da posse de escravos nas propriedades das seis fazendas do Barão de Pirajá entre 1871 e 1887, de 379 para 196 (−48%). Walter Fraga Filho, *Encruzilhadas da liberdade: Histórias de escravos e libertos na Bahia, 1870-1910*. Campinas: Editora da Unicamp, 2006, p. 284. Não se sabe ao certo como Venerote conseguiu "comprar" as crianças, que nessa altura já teriam nascido livres. Elas podem ter sido tratadas como ingênuos (filhos nascidos de mulheres escravizadas após a Lei do Ventre Livre em 1871) para serem colocadas sob sua suposta tutela. Em relação à escala do cultivo do café, entre 1883 e 1887, um cafezal médio em Campinas tinha 102 500 pés de café, enquanto em Cantagalo, no Rio de Janeiro, a média era de 173 268. Isso mostra a magnitude da la-

voura de Venerote, cujos números se aproximavam da média de Valença, no Rio de Janeiro, de 286 939.

95. Sobre as atividades de tráfico de escravos de Venerote, ver Alane Fraga do Carmo, *Colonização e escravidão na Bahia: A Colônia Leopoldina* (*1850--1888*). Salvador: FFCH-Ufba, 2010. Dissertação (Mestrado em História), pp. 78-9. Carmo argumenta que o receio de revenda pode ter sido o motivo que levou o escravo a matá-lo.

96. "Investigação do assassinato de José Venerote", p. 317.

97. Ibid.

98. Pedro Cusandier, ibid., p. 34.

99. Esses escravos também se comunicavam com abolicionistas em Salvador. Walter Fraga Filho, op. cit., cap. 2.

100. Por exemplo, ver as muitas leis entre 1875 e 1889 em Manuela Carneiro da Cunha, *Legislação indigenista*, op. cit., pp. 282-304.

101. Joaquim Nabuco, apud Peter M. Beattie, *Punishment in Paradise*, op. cit., pp. 208-9.

102. Ricardo Figueiredo Pirola, op. cit., p. 426.

5. FUGA PARA A ESCRAVIDÃO: GEOGRAFIA [pp. 201-50]

1. Sobre Benedito na história oral, ver Maciel de Aguiar, *Os últimos zumbis: A saga dos negros do Vale do Cricaré durante a escravidão* (Porto Seguro: Brasil--Cultura, 2001); sobre o rumor de insurreição em 1884, ver Robson L. M. Martins, "Em louvor a 'Sant'Anna': Notas sobre um plano de revolta escrava em São Matheus, norte do Espírito Santo, Brasil, em 1884", *Estudos Afro-Asiáticos* (n. 38, pp. 67-83, 2000).

2. As fontes variam quanto a sua idade exata. A estimativa de 24 anos baseia--se no registro de sua venda em 22 de janeiro de 1872, que indica que ele tinha "mais ou menos 16 anos"; teria 24 ou 25 anos em julho de 1880. Tabelionato Liv. 4 Fl. 90, CPSM.

3. Aglinio Requião ao Chefe de Polícia, 2 ago. 1880, Polícia Ser. 2 Cx. 436 Mc 666 Fl. 38, Apees.

4. Os primeiros estudos acadêmicos sobre o "Negro do Novo Mundo" enfatizaram a força contracultural dos quilombos, que representavam uma rejeição total da sociedade escravocrata e que os tornava guardiões de uma cultura mais "africana", sendo Palmares o principal exemplo. Historiadores marxistas, como Clóvis Moura, *Rebeliões da senzala: Quilombos, insurreições, guerrilhas* (Rio de Janeiro: Conquista, 1972), rejeitaram essas interpretações culturalistas, mas ain-

da assim argumentaram que somente colocando-se fora das estruturas de uma economia baseada na escravidão os quilombos poderiam exercer alguma influência na sua transformação e desconstrução. Análises mais nuançadas surgiram com a descoberta, por Stuart B. Schwartz, de uma lista de exigências elaborada por um grupo de escravos aquilombados: "Resistance and Accommodation in Eighteenth-Century Brazil: The Slaves' View of Slavery", *HAHR* (v. 57, n. 1, p. 69, 1997); e "Rethinking Palmares: Slave Resistance in Colonial Brazil". In: *Slaves, Peasants, and Rebels: Reconsidering Brazilian Slavery* (Chicago: University of Illinois Press, 1996, pp. 103-36). João José Reis e Flávio dos Santos Gomes (Orgs.), *Liberdade por um fio: História dos quilombos no Brasil* (São Paulo: Companhia das Letras, 1996), é uma coleção multidisciplinar essencial da pesquisa acadêmica sobre quilombo. Ver também Flávio dos Santos Gomes, *A hidra e os pântanos: Mocambos, quilombos e comunidades de fugitivos no Brasil (séculos XVII-XIX)* (São Paulo: Editora Unesp, 2005), entre outros. No entanto, apesar de se debruçar sobre a ideia de quilombolas e de quase-cidadania, o gênero não ocupa um lugar de destaque nas suas análises.

5. Edward W. Said, *Culture and Imperialism*. Nova York: Knopf, 1993 [ed. bras.: *Cultura e imperialismo*. Trad. de Denise Bottmann. São Paulo: Companhia das Letras, 2011]; Stephanie M. H. Camp, *Closer to Freedom: Enslaved Women and Everyday Resistance in the Plantation South*. Chapel Hill: University of North Carolina Press, 2004, p. 7. De acordo com Camp, os geógrafos utilizaram o conceito de Said para explicar a resistência à ocupação colonial. Ela define a geografia rival como "formas alternativas de conhecer e utilizar o espaço das *plantations* e do Sul" e sua característica fundamental de "movimento de corpos, objetos e informação".

6. Gomes emprega com frequência em suas obras esse conceito, definido como o "território social e econômico, além do geográfico, em que circulam diferentes atores sociais que não se limitam a negros ou escravos". Um bom início é Flávio dos Santos Gomes, "Quilombos do Rio de Janeiro no século XIX". In: Flávio dos Santos Gomes e João José Reis (Orgs.), *Liberdade por um fio*, op. cit., p. 19.

7. Ana Lugão Rios e Hebe Maria Mattos de Castro, *Memórias do cativeiro: Família, trabalho e cidadania no pós-abolição*. Rio de Janeiro: Civilização Brasileira, 2005, pp. 49-50. A citação, à qual acrescentei o "pós", é de Jonathan Crush, "PostColonialism, De-Colonization, and Geography". In: Neil Smithe e Anne Godlewska (Orgs.), *Geography and Empire* (Oxford: Blackwell, 1994, pp. 336-7).

8. "Auto de inquirição sumária do Alferes Antonio José de Oliveira Pinha" (doravante Antonio Pinha), 6 ago. 1881, AN/CA, Fl. 21. Salvo indicação em contrário, todos os documentos assinalados com AN/CA provêm do Tribunal de Recurso Ser. 20, #24, Cx 23, Gal. C.

9. "Auto de perguntas feitas a Bernardino Alves d'Araujo" (doravante Bernardino d'Araujo), 20 set. 1881, AN/CA Fl. 102.

10. "Auto de exame e corpo de delicto na pessoa de Marcolina escrava de Bernardino Alves Pereira d'Araujo", 6 jul. 1881, Polícia, Ser. 2 Cx. 71 Mc 264, Fls. 174-177, Apees; cópia com ligeiras alterações em AN/CA, Fls. 14v-18v; "Auto de perguntas feitas à informante Marcolina" (doravante Marcolina), 6 ago. 1881, AN/CA, Fls. 22v-23.

11. Antonio Pinha, AN/CA, Fl. 20; "Auto de perguntas feitas a Josepha, escrava de Americo Assenço de Barcellos" (doravante Josepha), 5 ago. 1881, AN/CA Fls. 12-12v; "Auto de inquirição sumária de Liberato da Silva Catarina" (doravante Liberato Catarina), 6 ago. 1881, AN/CA Fl. 23v.

12. Sobre esta prática generalizada no Brasil, ver José Alipio Goulart, *Da fuga ao suicídio: Aspectos da rebeldia do escravo no Brasil* (Rio de Janeiro: Conquista, 1972, pp. 55-64); Flávio dos Santos Gomes, *A hidra e os pântanos*, op. cit.; João José Reis, "Escravos e coiteiros no quilombo do Oitizeiro, Bahia 1806". In: Flávio dos Santos Gomes e João José Reis (Orgs.), *Liberdade por um fio*, op. cit. Kathleen J. Higgins, *"Licentious Liberty" in a Brazilian Gold-Mining Region: Slavery, Gender, and Social Control in Eighteenth-Century Sabará, Minas Gerais* (University Park: Penn State University Press, 1999, pp. 191-2), demonstra que, em Minas do século XVIII, muitas pessoas livres faziam comércio com escravos fugitivos.

13. Inventário de Dona Maria Francisca Leite da Conceição, esposa de Francisco Pinto Neto, Processos Box 96 (1886), Fl. 21, CPSM. Em 21 de junho de 1886, o inventário de escravos de Pinto Neto contém apenas um indivíduo, Ignácio, que aparece neste capítulo. Em 1885 ele tinha alforriado uma mulher chamada Marcolina; o último de seus três escravos foi João Carretão, que logo se juntou aos quilombolas. Sobre esses "senhores de poucos escravos", típicos entre os agricultores de mandioca do Recôncavo baiano, Bert Barickman argumentou que a pequena posse de escravos ajudava a reduzir, mas não a libertar, o agricultor e sua família do trabalho doméstico e do campo. Ver B. J. Barickman, *A Bahian Counterpoint: Sugar, Tobacco, Cassava, and Slavery in the Recôncavo, 1780-1860* (Stanford, CA: Stanford University Press, 1998, pp. 152-3 [ed. bras.: *Um contraponto baiano: Açúcar, fumo, mandioca e escravidão no Recôncavo, 1780-1860*. Rio de Janeiro: Civilização Brasileira, 2003]); sobre a pequena propriedade de escravos, ver Ricardo Alexandre Ferreira, *Senhores de poucos escravos: Cativeiro e criminalidade num ambiente rural, 1830-1888* (São Paulo: Editora Unesp, 2005). Sobre coiteiros de escravos que utilizavam mão de obra quilombola em Rio das Contas, no sul da Bahia, ver João José Reis, "Escravos e coiteiros", op. cit., pp. 350-1. Para os padrões de propriedade fundiária de São Mateus, ver Anna Lucia Côgo, *História agrária do Espírito Santo no século XIX:*

A região de São Mateus. São Paulo: FFLCH-USP, 2007. Tese (Doutorado em História Econômica).

14. Uma boa panorâmica dos motivos da oferta de escravos pode ser encontrada nos artigos que estão em Ira Berlin e Philip D. Morgan (Orgs.), *The Slaves' Economy: Independent Production by Slaves in the Americas* (Londres: Frank Cass, 1995). Para o Caribe, ver, por exemplo, Sidney W. Mintz, *Caribbean Transformations* (Nova York: Columbia University Press, 1989, pp. 131-250); Dale W. Tomich, *Through the Prism of Slavery: Labor, Capital, and World Economy* (Lanham, MD: Rowman & Littlefield, 2004). Para o Brasil, ver Flávio dos Santos Gomes, "Roceiros, mocambeiros e as fronteiras da emancipação no Maranhão". In: Olivia Maria Gomes da Cunha e Flávio dos Santos Gomes (Orgs.), *Quase--cidadão: Histórias e antropologias da pós-emancipação no Brasil* (Rio de Janeiro: FGV, 2007, pp. 147-70); B. J. Barickman, "'A Bit of Land, Which They Call Roça': Slave Provision Grounds in the Bahian Recôncavo, 1780-1860", *HAHR* (v. 74, n. 4, pp. 649-87, 1994); Walter Fraga Filho, *Encruzilhadas da liberdade: Histórias de escravos e libertos na Bahia, 1870-1910* (Campinas: Editora da Unicamp, 2006). Para o Sul dos Estados Unidos, ver Dylan C. Penningroth, *The Claims of Kinfolk: African American Property and Community in the Nineteenth-Century South* (Chapel Hill: University of North Carolina Press, 2003).

15. O argumento de uma economia "parasitária" dos quilombolas assenta num suposto antagonismo entre quilombolas e agricultores e implica um prejuízo econômico global, que se presume que os quilombolas tenham infligido às suas supostas vítimas. Ver Stuart B. Schwartz, *Slaves, Peasants, and Rebels: Reconsidering Brazilian Slavery.* Chicago: University of Illinois Press, 1996, pp. 108-9, embora o próprio Schwartz reconheça as mútuas relações econômicas praticadas em Palmares na p. 24. Por outro lado, a independência econômica dos quilombos e suas práticas comerciais no Brasil são discutidas em Stuart B. Schwartz, "Resistance and Accommodation", op. cit.; João José Reis, "Escravos e coiteiros", op. cit.; Flávio dos Santos Gomes, "Roceiros, mocambeiros", op. cit.

16. Não se sabe onde Pinto Neto adquiriu essas armas. Sobre o armamento de escravos, ver capítulo 2.

17. Walter Fraga Filho, op. cit., pp. 42-6.

18. Keila Grinberg, *Código civil e cidadania* (Rio de Janeiro: Jorge Zahar, 2008), discute o enigma da existência de escravos de ganho — que não eram o mesmo que escravos que se alugavam a si próprios para trabalho suplementar, mas que eram semelhantes na sua capacidade de negociar e trabalhar por conta de outrem — e a sua incompatibilidade com o Código Civil liberal.

19. Para mais sobre *escravos de ganho*, ver João José Reis, "'The Revolution of the Ganhadores': Urban Labour, Ethnicity and the African Strike of 1857 in Bahia, Brazil", *JLAS*, v. 29, n. 2, pp. 355-93, maio 1997. Para essa prática em áreas

rurais, ver B. J. Barickman, "A Bit of Land", op. cit., pp. 670-1. Além disso, como Sidney Chalhoub argumentou, um aspecto essencial das ideias de liberdade dos escravos era o direito às suas poupanças (pecúlio) que foi incluído na legislação do Ventre Livre de 1871. Ver Sidney Chalhoub, *Visões da liberdade: Uma história das últimas décadas da escravidão na corte*. São Paulo: Companhia das Letras, 1990.

20. "Auto de perguntas feitas a Rufina, escrava de José Joaquim de Almeida Fundão Jr." (doravante Rufina), 3 set. 1881, AN/CA, Fl. 81v.

21. "Auto de perguntas feitas a Ignacio, escravo de Francisco Pinto Neto" (doravante Ignacio), 30 jul. 1881, AN/CA Fl. 7v.

22. Bernardino d'Araujo.

23. Ignacio; "Auto de perguntas feitas a Manoel da Silva do Espírito Santo, conhecido por Curandor," 5 ago. 1881, AN/CA Fl. 12v; "Auto de perguntas feitas a Manoel Bahiano, escravo de Dona Maria Benedita Martins" (doravante Manoel Bahiano), 8 ago. 1881, AN/CA Fl. 25v.

24. Ignacio, Fls. 6v-7v.

25. Só mais tarde é que uma testemunha, Manoel António de Azevedo (irmão de Maria Benedita Martins, proprietária de Rogério e Manoel Bahiano), diz que, segundo Josefa, o próprio Benedito havia dito naquele dia, ao sair do quilombo com Lucindo, que havia atirado em Marcolina. "Testemunha jurada de Manoel Azevedo", 20 set. 1881, AN/CA Fls. 107-107v; Marcolina.

26. Rufina, Fl. 82v.

27. Manoel Bahiano, Fl. 26.

28. "Auto de perguntas feitas a Francisco Pinto Neto", 22 ago. 1881, AN/CA Fls. 61v-62v.

29. "Inquirição sumária do réu Vicentino, escravo de José Antonio Faria" (doravante Vicentino), 13 ago. 1881, AN/CA Fl. 50v.

30. "Interrogatório do réu Manoel Curandor", 24 set. 1881, AN/CA Fl. 131.

31. "Auto de perguntas feitas a Manoel das Chagas, conhecido por Cabinda", 18 ago. 1881, AN/CA Fl. 61.

32. Flávio dos Santos Gomes, *Histórias de quilombolas: Mocambos e comunidades de senzalas no Rio de Janeiro, século XIX*. São Paulo: Companhia das Letras, 2006, p. 36.

33. "Auto de perguntas feitas a Isidio, escravo de Bellarmim Pinto Neto", 30 jul. 1881, AN/CA Fls. 8v-9v; Ignacio; Liberato Catarina; Antonio Pinha, Fl. 20v.

34. Muitos trabalhos abordaram a relação entre o quilombismo e a geografia, embora as ideias de distância, inacessibilidade e isolamento continuem a ser predominantes. Além do já referido trabalho de Camp, ver, por exemplo, Jane G. Landers, *Black Society in Spanish Florida* (Urbana: University of Illinois Press, 1999); Gabino La Rosa Corzo, "Subsistence of Cimarrones: An Archaeo-

logical Study". In: L. Antonio Curet, Shannon Lee Dawdy e Gabino La Rosa Corzo (Orgs.), *Dialogues in Cuban Archaeology* (Tuscaloosa: University of Alabama Press, 2005, pp. 163-80); Flávio dos Santos Gomes e Carlos Eugênio Líbano Soares, "Sedições, haitianismo e conexões no Brasil: Outras margens do atlântico negro", *Novos Estudos*, v. 63, pp. 131-44, 2002. Uma discussão preliminar sobre a fuga de e para escravidão no Brasil pode ser encontrada em João José Reis e Eduardo Silva, *Negociação e conflito: A resistência negra no Brasil escravista*. São Paulo: Companhia das Letras, 1999, p. 71.

35. Esse foi particularmente o caso em São Mateus, onde os batuques eram objeto frequente de queixa para a polícia na década de 1880. Por exemplo, a lei de abril de 1883 proibia expressamente os batuques dentro da cidade, provavelmente com base na indignação em relação a tais ajuntamentos. Manoel Vasconcellos a Felintro de Moraes, 2 set. 1887, Processos Box 97, CPSM.

36. Dylan C. Penningroth, op. cit., pp. 98-108, 144-50.

37. Bernardino d'Araujo, Fls. 102-102v. Isso pode ser o que chamamos de doença oportuna. Também era uma desculpa comum na zona rural do Nordeste brasileiro para não ter feito alguma coisa.

38. Lucindo tinha sido anteriormente propriedade de Caetano Bento de Jesus Silvares, que apresentou o escravo para registro em 8 de agosto de 1872; registro de venda de Lucindo, AN/CA Fls. 186-186v.

39. "Interrogatório do réu Lucindo", 2 mar. 1882, AN/CA Fl. 175v.

40. Lucindo foi vendido *in absentia* à empresa de tráfico de escravos Fonseca, Rios & Cia em 27 de junho de 1877 e, após sua dissolução, a Domingos e Manoel Rios em 15 de julho de 1880. Tabelionato Liv. 7 Fl. 304 and Liv. 11 Fl. 175, CPSM.

41. Bernardino d'Araujo.

42. Philip Troutman, "Grapevine in the Slave Market: African American Geopolitical Literacy and the 1841 Creole Revolt". In Walter Johnson (Org.), *The Chattel Principle: Internal Slave Trades in the Americas*. New Haven, CT: Yale University Press, 2004, pp. 203-33.

43. A quilombola Francisca, por exemplo, afirma que seus vários assentamentos eram sempre feitos em locais próximos a lavouras, onde podiam roubar mandioca. "Interrogatório da ré Francisca", 27 set. 1881, AN/CA Fl. 143v.

44. Anna Lucia Côgo, op. cit., pp. 170-89; Maria do Carmo de Oliveira Russo, *A escravidão em São Mateus, ES: Economia e demografia (1848-1888)*. São Paulo: FFLH-USP, 2011. Tese (Doutorado em História Social), pp. 27-8.

45. Lucrecio Augusto Marques Ribeiro a Manoel Buarque de Macedo, 7 maio 1881, Polícia Ser. 2 Cx. 72 Mc 265 Fls. 152-153, Apees.

46. Fr. Angelo de Sassoferato e Fr. Serafim de Gorizia ao Tenente de Polícia e Teófilo Ottoni, 5 mar. 1885, 20-III-51, ACRJ; Fr. Angelo de Sassoferato e Fr. Se-

rafim de ao Tenente de Polícia e Teófilo Ottoni, 8 mar. 1885, 20-III-51, ACRJ; Fr. Angelo de Sassoferato e Fr. Serafim de Gorizia a MACOP, 15 mar. 1885, 20-III-52, ACRJ; Fr. Angelo de Sassoferato e Fr. Serafim de Gorizia a MACOP, 20 mar. 1885, 20-III-50, ACRJ.

47. Cléia Schiavo Weyrauch, *Pioneiros alemães de Nova Filadélfia*. Caxias do Sul: Editora da Universidade de Caxias do Sul, 1997, p. 90, apud Izabel Missagia de Mattos, *Civilização e revolta: Os Botocudos e a catequese na província de Minas*. São Paulo: Edusc; Anpocs, 2004, p. 356.

48. Há fragmentos de provas que sugerem que os quilombolas e os indígenas por vezes se juntavam para atacar os colonos, mas a regularidade é difícil de avaliar. Manoel da Silva Mafra, Relatório ao Ministério da Justiça, 1881, 26, CRL; Ministro da Justiça ao Presidente do Espírito Santo, 26 jul. 1881; e Marcellino d'Assis Fortes ao tenente de Polícia da Capital, 8 ago. 1881, Polícia Ser. 2 Cx. 72 Mc 265 Fls. 152-156, Apees. Ver capítulo 2 para quilombolas e botocudos compartilhando o medo de Pojixá.

49. Entre as obras importantes que abordam o valor dado pelos libertos ao parentesco e à propriedade da terra, figuram Dylan C. Penningroth, op. cit.; Walter Fraga Filho, op. cit., pp. 245-60; Rios e Castro, *Memórias do cativeiro*, op. cit. Fraga também discute como os libertos, cujo novo status era precário, enfrentavam um risco maior de repressão policial e criminalização quanto mais se distanciavam.

50. Lucindo, AN/CA Fl. 174v-175v.

51. Essa expressão vem de Walter Johnson, *Soul by Soul: Life Inside the Antebellum Slave Market* (Cambridge, MA: Harvard University Press, 2009, pp. 72-7).

52. Robin D. G. Kelley, *Race Rebels: Culture, Politics, and the Black Working Class*. Nova York: The Free Press, 1996, cap. 2, especialmente, pp. 39-40.

53. A ideia da liberdade como um alvo móvel, proposta pela primeira vez por Barbara Fields em *Slavery and Freedom on the Middle Ground: Maryland during the Nineteenth Century* (New Haven, CT: Yale University Press, 1987), teve um impacto profundo nos estudos sobre escravidão, resistência, abolição e liberdade.

54. Barbara Bush faz uma distinção clara entre essas duas formas, argumentando que *marronage* (no Caribe britânico) era sobretudo uma prática de escravos masculinos, "sem experiência", que fugiam para estabelecer "comunidades livres e autônomas". No entanto, fazer da autonomia a referência para uma comunidade quilombola obscurece as suas realidades muito mais fluidas. Barbara Bush, *Slave Women in Caribbean Society: 1650-1838*. Kingston: Heinemann, 1990, p. 63.

55. Manoel Bahiano, Fl. 25.

56. "Interrogatório feito à ré Gertrudes" (doravante Interrogatório de Gertrudes), 24 set. 1881, AN/CA Fls. 140-141.

57. "Auto de perguntas feitas a Hortência, escrava de Dr. Raulino Francisco de Oliveira" (doravante Hortência), 3 set. 1881, AN/CA Fls. 78v-80v.

58. O dono de Vicentino, José António de Faria, deu-o como garantia de uma dívida por duas vezes, em maio de 1880 e novamente em 8 de fevereiro de 1881, ao credor major Cunha, e o escravo fugiu por volta de março. Ironicamente, Francisca e Ricarda fugiram com a esperança de serem compradas pelo mesmo homem. Tabelionato Liv. 12 Fl. 8v e 11; Liv. 15 Fl. 24, CPSM.

59. Rufina, Fls. 81-82.

60. Josepha, Fls. 10-11. Geralmente, a literatura que aborda as mães de escravos fugitivos dedica-se às que têm filhos pequenos.

61. A procura de outro proprietário era uma motivação comum para a fuga de escravos. João José Reis, "Escravos e coiteiros", op. cit.; Marcus J. M. de Carvalho, *Liberdade: Rotinas e rupturas do escravismo no Recife, 1822-1850*. Recife: Edufpe, 1998, pp. 271-310.

62. "Auto de perguntas feitas a Ricarda, escrava de José Rodrigues de Souza Flores", 9 ago. 1881, AN/CA Fl. 32; "Auto de perguntas feitas a Francisca, escrava de José Rodrigues de Souza Flores" (doravante Francisca), 9 ago. 1881, AN/CA Fl. 45v.

63. "Interrogatório ao réu Lucindo", 26 abr. 1882, AN/CA Fl. 201v.

64. São eles Vicentino e Rufina.

65. Robin D. G. Kelley, op. cit., introdução e capítulo 1.

66. "Interrogatório feito ao réu escravo Manoel Bahiano", 26 set. 1881, AN/CA Fl. 135. Como nos lembramos, ele e Rogério também acreditavam que Benedito era culpado do ataque a Marcolina.

67. Vicentino, Fls. 49-52.

68. Manoel Bahiano, Fl. 25v.

69. Josepha, Fl. 11.

70. Richard Price, *Maroon Societies: Rebel Slave Communities in the Americas* (Baltimore: The Johns Hopkins University Press, 1996), pp. 18-9, registrou a luta das mulheres nas comunidades quilombolas.

71. Clóvis Moura, op. cit., pp. 227-31.

72. Para literatura sobre quilombos brasileiros, ver nota 5 acima. As mulheres não aparecem de forma proeminente nesses estudos e, quando aparecem, são geralmente retratadas como vítimas de rapto ou referidas apenas de passagem. Maria Lúcia de Barros Mott, *Submissão e Resistência: A mulher na luta contra a escravidão* (São Paulo: Contexto, 1991), oferece uma breve discussão sobre as mulheres quilombolas nas pp. 42-8.

73. Esses pontos de vista foram defendidos, por exemplo, por Stephanie M. H. Camp, op. cit.; Deborah G. White, *Ar'n't I a Woman?: Female Slaves in the*

Plantation South (Nova York: W. W. Norton, 1999); Barbara Bush, op. cit. Bush também fala das mulheres quilombolas, mas como combatentes e líderes espirituais, categoricamente separadas das fugitivas. Na Introdução a Gwyn Campbell, Suzanne Miers e Joseph Calder Miller (Orgs.), *Women and Slavery* (2 v. Athens, OH: Ohio University Press, 2008, pp. 8-9), os editores criticam de forma convincente a natureza implicitamente masculina dos escravos sem gênero definido e, consequentemente, das categorias comuns de resistência escrava (submissão, fuga, revolta), mas reforçam a ideia de que as mulheres escravizadas raramente fugiam.

74. Entre as obras que se centraram especificamente na fuga e no aquilombamento de mulheres estão Sally Price, *Co-Wives and Calabashes* (Ann Arbor: University of Michigan Press, 1993), que realça as tensões de gênero entre homens e mulheres saramaka; Hilary Beckles, *Natural Rebels: A Social History of Enslaved Black Women in Barbados* (New Brunswick, NJ: Rutgers University Press, 2000, pp. 164-9); *Barbara Krauthamer*, "A Particular Kind of Freedom: Black Women, Slavery, Kinship, and Freedom in the American Southeast". In: Gwyn Campbell, Suzanne Miers e Joseph Calder Miller (Orgs.), *Women and Slavery* (v. 2. Athens, OH: Ohio University Press, 2008, pp. 100-27).

75. Hortência também engravidou durante a fuga, mas a criança que deu à luz morreu logo depois. Rufina deu à luz em maio de 1881, também como quilombola, poucos meses antes de ser presa. O destino da criança é desconhecido. "Interrogatório feito à ré Hortência", 24 set. 1881, AN/CA Fl. 124; "Autos de perguntas feitas a Tereza Maria de Jesus", 6 ago. 1881, AN/CA Fl. 53v. De todos os homens quilombolas, sabemos apenas que João Carretão teve um filho, com Gertrudes. Como ele não foi interrogado, não sabemos se o filho ou o *relacionamento* com Gertrudes (a história dela que se segue sugere que eles não ficaram juntos) foi um fator motivador.

76. Como observam Mahony e Slenes, depois de 1869, a separação dos casais legalmente casados com filhos menores de quinze anos (mais tarde doze) tornou-se ilegal. A Lei do Ventre Livre de 1871 declarou a liberdade legal das crianças nascidas de mães escravizadas. Conhecidas como ingênuos, essas crianças eram colocadas sob a "proteção" dos donos de suas mães, que muitas vezes estes optavam por manter os "serviços" dessas crianças até os 21 anos. Mary Ann Mahony, "Creativity under Constraint: Enslaved Afro-Brazilian Families in Brazil's Cacao Area, 1870-1890", *Journal of Social History* (v. 41, n. 3, p. 643, 2008); sobre a Lei do Ventre Livre, ver Camillia Cowling, "Debating Womanhood, Defining Freedom: The Abolition of Slavery in 1880s Rio de Janeiro", *Gender & History*, v. 22, n. 2, p. 286, 2010. Outras obras importantes sobre mulheres escravizadas, famílias e estratégias de libertação no Brasil incluem Robert W. Slenes, *Na senzala, uma flor: Esperanças e recordações na formação da*

família escrava: Brasil Sudeste, século XIX (Rio de Janeiro: Nova Fronteira, 1999); Rios e Castro, *Memórias do cativeiro*, op. cit.; Walter Fraga Filho, op. cit.; Júnia Ferreira Furtado, *Chica da Silva: A Brazilian Slave of the Eighteenth Century* (Cambridge: Cambridge University Press, 2009 [ed. bras.: *Chica da Silva e o contratador de diamantes: O outro lado do mito*. São Paulo: Companhia das Letras, 2003]). Mary Karasch, "Slave Women on the Brazilian Frontier in the Nineteenth Century". In: David Barry Gaspar e Darlene Clark Hine (Orgs.), *More than Chattel: Black Women and Slavery in the Americas* (Bloomington: Indiana University Press, 1996) é um estudo raro e importante sobre mulheres escravizadas em regiões de fronteira (Goiás) no período pós-colonial.

77. "Auto de perguntas feito a Gertrudes, escrava de Francisco José de Faria" (doravante Gertrudes), 9 ago. 1881, AN/CA Fl. 33v. Ver nota anterior sobre ingênuos.

78. Mary Ann Mahony, op. cit., p. 643. Slenes também observou que as grandes fazendas no vale do Paraíba tendiam a não vender seus escravos, de modo que as famílias de escravos tinham uma oportunidade maior de permanecer juntas. Robert W. Slenes, op. cit., pp. 107-9.

79. Gertrudes, Fls. 33v-34v, e interrogatório de Gertrudes, Fls. 140-141v. Não se sabe ao certo que filho teve com João Carretão. Para a citação, ver Camillia Cowling, op. cit., p. 296.

80. Mesmo os estudiosos que reconheceram a importância das mulheres quilombolas notaram a falta de trabalhos que documentem as relações de gênero entre os quilombolas; ver, por exemplo, Flavio Gomes, *Palmares: Escravidão e liberdade no Atlântico Sul* (São Paulo: Contexto, 2005, p. 81); Hilary Beckles, *Centering Woman: Gender Relations in Caribbean Slave Society* (Kingston; Oxford: Ian Randle; James Currey, 1999, p. 167).

81. Hortência, Fl. 79. A alegação de que o trabalho árduo associado à pertença a uma comunidade quilombola funcionava como mais um fator de dissuasão para as mulheres fugirem parece não ter sido um problema neste caso. A única queixa relacionada foi apresentada por Rufina, como vimos anteriormente, que estava mais descontente com a indenização do que com o trabalho em si. Esse argumento do trabalho como fator de dissuasão é apresentado por Gwyn Campbell, Suzanne Miers e Joseph Calder Miller na Introdução a *Women and Slavery*, op. cit., p. 10.

82. Sobre trabalho e gênero durante a escravidão, ver Jennifer L. Morgan, *Laboring Women: Reproduction and Gender in New World Slavery* (Philadelphia: University of Pennsylvania Press, 2004). A análise de Stuart Schwartz sobre os quilombolas de Sant'Anna, mencionado na nota 5, também demonstra a divisão sexual do trabalho. Stuart Schwartz, "Resistance and Accommodation", op. cit.

83. Francisca, Fl. 46v.

84. Vicentino, Fls. 51v-52.

85. Uma discussão completa sobre o caso de Marcolina foge ao propósito deste capítulo. Ela pode ter sido uma vítima potencial de sequestro, mas isso não explica por que os quilombolas tentaram matá-la quando ela resistiu. Talvez Marcolina estivesse escondendo algo da polícia sobre seu envolvimento com seus agressores. Ou então, os quilombolas podem ter tido a intenção de espalhar o terror entre escravizados e livres.

86. Rogério citado por Manoel Bahiano, AN/CA Fls. 27v, 135v-136v.

87. Gertrudes, AN/CA Fl. 24v.

88. Só fizeram isso com a proteção de um apadrinhamento, uma prática comum para os escravos que enfrentavam a possibilidade de serem castigados. De acordo com Walter Fraga, esta prática de "*tomar padrinho*" exemplificava a forma habitual como os escravos se queixavam das injustiças, respeitando as hierarquias sociais. No entanto, por volta da década de 1880, essas práticas habituais foram ultrapassadas pelas expectativas de liberdade dos escravos. Walter Fraga Filho, op. cit., p. 47.

89. Gertrudes, AN/CA Fl. 141, e Emilio Domingues Gomes de Almeida, Chefe da Forças Policiais do Rio de Janeiro, 9 ago. 1881, AN/CA Fl. 42.

90. Os escravizados competiam em dois grupos chamados Primos e Sornamby. As origens dos nomes são desconhecidas; no entanto, Sornamby é provavelmente Sernamby, um bairro no centro de São Mateus. Uma descrição de festas da região de São Mateus (mas não da Festa de Sant'Ana) pode ser encontrada em Hermógenes Lima da Fonseca e Rogério Medeiros, *Tradições populares no Espírito Santo* (Vitória: Departamento Estadual de Cultura, Divisão de Memória, 1991). Bento de Jesus Silvares, Tenente de Polícia de São Mateus a Antonio Pitanga, 9 jul. 1884, Polícia Ser. 2 Cx. 77 Mc 288 Fls. 97 e 117, Apees; José Antonio de Souza Lé, Subtenente de Polócia de São Mateus a Antonio Pitanga, 9 jul. 1884, Polícia Ser. 2 Cx. 77 Mc 288 Fls. 97 e 117, Apees.

91. Antonio Pitanga ao Vice-presidente do Espírito Santo, José Camillo Ferreira Rebello, 12 jul. 1884, Governadoria, Liv. 243 Fl. 217, Apees; Presidente do Espírito Santo ao Ministro e Secretário de Justiça, Francisco Maria Sodré Pereira, 16 jul. 1884, Ibid Fl. 219; e Vice-presidente Rebello a Antonio Pitanga, 16 jul. 1884, Polícia Ser. 2, Cx. 77, Mc 288, Fl. 96, Apees.

92. Ver capítulos 2 e 4.

93. Sobre a "paranoia branca" em relação aos receios de insurreição e a necessidade de olhar para além deles, ver Steven Hahn, "'Extravagant Expectations' of Freedom: Rumour, Political Struggle, and the Christmas Insurrection Scare of 1865 in the American South", *Past & Present* (n. 157, pp. 122-58, 1997).

94. Ibid., p. 133.

95. Agradeço a Greg Childs por ter forçado uma reconsideração da política

negra, passando da perspectiva da conspiração (que presumia o segredo) para a da sedição (que era pública).

96. José Rebello, Vice-Presidente do Espírito Santo a Antonio Pitanga, 16 jul. 1884, Polícia Ser. 2 Cx. 77 Mc 288 Fl. 96, Apees.

97. Bento de Jesus Silvares a Antonio Pitanga, 6 ago. 1884, Governadoria Ser. 383 Liv. 243 Fls. 296-298, Apees.

98. Interrogatório de Júlio em "Diligências para a destruição de quilombos", 21 jul. 1884, Processos Box 94, Fls. 11-13v, cpsm. Júlio também nomeou os seguintes homens e mulheres como quilombolas: Faustino, Brandino, Adolpho, José, Leopoldina, Monica, Andreza, pertencentes a Esteves, e Felisdoro, escravo de Matheus Cunha, outro filho de D. Rita Maria da Conceição Cunha, senhora de Benedito.

99. Interrogatório de Venancio Camundá em ibid, Fls. 14-14v.

100. A investigação policial centra-se inexplicavelmente no assassinato de um morador de São Mateus chamado Antonio Bamboláu e inclui os interrogatórios de vários suspeitos de esconder escravizados e de Júlio, entre outros. Processos Box 94, cpsm.

101. Telegrama do Tenente de Polícia de São Mateus Bento de Jesus Silvares a Antonio Pitanga, 29 jul. 1884. Polícia Ser. 2, Cx. 77, Mc 288, Fl. 103, Apees.

102. Bento de Jesus Silvares a Antonio Pitanga, 6 ago. 1884, Governadoria Ser. 383 Liv. 243 Fls. 296-298, Apees.

103. Juiz de Direito interino de São Mateus Lopes d'Oliveira a Antonio Pitanga, 3 ago. 1884, Polícia Ser. 2, Cx. 77, Mc 288 Fl. 107, Apees.

104. Tenente de Polícia de São Mateus Bento de Jesus Silvares a Antonio Pitanga, 8 ago. 1884, Ibid. Fl. 110. Chefe de Polícia do Espírito Santo, 21 jun. 1876, ij1-442-es, an.

105. Juiz Municipal da Barra de São Mateus Manoel Tobias a Antonio Pitanga, 9 ago. 1884, ibid., Fl. 115.

106. Antonio Pitanga o Vice-presidente do Espírito Santo José Camillo Ferreira Rebello, 25 ago. 1884, Governadoria Ser. 383 Liv. 243 Fl. 302, Apees.

107. Manoel Vasconcellos a Antonio Pitanga, 22 out. 1884, Polícia Ser. 2 Cx. 73 Mc 271 Fl. 31-33, Apees.

108. Ibid.

109. Ibid.

110. Ibid.

111. Tenente de Polícia Anthero José Vieira de Faria a Antonio Pitanga, 19 set. 1884, Polícia Ser. 2, Mc 287, Fl. 33, Apees.

112. Chefe de Polícia da Bahia ao Chefe de Polícia do Espírito Santo, 6 nov. 1884, Polícia Ser. 2 Cx. 77 Mc 293 Fl. 24, Apees.

113. Juiz Municipal da Barra de São Mateus Manoel Tobias a Antonio Pitan-

ga, 12 ago. 1884, Governadoria Ser. 383 Liv. 243 Fl. 300, Apees; e Francisco Maria Sodré Pereira, "Relatório do Ministério da Justiça", 1884, CRL. Não estão disponíveis mais detalhes sobre este incidente.

114. Como não há documentação sobre essa alegada violação da jovem, ao contrário do ataque a Marcolina, que levou a uma investigação policial, estou inclinada a acreditar que se trata de uma invenção. Vale lembrar também que o que distinguiu o caso Seraphim-Rita foi a ausência de alegações de violação, dada a evidência do tropo do violador negro em São Mateus.

115. Tabelionato Liv. 4, Fls. 90-91, 22 jan. 1872, CPSM.

116. Antonio Pitanga ao Chefe de Polícia da Bahia, 24 out. 1884, Polícia Ser. 2 Liv. 257 Fl. 334, Apees. Segundo Michael Gomez, o termo "fula" deriva provavelmente dos Fulbe/Fula/Fulani da África Ocidental, que era um grupo de aspecto muito particular, com características atípicas, frequentemente chamados "homens vermelhos" da África Ocidental devido à sua tez mais clara. Comunicação pessoal.

117. Henrique Hertzsch ao Chefe de polícia da Bahia, Telegrama (8 jun. 1885); Processo Crime (Viçosa, 1885), 18/1728/04, Apeb.

118. João Falcão Metzker ao Chefe de Polícia do Espírito Santo, Telegrama (5 jan. 1886), Polícia Ser. 2 Cx. 436 Mc 668 Fl. 98, Apees.

119. Para mais sobre Palmares, ver n. 4.

6. EMANCIPAÇÕES INCOMPLETAS: TRABALHO E ABOLIÇÃO
[pp. 251-92]

1. *Anais do Senado do Império do Brasil. 2ª sessão da 18ª legislatura*, v. IV. Rio de Janeiro: Typographia Nacional, 1882, p. 276, apud Jacinto de Palazzolo, *Nas selvas dos vales do Mucuri e do Rio Doce, como surgiu a cidade de Itambacuri, fundada por Frei Serafim de Gorizia, missionario capuchino, 1873-1952.* São Paulo: Companhia Editora Nacional, 1954, pp. 156-9.

2. Telegramas entre Miguel Bernardo d'Amorim e Antonio Pitanga, 22 nov. 1884, Policia Ser. 2 Cx 77 Mc 291 Fls. 52-53, Apees.

3. Celso Thomas Castilho, *Slave Emancipation and Transformations in Brazilian Political Citizenship.* Pittsburgh, PA: University of Pittsburgh Press, 2016, 174; *O Espírito Santense*, 5 maio 1888, p. 4.

4. Caiu de 1 milhão em 1872 para apenas 100 mil em 1886. José Murilo de Carvalho, *Cidadania no Brasil: O longo caminho.* Rio de Janeiro: Civilização Brasileira, 2001, pp. 38-9; Sidney Chalhoub, "The Politics of Silence: Race and Citizenship in Nineteenth-Century Brazil", *Slavery & Abolition*, v. 27, n. 1, pp. 83-4, abr. 2006. Castilho, no entanto, argumenta que esses processos também geraram

novas formas de participação política. Celso Thomas Castilho, op. cit., p. 16. Mulheres, crianças e inválidos continuaram a ser excluídos.

5. Ver capítulo 3.

6. João Severiano Maciel da Costa, *Memória sobre a necessidade de abolir a introdução dos escravos africanos no Brasil: Sobre o modo e condiçõis com que esta abolição se deve fazer; e sobre os meios de remediar a falta de braços que ela pode ocasionar.* Coimbra: Imprensa da Universidade, 1821, p. 60.

7. Januário da Cunha Barbosa, "Se a introdução dos escravos africanos no Brasil embaraça a civilização dos nossos indígenas, dispensando-se-lhes o trabalho, que todo foi confiado a escravos negros. Neste caso qual é o prejuizo que sofre a lavoura Brasileira", *RIHGB*, v. 1, n. 3, pp. 127-9, 1839.

8. José Bonifácio, *Projetos para o Brasil.* Org. de Miriam Dolhnikoff. São Paulo: Companhia das Letras, 1998, pp. 45-6, 82; Leda Maria Cardoso Naud, "Documentos sôbre o índio brasileiro, 2ª parte", *Revista de Informação Legislativa*, v. 8, n. 29, pp. 317-8, 1971.

9. *Diario do Rio de Janeiro*, 10 jul. 1840.

10. Celia Maria Marinho de Azevedo, *Onda negra, medo branco: O negro no imaginário das elites — século XIX.* Rio de Janeiro: Paz e Terra, 1987; Giralda Seyferth, "Construindo a nação: Hierarquias raciais e o papel do racismo na política de imigração e colonização". In: Marcos Chor Maio e Ricardo Ventura Santos (Orgs.), *Raça, ciência e sociedade.* Rio de Janeiro: Fiocruz, 1996, pp. 41-58.

11. Louis Couty, *L'esclavage au Brésil.* Paris: Librairie de Guillaumin, 1881, p. 6, 73; *Correio Paulistano*, 19 maio 1885, p. 3; para um debate geral sobre essas ideias, ver Walter Fraga Filho, *Mendigos, moleques e vadios na Bahia do século XIX* (São Paulo: Hucitec, 1996).

12. Sobre esses debates em São Paulo, ver Celia Maria M. Azevedo, op. cit. Para Pernambuco, ver Peter L. Eisenberg, *The Sugar Industry in Pernambuco: Modernization without Change, 1840-1910* (Berkeley: University of California Press, 1974); Celso Thomas Castilho, op. cit.

13. Barickman documentou uma escassez de mão de obra semelhante no Recôncavo Baiano açucareiro, após a emancipação. B. J. Barickman, "Persistence and Decline: Slave Labour and Sugar Production in the Bahian Recôncavo, 1850-1888", *JLAS*, v. 28, n. 3, pp. 581-633, out. 1996.

14. Visconde de Sergimirim, Diretor de Índios da Bahia, "Relatório da Directoria Geral dos Indios (Bahia)", 15 fev. 1872, p. 3, CRL.

15. Eul-Soo Pang, *O Engenho Central do Bom Jardim na economia baiana: Alguns aspectos de sua história, 1875-1891.* Rio de Janeiro: AN/IHGB, 1979; B. J. Barickman, "Persistence and Decline", op. cit.

16. Sergimirim, "Relatório da Directoria Geral dos Indios (Bahia)", p. 3; itálicos meus.

17. "S. Matheus", *O Estandarte*, 30 jul. 1871.

18. Celia Maria M. Azevedo, op. cit., pp. 123-4; Warren Dean, *Rio Claro: A Brazilian Plantation System, 1820-1920*. Stanford, CA: Stanford University Press, 1976, pp. 97-8 [ed. bras.: *Rio Claro: Um sistema brasileiro de grande lavoura, 1820-1920*. Rio de Janeiro: Paz e Terra, 1977]; Emília Viotti da Costa, *The Brazilian Empire: Myths & Histories*. Chapel Hill: University of North Carolina Press, 2000, pp. 105-8; Robert Avé-Lallemant, *Viagem pelo norte do Brasil no ano de 1859*. Rio de Janeiro: Instituto Nacional do Livro, Ministério da Educação e Cultura, 1961, pp. 157-66.

19. Bernardo Augusto Nascentes de Azambuja, *Relatório sobre as colônias ao sul da província da Bahia, apresentado ao Ministério da Agricultura, Commércio, e Obras Publicas*. Rio de Janeiro: Typographia Nacional, 1874. Ver também Homem de Mello, "Falla (Bahia)", 1878, p. 43, CRL.

20. Celia Maria M. Azevedo, op. cit., capítulo 3; Sidney Chalhoub, *Visões da liberdade: Uma história das últimas décadas da escravidão na corte*. São Paulo: Companhia das Letras, 1990, pp. 151-67.

21. Francisco Ferreira Corrêa a Francisco de Paula de Negreiros Saião Lobato, 1 jun. 1871; 1 set. 1871; 6 set. 1871; e 6 nov. 1871, IJ1-440-ES, AN.

22. Tribunal do Jury, Homicidio (São Mateus, 12 fev. 1875), Processos Cx 76, CPSM.

23. Consul suíço na Bahia ao Presidente da Bahia, 4 jan. 1876, Colonial/Justiça/ São José de Porto Alegre/Mc 2540, Apeb.

24. Tribunal do Jury, Summario de culpa — Ferimentos (São Mateus, 12 jun. 1876), Processos Cx 79, CPSM.

25. Sergimirim, Diretor de Índios da Bahia, "Relatório da Directoria Geral dos Indios (Bahia)", p. 2.

26. Antonio Dias Paes Leme, "Relatório (ES)", 1870, p. 20, CRL.

27. Sergimirim, p. 4.

28. Ibid.

29. Leme, "Relatório (ES)", pp. 20-1.

30. Domingos Ramos Pacó, "Hámbric anhamprán ti mattâ nhiñchopón? 1918". In: Eduardo Magalhães Ribeiro (Org.), *Lembranças da terra: Histórias do Mucuri e Jequitinhonha*. Belo Horizonte: Cedefes, 1996, pp. 198-9.

31. José Fernandes da Costa Pereira Junior, "Relatório do Ministério da Agricultura", 1874, p. 296, CRL; Jacinto de Palazzolo, op. cit., pp. 61, 92-4; Domingos Ramos Pacó, op. cit., pp. 198-202; Izabel Missagia de Mattos, *Civilização e revolta: Os Botocudos e a catequese na província de Minas*. São Paulo: Edusc; Anpocs, 2004, pp. 271-4; e "Educar para dominar", *RAPM*, v. 1, n. 100, pp. 98--109, 2011.

32. José Fernandes da Costa Pereira Junior, "Relatório do Ministério da Agricultura", p. 297.

33. *Anais do Senado 1882*, IV: p. 276; Jacinto de Palazzolo, op. cit., p. 139; Maria Hilda Baqueiro Paraiso, *O tempo da dor e do trabalho: A Conquista dos Territórios Indígenas nos Sertões do Leste*. São Paulo: FFLH-USP, 1998. Tese (Doutorado em História Social), p. 711.

34. Antonio Luiz de Magalhães Musqueira, "Relatório do Diretor dos índios de Minas Gerais", 1875, p. 5, CRL. Mattos cita uma versão abreviada e um pouco diferente desse texto em *Civilização e revolta*, op. cit., p. 85.

35. João Ferreira de Moura, "Relatório do Ministério da Agricultura", 1884, p. 42, CRL.

36. "Vítima dos Pojichas", *Gazeta da Bahia*, 22 nov. 1882; João Ferreira de Moura, "Relatório do Ministério da Justiça", 1882, pp. 63-4, CRL.

37. Affonso Augusto Moreira Penna, "Relatório do Ministério da Justiça", 1884, p. 92.

38. Domingos Ramos Pacó, op. cit., p. 208.

39. Fr. Angelo de Sassoferato e Fr. Serafim de Gorizia ao Tenente de polícia de Teófilo Ottoni (Filadélfia), 5 mar. 1885, 20-III-51, ACRJ; Fr. Angelo de Sassoferato e Fr. Serafim de Gorizia ao Tenente de Polícia de Teófilo Ottoni, 8 mar. 1885, 20-III-51, ACRJ; Fr. Angelo de Sassoferato e Fr. Serafim de Gorizia ao MACOP, 15 mar. 1885, 20-III-52, ACRJ; Fr. Angelo de Sassoferato e Fr. Serafim de Gorizia ao MACOP, 20 mar. 1885, 20-III-50, ACRJ.

40. Joaquim Delfino Ribeiro da Luz, "Relatório do Ministério da Justiça", 1885, p. 44, CRL; Cléia Schiavo Weyrauch, *Pioneiros alemães de Nova Filadélfia*. Caxias do Sul: Editora da Universidade, 1997, p. 90; tal como referido em Mattos, *Civilização e revolta*, op. cit., pp. 355-6; *Liberal Mineiro*, 29 out. 1885. O capítulo 5 aborda esse incidente de outra perspectiva da história oral recolhida por Weyrauch, segundo a qual os habitantes locais recordavam o ocorrido de forma bastante diferente: um escravizado que tinha fugido de Ottoni matou uma onça e se tornou capitão entre os indígenas, e os incitou a atacar Ottoni e a raptar suas filhas. O destino destas últimas é desconhecido.

41. Fr. Angelo de Sassoferato e Fr. Serafim de Gorizia a Antonio da Silva Prado, Ministro da Agricultura, 10 jan. 1886, 20-III-57, ACRJ; Mattos, *Civilização e revolta*, op. cit., p. 265.

42. Maria Hilda Baqueiro Paraiso, "Os Botocudos e sua trajetória histórica". In: Manuela Carneiro da Cunha (Org.), *História dos índios no Brasil*. São Paulo: Companhia das Letras, 1992, p. 420.

43. Fr. Angelo de Sassoferato e Fr. Serafim de Gorizia, "Statistical Report", 10 jan. 1886, 20-III-57, ACRJ.

44. Jacinto de Palazzolo, op. cit.; Affonso Augusto Moreira Penna, "Relatório do Ministério da Agricultura", 1883, p. 124, CRL.

45. O *urucum* (tupi), *bixa orellana* em latim, também conhecido como *achiote*, é uma planta originária das regiões tropicais das Américas. Suas sementes vermelhas brilhantes são usadas para pintura corporal, e o *annatto*, extraído da semente, ainda é usado como corante alimentar em muitos pratos latino-americanos.

46. Jacinto de Palazzolo, op. cit., pp. 211-3; Mattos, *Civilização e revolta*, op. cit., p. 355.

47. Jacinto de Palazzolo, op. cit., pp. 216-7.

48. Ibid., p. 250.

49. Telegramas entre Juiz de Direito Amorim e Antonio Pitanga, 12 nov. 1884, Polícia Ser. 2 Cx 77 Mc 291 Fls. 52-53, Apees.

50. Cosme Francisco da Motta a Antonio Pitanga, 28 fev. 1884, Polícia Ser. 2 Cx. 77 Mc 289 Fls. 88-89, Apees.

51. José Pinto Homem Azevedo ao Chefe de Polícia, 19 jul. 1884, Polícia Ser. 2 Cx. 77 Mc 289 Fl. 3, Apees; Luis Antonio dos Santos a Antonio Pitanga, 8 jul. 1884, Polícia Ser. 2 Cx. 77 Mc 290 Fls. 175-176, Apees.

52. Telegramas entre o Juiz de Direito Amorim e Antonio Pitanga, 14 nov. 1884, Polícia Ser. 2 Cx 77 Mc 291 Fls. 54-55, Apees.

53. Cosme Francisco da Motta a Antonio Pitanga, 15 nov. 1884, Polícia Ser. 2 Cx. 77 Mc 293 Fls. 30-31, Apees.

54. Beatriz Gallotti Mamigonian, "O direito de ser Africano livre: Os escravos e as interpretações da Lei de 1831". In: Silvia Hunold Lara e Joseli Maria Nunes Mendonça, *Direitos e justiça no Brasil: Ensaios de história social*. Campinas: Editora da Unicamp, 2006, p. 130; Robert Conrad, "Neither Slave nor Free: The *Emancipados of Brazil, 1818-1868*", *HAHR*, v. 53, n. 1, pp. 50-70, 1973. Os africanos ilegalmente escravizados interceptados a caminho do Brasil depois de 1831 eram classificados como emancipados e ocupavam a categoria ambígua de pessoas que não eram nem escravas nem livres. Eram obrigados a aguardar uma eventual liberdade plena sob a "tutela" de particulares ou do Estado, sob a forma de projetos de serviço ou de obras públicas, durante várias décadas. Os emancipados eram administrados pela Justiça dos Órfãos numa categoria jurídica partilhada com os índios recém-emancipados, sob a premissa de que nenhum dos dois grupos era capaz de julgamento responsável.

55. Ver os trabalhos de Beatriz Gallotti Mamigonian e Keila Grinberg (Orgs.), "Dossiê: 'Para inglês ver? Revisitando a lei de 1831'", *Estudos Afro-Asiáticos* (v. 1-3, 2007), que também se centram nos usos que os próprios africanos fazem do direito há muitas décadas.

56. Sidney Chalhoub, *A força da escravidão: Ilegalidade e costume no Brasil*

oitocentista. São Paulo: Companhia das Letras, 2012; Tâmis Parron, *A política da escravidão no Império do Brasil, 1826-1865*. Rio de Janeiro: Civilização Brasileira, 2011; Robert Edgar Conrad, *The Destruction of Brazilian Slavery, 1850-1888*. Berkeley: University of California Press, 1972, pp. 139-40; 154-5; Elciene Azevedo, "Para além dos tribunais: advogados e escravos no movimento abolicionista em São Paulo". In: Silvia Hunold Lara e Joseli Maria Nunes Mendonça (Orgs.), *Direitos e justiças no Brasil: Ensaios de história social*. Campinas: Editora da Unicamp, 2006, pp. 214-7.

57. Emília Viotti da Costa, op. cit., pp. 164-5.

58. Cosme Francisco da Motta, "Petição de Habeas Corpus" (Processos, São Mateus, 26 nov. 1884), Box 94, Fl. 1, cpsm

59. Ângela Alonso, apud Celso Thomas Castilho, op. cit., p. 39.

60. Domingos Martins foi um importante maçom que contribuiu para revitalizar o ramo inglês da ordem na revolução pernambucana de 1817. Evaldo Cabral de Mello, *A outra independência: O federalismo pernambucano de 1817 a 1824*. São Paulo: Editora 34, 2004, pp. 36-8. Sobre a sociedade, ver Maria Stella de Novaes, *A escravidão e a abolição no Espírito Santo: História e folclore* (Vitória: Instituto Histórico e Geográfico, 1963, pp. 118-22).

61. Domingos Martins foi um importante maçom que contribuiu para revitalizar o ramo inglês da ordem na revolução pernambucana de 1817. Evaldo Cabral de Mello, *A outra independência: O federalismo pernambucano de 1817 a 1824*. São Paulo: Editora 34, 2004, pp. 36-8. Sobre a sociedade, ver Maria Stella de Novaes, *A escravidão e a abolição no Espírito Santo: História e folclore* (Vitória: Instituto Histórico e Geográfico, 1963, pp. 118-22).

62. Motta, Protetor.

63. Motta a Pitanga, 15 nov. 1884, Fl. 31.

64. Fazendeiros de São Mateus ao Juiz de Direito de São Mateus, 11 nov. 1884, Box 94, cpsm.

65. Motta, "Petição de Habeas Corpus", Fl. 4v.

66. Joaquim Vicente Lopes de Oliveira a Antonio Pitanga, 27 nov. 1884, Polícia Ser. 2 Cx. 77 Mc 293 Of. 37 Fls. 21-23, Apees.

67. Ibid., Fl. 22v.

68. Miguel Bernardo Vieira Amorim a Antonio Pitanga, 16 nov. 1884, Governadoria Ser. 383 Liv. 243 Fls. 399-399v, Apees; Aglinio Jard de Magalhães Requião e Antonio Pitanga, 16 nov. 1884, Governadoria Ser. 383 Liv. 243 Fl. 400, Apees; Tenente de Polícia de São Mateus, 28 nov. 1884, Polícia Ser. 2 Liv. 258 Fl. 171, Apees.

69. Sobre abolicionistas brasileiros e a maçonaria, ver Celia Maria Marinho de Azevedo, *Maçonaria, anti-racismo e cidadania: Uma história de lutas e deba-*

tes transnacionais. São Paulo: Annablume, 2010. Muitos maçons estavam também envolvidos no comércio ilegal de escravos.

70. Motta, "Petição de Habeas Corpus", Fls. 4v-5.

71. Perguntas para Cosme Francisco da Motta, 27 nov. 1884, Ibid., Fls. 12v-13.

72. Ibid., Fl. 12.

73. Sobre o controle dos libertos e sua relação com o discurso da vadiagem, ver, por exemplo, Celia Maria M. Azevedo, *Onda negra*, op. cit.; George Reid Andrews, *Blacks & Whites in São Paulo, Brazil, 1888-1988* (Madison: University of Wisconsin Press, 1991 [ed. bras.: *Negros e brancos em São Paulo, 1888-1988*. Trad. de Magda Lopes. Bauru: Edusc, 1998]); Thomas C. Holt, *The Problem of Freedom: Race, Labor, and Politics in Jamaica and Britain, 1832-1938* (Baltimore: Johns Hopkins University Press, 1992); Mimi Sheller, *Democracy after Slavery: Black Publics and Peasant Radicalism in Haiti and Jamaica* (Gainesville: University Press of Florida, 2000).

74. Penna, "Relatório do Ministério da Justiça", pp. 43-4; Sabino José Oliveira, 6 jul. 1885, Polícia Ser. 2 Cx. 79 Mc 299 Fl. 100, Apees.

75. José Machado de Pedreira a Teodoro Machado Freire Pereira da Silva, Presidente da Bahia, 5 maio 1886, Colônia/Justiça/Viçosa/Mc 2638, Apeb; Alane Fraga do Carmo, *Colonização e escravidão na Bahia: A Colônia Leopoldina (1850-1888)*. Salvador: FFCH-Ufba, 2010. Dissertação (Mestrado em História), p. 77.

76. Jailton Lima Brito, *A abolição na Bahia, 1870-1888*. Salvador: Edufba, 2003, p. 237.

77. Durval Vieira de Aguiar, *Descrições práticas da província da Bahia: Com descrições de todas as distâncias intermediárias das cidade, vilas e povoações*. Rio de Janeiro: Cátedra, 1979, pp. 284-93.

78. Antonio Vicente da Costa, "Alfândega na comarca de Caravellas (Relatório ao Senador Dantas)", *Gazeta da Bahia*, 17 dez. 1884. Costa não contabiliza os trezentos escravos restantes.

79. Alane Fraga do Carmo, op. cit., pp. 106-12.

80. Durval Vieira de Aguiar, op. cit., pp. 290-2. Em 1884 a Bahia como um todo ainda contava 132 822 escravizados. Mesmo com um decréscimo acentuado, ainda havia pelo menos 76 838 em 1886-7, o que fazia dela a quarta maior província escravista. Robert Edgar Conrad, *The Destruction of Brazilian Slavery*, op. cit., p. 285; João Ferreira de Moura, "Relatório do Ministério da Agricultura", op. cit., p. 372.

81. Manoel José de Figueredo, 6 ago. 1883, Colonial/Polícia/Mc 3000, Apeb; Ricardo Tadeu Caires Silva, *Caminhos da abolição: Escravos, senhores e direitos nas últimas décadas da escravidão (Bahia, 1850-1888)*. Curitiba: SCHLA-UFPR, 2007. Tese (Doutorado em História Social), pp. 284-5.

82. Jeffrey D. Needell, "Brazilian Abolitionism, Its Historiography, and the Uses of Political History", *JLAS*, v. 42, n. 2, pp. 231-61, 2010; Celso Thomas Castilho, op. cit., cap. 5.

83. C. Vasconcellos, Telegrama (São Mateus,18 maio 1888), Polícia Cx. 436 Maço 669 Fl. 40, Apees; Paço da Câmara Municipal de São Mateus (São Mateus, 8 jun. 1888), Liv. 353 Fl. 512, Apees; *A Província do Espírito Santo*, 16 maio 1888.

84. Francisco Antonio de Carvalhal, Promotor Público de Viçosa e S. José de Porto Alegre ao Chefe de Polícia da Bahia, 9 jun. 1888, Colonial/Polícia/Chefes de Polícia/Mc 2986, Apeb.

85. No Brasil, república significa não só a configuração política mas também uma residência de estudantes, sendo por vezes utilizada para sugerir um estado de anarquia. Angelo Domingues Monteiro (Vila Viçosa, 1 jun. 1888), Colonial/ Polícia/Chefes de Polícia/Mc 2986, Apeb. Iacy Mata Maio leu esse incidente como prova dos ganhos políticos dos libertos, visto que, em vez de serem cooptados pelas facções políticas da cidade, rejeitavam abertamente sua sujeição; ver seu artigo "'Libertos de treze de maio' e ex-senhores na Bahia: Conflitos no pós-abolição", *Afro-Ásia* (n. 35, pp. 163-98, 2007).

86. João Falcão Metzker ao Chefe de Polícia da Bahia, 28 maio 1888, Colonial/Polícia/Mc 2986, Apeb. Iacy Maio também documentou casos de senhores que tentaram forçar os libertos a continuar trabalhando sem remuneração, nessa e em outras regiões da Bahia, após a abolição em Iacy Mata Maio, *Os treze de maio: Ex-senhores, polícia e libertos na Bahia no pós-Abolição (1888-1889)*. Salvador: FFCH-Ufba, 2002. Dissertação (Mestrado em História), pp. 19-29.

87. Metzker ao Chefe de Polícia da Bahia, 28 maio 1888.

88. Manoel Machado Portella, "Relatório (BA)", 1889, p. 13, CRL.

89. Sobre libertos e direito ao voto, ver Hebe Maria Mattos de Castro, *Escravidão e cidadania no Brasil monárquico* (Rio de Janeiro: Jorge Zahar, 2000, p. 20); Manuela Carneiro da Cunha, *Negros, estrangeiros: Os escravos libertos e sua volta à África* (São Paulo: Brasiliense, 1985, pp. 68-9).

90. Robert Brent Toplin, *The Abolition of Slavery in Brazil*. Nova York: Atheneum, 1975, pp. 117-9, 234. A omissão da Igreja em relação à escravidão foi, de fato, o objeto específico da crítica do abolicionista baiano Luís Anselmo da Fonseca, delineada em seu texto de 1887, *A escravidão, o clero e o abolicionismo* (Bahia: Imprensa Econômica, 1887).

91. STR 13 jun. 1878, Liv. 11, Fls. 4-9, CPSM.

92. "Inquérito policial sobre a tentativa de suicídio de Ludgero, escravo do capitão Raulino Francisco de Oliveira"(São Mateus, 24 jul. 1887), Cx. 97, CPSM.

93. Inventário de D. Rita Adélia de Oliveira (mulher do capitão Raulino), 14 fev. 1887, Cx. 99, Fls. 39-40, CPSM; *Almanak (ES)*, 1885, p. 189. Embora não estivesse entre os dezenove acusadores, Raulino juntou-se a alguns deles para se queixar à polícia de que a sua vida estava ameaçada pela alegada conspiração de

Motta. Miguel Bernardo Vieira Amorim a António Pitanga, 14 nov. 1884, Polícia Ser. 2 Cx. 77 Mc 291 Fls. 54-55, Apees.

94. Para evitar as consequências da Lei de 1831, muitos senhores de escravos tinham fraudulentamente registrado os africanos importados ilegalmente com uma idade maior do que a real. Como aponta Conrad, um número desproporcionalmente elevado de africanos foi registrado como tendo 51 anos ou mais no Censo de 1872, e todos eles teriam sido libertados pela Lei dos Sexagenários. A única outra opção era reconhecer a fraude. Robert Edgar Conrad, *The Destruction of Brazilian Slavery*, op. cit., pp. 215-6.

95. Para uma análise crítica da narrativa de abolicionistas radicais incitando e manipulando escravos a abandonar as lavouras em São Paulo, ver Elciene Azevedo, *Orfeu de carapinha: A trajetória de Luiz Gama na imperial cidade de São Paulo* (Campinas: Editora da Unicamp, 1999, p. 133).

96. O projeto de lei, aprovado em 28 de setembro de 1885, enquadrou o crime de abrigar fugitivos no artigo 260 do Código Penal, que regulamentava a propriedade roubada. A multa por esconder um escravo fugitivo era de 5% a 20% do valor do escravo, e a pessoa considerada culpada de ajudar um escravo fugitivo estava sujeita à prisão por até dois anos. O abolicionista Rui Barbosa comparou a lei ao Fugitive Slave Act dos Estados Unidos. Robert Edgar Conrad, *The Destruction of Brazilian Slavery*, op. cit., pp. 223-4, 226.

97. Jeffrey D. Needell, op. cit., pp. 251-5.

98. Tenente de Polícia de Viçosa e S. José de Porto Alegre ao Chefe de Polícia da Bahia, 5 jul. 1889, Colonial/Polícia/Delegados/Mc 6226, Apeb. Entre os que se mudaram para lá provavelmente estavam libertos das cidades de Caravelas e Alcobaça, cidades que trezentos libertos tinham já abandonado em 30 de maio de 1888. Vicente Ignacio de Sant'Anna, 30 maio 1888, Colonial/Justiça/Alcobaça/Mc 2231, Apeb. O aumento baseia-se na cifra de 1131 escravos em Viçosa e São José em 1884.

99. Flach está registrado claramente como um "Africano liberto" em seu inventário, o que sugere que ele veio da África com sua mãe ainda criança. Henrique Metzker, "Inventário de Anacleto Flach" (Colônia Leopoldina, 23 nov. 1881), Inventários 08/3410/10, Apeb.

100. Francisco Vicente Vianna e José Carlos Ferreira, *Memoria sobre o estado da Bahia*. Bahia: Typographia e encadernação do *Diario da Bahia*, 1893, pp. 197-8.

101. Sobre as redes de parentesco entre os escravos da colônia e suas estratégias de emancipação, ver Alane Fraga do Carmo, "Colonização e escravidão", op. cit. O estudo de Walter Fraga sobre escravos e ex-escravos no Recôncavo demonstra claramente que muitos libertos permaneciam nas fazendas onde foram escravizados, ou próximo a elas, onde tinham fortes e intrincadas redes de pa-

rentesco. Ver também Ana Lugão Rios e Hebe Maria Mattos de Castro, *Memórias do cativeiro: Família, trabalho e cidadania no pós-abolição* (Rio de Janeiro: Civilização Brasileira, 2005); Dylan C. Penningroth, *The Claims of Kinfolk: African American Property and Community in the Nineteenth-Century South* (Chapel Hill: University of North Carolina Press, 2003).

102. Os estudiosos que escreveram sobre o padre Geraldo tendem a retratá-lo como um abolicionista radical heroico e politicamente conectado, sem uma suficiente análise crítica de seus planos para os libertos. Seu caso também é incluído numa discussão geral sobre a agitação relacionada à abolição na Bahia, sem atenção à história específica da região. Wlamyra Ribeiro de Albuquerque, *O jogo da dissimulação: Abolição e cidadania negra no Brasil*. São Paulo: Companhia das Letras, 2009, pp. 134-9; Iacy Maio, "Libertos de treze de maio", op. cit., pp. 192-6; Ricardo Tadeu Caires Silva, op. cit., pp. 277-95; Alane Fraga do Carmo, "Colonização e escravidão", op. cit., pp. 75-8; Jailton Lima Brito, op. cit., pp. 269-76.

103. Câmara Municipal de Vila Viçosa a José Luiz de Almeida Couto, Presidente da Bahia, 23 jul. 1889, Colonial/Câmaras/Viçosa/Mc 1458, Apeb.

104. Lilia Moritz Schwarcz, *The Emperor's Beard: Dom Pedro II and His Tropical Monarchy in Brazil*. Trad. de John Gledson. Hill and Wang, 2003, pp. 326-32 [ed. bras.: *As barbas do Imperador*. São Paulo: Companhia das Letras, 1998]; Izabel Missagia de Mattos, *Civilização e revolta*, op. cit., p. 380; e "Educar para dominar", op. cit., p. 101.

105. Jacinto de Palazzolo, op. cit., pp. 242-3.

106. Fr. Angelo de Sassoferato e Fr. Serafim de Gorizia a Antonio Alves Pereira da Silva, 22 ago. 1893, 20-V-100, ACRJ; Izabel Missagia de Mattos, *Civilização e revolta*, op. cit., p. 357.

107. Sassoferato e Gorizia a Silva, 22 ago. 1893. Para o relato mais completo e etnográfico da "revolta" de maio de 1893, ver Izabel Missagia de Mattos, *Civilização e revolta*, op. cit., cap. 6.

108. Sassoferato e Gorizia a Silva, 22 ago. 1893; Antonio Onofri a Antonio Alves Pereira da Silva, 10 jun. 1893, 21-I-19, ACRJ.

109. Guido Pokrane também acusou seus inimigos de feitiçaria.

110. Izabel Missagia de Mattos, *Civilização e revolta*, op. cit., pp. 137-8; 364; Curt Nimuendajú, "Social Organization and Beliefs of the Botocudo of Eastern Brazil", *Southwestern Journal of Anthropology*, v. 2, n. 1, p. 98, 1946; Onofri a Silva, 10 jun. 1893.

111. Izabel Missagia de Mattos, *Civilização e revolta*, op. cit., pp. 363-4; Sassoferato e Gorizia a Silva, 22 ago. 1893; Jacinto de Palazzolo, op. cit., p. 253.

112. Fr. Angelo de Sassoferato (1915), apud Jacinto de Palazzolo, *Nas selvas dos vales*, op. cit., p. 260.

113. Onofri a Silva, 10 jun. 1893.

114. O tráfico transatlântico de escravos foi inicialmente abolido a norte do equador em 1815.

EPÍLOGO [pp. 293-302]

1. Sou profundamente grata por isso a Olivia Gomes da Cunha e Martin Ossowicki.

2. Maciel de Aguiar, *Os últimos zumbis: A saga dos negros do Vale do Cricaré durante a escravidão*. Porto Seguro: Brasil-Cultura, 2001, pp. 221-9; *Brincantes & quilombolas*. São Mateus: Memorial, 2005.

3. Trouillot, Michel-Rolph. *Silencing the Past: Power and the Production of History*. Boston: Beacon Press, 2015. [Ed. bras.: *Silenciando o passado: Poder e a produção da história*. Trad. de Sebastião Nascimento. Rio de Janeiro: Cobogó, 2024.]

4. James Holston, *Insurgent Citizenship: Disjunctions of Democracy and Modernity in Brazil*. Princeton, NJ: Princeton University Press, 2008. [Ed. bras.: *Cidadania insurgente: Disjunções da democracia e da modernidade no Brasil*. Trad. de Claudio Carina. São Paulo: Companhia das Letras, 2013.]

5. Ilka Boaventura Leite, "The Transhistorical, Juridical-Formal, and Post-Utopian Quilombo". In: John Gledhill e Patience A. Schell (Orgs.), *New Approaches to Resistance in Brazil and Mexico*. Durham, NC: Duke University Press, 2012, p. 251.

6. Oscar de la Torre, *People of the River: Nature, Community, and Identity in Black Amazonia, 1835-1945*. Chapel Hill: University of North Carolina Press, 2018, pp. 3-4; cap. 5.

7. Ilka Boaventura Leite, op. cit., pp. 262-3.

8. Tracy Devine Guzmán, *Native and National in Brazil: Indigeneity after Independence*. Chapel Hill: University of North Carolina Press, 2013, pp. 42-3; Alcida Rita Ramos, *Indigenism: Ethnic Politics in Brazil*. Madison: The University of Wisconsin Press, 1998, pp. 18-9, 98.

9. O artigo 9º do Estatuto do Índio de 1973, ecoando antigas ideias assimilacionistas, estabelece que os índios integrados na "comunhão nacional" podem requerer a emancipação legal do estatuto de tutela. Sobre 1978, ver Alcida Rita Ramos, "A Hall of Mirrors: The Rhetoric of Indigenism in Brazil", *Critique of Anthropology*, v. 11, n. 2, p. 164, 1991. Significativamente, o Estado brasileiro nega aos índios a propriedade plena da terra. Eles só podem ocupar a terra — ou seja, ter o usufruto exclusivo de todos os recursos que existem em suas terras —

mas não o subsolo. A União é a proprietária; os índios são os posseiros. Alcida Rita Ramos, *Indigenism*, op. cit., pp. 96-7, 244-5.

10. Alcida Rita Ramos, *Indigenism*, op. cit., pp. 259-60; Jan French, comunicação pessoal.

11. Jan French, *Legalizing Identities: Becoming Black or Indian in Brazil's Northeast*. Chapel Hill: University of North Carolina Press, 2009, p. 69; Alcida Rita Ramos, *Indigenism*, op. cit., p. 244.

12. Jan French, op. cit., pp. 63-4; Trace Devine Guzmán, op. cit., p. 42.

13. Jan French, op. cit., pp. 68-9 e comunicação pessoal.

14. Ilka Boaventura Leite, op. cit, p. 262; Trace Devine Guzmán, op. cit., p. 48.

Referências bibliográficas

ARQUIVOS

Rio de Janeiro, Brasil
    Arquivo Nacional
    Biblioteca Nacional
    Instituto Histórico e Geográfico Brasileiro
    Museu do Índio
    Arquivo dos Capuchinhos (cortesia de José Bessa, UERJ)
Bahia, Brasil
    Arquivo Público do Estado da Bahia, Salvador
    Co-Catedral do Santo Antônio de Caravelas
Espírito Santo, Brasil
    Arquivo Público do Estado do Espírito Santo, Vitória
    Cartório do Primeiro Ofício, São Mateus
Lisboa, Portugal
    Arquivo Histórico Ultramarino

JORNAIS E PERIÓDICOS

A Folha da Victoria (ES)
Almanak (ES)

Almanak Administrativo, Mercantil e Industrial da Bahia (BA)
A Província do Espírito Santo (ES)
Correio Mercantil (RJ)
Correio Paulistano (SP)
Diario do Rio de Janeiro (RJ)
Gazeta da Bahia (BA)
Liberal Mineiro (MG)
O Espírito Santense (ES)
O Estandarte (ES)
O Norte do Espírito Santo (ES)
Philantropo (RJ)
Revista Ilustrada (RJ)

DISCURSOS E RELATÓRIOS

Discursos de presidentes das províncias da Bahia, Espírito Santo e Minas Gerais, 1823-89 e relatórios ministeriais brasileiros (Império; Justiça; Agricultura, incluindo indígenas). Disponíveis em: Center for Research Libraries Brazilian Government Documents Collection: <www.crl.edu/node/5525>.

FONTES IMPRESSAS

AGASSIZ, Louis; AGASSIZ, Elizabeth Cabot Cary. *A Journey in Brazil*. Boston: Ticknor and Fields, 1868.

AGUIAR, Durval Vieira de. *Descripções praticas da provincia da Bahia com declaração de todas a distancias intermediarias das cidades, villas e povoações*. Bahia: Typographia do *Diario da Bahia*, 1888.

ALENCAR, José Martiniano de. *Iracema: A Novel*. Trad. de Clifford E. Landers. Nova York: Oxford University Press, 2000.

ALMEIDA, Hermenegildo Antonio Barbosa d'. "Viagem as vilas de Caravelas, Viçosa, Porto Alegre, de Mucury, e aos rios Mucury, e Peruípe". *RIHGB*, v. 8, n. 4, pp. 425-52, 1846.

ALMEIDA, Miguel Calmon du Pin e. *Memoria sobre o estabelecimento d'uma companhia de colonisação nesta provincia*. Salvador: Typographia do Diario de G. J. Bezerra, 1835.

_____. *Ensaio sobre o fabrico do açucar*. Ed. de José de F. Mascarenhas, Waldir Freitas Oliveira e José Honório Rodrigues. Salvador: FIEB, 2002.

ANAIS do Senado do Império do Brasil. 2ª sessão da 18ª legislatura, v. IV. Rio de Janeiro: Typographia Nacional, 1882.

ANDRADA E SILVA, José Bonifácio de. *Projetos para o Brasil*. Ed. de Miriam Dolhnikoff. São Paulo: Companhia das Letras, 1998.

ANNAES do Parlamento brazileiro, Assemblea constituinte, 1823, v. 5. Rio de Janeiro: H. J. Pinto, 1880.

ARGOLLO, M. de Teive e. *Memoria descriptiva sobre a estrada de ferro Bahia e Minas*. Rio de Janeiro: H. Laemmert, 1883.

AVÉ-LALLEMANT, Robert. *Viagem pelo norte do Brasil no ano de 1859*. Rio de Janeiro: Instituto Nacional do Livro; Ministério da Educação e Cultura, 1961.

AZAMBUJA, Bernardo Augusto Nascentes de. *Relatório sobre as colônias ao sul da província da Bahia, apresentado ao Ministério da Agricultura, Commércio e Obras Públicas*. Rio de Janeiro: Typographia Nacional, 1874.

BARBOSA, Januário da Cunha. "Se a introdução dos escravos africanos no Brasil embaraça a civilização dos nossos indígenas, dispensando-se-lhes o trabalho, que todo foi confiado a escravos negros. Neste caso qual é o prejuizo que sofre a lavoura Brasileira". *RIHGB*, v. 1, n. 3, pp. 123-33, 1839.

BRASIL. *Código criminal do império do Brasil annotado com as leis, decretos, avisos e portarias publicados desde a sua data até o presente, e que explição, revogão ou alterão algumas das suas disposições, ou com ellas tem immediata connexão*. Rio de Janeiro: A. Goncalves Guimarães, 1860.

BRASIL E DIRECTORIA GERAL DE ESTATÍSTICA. *Recenseamento da população do Império do Brasil a que se procedeu no dia 1º de agosto de 1872*. [Rio de Janeiro: A Directoria], 1873.

CARDIM, Fernão. *Tratados da terra e gente do Brasil*. Ed. de Ana Maria de Azevedo. Lisboa: Comissão Nacional para as Comemorações dos Descobrimentos Portugueses, 1997.

COMPANHIA DO MUCURY. *História da empresa: Importância dos seus privilégios. Alcance de seus projetos*. Rio de Janeiro: Typographia Imperial e Constitucional de J. Villeneuve e comp., 1856.

COSTA, João Severiano Maciel da. *Memória sobre a necessidade de abolir a introdução dos escravos africanos no Brasil: Sobre o modo e condições com que esta abolição se deve fazer; e sobre os meios de remediar a falta de braços que ela pode ocasionar*. Coimbra: Imprensa da Universidade, 1821.

COSTA, José Candido da. *Comarca de Caravellas: Creação de uma nova província, sendo capital a cidade de Caravellas*. Bahia: Typographia de Camillo de Lellis Masson, 1857.

COUTY, Louis. *L'Esclavage au Brésil*. Paris: Librairie de Guillaumin, 1881.

_____. *O Brasil em 1884: Esboços sociológicos*. Brasília: Senado Federal; Rio de Janeiro: Casa Rui Barbosa, 1984.

CUNHA, Manuela Carneiro da (Org.). *Legislação indigenista no século XIX: Uma compilação (1808-1889)*. São Paulo: Edusp, 1992.

DEBRET, Jean-Baptiste. *Viagem pitoresca e histórica ao Brasil*, t. 1. São Paulo: Martins, 1954.

EWBANK, Thomas. *Life in Brazil, or, A Journal of a Visit to the Land of the Cocoa and the Palm with an Appendix, Containing Illustrations of Ancient South American Arts*. Nova York: Harper & Brothers, 1856. [Ed. bras.: *Vida no Brasil*. Belo Horizonte: Itatiaia, 1976.]

FONSECA, Luís Anselmo da. *A escravidão, o clero e o abolicionismo*. Bahia: Imprensa Econômica, 1887.

FREYREISS, Georg W. "Viagem ao interior do Brasil nos annos de 1814-1815". *Revista do Instituto Historico e Geographico de São Paulo*, n. XI, pp. 158--228, 1906.

HARTT, Charles Frederick. *Thayer Expedition: Scientific Results of a Journey in Brazil, by Louis Agassiz and His Travelling Companions: Geology and Physical Geography*. Boston: Fields, Osgood, 1870.

LACERDA, João Batista. "A força muscular e a delicadeza dos sentidos dos nossos indígenas". In: MELO MORAIS FILHO (Org.), *Revista da Exposição Antropologica Brasileira*. Rio de Janeiro: Typographia de Pinheiro, 1882.

LACERDA, João Batista; PEIXOTO, José Rodrigues. "Contribuição para o estudo antropológico das raças indígenas do Brasil". *Arquivos do Museu Nacional*, n. 1, pp. 47-75, 1876.

MAGALHÃES, José Vieira Couto de. *Anchieta, as raças e linguas indigenas*. São Paulo: C. Gerke, 1897.

MALHEIRO, Agostinho Marques Perdigão. *A escravidão no Brasil: Ensaio histórico--jurídico-social*. 2 v. Rio de Janeiro: Typographia Nacional, 1866.

MARTIUS, Karl Friedrich von. "Como se deve escrever a História do Brasil". *Revista de Historia de América*, n. 42, pp. 433-58, 1956.

NAUD, Leda Maria Cardoso. "Documentos sobre o índio brasileiro, 2ª parte". *Revista de informação legislativa*, v. 8, n. 29, pp. 227-336, 1971.

OTTONI, Teófilo Benedito. *Condições para a encorporação de uma companhia de commercio e navegação do rio Mucury, precedidas de uma exposição das vantagens da empresa*. Rio de Janeiro: Typographia de J. Villeneuve, 1847.

_____. *Breve resposta que ao relatório da liquidação da companhia do Mucury por parte do governo*. Rio de Janeiro: Typographia de M. Barreto, 1862.

_____. *Notícia sobre os selvagens do Mucuri*. Belo Horizonte: Editora UFMG, 2002.

PACO, Domingos Ramos. "Hámbric anhamprán ti mattâ nhiñchopón? 1918". In: RIBEIRO, Eduardo Magalhães (Org.). *Lembranças da terra: Histórias do Mucuri e Jequitinhonha*. Belo Horizonte: Cedefes, 1996.

PATROCÍNIO, José do. "O grande projeto (5 de maio de 1887)". In: CELSO, Afonso. *Oito anos de parlamento*. Brasília: Senado Federal, 1998 (Biblioteca Básica Brasileira).

PEDERNEIRAS, Innocencio Velloso. *Commissão de exploração do Mucury e Gequitinhonha. Interesses materiaes das comarcas do sul da Bahia. Comarcas de Caravellas e Porto Seguro. Relatório do capitão do imperial corpo d'engenheiros, I.V. Pederneiras, chefe da mesma commisão.* Bahia: Typographia de João Alves Portella, 1851.

REINAULT, Pedro Victor. "Relatório da exposição dos rios Mucury e Todos os Santos, feita por ordem do Exm. governo de Minas Geraes pelo engenheiro Pedro Victor Reinault, tendentes a procurar um ponto para degredo". *RIHGB*, n. 8, 1846.

SAINT-HILAIRE, Auguste de. *Segunda viagem ao interior do Brasil, Espírito Santo.* Trad. de Carlos Madeira. São Paulo: Companhia Editora Nacional, 1936.

_____. *Viagem pelas províncias de Rio de Janeiro e Minas Geraes*, v. 2. São Paulo: Companhia Editora Nacional, 1938.

SCHWARTZ, Stuart B. (Org.). *Early Brazil: A Documentary Collection to 1700.* Nova York: Cambridge University Press, 2010.

SLUITER, Engel. "Report on the State of Brazil, 1612". *HAHR*, v. 29, n. 4, pp. 518--62, 1949.

SOUSA, Gabriel Soares de. *Tratado Descritivo do Brasil em 1587.* Ed. de Francisco Adolpho de Varnhagen. Recife: Fundação Joaquim Nabuco Massangana, 2000.

STEAINS, Wm. John. "An Exploration of the Rio Doce and Its Northern Tributaries (Brazil)". *Proceedings of the Royal Geographical Society and Monthly Record of Geography*, v. 10, n. 2, pp. 61-84, 1888.

TAUNAY, Carlos Augusto. *Manual do agricultor brasileiro.* Ed. de Rafael de Bivar Marquese. São Paulo: Companhia das Letras, 2001.

TÖLSNER, Karl August. *Die Colonie Leopoldina in Brasilien: Schilderung des Anbaus und der Gewinnung der wichtigsten, dort erzeugten Culturproducte, namentlich des Kaffees, sowie einiger anderen.* Göttingen: Gebrüder Hofer, 1860.

TOVAR, Manoel Vieira de Albuquerque. "Informação de Manoel Vieira de Albuquerque Tovar sobre a navegação importantíssima do Rio Doce, copiada de um manuscrito oferecido ao Instituto pelo socio correspondente o Sr. José Domingues de Athaide de Moncorvo". *RIHGB*, n. 1, pp. 134-8, 1839.

TSCHUDI, Johann Jakob von. *Reisen durch Südamerika.* Leipzig: F. A. Brockhaus, 1866.

VARNHAGEN, Francisco Adolfo de. "Memorial orgânico — Offerecido á nação". *Guanabara: Revista Mensal, Artística, Scientifica e Litteraria*, t. 1, pp. 356--402, 1851.

_____. *Os Indios bravos e o sr. Lisboa, Timon 3: Pelo autor da "Historia geral do Brazil". Apostilla e nota G aos nos. 11 e 12 do "Jornal de Timon"; contendo 26* cartas ineditas do jornalista, e um extracto do folheto *"Diatribe contra a Timonice,"* etc. Lima: Imprensa Liberal, 1867.

VASCONCELLOS, Ignacio Accioly de. *Memoria Statistica da Provincia do Espírito Santo no Anno de 1828.* Vitória: Arquivo Público Estadual, 1978.

VIANNA, Francisco Vicente; FERREIRA, José Carlos. *Memória sobre o estado da Bahia.* Bahia: Typographia e encadernação do *Diario da Bahia*, 1893.

WIED-NEUWIED, Maximilian. *Viagem ao Brasil nos anos de 1815 a 1817.* São Paulo: Companhia Editora Nacional, 1958.

FONTES SECUNDÁRIAS

ABREU, João Capistrano de. *Chapters of Brazil's Colonial History, 1500-1800.* Trad. de Arthur Brakel. Nova York: Oxford University Press, 1998. [Ed. bras.: *Capítulos de história colonial.* Rio de Janeiro: M. Orosco, 1907.]

ABREU, Martha. *Meninas perdidas: Os populares e o cotidiano do amor no Rio de Janeiro da belle époque.* Rio de Janeiro: Paz e Terra, 1989.

_____. "Slave Mothers and Freed Children: Emancipation and Female Space in Debates on the 'Free Womb' Law, Rio de Janeiro, 1871". *JLAS*, v. 28, n. 3, pp. 567-80, 1996.

AGAMBEN, Giorgio. *Homo Sacer: Sovereign Power and Bare Life.* Stanford, CA: Stanford University Press, 1998. [Ed. bras.: *Homo sacer: O poder soberano e a vida nua.* Trad. de Henrique Burigo. Belo Horizonte: Editora UFMG, 2010.]

AGUIAR, Maciel de. *Os últimos zumbis: A saga dos negros do Vale do Cricaré durante a escravidão.* Porto Seguro: Brasil-Cultura, 2001.

_____. *Brincantes & quilombolas.* São Mateus: Memorial, 2005.

ALBERTO, Paulina L. *Terms of Inclusion: Black Intellectuals in Twentieth-Century Brazil.* Chapel Hill: University of North Carolina Press, 2011. [Ed. bras.: *Termos de inclusão: Intelectuais negros brasileiros no século XX.* Trad. de Elizabeth de Avelar Solano Martins. Campinas: Editora da Unicamp, 2017.]

ALBUQUERQUE, Wlamyra Ribeiro de. *O jogo da dissimulação: Abolição e cidadania negra no Brasil.* São Paulo: Companhia das Letras, 2009.

ALGRANTI, Leila Mezan. *O feitor ausente: Estudo sobre a escravidão urbana no Rio de Janeiro.* Petrópolis: Vozes, 1988.

ALMADA, Vilma Paraíso Ferreira de. *Escravismo e transição: O Espírito Santo (1850-1888).* Rio de Janeiro: Graal, 1984.

ALMEIDA, Maria Regina Celestino de. "Reflexões sobre política indigenista e cultura política indígena no Rio de Janeiro oitocentista". *Revista USP*, n. 79, pp. 94-105, 2008.

_____. "Índios mestiços e selvagens civilizados de Debret". *Varia História*, v. 25, n. 41, pp. 85-106, 2009.

ANDERSON, Benedict R. O'G. *Imagined Communities: Reflections on the Origin and Spread of Nationalism*. Londres: Verso, 1991. [Ed. bras.: *Comunidades imaginadas*. Trad. de Denise Bottmann. São Paulo: Companhia das Letras, 2008.]

ANDREWS, George Reid. *Blacks & Whites in São Paulo, Brazil, 1888-1988*. Madison: University of Wisconsin Press, 1991. [Ed. bras.: *Negros e brancos em São Paulo, 1888-1988*. Trad. de Magda Lopes. Bauru: Edusc, 1998.]

_____. *Afro-Latin America, 1800-2000*. Oxford: Oxford University Press, 2004. [Ed. bras.: *América afro-latina: 1800-2000*. São Carlos: Edufscar, 2021.]

APPELBAUM, Nancy P.; MACPHERSON, Anne S.; ROSEMBLATT, Karin Alejandra (Orgs.). *Race and Nation in Modern Latin America*. Chapel Hill: University of North Carolina Press, 2003.

ARAUJO, Ana Lucia. *Brazil through French Eyes: A Nineteenth-Century Artist in the Tropics*. Albuquerque: University of New Mexico Press, 2015.

AZEVEDO, Celia Maria Marinho de. *Onda negra, medo branco: O negro no imaginário das elites — século XIX*. Rio de Janeiro: Paz e Terra, 1987.

_____. *Maçonaria, anti-racismo e cidadania: Uma história de lutas e debates transnacionais*. São Paulo: Annablume, 2010.

AZEVEDO, Elciene. *Orfeu de carapinha: A trajetória de Luiz Gama na imperial cidade de São Paulo*. Campinas: Editora da Unicamp, 1999.

_____. "Para além dos tribunais: advogados e escravos no movimento abolicionista em São Paulo". In: LARA, Silvia Hunold; MENDONÇA, Joseli Maria Nunes (Orgs.). *Direitos e justiças no Brasil: Ensaios de história social*. Campinas: Editora da Unicamp, 2006, pp. 199-238.

BARICKMAN, B. J. "'A Bit of Land, Which They Call Roça': Slave Provision Groundsin the Bahian Recôncavo, 1780-1860". *HAHR*, v. 74, n. 4, pp. 649-87, 1994.

_____. "'Tame Indians', 'Wild Heathens', and Settlers in Southern Bahia in the Late Eighteenth and Early Nineteenth Centuries". *The Americas*, v. 51, n. 3, pp. 325-68, 1995.

_____. "Persistence and Decline: Slave Labour and Sugar Production in the Bahian Recôncavo, 1850-1888". *JLAS*, v. 28, n. 3, pp. 581-633, 1996.

_____. *A Bahian Counterpoint: Sugar, Tobacco, Cassava, and Slavery in the Recôncavo, 1780-1860*. Stanford, CA: Stanford University Press, 1998. [Ed. bras.: *Um contraponto baiano: Açúcar, fumo, mandioca e escravidão no Recôncavo, 1780-1860*. Rio de Janeiro: Civilização Brasileira, 2003.]

BARMAN, Roderick J. *Brazil: The Forging of a Nation, 1798-1852*. Stanford, CA: Stanford University Press, 1988.

BARR, Juliana. *Peace Came in the Form of a Woman: Indians and Spaniards in the Texas Borderlands*. Chapel Hill: University of North Carolina Press, 2007.

BEATTIE, Peter M. "'Born Under the Cruel Rigor of Captivity, the Supplicant Left

It Unexpectedly by Committing a Crime': Categorizing and Punishing Slave Convicts in Brazil, 1830-1897". *The Americas*, v. 66, n. 1, pp. 11-55, 2009.

BEATTIE, Peter M. "Slaves, Crime, and Punishment in Imperial Brazil". *Luso--Brazilian Review*, v. 45, n. 2, pp. 191-3, 2009.

_____. *Punishment in Paradise: Race, Slavery, Human Rights, and a Nineteenth Century Brazilian Penal Colony*. Durham, NC: Duke University Press, 2015.

BECKLES, Hilary. *Centering Woman: Gender Relations in Caribbean Slave Society*. Kingston: Ian Randle; Oxford: James Currey, 1999.

_____. *Natural Rebels: A Social History of Enslaved Black Women in Barbados*. New Brunswick, NJ: Rutgers University Press, 2000.

BERLIN, Ira; MORGAN, Philip D. (Orgs.). *The Slaves' Economy: Independent Production by Slaves in the Americas*. Londres: Frank Cass, 1995.

BIEBER, Judy. "Of Cannibals and Frenchmen: The Production of Ethnographic Knowledge in Early Nineteenth-Century Brazil". *Interletras: Revista Transdisciplinar de Letras, Educação e Cultura*, v. 1, n. 5, 2006. Disponível em: <https://www.unigran.br/dourados/revistas/interletras?trabalho=1488>. Acesso em: 14 nov. 2024.

_____. "Catechism and Capitalism: Imperial Indigenous Policy on a Brazilian Frontier, 1808-1845". In: LANGFUR, Hal (Org.). *Native Brazil: Beyond the Convert and the Cannibal, 1500-1900*. Albuquerque: University of New Mexico Press, pp. 166-97, 2014.

_____. "Mediation through Militarization: Indigenous Soldiers and Transcultural Middlemen of the Rio Doce Divisions, Minas Gerais, Brazil, 1808--1850". *The Americas*, v. 71, n. 2, pp. 227-54, 2014.

_____. "'Philadelphia' in Minas Gerais: Teófilo Otoni's North American Vision for Indigenous Brazil", artigo apresentado em Linguistic and Other Cultural Exchanges across Brazilian History: The Indigenous Role, University of Chicago, Chicago, IL, out. 2016.

BITTENCOURT, Gabriel Augusto de Mello. *Café e modernização: O Espírito Santo no século 19*. Rio de Janeiro: Cátedra, 1987.

BRANTLINGER, Patrick. *Dark Vanishings: Discourse on the Extinction of Primitive Races, 1800-1930*. Ithaca, NY: Cornell University Press, 2003.

BRITO, Jailton Lima. *A abolição na Bahia, 1870-1888*. Salvador: Edufba, 2003.

BROWN, Alexandra K. "'A Black Mark on Our Legislation': Slavery, Punishment, and the Politics of Death in Nineteenth-Century Brazil". *Luso-Brazilian Review*, v. 37, n. 2, pp. 95-121, 2000.

BROWN, Kathleen M. *Good Wives, Nasty Wenches, and Anxious Patriarchs: Gender, Race, and Power in Colonial Virginia*. Chapel Hill: University of North Carolina Press, 1996.

BROWN, Vincent. *The Reaper's Garden: Death and Power in the World of Atlantic Slavery*. Cambridge, MA: Harvard University Press, 2008.

BUSH, Barbara. *Slave Women in Caribbean Society: 1650-1838*. Kingston: Heinemann, 1990.

CADENA, Marisol de la. *Indigenous Mestizos: The Politics of Race and Culture in Cuzco, Peru, 1919-1991*. Durham, NC: Duke University Press, 2000.

CAMP, Stephanie M. H. *Closer to Freedom: Enslaved Women and Everyday Resistance in the Plantation South*. Chapel Hill: University of North Carolina Press, 2004.

CAMPBELL, Gwyn; MIERS, Suzanne; MILLER, Joseph Calder (Orgs.). *Women and Slavery*. 2 v. Athens: Ohio University Press, 2008.

CARMO, Alane Fraga do. *Colonização e escravidão na Bahia: A Colônia Leopoldina (1850-1888)*. Salvador: FFCH-Ufba, 2010. Dissertação (Mestrado em História).

CARROLL, Patrick J. "Black-Native Relations and the Historical Record". In: RESTALL, Matthew. *Beyond Black and Red: African-Native Relations in Colonial Latin America*. Albuquerque: University of New Mexico Press, 2005, pp. 245-67.

CARVALHO, José Murilo de. *Cidadania no Brasil: O longo caminho*. Rio de Janeiro: Civilização Brasileira, 2001.

CARVALHO, Marcus J. M. de. *Liberdade: Rotinas e rupturas do escravismo no Recife, 1822-1850*. Recife: Editora Universitária da UFPE, 1998.

CASTILHO, Celso Thomas. *Slave Emancipation and Transformations in Brazilian Political Citizenship*. Pittsburgh: University of Pittsburgh Press, 2016.

CASTRO, Hebe Maria Mattos de. *Das cores do silêncio: Os significados da liberdade no sudeste escravista, Brasil século XIX*. Rio de Janeiro: Arquivo Nacional, 1995.

_____. *Escravidão e cidadania no Brasil monárquico*. Rio de Janeiro: Jorge Zahar, 2000.

CAULFIELD, Sueann. *In Defense of Honor: Sexual Morality, Modernity, and Nation in Early-Twentieth Century Brazil*. Durham, NC: Duke University Press, 2000. [Ed. bras.: *Em defesa da honra: Moralidade, modernidade e nação no Rio de Janeiro (1918-1940)*. Campinas: Editora da Unicamp, 2000.]

CHALHOUB, Sidney. *Visões da liberdade: Uma história das últimas décadas da escravidão na corte*. São Paulo: Companhia das Letras, 1990.

_____. "The Politics of Silence: Race and Citizenship in Nineteenth-Century Brazil". *Slavery & Abolition*, v. 27, n. 1, pp. 73-87, 2006.

_____. "The Precariousness of Freedom in a Slave Society (Brazil in the Nineteenth Century)". *International Review of Social History*, v. 56, n. 3, pp. 405--39, 2011.

_____. *A força da escravidão: Ilegalidade e costume no Brasil oitocentista*. São Paulo: Companhia das Letras, 2012.

CHILDS, Matt D. *The 1812 Aponte Rebellion in Cuba and the Struggle against Atlantic Slavery*. Chapel Hill: University of North Carolina Press, 2009.

CLAUDIO, Affonso. *Insurreição do Queimado: Episódio da história da Província do Espírito Santo*. Vitória: Fundação Ceciliano Abel de Almeida, 1979.

CÔGO, Anna Lucia. *História agrária do Espírito Santo no século XIX: A região de São Mateus*. São Paulo: FFLCH-USP, 2007. Tese (Doutorado em História Econômica).

CONRAD, Robert. *The Destruction of Brazilian Slavery, 1850-1888*. Berkeley: University of California Press, 1972.

_____. "Neither Slave nor Free: The Emancipados of Brazil, 1818-1868". *HAHR*, v. 53, n. 1, pp. 50-70, 1973.

CORZO, Gabino La Rosa. "Subsistence of Cimarrones: An Archaeological Study". In: CURET, L. Antonio; DAWDY, Shannon Lee; CORZO, Gabino La Rosa (Orgs.). *Dialogues in Cuban Archaeology*. Tuscaloosa: University of Alabama Press, 2005, pp. 163-80.

COSTA, Emília Viotti da. *Da senzala à colônia*. São Paulo: Editora Unesp, 1997.

_____. *The Brazilian Empire: Myths & Histories*. Chapel Hill: University of North Carolina Press, 2000.

COWLING, Camillia. "Debating Womanhood, Defining Freedom: The Abolition of Slavery in 1880s Rio de Janeiro". *Gender & History*, v. 22, n. 2, pp. 284--301, 2010.

CUNHA, Euclides da. *Rebellion in the Backlands (Os sertões)*. Chicago: University of Chicago Press, 1944.

CUNHA, Manuela Carneiro da. *Negros, estrangeiros: Os escravos libertos e sua volta à África*. São Paulo: Brasiliense, 1985.

_____. *Antropologia do Brasil: Mito, história, etnicidade*. São Paulo: Brasiliense, 1986.

_____. *História dos índios no Brasil*. Rio de Janeiro: Companhia das Letras, 1992.

CUNHA, Olivia Maria Gomes da; GOMES, Flavio dos Santos (Orgs.). *Quase cidadão: Histórias e antropologias da pós-emancipação no Brasil*. Rio de Janeiro: FGV, 2007.

DANNER, Mark. *The Massacre at El Mozote: A Parable of the Cold War*. Nova York: Vintage Books, 1994.

DAS, Veena; POOLE, Deborah (Orgs.). *Anthropology in the Margins of the State*. Santa Fe: School of American Research Press and Oxford: James Curry, 2004.

DEAN, Warren. *Rio Claro: A Brazilian Plantation System, 1820-1920*. Stanford, CA: Stanford University Press, 1976. [Ed. bras.: *Rio Claro: Um sistema brasileiro de grande lavoura, 1820-1920*. Rio de Janeiro: Paz e Terra, 1977.]

DEAN, Warren. "The Frontier in Brazil". In: AMADO, Janaina; NUGENT, Walter; DEAN, Warren (Orgs.). *Frontier in Comparative Perspectives: The United States and Brazil*. Washington, DC: Latin American Program, Wilson Center, 1990, pp. 15-27.

_____. *With Broadax and Firebrand: The Destruction of the Brazilian Atlantic Coastal Forest*. Berkeley: University of California Press, 1995. [Ed. bras.: *A ferro e fogo: A história e a devastação da mata atlântica brasileira*. Trad. de Cid Knipel Moreira. São Paulo: Companhia das Letras, 1996.]

DE LA TORRE, Oscar. *The People of the River: Nature, Community, and Identity in Black Amazonia, 1835-1945*. Chapel Hill: University of North Carolina Press, 2018.

DELRIO, Walter. *Memorias de expropiación: Sometimiento e incorporación indígena en la Patagonia, 1872-1943*. Bernal, Buenos Aires: Universidad Nacional de Quilmes, 2005.

_____; BRIONES, Claudia N. "The 'Conquest of the Desert' as a Trope and Enactment of Argentina's Manifest Destiny". In: MAYBURY-LEWIS, David; MACDONALD, Theodore; MAYBURY-LEWIS, Biorn (Orgs.). *Manifest Destinies and Indigenous Peoples*. Cambridge, MA: Harvard University Press, 2009, pp. 51-83.

DÍAZ, María Elena. *The Virgin, the King, and the Royal Slaves of El Cobre: Negotiating Freedom in Colonial Cuba, 1670-1780*. Stanford, CA: Stanford University Press, 2000.

DUBOIS, Laurent. *A Colony of Citizens: Revolution & Slave Emancipation in the French Caribbean, 1787-1804*. Chapel Hill: University of North Carolina Press; Omohundro Institute, 2004.

_____. "An Enslaved Enlightenment: Rethinking the Intellectual History of the French Atlantic". *Social History*, v. 31, n. 1, pp. 1-14, 2006.

_____. "Avenging America: The Politics of Violence in the Haitian Revolution". In: GEGGUS, David Patrick; FIERING, Norman. *The World of the Haitian Revolution*. Bloomington: Indiana University Press, 2009, pp. 111-24.

EARLE, Rebecca. *The Return of the Native: Indians and Myth-Making in Spanish America, 1810-1930*. Durham, NC: Duke University Press, 2007.

ECHEVERRI, Marcela. *Indian and Slave Royalists in the Age of Revolution: Reform, Revolution, and Royalism in the Northern Andes, 1780-1825*. Nova York: Cambridge University Press, 2016.

EISENBERG, Peter L. *The Sugar Industry in Pernambuco: Modernization without Change, 1840-1910*. Berkeley: University of California Press, 1974. [Ed. bras.: *Modernização sem mudança: A indústria açucareira em Pernambuco*. Rio de Janeiro: Paz e Terra, 1977.]

ELLIS, Stephen. "Interpreting Violence: Reflection on the West African Wars". In: WHITEHEAD, Neil L. *Violence*. Santa Fe: School of American Research, 2024, pp. 107-24.

ESPINDOLA, Haruf Salmen. *Sertão do Rio Doce*. Governador Valadares: Editora Univale, 2005. (Coleção História).

EURAQUE, Darío. *Conversaciones históricas con el mestizaje y su identidad nacional en Honduras*. San Pedro Sula, Honduras: Centro Editorial, 2004.

FARIAS, Juliana Barreto; GOMES, Flavio dos Santos; SOARES, Carlos Eugênio Líbano. *No labirinto das nações: Africanos e identidades no Rio de Janeiro, século XIX*. Rio de Janeiro: Arquivo Nacional, 2005.

FAUSTO, Boris. *A Concise History of Brazil*. Cambridge: Cambridge University Press, 1998. [Ed. bras.: *História concisa do Brasil*. São Paulo: Edusp, 2001.]

FERREIRA, Ricardo Alexandre. *Senhores de poucos escravos: Cativeiro e criminalidade num ambiente rural, 1830-1888*. São Paulo: Editora Unesp, 2005.

FERRER, Ada. *Insurgent Cuba: Race, Nation, and Revolution, 1868-1898*. Chapel Hill: University of North Carolina Press, 1999.

FIELDS, Barbara. *Slavery and Freedom on the Middle Ground: Maryland during the Nineteenth Century*. New Haven, CT: Yale University Press, 1987.

FONSECA, Hermogenes Lima da; MEDEIROS, Rogério. *Tradições populares no Espírito Santo*. Vitória: Departamento Estadual de Cultura, Divisão de Memória, 1991.

FRAGA FILHO, Walter. *Mendigos, moleques e vadios na Bahia do século XIX*. São Paulo: Hucitec, 1996.

_____. *Encruzilhadas da liberdade: Histórias de escravos e libertos na Bahia, 1870-1910*. Campinas: Editora da Unicamp, 2006.

FRENCH, Jan Hoffman. *Legalizing Identities: Becoming Black or Indian in Brazil's Northeast*. Chapel Hill: University of North Carolina Press, 2009.

FURTADO, Júnia Ferreira. *Chica da Silva: A Brazilian Slave of the Eighteenth Century*. Cambridge: Cambridge University Press, 2009. [Ed. bras.: *Chica da Silva e o contratador de diamantes: O outra lado do mito*. São Paulo: Companhia das Letras, 2003.]

GILENO, Carlos Henrique. "A legislação indígena: Ambiguidades na formação do Estado-nação no Brasil". *Caderno CRH*, v. 20, n. 49, pp. 123-33, 2007.

GODLEWSKA, Anne; SMITH, Neil; CRUSH, Jonathan. "Post-Colonialism, DeColonization, and Geography". In: GODLEWSKA, Anne; SMITH, Neil (Orgs.). *Geography and Empire*. Oxford: Blackwell, 1994.

GOMES, Flavio dos Santos. "Quilombos do Rio de Janeiro no século XIX". In: GOMES, Flávio dos Santos; REIS, João José (Orgs.). *Liberdade por um fio: História dos quilombos no Brasil*. São Paulo: Companhia das Letras, 1996, pp. 263-90.

_____. *A hidra e os pântanos: Mocambos, quilombos e comunidades de fugitivos no Brasil (séculos XVII-XIX)*. São Paulo: Editora Unesp, 2005.

GOMES, Flavio dos Santos. *Palmares: Escravidão e liberdade no Atlântico Sul*. São Paulo: Contexto, 2005.

_____. *Histórias de quilombolas: Mocambos e comunidades de senzalas no Rio de Janeiro, século XIX*. São Paulo: Companhia das Letras, 2006.

_____. "Roceiros, mocambeiros e as fronteiras da emancipação no Maranhão". In: _____; GOMES, Olivia Maria da Cunha (Orgs.). *Quase-cidadão: Histórias e antropologias da pós-emancipação no Brasil*. Rio de Janeiro: FGV, 2007, pp. 147-69.

_____; SOARES, Carlos Eugênio Líbano. "Sedições, haitianismo e conexões no Brasil: Outras margens do atlântico negro". *Novos Estudos*, n. 63, pp. 131--44, 2002.

GOMES, Mércio Pereira. *The Indians and Brazil*. Gainesville: University Press of Florida, 2000. [Ed. bras.: *Os índios e o Brasil*. Petrópolis: Vozes, 1988.]

GOMEZ, Michael A. *Exchanging Our Country Marks: The Transformation of African Identities in the Colonial and Antebellum South*. Chapel Hill: University of North Carolina Press, 1998.

GOTKOWITZ, Laura. *Histories of Race and Racism: The Andes and Mesoamerica from Colonial Times to the Present*. Durham, NC: Duke University Press, 2012.

GOULART, Jose Alípio. *Da fuga ao suicídio: Aspectos da rebeldia do escravo no Brasil*. Rio de Janeiro: Conquista, 1972.

GRADEN, Dale Torston. *From Slavery to Freedom in Brazil: Bahia, 1835-1900*. Albuquerque: University of New Mexico Press, 2006.

GRINBERG, Keila. "Freedom Suits and Civil Law in Brazil and the United States". *Slavery & Abolition*, v. 22, n. 3, pp. 66-82, 2001.

_____. *Código civil e cidadania*. Rio de Janeiro: Zahar, 2008.

GUARDINO, Peter F. *Peasants, Politics, and the Formation of Mexico's National State: Guerrero, 1800-1857*. Stanford, CA: Stanford University Press, 1996.

GUY, Donna; SHERIDAN, Thomas (Orgs.). *Contested Ground: Comparative Frontiers on the Northern and Southern Edges of the Spanish Empire*. Tucson: University of Arizona Press, 1998.

GUZMÁN, Tracy Devine. *Native and National in Brazil: Indigeneity after Independence*. Chapel Hill: University of North Carolina Press, 2013.

HABERLY, David T. *Three Sad Races: Racial Identity and National Consciousness in Brazilian Literature*. Cambridge: Cambridge University Press, 1983.

HAHN, Steven. "'Extravagant Expectations' of Freedom: Rumour, Political Struggle, and the Christmas Insurrection Scare of 1865 in the American South". *Past & Present*, n. 157, pp. 122-58, 1997.

HALL, Gwendolyn Midlo. *Slavery and African Ethnicities in the Americas: Restoring the Links*. Chapel Hill: University of North Carolina Press, 2005. [Ed. bras.: *Escravidão e etnias africanas nas Américas: Restaurando os elos*. Trad. de Fábio Ribeiro. Petrópolis: Vozes, 2017.]

HARTMAN, Saidiya V. *Scenes of Subjection: Terror, Slavery, and Self-Making in Nineteenth-Century America*. Nova York: Oxford University Press, 1997.

HEMMING, John. *Amazon Frontier: The Defeat of the Brazilian Indians*. Cambridge, MA: Harvard University Press, 1987. [Ed. bras.: *Fronteira amazônica: A derrota dos índios brasileiros*. Trad. de Antonio de Pádua Danesi. São Paulo: Edusp, 2009.]

HERZOG, Tamar. *Frontiers of Possession: Spain and Portugal in Europe and the Americas*. Cambridge, MA: Harvard University Press, 2015. [Ed. bras.: *Fronteiras da posse: Espanha e Portugal na Europa e nas Américas*. Trad. de Thiago Hansen e Gustavo Cabral. Belo Horizonte: Arraes, 2019.]

HIGGINS, Kathleen J. *"Licentious Liberty" in a Brazilian Gold-Mining Region: Slavery, Gender, and Social Control in Eighteenth-Century Sabará, Minas Gerais*. University Park: Penn State University Press, 1999.

HOLANDA, Sérgio Buarque de. *Caminhos e fronteiras*. São Paulo: Companhia das Letras, 1995.

HOLLOWAY, Thomas H. *Policing Rio de Janeiro: Repression and Resistance in a 19th-Century City*. Stanford, CA: Stanford University Press, 1993. [Ed. bras.: *Polícia no Rio de Janeiro: Repressão e resistência numa cidade do século XIX*. Rio de Janeiro: FGV, 1997.]

HOLSTON, James. *Insurgent Citizenship: Disjunctions of Democracy and Modernity in Brazil*. Princeton, NJ: Princeton University Press, 2008. [Ed. bras.: *Cidadania insurgente: Disjunções da democracia e da modernidade no Brasil*. Trad. de Claudio Carina. São Paulo: Companhia das Letras, 2013.]

HOLT, Thomas C. *The Problem of Freedom: Race, Labor, and Politics in Jamaica and Britain, 1832-1938*. Baltimore: Johns Hopkins University Press, 1992.

HOWELL, David L. *Geographies of Identity in Nineteenth-Century Japan*. Berkeley: University of California Press, 2005.

HU-DEHART, Evelyn. *Yaqui Resistance and Survival: The Struggle for Land and Autonomy, 1821-1910*. Madison: University of Wisconsin Press, 2016.

JOHNSON, Walter. *Soul by Soul: Life Inside the Antebellum Slave Market*. Cambridge, MA: Harvard University Press, 2009.

KARASCH, Mary. "Slave Women on the Brazilian Frontier in the Nineteenth Century". In: GASPAR, David Barry; HINE, Darlene Clark (Orgs.). *More than Chattel: Black Women and Slavery in the America*. Bloomington: Indiana University Press, 1996, pp. 79-96.

_____. "Catechism and Captivity: Indian Policy in Goiás, 1780-1889". In: LANGFUR, Hal (Org.). *Native Brazil: Beyond the Convert and the Cannibal, 1500--1900*. Albuquerque: University of New Mexico Press, 2014, pp. 198-224.

KELLEY, Robin D. G. *Race Rebels: Culture, Politics, and the Black Working Class*. Nova York: The Free Press, 1996.

KIDDY, Elizabeth W. "Who Is the King of Congo?: A New Look at African and Afro-Brazilian Kings in Brazil". In: HEYWOOD, Linda M. (Org.). *Central Africans and Cultural Transformations in the American Diaspora*. Cambridge: Cambridge University Press, 2001, pp. 153-82.

KODAMA, Kaori. "Os debates pelo fim do tráfico no periódico 'O Philantropo' (1849-1852) e a formação do povo: doenças, raça e escravidão". *Revista Brasileira de História*, v. 28, n. 56, pp. 407-30, 2008.

_____. *Os índios no Império do Brasil: A etnografia do IHGB entre as décadas de 1840 e 1860*. Rio de Janeiro: Fiocruz; São Paulo: Edusp, 2009.

KRAAY, Hendrik. *Race, State, and Armed Forces in Independence-Era Brazil: Bahia, 1790s-1840s*. Stanford, CA: Stanford University Press, 2004. [Ed. bras.: *Política racial, estado e forças armadas na época da independência: Bahia, 1790--1850*. São Paulo: Hucitec, 2011.]

_____. "Arming Slaves in Brazil from the Seventeenth Century to the Nineteenth Century". In: BROWN, Christopher Leslie; MORGAN, Philip D. *Arming Slaves: From Classical Times to the Modern Age*. New Haven, CT: Yale University Press, 2006, pp. 146-79.

KRAUTHAMER, Barbara. "A Particular Kind of Freedom: Black Women, Slavery, Kinship, and Freedom in the American Southeast". In: CAMPBELL, Gwyn; MIERS, Suzanne; MILLER, Joseph Calder (Orgs.). *Women and Slavery*, v. 2. Athens: Ohio University Press, 2008, pp. 100-27.

LANDERS, Jane G. *Black Society in Spanish Florida*. Urbana: University of Illinois Press, 1999.

LANGER, Erick D. "The Eastern Andean Frontier (Bolivia and Argentina) and Latin American Frontiers: Comparative Contexts (19th and 20th Centuries)". *The Americas*, v. 59, n. 1, pp. 33-63, 2002.

_____. *Expecting Pears from an Elm Tree: Franciscan Missions on the Chiriguano Frontier in the Heart of South America, 1830-1949*. Durham, NC: Duke University Press, 2009.

LANGFUR, Hal. *The Forbidden Lands: Colonial Identity, Frontier Violence, and the Persistence of Brazil's Eastern Indians, 1750-1830*. Stanford, CA: Stanford University Press, 2006.

_____. "Frontier/Fronteira: A Transnational Reframing of Brazil's Inland Colonization". *History Compass*, v. 12, n. 11, pp. 843-52, 2014.

_____. "Introduction: Recovering Brazil's Indigenous Pasts". In: _____. *Native Brazil: Beyond the Convert and the Cannibal, 1500-1900*. Albuquerque: University of New Mexico Press, 2014, pp. 1-28.

LANGFUR, Hal; RESENDE, Maria Leônia Chaves de. "Indian Autonomy and Slavery in Colonial Minas Gerais". In: LANGFUR, Hal (Org.). *Native Brazil: Beyond the Convert and the Cannibal, 1500-1900*. Albuquerque: University of New Mexico Press, 2014, pp. 132-65.

LARSON, Brooke. *Trials of Nation Making: Liberalism, Race, and Ethnicity in the Andes, 1810-1910*. Cambridge: Cambridge University Press, 2008.

LASSO, Marixa. *Myths of Harmony: Race and Republicanism during the Age of Revolution, Colombia 1795-1831*. Pittsburgh: University of Pittsburgh Press, 2007.

LAUDERDALE GRAHAM, Sandra. *House and Street: The Domestic World of Servants and Masters in Nineteenth-Century Rio de Janeiro*. Cambridge: Cambridge University Press, 1988. [Ed. bras.: *Proteção e obediência: Criadas e seus patrões no Rio de Janeiro, 1860-1910*. Trad. de Viviana Bosi. São Paulo: Companhia das Letras, 1992.]

LEITE, Ilka Boaventura. "The Transhistorical, Juridical-Formal, and Post-Utopian Quilombo". In: GLEDHILL, John; SCHELL, Patience A. (Orgs.). *New Approaches to Resistance in Brazil and Mexico*. Durham, NC: Duke University Press, 2012, pp. 250-68.

LEMOS, Marcelo Sant'Ana. *O índio virou pó de café?: A resistência dos índios Coroados de Valença frente a expansão cafeeira no vale do Paraíba (1788-1836)*. Rio de Janeiro: IFCH-EURJ, 2004. Dissertação (Mestrado em História Política).

LIGHTFOOT, Natasha. *Troubling Freedom: Antigua and the Aftermath of British Emancipation*. Durham, NC: Duke University Press, 2015.

LIMA, Henrique Espada. "Wages of Intimacy: Domestic Workers Disputing Wages in the Higher Courts of Nineteenth-Century Brazil". *International Labor & Working-Class History*, n. 88, pp. 11-29, 2015.

LIMA, Ivana Stolze. *Cores, marcas e falas: Sentidos da mestiçagem no Império do Brasil*. Rio de Janeiro: Arquivo Nacional, 2003.

LIMA, Valéria. *J.-B. Debret, historiador e pintor: A viagem pitoresca e histórica ao Brasil (1816-1839)*. Campinas: Editora da Unicamp, 2007.

LOCKHART, James; SCHWARTZ, Stuart B. (Orgs.). *Early Latin America: A History of Colonial Spanish America and Brazil*. Cambridge: Cambridge University Press, 1983.

LUCCHESI, Dante; BAXTER, Alan N. "Un paso más hacia la definición del pasado criollo del dialecto afro-brasileño de Helvécia (Bahia)". In: ZIMMERMANN, Klaus (Org.). *Lenguas criollas de base lexical espanola y portuguesa*. Madri: Iberoamericana; Frankfurt: Vervuert, 1999, pp. 119-41.

LUCCHESI, Dante; BAXTER, Alan N.; RIBEIRO, Ilza. *O português afro-brasileiro*. Salvador: Ufba, 2009.

MAHONY, Mary Ann. "Creativity under Constraint: Enslaved Afro-Brazilian Families in Brazil's Cacao Area, 1870-1890". *Journal of Social History*, v. 41, n. 3, pp. 633-66, 2008.

MAIO, Iacy Mata. *Os treze de maio: Ex-senhores, polícia e libertos na Bahia no pós-Abolição (1888-1889)*. Salvador: FFCH-Ufba, 2002. Dissertação (Mestrado em História).

MAIO, Iacy Mata. "'Libertos de treze de maio e ex-senhores na Bahia: Conflitos no pós-abolição". *Afro-Asia*, n. 35, pp. 163-98, 2007.

MALLON, Florencia E. *Peasant and Nation: The Making of Postcolonial Mexico and Peru*. Berkeley: University of California Press, 1995.

MAMIGONIAN, Beatriz Gallotti. "O direito de ser Africano livre: Os escravos e as interpretações da Lei de 1831". In: LARA, Silvia Hunold; MENDONÇA, Joseli Maria Nunes (Orgs.). *Direitos e justiças no Brasil: Ensaios de história social*. Campinas: Editora da Unicamp, 2006, pp. 129-60.

_____; GRINBERG, Keila (Orgs.). "Dossie: 'Para inglês ver'?: Revisitando a lei de 1831". *Estudos Afro-Asiáticos*, n. 1-3, 2007.

MARQUESE, Rafael de Bivar. *Feitores do corpo, missionários da mente: Senhores, letrados e o controle dos escravos nas Américas, 1660-1860*. São Paulo: Companhia das Letras, 2004.

_____; BERBEL, Marcia Regina. "A ausência da raça: Escravidão, cidadania e ideologia pró-escravista nas Cortes de Lisboa e na Assembleia Constituinte do Rio". In: CHAVES, Claudia Maria das Graças; SILVEIRA, Marco Antonio (Orgs.). *Território, conflito e identidade*. Belo Horizonte: Argumentum, 2007, pp. 63-88.

MARTINS, José de Souza. *Fronteira: A degradação do outro nos confins do humano*. São Paulo: Hucitec, 1997.

MARTINS, Robson L. M. "Em louvor a 'Sant'Anna': Notas sobre um plano de revolta escrava em São Matheus, norte do Espírito Santo, Brasil, em 1884". *Estudos Afro-Asiáticos*, n. 38, pp. 67-83, 2000.

MATORY, James Lorand. *Black Atlantic Religion: Tradition, Transnationalism, and Matriarchy in the Afro-Brazilian Candomblé*. Princeton, NJ: Princeton University Press, 2005.

MATTOS, Izabel Missagia de. *Civilização e revolta: Os Botocudos e a catequese na província de Minas*. São Paulo: Edusc; Anpocs, 2004.

_____. "Educar para dominar". *RAPM*, v. 1, n. 100, pp. 98-109, 2011.

MEINIG, D. W. *The Shaping of America: A Geographical Perspective on 500 Years of History*. New Haven, CT: Yale University Press, 1986.

MELLO, Evaldo Cabral de. *A outra independência: O federalismo pernambucano de 1817 a 1824*. São Paulo: Editora 34, 2004.

MENDONÇA, Joseli Maria Nunes. "Sob cadeiras e coerção: Experiências de trabalho no Centro-Sul do Brasil do século XIX". *Revista Brasileira de História*, v. 32, n. 64, pp. 45-60, 2012.

METCALF, Alida C. *Family and Frontier in Colonial Brazil: Santana de Parnaíba, 1580-1822*. Austin: University of Texas Press, 2005.

MINTZ, Sidney W. *Caribbean Transformations*. Nova York: Columbia University Press, 1989.

MONTEIRO, John M. *Negros da terra: Índios e bandeirantes nas origens de São Paulo*. São Paulo: Companhia das Letras, 1994.

_____. "As 'raças' indígenas no pensamento brasileiro do império". In: MAIO, Marcos Chor; SANTOS, Ricardo Ventura (Orgs.). *Raça, ciência e sociedade*. Rio de Janeiro: Fiocruz, 1996, pp. 15-22.

_____. "The Heathen Castes of Sixteenth-Century Portuguese America: Unity, Diversity, and the Invention of the Brazilian Indians". *HAHR*, v. 80, n. 4, pp. 697-719, 2000.

_____. *Tupis, tapuias e historiadores: estudos de história indígena e do indigenismo*. Campinas: IFCH-Unicamp, 2011. Tese (Livre-docência em Etnologia).

MOREIRA, Vania. "Índios no Brasil: marginalização social e exclusão historiográfica". *Diálogos Latinoamericanos*, n. 3, pp. 87-113, 2001.

_____. "Terras Indígenas do Espírito Santo sob o Regime Territorial de 1850". *Revista Brasileira de História*, v. 22, n. 43, pp. 153-69, 2002.

_____. "História, etnia e nação: O índio e a formação nacional sob a ótica de Caio Prado Junior". *Memória Americana*, n. 16-1, pp. 63-84, jun. 2008.

_____. "A guerra contra os índios botocudos e a formação de quilombos no Espírito Santo". *Afro-Ásia*, n. 41, pp. 57-83, 2010.

_____. "De índio a guarda nacional: Cidadania e direitos indígenas no Império (Vila de Itaguaí, 1822-1836)". *Topoi*, v. 11, n. 21, pp. 127-42, 2010.

MOREL, Marco. "Cinco imagens e múltiplos olhares: 'Descobertas' sobre os índios do Brasil e a fotografia do século XIX". *História, Ciências, Saúde*, n. 8, pp. 1039-58, 2001.

_____. "Independência, vida e morte: Os contatos com os Botocudos durante o primeiro reinado". *Dimensões*, n. 14, pp. 91-113, 2002.

MORGAN, Jennifer L. *Laboring Women: Reproduction and Gender in New World Slavery*. Philadelphia: University of Pennsylvania Press, 2004.

MOTT, Maria Lúcia de Barros. *Submissão e Resistência: A mulher na luta contra a escravidão*. São Paulo: Contexto, 1991.

MOURA, Clóvis. *Rebeliões da senzala: Quilombos, insurreições, guerrilhas*. Rio de Janeiro: Conquista, 1972.

NARDOTO, Eliezer; LIMA, Herinéa. *História de São Mateus*. São Mateus, ES: Editorial Atlântica, 2001.

NEEDELL, Jeffrey D. "Brazilian Abolitionism, Its Historiography, and the Uses of Political History". *JLAS*, v. 42, n. 2, pp. 231-61, 2010.

NIMUENDAJÚ, Curt. "Social Organization and Beliefs of the Botocudo of Eastern Brazil". *Southwestern Journal of Anthropology*, v. 2, n. 1, pp. 93-115, 1946.

NISHIDA, Mieko. *Slavery and Identity: Ethnicity, Gender, and Race in Salvador, Brazil, 1808-1888*. Bloomington: Indiana University Press, 2003.

NOVAES, Maria Stella de. *A Escravidão e a abolição no Espírito Santo: História e folclore*. Vitória: Instituto Histórico e Geográfico, 1963.

OBERACKER JR., Carlos H. "A Colônia Leopoldina-Frankental na Bahia meridional". *RIHGB*, v. 142, n. 354, pp. 116-40, 1987.

OLIVEIRA, João Pacheco de. "'Wild Indians', Tutelary Roles, and Moving Frontier in Amazonia: Images of Indians in the Birth of Brazil". In: MAYBURY-LEWIS, David; MACDONALD, Theodore; MAYBURY-LEWIS, Biorn (Orgs.). *Manifest Destinies and Indigenous Peoples*. Cambridge, MA: Harvard University Press, pp. 85-117, 2009.

O'TOOLE, Rachel Sarah. *Bound Lives: Africans, Indians and the Making of Race in Colonial Peru*. Pittsburgh: University of Pittsburgh Press, 2012.

PALAZZOLO, Jacinto de. *Nas selvas dos vales do Mucuri e do Rio Doce, como surgiu a cidade de Itambacuri, fundada por Frei Serafim de Gorizia, missionário capuchinho, 1873-1952*. São Paulo: Companhia Editora Nacional, 1954.

PANG, Eul-Soo. *O Engenho Central do Bom Jardim na economia baiana: Alguns aspectos de sua história, 1875-1891*. Rio de Janeiro: AN/IHGB, 1979.

PARAISO, Maria Hilda Baqueiro. "Guido Pokrane, o imperador do Rio Doce". In: *Anais do XXIII Simpósio Nacional de História — História: guerra e paz*. Londrina: Anpuh, 2005. CD-ROM.

_____. "Os Botocudos e sua trajetória histórica". In: CUNHA, Manuela Carneiro da (Org.). *História dos índios no Brasil*. São Paulo: Companhia das Letras, 1992, pp. 413-30.

_____. *O tempo da dor e do trabalho: A Conquista dos Territórios Indígenas nos Sertões do Leste*. São Paulo: FFLCH-USP, 1998. Tese (Doutorado em História Social).

_____. "Guerra do Mucuri: Conquista e dominação dos povos indígenas em nome do progresso e da civilização". In: GALINDO, Marcos; ALMEIDA, Luiz Savio de; ELIAS, Juliana Lopes (Orgs.). *Índios do Nordeste: Temas e problemas: 500 anos*. Maceió: Edufal, 2000, pp. 129-66.

_____. "As crianças indígenas e a formação de agentes transculturais: O comércio de kurukas na Bahia, Espírito Santo e Minas Gerais". In: ALMEIDA, Luiz Savio de et al. *Resistência, memória, etnografia*. Maceió: Edufal, 2007, pp. 51-96.

PARRON, Tâmis. *A política da escravidão no Império do Brasil, 1826-1865*. Rio de Janeiro: Civilização Brasileira, 2011.

PATON, Diana. "Punishment, Crime, and the Bodies of Slaves in Eighteenth Century Jamaica". *Journal of Social History*, v. 34, n. 4, pp. 923-54, 2001.

PENNINGROTH, Dylan C. *The Claims of Kinfolk: African American Property and Community in the Nineteenth-Century South*. Chapel Hill: University of North Carolina Press, 2003.

PERRONE-MOISÉS, Beatriz. "Índios livres e índios escravos: Os princípios da legislação indigenista do período colonial (séculos XVI a XVIII)". In: CUNHA, Manuela Carneiro da (Org.). *História dos índios no Brasil*. São Paulo: Companhia das Letras, 1992, pp. 115-30.

PETRONE, M. Thereza Schorer. *O imigrante e a pequena propriedade, 1824-1930*. São Paulo: Brasiliense, 1982.

PIROLA, Ricardo Figueiredo. *A lei de 10 de junho de 1835: Justiça, escravidão e pena de morte*. Campinas: IFCH-Unicamp, 2012. Tese (Doutorado em História).

POOLE, Deborah. "Between Threat and Guarantee: Justice and Community in the Margins of the Peruvian State". In: POOLE, Deborah; DAS, Veena (Orgs.). *Anthropology in the Margins of the State*. Santa Fe: School of American Research Press; Oxford: James Curry, 2004, pp. 35-65.

PRADO, Fabricio. "The Fringes of Empires: Recent Scholarship on Colonial Frontiers and Borderlands in Latin America". *History Compass*, v. 10, n. 4, pp. 318-33, 2012.

PRICE, Richard. *Maroon Societies: Rebel Slave Communities in the Americas*. Baltimore: The Johns Hopkins University Press, 1996.

PRICE, Sally. *Co-Wives and Calabashes*. Ann Arbor: University of Michigan Press, 1993.

RADDING, Cynthia. *Landscapes of Power and Identity: Comparative Histories in the Sonoran Desert and the Forests of Amazonia from Colony to Republic*. Durham, NC: Duke University Press, 2005.

RAMOS, Alcida Rita. "A Hall of Mirrors: The Rhetoric of Indigenism in Brazil". *Critique of Anthropology*, v. 11, n. 2, pp. 155-69, 1991.

_____. *Indigenism: Ethnic Politics in Brazil*. Madison: University of Wisconsin Press, 1998.

REIS, João José. *Slave Rebellion in Brazil: The Muslim Uprising of 1835 in Bahia*. Baltimore: Johns Hopkins University Press, 1993.

_____. "Escravos e coiteiros no quilombo do Oitizeiro, Bahia 1806". In: GOMES, Flavio dos Santos; REIS, João José (Orgs.). *Liberdade por um fio: História dos quilombos no Brasil*. São Paulo: Companhia das Letras, 1996, pp. 332-72.

_____. "'The Revolution of the Ganhadores': Urban Labour, Ethnicity and the African Strike of 1857 in Bahia, Brazil". *JLAS*, v. 29, n. 2, pp. 355-93, 1997.

_____. *Rebelião escrava no Brasil: A história do levante dos malês em 1835*. São Paulo: Companhia das Letras, 2003.

REIS, João José; GOMES, Flávio dos Santos (Orgs.). *Liberdade por um fio: História dos quilombos no Brasil*. São Paulo: Companhia das Letras, 1996.

REIS, João José; SILVA, Eduardo. *Negociação e conflito: A resistência negra no Brasil escravista*. São Paulo: Companhia das Letras, 1999.

RESTALL, Matthew. *Black Middle: Africans, Mayas, and Spaniards in Colonial Yucatan*. Stanford, CA: Stanford University Press, 2013.

_____ (Org.). *Beyond Black and Red: African-Native Relations in Colonial Latin America*. Albuquerque: University of New Mexico Press, 2005.

RIOS, Ana Lugão; CASTRO, Hebe Maria Mattos de. *Memórias do cativeiro: Família, trabalho e cidadania no pós-abolição*. Rio de Janeiro: Civilização Brasileira, 2005.

ROCHA, Levy. *Viagem de Pedro II ao Espírito Santo*. 2. ed. Rio de Janeiro: Revista Continente Editorial, 1980.

RODRIGUES, Jaime. *O infame comércio: Propostas e experiências no final do tráfico de africanos para o Brasil, 1800-1850*. Campinas: Editora da Unicamp, 2000.

ROSEN, Hannah. *Terror in the Heart of Freedom: Citizenship, Sexual Violence, and the Meaning of Race in the Postemancipation South*. Chapel Hill: University of North Carolina Press, 2009.

RUIZ, Jason. *Americans in the Treasure House: Travel to Porfirian Mexico and the Cultural Politics of Empire*. Austin: University of Texas Press, 2014.

RUSHFORTH, Brett. *Bonds of Alliance: Indigenous and Atlantic Slaveries in New France*. Chapel Hill: University of North Carolina Press; Omohundro Institute, 2012.

RUSSELL-WOOD, Anthony John R. "Acts of Grace: Portuguese Monarchs and Their Subjects of African Descent in Eighteenth-Century Brazil". *JLAS*, v. 32, n. 2, pp. 307-32, 2000.

RUSSO, Maria do Carmo de Oliveira. "A escravidão em São Mateus, ES: Economia e demografia (1848-1888)". São Paulo: FFLCH-USP, 2011. Tese (Doutorado em História Social).

SADLIER, Darlene J. *Brazil Imagined: 1500 to the Present*. Austin: University of Texas Press, 2008. [Ed. bras.: *Brasil imaginado: De 1500 até o presente*. Trad. de Flávia Banher. São Paulo: Edusp, 2016.]

SAID, Edward W. *Culture and Imperialism*. Nova York: Knopf, 1993. [Ed. bras.: *Cultura e imperialismo*. Trad. de Denise Bottmann. São Paulo: Companhia das Letras, 2011.]

SALVATORE, Ricardo Donato. *Wandering Paysanos: State Order and Subaltern Experience in Buenos Aires during the Rosas Era*. Durham, NC: Duke University Press, 2003.

SAMPAIO, Patrícia Melo. "Política indigenista no Brasil imperial". In: GRINBERG, Keila; SALLES, Ricardo (Orgs.). *O Brasil imperial*, v. 1, 1808-1831. Rio de Janeiro: Civilização Brasileira, 2009, pp. 175-206.

SANDERS, James E. *Contentious Republicans: Popular Politics, Race, and Class in Nineteenth-Century Colombia*. Durham, NC: Duke University Press, 2004.

SANTOS, Claudia. "French Travelers and Journalists Debate the Lei do Ventre Livre of 1871". In: TOMICH, Dale W. (Org.). *New Frontiers of Slavery*. Albany: Suny, 2016, pp. 225-47.

SARTORIUS, David A. *Ever Faithful: Race, Loyalty, and the Ends of Empire in Spanish Cuba*. Durham, NC: Duke University Press, 2014.

SCHULTZ, Kirsten. *Tropical Versailles: Empire, Monarchy, and the Portuguese Royal Court in Rio de Janeiro, 1808-1821*. Londres: Routledge, 2001. [Ed. bras.: *Versalhes tropical: Império, monarquia e a corte real portuguesa no Rio de Janeiro, 1808-1821*. Trad. de Renato Aguiar. Rio de Janeiro: Civilização Brasileira, 2008.]

SCHWARCZ, Lilia Moritz. *The Spectacle of the Races: Scientists, Institutions, and the Race Question in Brazil, 1870-1930*. Nova York: Farrar, Straus and Giroux, 1999. [Ed. bras.: *O espetáculo das raças*. São Paulo: Companhia das Letras, 1993.]

_____. *The Emperor's Beard: Dom Pedro II and His Tropical Monarchy in Brazil*. Trad. de John Gledson. Nova York: Hill & Wang, 2003. [Ed. bras.: *As barbas do Imperador*. São Paulo: Companhia das Letras, 1998.]

SCHWARTZ, Stuart B. "Resistance and Accommodation in Eighteenth-Century Brazil: The Slaves' View of Slavery". *HAHR*, v. 57, n. 1, pp. 69-81, 1997.

_____. *Sugar Plantations in the Formation of Brazilian Society: Bahia, 1550--1835*. Cambridge: Cambridge University Press, 1985.

_____. *Slaves, Peasants, and Rebels: Reconsidering Brazilian Slavery*. Chicago: University of Illinois Press, 1996.

_____; LANGFUR, Hal. "Tapanhuns, Negros da Terra, and Curibocas: Common Cause and Confrontation between Blacks and Natives in Colonial Brazil". In: RESTALL, Matthew (Org.). *Beyond Black and Red: African-Native Relations in Colonial Latin America*. Albuquerque: University of New Mexico Press, 2005, pp. 85-96.

SCOTT, Rebecca J. *Degrees of Freedom: Louisiana and Cuba after Slavery*. Cambridge, MA: Belknap; Press of Harvard University Press, 2008.

_____. "Paper Thin: Freedom and Re-Enslavement in the Diaspora of the Haitian Revolution". *Law and History Review*, n. 4, pp. 1061-88, 2011.

SERULNIKOV, Sergio. *Subverting Colonial Authority: Challenges to Spanish Rule in Eighteenth-Century Southern Andes*. Durham, NC: Duke University Press, 2003.

SEYFERTH, Giralda. "Construindo a nação: Hierarquias raciais e o papel do racismo na política de imigração e colonização". In: MAIO, Marcos Chor; SANTOS, Ricardo Ventura (Orgs.). *Raça, ciência e sociedade*. Rio de Janeiro: Fiocruz, 1996, pp. 41-58.

SHELLER, Mimi. *Democracy after Slavery: Black Publics and Peasant Radicalism in Haiti and Jamaica*. Gainesville: University Press of Florida, 2000.

SIDBURY, James; CAÑIZARES-ESGUERRA, Jorge. "Mapping Ethnogenesis in the Early Modern Atlantic". *The William and Mary Quarterly*, v. 68, n. 2, pp. 181--208, 2011.

SILVA, Ligia Osorio. *Terras devolutas e latifúndio: Efeitos da lei de 1850*. Campinas: Editora da Unicamp, 1996.

_____. "Fronteira e identidade nacional". In: *Anais do V Congresso Brasileiro de História Econômica*, 2003.

_____; SECRETO, María Verónica. "Terras públicas, ocupação privada: Elementos para a história comparada da apropriação territorial na Argentina e no Brasil". *Economia e Sociedade*, v. 8, n. 1, pp. 109-41, 1999.

SILVA, Ricardo Tadeu Caires. *Caminhos da abolição: Escravos, senhores, e direitos nas últimas décadas da escravidão (Bahia, 1850-1888)*. Curitiba: SCHLA-UFPR, 2007.Tese (Doutorado em História Social).

SIRIANI, Sílvia Cristina Lambert. "Os descaminhos da imigração alemã para São Paulo no século XIX — aspectos políticos". *Almanack*, n. 2, pp. 91-100, 2005.

SKIDMORE, Thomas E. *Black into White: Race and Nationality in Brazilian Thought*. Durham, NC: Duke University Press, 1993. [Ed. bras.: *Preto no branco: Raça e nacionalidade no pensamento brasileiro*. Trad. de Donaldson M. Garschagen. São Paulo: Companhia das Letras, 2012.]

SLATTA, Richard W. *Gauchos and the Vanishing Frontier*. Lincoln: University of Nebraska Press, 1992.

_____. "Comparing and Exploring Frontier Myth and Reality in Latin America". *History Compass*, v. 10, n. 5, pp. 375-85, 2012.

SLEMIAN, Andrea. "Seriam todos cidadãos?: Os impasses na construção da cidadania nos primórdios do constitucionalismo no Brasil (1823-1824)". In: JANCSÓ, Istvan (Org.). *Independência: História e historiografia*. São Paulo: Hucitec, 2005, pp. 829-47.

SLENES, Robert W. *Na senzala, uma flor: Esperanças e recordações na formação da família escrava: Brasil Sudeste, século XIX*. Rio de Janeiro: Nova Fronteira, 1999.

_____. "The Brazilian Internal Slave Trade, 1850–1888: Regional Economics, Slave Experience, and the Politics of a Peculiar Market". In: JOHNSON, Walter (Org.). *The Chattel Principle: Internal Slave Trades in the Americas*. New Haven, CT: Yale University Press, 2004, pp. 325-70.

SOARES, Mariza de Carvalho. "Descobrindo a Guiné no Brasil Colonial". *RIHGB*, v. 161, n. 407, pp. 71-94, 2000.

_____. *People of Faith: Slavery and African Catholics in Eighteenth-Century Rio de Janeiro*. Durham, NC: Duke University Press, 2011.

SOMMER, Barbara A. "Colony of the Sertão: Amazonian Expeditions and the Indian Slave Trade". *The Americas*, v. 61, n. 3, pp. 401-28, 2005.

SOMMER, Barbara A. "Why Joanna Baptista Sold Herself into Slavery: Indian Women in Portuguese Amazonia, 1755-1798". *Slavery & Abolition*, v. 34, n. 1, pp. 77-97, 2013.

SOMMER, Doris. *Foundational Fictions: The National Romances of Latin America*. Berkeley: University of California Press, 1993. [Ed. bras.: *Ficções de fundação: Os romances nacionais da América Latina*. Belo Horizonte: Editora UFMG, 2004.]

SPOSITO, Fernanda. "Liberdade para os índios no Império do Brasil: A revogação da guerra justa em 1831". *Almanack*, n. 1, pp. 52-65, 2011.

_____. *Nem cidadãos, nem brasileiros: Indígenas na formação do Estado nacional brasileiro e conflitos na província de São Paulo (1822-1845)*. São Paulo: Alameda, 2012.

STEIN, Stanley J. *Vassouras, a Brazilian Coffee County, 1850-1900: The Roles of Planter and Slave in a Plantation Society*. Princeton, NJ: Princeton University Press, 1985. [Ed. bras.: *Vassouras: Um município brasileiro do café, 1850--1900*. Trad. de Vera Bloch Wrobel. Rio de Janeiro: Nova Fronteira, 1990.]

STEPAN, Nancy. *The Hour of Eugenics: Race, Gender, and Nation in Latin America*. Ithaca, NY: Cornell University Press, 1991. [Ed. bras.: *A hora da eugenia: Raça, gênero e nação na América Latina*. Rio de Janeiro: Fiocruz, 2005.]

STOLCKE, Verena. *Coffee Planters, Workers, and Wives: Class Conflict and Gender Relations on São Paulo Plantations, 1850-1980*. Nova York: St. Martin's, 1988.

SWEET, James H. *Domingos Álvares, African Healing, and the Intellectual History of the Atlantic World*. Chapel Hill: University of North Carolina Press, 2011.

TAUSSIG, Michael. "Culture of Terror — Space of Death. Roger Casement's Putumayo Report and the Explanation of Torture". *Comparative Studies in Society and History*, v. 26, n. 3, pp. 467-97, 1984.

THORNTON, John K. "'I Am the Subject of the King of Congo': African Political Ideology and the Haitian Revolution". *Journal of World History*, v. 4, n. 2, pp. 181-214, 1993.

_____. *Africa and Africans in the Making of the Atlantic World, 1400-1800*. Cambridge: Cambridge University Press, 1998. [Ed. bras.: *A África e os africanos na formação do mundo atlântico, 1400-1800*. Trad. de Marisa Rocha. Rio de Janeiro: Campus; Elsevier, 2004.]

THURNER, Mark. "Peruvian Genealogies of History and Nation". In: GUERRERO, Andres; THURNER, Mark (Orgs.). *After Spanish Rule: Postcolonial Predicaments of the Americas*. Durham, NC: Duke University Press, 2003, pp. 141-75.

TOMICH, Dale W. *Through the Prism of Slavery: Labor, Capital, and World Economy*. Lanham, MD: Rowman & Littlefield, 2004.

TOPLIN, Robert Brent. *The Abolition of Slavery in Brazil*. Nova York: Atheneum, 1975.

TREECE, Dave. *Exiles, Allies, Rebels: Brazil's Indianist Movement, Indigenist Poli-*

tics, and the Imperial Nation-State. Westport, CT: Greenwood Publishing Group, 2000. [Ed. bras.: *Exilados, aliados, rebeldes: O movimento indianista, a política indigenista e o estado-nação imperial.* Trad. de Fábio Fonseca de Melo. São Paulo: Edusp, 2008.]

TROUILLOT, Michel-Rolph. *Silencing the Past: Power and the Production of History.* Boston: Beacon, 2015. [Ed. bras.: *Silenciando o passado: Poder e a produção da história.* Trad. de Sebastião Nascimento. Rio de Janeiro: Cobogó, 2024.]

TROUTMAN, Philip. "Grapevine in the Slave Market: African American Geopolitical Literacy and the 1841 Creole Revolt". In: JOHNSON, Walter (Org.). *The Chattel Principle: Internal Slave Trades in the Americas.* New Haven, CT: Yale University Press, 2004, pp. 203-33.

TURNER, Frederick Jackson. *The Frontier in American History.* Nova York: Henry Holt, 1921.

VAINFAS, Ronaldo. "Colonização, miscigenação e questão racial: Notas sobre equívocos e tabus da historiografia brasileira". *Tempo. Revista do Departamento de História da UFF*, n. 8, pp. 7-22, 1999.

WADE, Peter. *Blackness and Race Mixture: The Dynamics of Racial Identity in Colombia.* Baltimore: Johns Hopkins University Press, 1993.

_____. *Race and Ethnicity in Latin America.* Londres: Pluto, 2010.

WALKER, Charles. *Smoldering Ashes: Cuzco and the Creation of Republican Peru, 1780-1840.* Durham, NC: Duke University Press, 1999.

WEINSTEIN, Barbara. "Slavery, Citizenship, and National Identity in Brazil and the U.S. South". In: DOYLE, Don Harrison; PAMPLONA, Marco Antonio Villela (Orgs.). *Nationalism in the New World.* Athens: University of Georgia Press, pp. 248-71, 2006.

_____. "Erecting and Erasing Boundaries: Can We Combine The 'Indo' And The 'Afro' In Latin American Studies?". *Estudios Interdisciplinarios de America Latina y el Caribe*, v. 19, n. 1, 2007.

_____. *The Color of Modernity: São Paulo and the Making of Race and Nation in Brazil.* Durham, NC: Duke University Press, 2015. [Ed. bras.: *A cor da modernidade: A branquitude e a formação da identidade paulista.* Trad. de Ana Maria Fiorini. São Paulo: Edusp, 2022.]

WEYRAUCH, Cléia Schiavo. *Pioneiros alemães de Nova Filadélfia.* Caxias do Sul: Editora da Universidade, 1997.

WHITE, Deborah G. *Ar'n't I a Woman?: Female Slaves in the Plantation South.* Nova York: W. W. Norton, 1999.

WHITEHEAD, Neil L. "Introduction". In: WHITEHEAD, Neil L. *Violence.* Santa Fe: School of American Research, pp. 3-24, 2004.

WOMACK, John. *Zapata and the Mexican Revolution.* Nova York: Vintage Books, 1970.

Créditos de imagens

0.1. Adaptado de *Civilização e revolta: Os botocudos e a catequese na província de Minas*, de Izabel Missagia de Mattos. São Paulo: Edusc; Anpocs, 2004. Cortesia da autora. Mapa por Bill Nelson Cartography.

0.2. *Travels in Brazil*, de Maximilian Wied (Londres: Henry Colburn, 1820). Cortesia da John Carter Brown Library da Universidade Brown.

0.3. *A terra Goytacá à luz de documentos inéditos*, de Alberto Lamego (Paris: L'Édition d'Art, 1913). Cortesia de Marco Morel.

0.4. *Travels in Brazil*, de Maximilian Wied (Londres: Henry Colburn, 1820). Cortesia da John Carter Brown Library da Universidade Brown.

1.1. *Defrichement d'une forêt*, de Johann Moritz Rugendas, em *Voyage pittoresque dans le Brésil* (Paris: Engelmann, 1835).

1.2. *Convoi de café*, de Jean Baptiste Debret, em *Voyage pittoresque et historique au Brésil* (Paris: Firmin Didot Frères, 1834). Propriedade da Biblioteca Pública de Nova York.

2.1. *Single Combats of the Botocudos*, de Maximilian Wied, em *Travels in*

Brazil (Londres: Henry Colburn, 1820). Cortesia da John Carter Brown Library da Universidade Brown.

2.2. *Sauvages Civilisés, Soldats Indiens de Mugi das Cruzes (Province de St. Paul) combattant des Botocoudos*, de Jean Baptiste Debret, em *Voyage pittoresque et historique au Brésil* (Paris: Firmin Didot Frères, 1834). Cortesia da John Carter Brown Library da Universidade Brown.

3.1. *Moema*, de Victor Meirelles, 1866. Óleo sobre tela, 130 × 196,5 cm. Inv. 267P. Cortesia do Museu de Arte de São Paulo Assis Chateaubriand. Foto de João Musa.

3.2. *Botocudos, Puris, Pataxós e Maxacalis*, em *Voyage pittoresque et Historique au Brésil*, de Jean Baptiste Debret (Paris: Firmin Didot Frères, 1834). Propriedade da Biblioteca Pública de Nova York.

3.3. *Crânios de botocudos*, de João Baptista Lacerda e José Rodrigues Peixoto, "Contribuição para o estudo antropológico das raças indígenas do Brasil". Arquivos do Museu Nacional 1 (1876). Foto da autora.

4.1. *Danse des Camacans*, de Auguste Seyffer. Propriedade da Biblioteca Pública de Nova York.

4.2. *Guerrilhas*, de Johann Moritz Rugendas, em *Voyage pittoresque dans le Brésil* (Paris: Engelmann, 1835).

4.3. *Voyage pittoresque et Historique au Brésil*, Jean Baptiste Debret (Paris: Firmin Didot Frères, 1834). Propriedade da Biblioteca Pública de Nova York.

5.1. *Préparation de la racine de mendiocca*, de Johann Moritz Rugendas, *Voyage pittoresque dans le Brésil* (Paris: Engelmann, 1835).

5.2. *Black Woman with a Child*, c.1869, de Alberto Henschel/ Instituto Moreira Salles — Leibniz-Institut für Länderkunder. Reproduzido com permissão.

5.3. *Marchand de sambouras* (detalhe), de Jean Baptiste Debret, *Voyage pittoresque et historique au Brésil* (Paris: Firmin Didot Frères, 1834). Propriedade da Biblioteca Pública de Nova York.

6.1. *Slaves in the Coffee Harvest*, c.1882, de Marc Ferrez/ Coleção Gilberto Ferrez/ Instituto Moreira Salles. Reproduzido com permissão.

6.2. *Botocudos Indian Men with Large ear and Mouth Rings* (detalhe). Reproduzido da Biblioteca do Congresso.

TABELA

Colônia Leopoldina: População branca e escravizada, 1824-57. Fontes: BN/MS — C-815, 15; NA-IA6-154; Apeb — Agricultura/4603-3 e Justiça/2329; CRL — Falla (BA), 1848, p. 44; Tölsner, *Die Colonie Leopoldina in Brasilien*, p. 3; Pederneiras, "Comissão de Exploração do Mucury", s/n; Costa, *Comarca de Caravellas*, p. 19.

Índice remissivo

Números de páginas em *itálico* referem-se a mapas, tabelas e ilustrações.

de unidade dos povos, 20; autônomos, 18, 22, 26, 46-8, 50-2, 62, 67, 69, 71, 73-4, 83, 98, 109, 112, 114-5, 128-9, 141, 162, 197, 261, 263-4, 301, 316, 325; capturados, 66, 71; catequização de, 251, 262; cidadania de, 21, 25-6, 33, 46, 50, 69, 79, 108, 110, 112-3, 140, 158, 178, 251, 299, 301, 318; cidadania dos povos, 24; "combate interétnico" e, 114, *115*; como caboclos, 144; como caçadores-coletores, 219; como trabalhadores para substituir escravizados, 258; conflitos entre colonos e, 99, 166; Constituição brasileira (1824) e silêncio sobre, 299; crianças (kurukas), 72-7, 103-4, 111, 131, 133-4, 165, 167, 263, 323, 327; demarcação de territórios, 139, 301; deslocamentos de, 301; direitos, 112, 139; Diretório dos Índios (Brasil colonial), 34, 128, 317, 341; emancipação, 253, 290, 292, 297; escravidão, 39, 44, 52, 66-73, 77-80, 150, 178, 253-4, 263, 316, 323, 326-7, 334; estabelecidos estrategicamente em aldeias (missões), 97-8; Estatuto do Índio (1973), 300, 380; extinção de, 23, 40, 125, 136, 138, 140-1, 143, 145, 149, 153, 157-8, 198, 254; fora da lei, 197; geografias, 203; grupos, 14, 30, 32, 36-7, 50, 68, 73, 89, 96-100, 115, 121, 150-1, 218, 261, 300, 314, 339; "guerra justa" contra, 43, 53, 67, 70, 78, 137, 324-5; ideias raciais sobre, 40, 125; identidade nacional e, 23-4, 40, 122-4, 144, 295; impacto da mineração nas populações, 29; incorporação de, 50, 138, 158; integrados na "comunhão nacional", 380; legislação, 128, 325; massacres de, 40, 81, 117-8, 160, 162, 165-6, 169-79, 182, 197, 199, 202, 263-4, 290;

matar uma aldeia (expedições anti-indígenas), 74, 166, *167*, 168-70, 173, 175, 178, 197; migração forçada de, 78, 97, 203, 218-9; mulheres, 75, 111, 147-8; na Guarda Nacional, 109-10; nheengatu (língua geral), 145; no serviço militar, 108-10, 116, 254; população estimada (1817-8), 311; povos, 18, 24, 30, 41, 46, 66, 68, 73, 125, 146, 150-2, 295, 339, 349; quase-cidadania de, 45, 359; racismo e, 159; Regulamento das Missões (1845) e, 71, 128, 137, 142, 254; Serviço de Proteção aos Índios (SPI), 285; sobrevivência de, 75, 97, 106, 121, 219-20, 261; soldados, 115, 166-7; status jurídico de órfãos, tutelados pelo Estado, 70, 380; violência anti, 18, 23, 31-2, 42, 68, 107, 120, 124-5, 128, 132, 145, 161, 166, 171, 176-7, 189, 197-8, 204, 253, 260, 265; *ver também povos indígenas específicos*
indigenismo, 124, 144, 172, 318, 340; políticas indigenistas, 31, 40, 178
Inocêncio (indígena), 336
Instituto Histórico e Geográfico Brasileiro (IHGB), 17, 126, 147-8, 156, 255, 305, 321, 324, 339, 371
insurreições de escravizados, 41, 84, 85, 90, 92, 94, 106, 183, 191, 193, 205, 237-8, 240-2, 244, 246, 248, 258, 268, 271-2, 274, 281, 294, 328, 333, 352, 358, 368; Benedito liderando, 241-2, 244, 248, 271; em Queimado (ES, 1849), 85, 92, 328, 352; em Santana (BA, 1884), 237, 246; medo de, 57, 81, 86, 183, 237, 241; Revolta dos Malês (Salvador, BA, 1835), 57, 191, 317, 355-6
Iracema (Alencar), 147, 346-7
Itambacuri (MG), *16*, 203, 219-20, 251-2, 261-7, 285-7, 289, 292, 297, 341, 370

Jamaica, 188, 312, 354-5, 376
Japão, 125, 308
jesuítas, 28, 34, 67, 128, 130, 145-6, 343
Jiporok (líder indígena), 76, 103, 334
jiporoks (indígenas), 263, 265, 334
João III, d. (rei de Portugal), 27
João VI, d. (príncipe regente), 15, 32, 43, 53, 59, 66, 91, 150, 178, 291, 321, 324, 333; "guerra justa" contra indígenas declarada por, 43, 53, 67, 70, 78, 137, 324-5
Josefa (quilombola), 224-5, 227, 229, 235, 362
Júlio (quilombola), 227, 240, 271

kaingangs (indígenas), 66
kamakãs (indígenas), 30, 96, 130, 160, 164-5, 170, 172-5, 179, 349, 351
karajás (indígenas), 66
krenak (indígenas), 30
kurukas ver crianças indígenas (kurukas)

Lacerda Filho, João Batista de, 153, 155-9, 348
Ladislau Neto ("grande cacique"), 155
Lei Áurea (1888), 276-7, 290; ver também abolição
Lei de 7 de novembro de 1831 (proibição do comércio transatlântico de escravizados), 269, 332
Lei de Terras (1850), 129, 138-42, 253, 296
Lei do Ventre Livre (Lei Rio Branco, 1871), 78, 91, 182-3, 192, 194, 231, 238, 254, 256-8, 268-9, 338, 357, 366
Lei dos Sexagenários (Lei Saraiva--Cotegipe, 1885), 281-2, 378
Lei Eusébio de Queirós (1850), 60, 93-4
Lei n. 4, de 10 de junho de 1835 (pena de morte para escravizados), 191, 356
Leopoldina, Maria (imperatriz), 53

liberalismo, 45; cidadania liberal, 51, 78; defesa liberal da escravidão, 47; nacionalidade liberal, 292, 295
liberdade: ambiguidades da, 280; consciência de, 228; das mulheres, 233-5; espaços de, 217, 238, 280; espaços liminares entre cativeiro e, 291; ideias de, negra, 280; legal das crianças de acordo com a Lei do Ventre Livre (1871), 366; precariedade da, 79, 281; reconfiguração das geografias da escravidão e da, 215
libertos, 17, 26, 38, 44, 47-9, 51-2, 70, 79, 108-9, 142-3, 204, 225, 253, 256, 259-60, 268, 273-5, 277-83, 284, 285, 290-2, 297, 299-300; africanos, 70, 85; aspirações de, 223, 226, 250, 268, 275, 284; direitos de voto dos, 51, 377; escravizados se passando por, 215; laços de parentesco entre, 221, 223, 284, 364; linguagem paternalista sobre, 285
Lima, José Vieira de, 118-9
línguas africanas, 14
línguas indígenas, 145; macro-jê (grupo linguístico indígena), 30, 349
Lisboa, Baltazar da Silva, 67, 324
Lucindo (quilombola), 216-7, 221, 224-6, 362-5
Ludgero (escravizado), 280-2, 377

maçonaria, 273, 375
Macop ver Ministério da Agricultura Comercio e Obras Públicas (Macop)
macro-jê (grupo linguístico indígena), 349
Magalhães, Gonçalves de, 146-7
Magalhães, José Couto de, 159
Magdalena (ex-escravizada), 183-4, 186, 194, 353-4
mandioca, 15, 37, 44, 206, 256; farinha de, 21, 35-6, 38, 61, 81, 83-4, 88, 102, 208, 230, 330

ESTA OBRA FOI COMPOSTA POR ACOMTE EM MINION E IMPRESSA EM OFSETE
PELA GRÁFICA PAYM SOBRE PAPEL PÓLEN NATURAL DA SUZANO S.A.
PARA A EDITORA SCHWARCZ EM MARÇO DE 2025